U0901043

吕梁统计年鉴 2017

吕梁市统计局

图书在版编目（CIP）数据

吕梁统计年鉴. 2017 / 吕梁市统计局编. -- 北京 : 中国统计出版社, 2017.10
ISBN 978-7-5037-8364-7

Ⅰ. ①吕… Ⅱ. ①吕… Ⅲ. ①统计年鉴－吕梁－2017－年鉴 Ⅳ. ①C832.254-54

中国版本图书馆 CIP 数据核字(2017)第 231206 号

吕梁统计年鉴—2017

作　　者/吕梁市统计局
责任编辑/徐　涛
责任校对/李　艳　李茹萍　刘小芳　高宇飞
封面设计/李雪燕
出版发行/中国统计出版社
通信地址/北京市丰台区西三环南路甲 6 号　邮政编码/100073
电　　话/邮购（010）63376909　书店（010）68783171
网　　址/ http://www.zgtjcbs.com/
印　　刷/河北鑫兆源印刷有限公司
经　　销/新华书店
开　　本/880mm×1230mm　1/16
字　　数/960 千字
印　　张/30
版　　别/2017 年 12 月第 1 版
版　　次/2017 年 12 月第 1 次印刷
定　　价/298.00 元

如有印装差错，由本社发行部调换。

《吕梁统计年鉴-2017》

编辑说明

一、《吕梁统计年鉴-2017》收录了全市和各县（市、区）以及各部门2016年经济、文化、社会等各方面的统计数据。

二、全书共分13个篇章，即：1.综合；2.人口、从业人员和劳动报酬；3.物价、城乡居民生活；4.财政、金融；5.能源消费与平衡；6.固定资产投资；7.农业；8.工业；9.建筑业；10.批发零售贸易和餐饮业；11.交通运输业；12.教育、卫生；13.县市篇。为方便读者使用，篇末附有《主要统计指标解释》，对统计指标的涵义、统计范围和统计方法作了简要说明。

三、本年鉴的指标口径范围，基本上以国家现行的统计报表制度为准。资料来源于统计年报，部分资料来源于抽样调查和相关部门的行政记录。

四、为便于使用，对某些指标在表下作了简要注解。凡以前发表过的统计数字与本年鉴不一致的，请以本年鉴为准。

五、本年鉴中所使用的度量衡单位，均采用国际统一标准计量单位。“空格”表示统计指标数据不详或无该项指标数据；“#”表示其中项。

目　录

第一部分　综合

第二部分　人口、从业人员和劳动报酬

第三部分 物价、城乡居民生活

第四部分 财政、金融

第五部分 能源消费与平衡

第六部分　固定资产投资

第七部分　农业

第八部分 工业

第九部分 建筑业

第十部分　批发零售贸易和餐饮业

第十一部分　交通运输业

第十二部分　教育、卫生

第十三部分　县市篇

一、综　合

资料整理：高宇飞　苏利红

1-1　吕梁市乡级以上行政区划一览表（2016年）

地名	县(市、区)	街道办	镇	乡	社　区 居委会	村委会
吕梁市	13	13	81	67	232	3111
离石区(市辖区)	凤山街道办、城北街道办、滨河街道办、莲花街道办、吴城镇、田家会街道办、西属巴街道办、交口街道办、信义镇、红眼川乡、枣林乡、坪头乡(7街道办、2镇、3乡)					
文水县	凤城镇、开栅镇、南庄镇、南安镇、刘胡兰镇、下曲镇、孝义镇、南武乡、西城乡、北张乡、马西乡、西槽头乡(7镇、5乡)					
交城县	天宁镇、夏家营镇、西营镇、水峪贯镇、西社镇、庞泉沟镇、洪相乡、岭底乡、东坡底乡、会立乡(6镇、4乡)					
兴　县	蔚汾镇、魏家滩镇、瓦塘镇、康宁镇、高家村镇、罗峪口镇、蔡家会镇、交楼申乡、恶虎滩乡、东会乡、固贤乡、奥家湾乡、蔡家崖乡、贺家会乡、孟家坪乡、赵家坪乡、圪垯 上乡(7镇、10乡)					
临　县	临泉镇、白文镇、城庄镇、兔坂镇、克虎寨镇、三交镇、湍水头镇、林家坪镇、招贤镇、碛口镇、刘家会镇、丛罗峪镇、曲峪镇、木瓜坪乡、安业乡、玉坪乡、青凉市乡、石白 头乡、雷家碛乡、八堡乡、大禹乡、车赶乡、安家庄乡(13镇、10乡)					
柳林县	柳林镇、穆村镇、薛村镇、庄上镇、留誉镇、下三交镇、成家庄镇、孟门镇、李家湾乡、贾家垣乡、陈家湾乡、金家庄乡、高家沟乡、石西乡、王家沟乡(8镇、7乡)					
石楼县	灵泉镇、罗村镇、义碟镇、小蒜镇、龙交乡、和合乡、前山乡、曹家垣乡、 裴沟乡(4镇、5乡)					
岚　县	东村镇、岚城镇、普明镇、界河口镇、土峪乡、上明乡、王狮乡、梁家庄乡、顺会乡、河口乡、社科乡、大蛇头乡(4镇、8乡)					
方山县	圪洞镇、马坊镇、峪口镇、大武镇、北武当镇、积翠乡、麻地会乡(5镇、2乡)					
中阳县	宁乡镇、金罗镇、枝柯镇、武家庄镇、暖泉镇、下枣林乡、车鸣峪乡(5镇、2乡)					
交口县	水头镇、康城镇、双池镇、桃红坡镇、石口乡、回龙乡、温泉乡(4镇、3乡)					
孝义市	新义街道办、中阳楼街道办、振兴街道办、崇文街道办、兑镇镇、阳泉曲镇、下堡镇、西辛庄镇、高阳镇、梧桐镇、柱濮镇、大孝堡乡、下栅乡、驿马乡、南阳乡、杜村乡(4街道办、7镇、5乡)					
汾阳市	文峰街道办、太和桥街道办、贾家庄镇、杏花村镇、冀村镇、肖家庄镇、演武镇、三泉镇、石庄镇、杨家庄镇、峪道河镇、西河乡、阳城乡、栗家庄乡（2街道办、9镇、3乡）					

注：资料来源于吕梁市民政局。

1-2 主要年份地区生产总值

按当年价格计算

年 份	地 区 生产总值 (万元)	第一产业	第二产业			第三产业	人均地区生产总值 (元)
				工 业	建筑业		
1980	60582	21849	25226	23780	1446	13507	242
1985	127224	41161	57337	55479	1858	28726	476
1990	264854	83263	123203	108757	14446	58388	905
1991	281353	61593	139547	126224	13323	80213	936
1992	340421	71188	170948	155108	15840	98285	1116
1993	562828	123985	295918	272011	23907	142925	1820
1994	689951	152292	349520	318309	31211	188139	2202
1995	802065	167328	416791	380565	36226	217946	2524
1996	922185	212851	464924	421712	43212	244410	2862
1997	959046	183089	504669	474442	30227	271288	2940
1998	985344	191680	477390	440280	37110	316274	2993
1999	922434	129523	431454	392228	39226	361457	2775
2000	1051801	157166	488959	441799	47160	405676	3127
2001	1149094	112568	556495	513947	42548	480031	3382
2002	1379170	181899	641161	588216	52945	556110	4023
2003	1778785	177295	955381	878497	76884	646109	5144
2004	2409653	212602	1428715	1310714	118001	768336	6907
2005	3282021	195911	2247661	2121269	126392	838449	9331
2006	4098953	197021	2753701	2593617	160084	1148231	11570
2007	5186857	254623	3530032	3349290	180742	1402202	14549
2008	6555378	265465	4584778	4428775	156003	1705135	18275
2009	6111804	377535	3853526	3693755	159771	1880743	16939
2010	8431781	437034	5722630	5552722	169908	2272117	22949
2011	11233165	482399	8059612	7844909	214703	2691154	30026
2012	12230946	549704	8616766	8383146	233620	3064476	32514
2013	12289309	640085	8207201	7948758	258443	3442023	32492
2014	11013462	687072	6847714	6614170	233544	3478676	28960
2015	9558013	540197	5440133	5212645	227488	3577683	25003
2016	9953079	536696	5552709	5322277	230432	3863674	25896

注：1. 1978—1990年的数据资料取自《山西省国民经济核算资料》(李庭钧等主编，山西经济出版社1997年版)。
2. 1991—2004年的数据为2004年第一次经济普查调整后的数据；2005—2008年的数据为2008年第二次经济普查调整后的数据；2009—2013年的数据为2013年第三次经济普查调整后的数据；2014—2016年的数据为年报数。

1-3　主要年份地区生产总值构成

单位：%

年份	地区生产总值	第一产业	第二产业	工业	建筑业	第三产业
1980	100.0	36.1	41.6	39.2	2.4	22.3
1985	100.0	32.3	45.1	43.6	1.5	22.6
1990	100.0	31.4	46.5	41.1	5.4	22.1
1991	100.0	21.9	49.6	44.9	4.7	28.5
1992	100.0	20.9	50.2	45.6	4.6	28.9
1993	100.0	22.0	52.6	48.3	4.3	25.4
1994	100.0	22.1	50.6	46.1	4.5	27.3
1995	100.0	20.9	51.9	47.4	4.5	27.2
1996	100.0	23.1	50.4	45.7	4.7	26.5
1997	100.0	19.1	52.6	49.5	3.1	28.3
1998	100.0	19.5	48.4	44.7	3.7	32.1
1999	100.0	14.0	46.8	42.5	4.3	39.2
2000	100.0	14.9	46.5	42.0	4.5	38.6
2001	100.0	9.8	48.4	44.7	3.7	41.8
2002	100.0	13.2	46.5	42.7	3.8	40.3
2003	100.0	10.0	53.7	49.4	4.3	36.3
2004	100.0	8.8	59.3	54.4	4.9	31.9
2005	100.0	6.0	68.5	64.6	3.9	25.5
2006	100.0	4.8	67.2	63.3	3.9	28.0
2007	100.0	4.9	68.1	64.6	3.5	27.0
2008	100.0	4.0	69.9	67.6	2.3	26.1
2009	100.0	6.2	63.0	60.4	2.6	30.8
2010	100.0	5.2	67.9	65.9	2.0	26.9
2011	100.0	4.3	71.7	69.8	1.9	24.0
2012	100.0	4.5	70.4	68.5	1.9	25.1
2013	100.0	5.2	66.8	64.7	2.1	28.0
2014	100.0	6.2	62.2	60.1	2.1	31.6
2015	100.0	5.7	56.9	54.5	2.4	37.4
2016	100.0	5.4	55.8	53.5	2.3	38.8

注：1. 1978—1990年的数据资料取自《山西省国民经济核算资料》（李庭钧等主编，山西经济出版社1997年版）。
2. 1991—2004年的数据为2004年第一次经济普查调整后的数据；2005—2008年的数据为2008年第二次经济普查调整后的数据2009—2013年的数据为2013年第三次经济普查调整后的数据；2014—2016年的数据为年报数。

1-4 主要年份地区生产总值指数

上年为100

年 份	地 区 生产总值	第一产业	第二产业			第三产业	人均地区 生产总值
				工 业	建筑业		
1980	96.7	86.6	105.2	108.3	95.4	100.7	95.8
1985	119.5	110.9	134.1	136.3	125.2	107.6	117.9
1990	108.9	114.4	100.4	102.8	85.1	124.5	104.5
1991	92.7	71.7	100.3	100.5	98.9	118.9	91.4
1992	118.0	107.3	130.8	133.4	110.7	113.3	116.2
1993	140.4	130.3	145.3	145.6	142.3	143.8	138.7
1994	114.3	107.9	119.0	118.6	123.1	113.4	112.7
1995	110.6	93.9	118.0	118.9	110.0	113.7	109.0
1996	110.9	113.1	111.3	111.3	111.0	108.8	109.4
1997	105.0	82.8	112.5	115.8	78.9	109.7	103.8
1998	101.8	110.4	91.0	89.4	115.7	115.1	101.1
1999	98.5	70.3	100.5	100.1	104.6	111.5	97.3
2000	109.6	116.1	107.3	106.2	119.4	110.0	108.4
2001	108.7	72.3	113.2	115.7	89.1	116.7	107.7
2002	112.9	121.3	113.2	112.4	123.0	110.8	112.0
2003	113.8	93.3	120.4	118.6	140.7	111.2	112.8
2004	117.3	107.8	124.8	125.5	118.3	109.8	116.3
2005	114.4	96.9	117.6	117.8	116.1	113.4	113.5
2006	119.4	100.3	120.9	121.3	113.1	119.9	118.6
2007	116.3	100.1	117.5	118.3	104.3	116.2	115.6
2008	111.6	102.9	110.5	112.0	81.2	116.1	110.9
2009	102.3	103.7	97.8	97.6	104.3	114.0	101.7
2010	120.8	103.0	124.4	125.2	102.8	115.2	118.6
2011	113.9	104.5	115.2	115.1	121.2	112.2	111.9
2012	110.8	105.2	110.6	110.8	106.7	112.0	110.2
2013	109.5	104.1	109.5	109.5	109.7	110.2	108.9
2014	98.0	104.1	96.7	96.8	90.8	100.6	97.5
2015	95.3	92.8	92.3	92.1	99.7	102.9	94.8
2016	104.1	104.7	102.5	102.6	100.8	106.4	103.5

注：1. 1978—1990年的数据资料取自《山西省国民经济核算资料》(李庭钧等主编，山西经济出版社1997年版)。
2. 1991—2004年的数据为2004年第一次经济普查调整后的数据；2005—2008年的数据为2008年第二次经济普查调整后的数据；2009—2013年的数据为2013年第三次经济普查调整后的数据；2014—2016年的数据为年报数。

1-5 支出法地区生产总值

指 标	按当年价格计算(万元)		指数(上年=100)
	2016年	2015年	
总 计	**9953079**	**9558013**	**104.1**
一、最终消费	4827224	4502779	106.0
居民消费	3809168	3487252	107.9
农村居民	1332131	1262575	104.2
城镇居民	2477037	2224677	110.0
政府消费	1018056	1015527	99.2
二、资本形成总额	6545343	6430485	101.3
固定资本形成总额	6251211	5823460	106.8
存货增加	294132	607025	48.0
三、货物和服务净出口	-1419488	-1375251	—

注：2015年、2016年数据为年报数。

1-6 总产出

指 标	按当年价格计算(万元)		指数(上年=100)
	2016年	2015年	
总 计	**25761791**	**24316648**	**105.1**
第一产业	997936	999418	104.9
第二产业	16486692	15685260	104.2
工 业	15393139	14618379	104.3
建筑业	1093553	1066881	102.0
第三产业	8277163	7631970	107.1
#交通运输、仓储和邮政业	1247145	1138082	109.1
批发和零售业	805338	804157	99.6
住宿和餐饮业	451127	414167	107.7

注：2015年、2016年数据为年报数。

1-7 资本形成总额

单位：万元

指 标	2016年	2015年
总 计	**6545343**	**6430485**
固定资本形成总额	6251211	5823460
住 宅	510131	378429
非住宅建筑物	3735804	3560842
机器和设备	1374237	1328335
其 他	625283	551182
存货增加	294132	607025
第一产业	6241	8745
第二产业	183805	437976
第三产业	104086	160304

注：2015年、2016年数据为年报数。

1-8 支出法地区生产总值构成

单位：%

指 标	按当年价格计算	
	2016年	2015年
总 计	**100.0**	**100.0**
一、最终消费	48.5	47.1
居民消费	38.3	36.5
农村居民	13.4	13.2
城镇居民	24.9	23.3
政府消费	10.2	10.6
二、资本形成总额	65.8	67.3
固定资本形成总额	62.8	60.9
存货增加	3.0	6.4
三、货物和服务净出口	-14.3	-14.4

注：2015年、2016年数据为年报数。

1-9 地区生产总值构成项目

单位：万元

指 标	2016年	2015年
地区生产总值	**9953079**	**9558013**
1.农、林、牧、渔业	546636	548816
2.工 业	5322277	5212645
3.建筑业	230432	227488
4.批发和零售业	506028	508441
5.交通运输、仓储和邮政业	627041	571816
6.住宿和餐饮业	180382	165844
7.信息传输、软件和信息技术服务业	332361	278198
8.金融业	624702	564384
9.房地产业	399095	372755
10.租赁和商务服务业	45432	46319
11.科学研究和技术服务业	17829	16092
12.水利、环境和公共设施管理业	17123	15616
13.居民服务、修理和其他服务业	31399	27572
14.教 育	279014	251124
15.卫生和社会工作	98394	90682
16.文化、体育和娱乐业	50250	47256
17.公共管理、社会保障和社会组织	644684	612965
第一产业	536696	540197
第二产业	5552709	5440133
第三产业	3863674	3577683

注：2015年、2016年数据为年报数。

1-10　一套表调查单位数

单位：个

年 份	总 计	工 业	建筑业	批 发 零售业	住 宿 餐饮业	房地产业	服务业	投 资
2007	777	553	82	50	21	71		
2008	736	477	87	65	29	78		
2009	626	374	86	59	29	78		
2010	950	597	87	127	51	88		
2011	970	579	93	145	59	94		
2012	1060	582	105	153	60	105	55	
2013	1132	601	106	193	69	108	55	
2014	1154	567	107	207	70	119	84	
2015	1202	538	108	197	65	124	82	88
2016	1242	471	113	192	64	124	78	200

注：1.投资从2015年开始进入一套表。
　　2.服务业从2013年起进入一套表。

主要统计指标解释

地区生产总值 是按市场价格计算的一个地区所有常住单位在一定时期内生产活动的最终成果。地区生产总值有三种表现形态，即价值形态、收入形态和产品形态。从价值形态看，它是所有常住单位在一定时期内所生产的全部货物和服务价值与同期投入的全部非固定资产货物和服务价值的差额，即所有常住单位的增加值之和；从收入形态看，它是所有常住单位在一定时期内所创造并分配给常住单位和非常住单位的初次分配收入之和；从产品形态看，它是最终使用的货物和服务价值与货物和服务价值净出口之和。在核算中，地区生产总值的三种表现形态表现为三种计算方法，即生产法、收入法和支出法。三种方法分别从不同的方面反映地区生产总值及其构成。

三次产业 我国的三次产业划分是：

第一产业是指农、林、牧、渔业（不含农、林、牧、渔服务业）。

第二产业是指采矿业（不含开采辅助活动），制造业（不含金属制品、机械和设备修理业），电力、热力、燃气及水生产和供应业，建筑业。

第三产业即服务业，是指除第一产业、第二产业以外的其他行业。第三产业包括：批发和零售业，交通运输、仓储和邮政业，住宿和餐饮业，信息传输、软件和信息技术服务业，金融业，房地产业，租赁和商务服务业，科学研究和技术服务业，水利、环境和公共设施管理业，居民服务、修理和其他服务业，教育，卫生和社会工作，文化、体育和娱乐业，公共管理、社会保障和社会组织，国际组织，以及农、林、牧、渔业中的农、林、牧、渔服务业，采矿业中的开采辅助活动，制造业中的金属制品、机械和设备修理业。

总产出 指一定时期内一个地区常住单位生产的所有货物和服务的价值，既包括新增价值，也包括被消耗的货物和服务价值以及固定资产的转移价值。总产出按生产者价格计算，它反映常住单位生产活动的总规模。

增加值 指常住单位生产过程创造的新增价值和固定资产的转移价值。它可以按生产法计算，也可以按收入法计算，按生产法计算，它等于总产出减去中间投入；按收入法计算，它等于劳动者报酬、生产税净额、固定资产折旧和营业盈余之和。

劳动者报酬 指劳动者因从事生产活动所获得的全部报酬。包括劳动者获得的各种形式的工资、奖金和津贴，既有货币形式的，也有实物形式的，还包括劳动者所享受的公费医疗和医药卫生费、上下班交通补贴、单位支付的社会保险费、住房公积金等。对于个体经济来说，其所有者所获得的劳动报酬和经营利润不易区分，这两部分统一作为劳动者报酬处理。

生产税净额 指生产税减生产补贴后的差额。生产税指政府对生产单位从事生产、销售和经营活动以及因从事生产活动使用某些生产要素（如固定资产、土地、劳动力）所征收的各种税、附加费和规费。生产补贴与生产税相反，指政府对生产单位的单方面转移支付，因此视为负生产税，包括政策性亏损补贴、价格补贴等。

固定资产折旧 指一定时期内为弥补固定资产损耗按照规定的固定资产折旧率提取的固定资产折旧，或按国民经济核算统一规定的折旧率虚拟计算的固定资产折旧。它反映了固定资产在当期生产中的转移价值。各类企业和企业化管理的事业单位的固定资产折旧是指实际计提的折旧费；不计提折旧的政府机关、非企业化管理的事业单位和居民住房的固定资产折旧是按照统一规定的折旧率和固定资产原值计算的虚拟折旧。原则上，固定资产折旧应按固定资产的重置价值计算，但是目前我国尚不具备对全社会固定资产进行重估价的基础，所以暂时还不能采用这种办法。

营业盈余 指常住单位创造的增加值扣除劳动者报酬、生产税净额和固定资产折旧后的余额。它相当于企业的营业利润加上生产补贴，但要扣除从利润中开支的工资和福利等。

支出法地区生产总值 指一个地区所有常住单位在一定时期内用于最终消费、资本形成总额，以及货物和服务净出口的总额，它反映本期生产的地区生产总值的使用情况。

最终消费 指常住单位在一定时期内对于货物和服务的全部最终消费支出，也就是说常住单位为满足物质、文化和精神生活的需要，从本地区经济领土和地区外购买的货物和服务的支出，不包括非常住单位在本地区经济领土内的消费支出。最终消费分为居民消费和政府消费。

居民消费 指常住住户在一定时期内对货物和服务的全部最终消费支出。它除了常住住户直接以货币形式购买货物和服务的消费之外，还包括以其他方式获得的货物和服务的消费，即单位以实物报酬及实物转移的形式提供给劳动者的货物和服务；住户生产并由住户自己消费的货物和服务，其中的服务仅指住户的自有住房服务和付酬的家庭服务；金融机构提供的金融媒介服务；保险公司提供的保险服务。

政府消费 指政府部门为全社会提供公共服务的消费支出和免费或以较低价格向住户提供的货物和服务的净支出。前者等于政府服务的产出价值减去政府单位所获得的经营收入后的价值，政府服务的产出价值等于它的经常性业务支出加上固定资产折旧；后者等于政府部门免费或以较低价格向住户提供的货物和服务的市场价值减去向住户收取的价值。

资本形成总额 指常住单位在一定时期内获得的减去处置的固定资产加存货的净变动额，包括固定资本形成总额和存货增加。

固定资本形成总额 指生产者在一定的时期内获得的固定资产减处置的固定资产的价值总额。固定资产是通过生产活动生产出来的，其使用年限在一年以上，单位价值在规定标准以上的资产，不包括自然资产。固定资本形成总额分有形固定资本形成总额和无形固定资本形成总额。有形固定资本形成总额包括一定时期内完成的建筑工程、安装工程、设备工器具购置（减处置）价值以及土地改良、新增役、种、奶、毛、娱乐用牲畜和新增经济林木价值。无形固定资本形成总额包括矿藏的勘探、计算机软件等获得减处置。

存货增加 指常住单位存货实物量变动的市场价值，即期末价值减期初价值的差额，再扣除当期由于价格变动而产生的持有收益。存货 增加可以是正值，也可以是负值；正值表示存货增加，负值表示存货减少。它包括生产单位购进的原材料、燃料和储备物资等存货，以及生产单位生产的产成品、在制品存货等。

货物和服务净出口 指货物和服务出口减货物和服务进口的差额。出口包括常住单位向非常住单位出售或无偿转让的各种货物和服务的价值；进口包括常住单位从非常住单位购买或无偿得到的各种货物和服务的价值。由于服务活动的提供与使用同时发生，因此服务的进出口业务并不发生出入境现象，一般把常住单位从国外得到的服务作为进口，常住单位向国外提供的服务作为出口。

法人单位 指有权拥有资产、承担负债，并独立从事社会经济活动（或与其他单位进行交易）的组织。

产业活动单位 指位于一个地点，从事一种或主要从事一种社会经济活动的组织或组织的一部分。

二、人口、从业人员和劳动报酬

资料整理：曹利明　辛四平　秦　峰　张新平

2-1　主要年份总户数、总人口数

单位：万人

年　份	总户数(万户)	总人口	按性别分		按农业非农业分	
			男　性	女　性	非农业人口	农业人口
1980		250.60			22.90	227.70
1985		268.90			29.50	239.40
1990	75.41	298.20	156.07	142.14	31.60	261.60
1991	76.58	302.60	158.25	144.36	37.60	265.00
1992	78.10	307.40	160.70	146.67	38.60	268.80
1993	79.81	311.10	163.00	148.12	39.70	271.40
1994	81.44	315.50	165.37	150.15	41.80	273.70
1995	83.52	320.00	167.33	152.69	43.30	276.70
1996	85.51	324.40	169.26	155.09	45.10	279.30
1997	86.34	328.08	170.69	157.39	46.84	281.24
1998	87.50	330.42	170.60	159.86	48.36	282.06
1999	89.29	334.54	173.59	160.95	50.96	283.58
2000	91.17	338.16	176.98	164.85	75.14	263.03
2001		341.38	177.55	163.83	75.35	266.03
2002		344.25	178.94	165.31	87.08	257.17
2003		347.36	180.08	167.28	90.53	256.83
2004		350.36	182.42	167.94	94.65	255.71
2005		353.08	182.36	170.72	112.23	240.85
2006		355.44	184.61	170.83	118.10	237.34
2007		357.60	184.73	172.87	124.14	233.46
2008		359.80	187.03	172.77	128.80	231.01
2009		361.80	188.77	173.03	132.53	229.27
2010		373.05	193.55	179.50	141.44	231.61
2011		375.18	193.88	181.30	149.47	225.71
2012		377.16	195.03	182.13	156.94	220.22
2013		379.29	197.98	181.31	163.52	215.77
2014		381.31	199.23	182.08	170.34	210.97
2015		383.22	198.61	184.61	177.21	206.01
2016		385.49	201.24	184.25	184.06	201.43

备注：1980年-1999年为非农业人口与农业人口，2000年-2016年为城镇人口与乡村人口。

2-2 主要年份人口自然变动

单位：万人，‰

年 份	出 生		死 亡		自然增长	
	人 数	出生率	人 数	死亡率	人 数	增长率
1990	7.28	24.41	1.72	5.78	5.56	18.63
1991	5.32	17.57	1.60	5.28	3.72	12.29
1992	5.00	16.28	1.69	5.51	3.31	10.77
1993	4.64	14.90	1.64	5.27	3.00	9.63
1994	4.81	15.26	1.56	4.96	3.25	10.30
1995	4.74	14.81	1.58	4.95	3.16	9.86
1996	4.69	14.46	1.51	4.65	3.18	9.81
1997	4.73	14.41	1.69	5.14	3.04	9.27
1998	4.18	12.64	1.69	5.11	2.49	7.53
1999	4.62	13.82	1.52	4.54	3.10	9.28
2000	6.58	19.45	1.83	5.40	4.75	14.05
2001	4.82	14.13	2.00	5.85	2.83	8.28
2002	5.07	14.72	2.19	6.35	2.88	8.37
2003	4.93	14.18	1.80	5.19	3.12	8.99
2004	4.93	14.08	1.92	5.47	3.02	8.61
2005	4.81	13.61	2.08	5.88	2.73	7.73
2006	4.53	12.74	2.16	6.09	2.36	6.65
2007	4.42	12.35	2.25	6.28	2.17	6.07
2008	4.41	12.28	2.21	6.16	2.20	6.12
2009	4.21	11.67	2.22	6.15	1.99	5.52
2010	4.31	11.59	2.06	5.54	2.25	6.05
2011	4.16	11.13	2.09	5.58	2.07	5.56
2012	4.23	11.25	2.27	6.05	1.96	5.20
2013	4.31	11.40	2.18	5.77	2.13	5.63
2014	4.36	11.47	2.34	6.14	2.02	5.33
2015	4.04	10.57	2.13	5.58	1.91	5.00
2016	3.97	10.34	1.71	4.45	2.26	5.89

2-3　按机构类型、行业(门类)分组的法人单位、产业活动单位数及就业人数(2015年)

单位：个，人

类　别	法　人单位数			产业活动单位数	法人单位就业人数	
		单产业法人	多产业法人			#女性
合　计	**31170**	**29560**	**1610**	**38922**	**758510**	**230531**
一、按机构类型分组						
企　业	18029	17659	370	21108	490082	122326
事业单位	2572	2292	280	5140	107669	59334
机　关	868	452	416	1285	42547	12540
社会团体	659	642	17	678	16815	6570
民办非企业单位	409	408	1	408	9857	7075
其他法人	8633	8106	527	10371	91608	22724
二、按行业门类分组						
农、林、牧、渔业	7618	7611	7	7639	94717	25455
采矿业	996	971	25	1038	132784	16543
制造业	2929	2879	50	3019	143146	38862
电力、燃气及水的生产和供应业	217	209	8	305	8828	2390
建筑业	577	558	19	677	25986	3931
批发和零售业	5683	5549	134	6641	62396	22930
交通运输、仓储和邮政业	899	874	25	1303	23271	4214
住宿和餐饮业	303	294	9	352	9759	5324
信息传输、软件和信息技术服务业	451	444	7	686	7322	3098
金融业	234	189	45	1038	11085	4665
房地产业	811	801	10	855	11468	4172
租赁和商务服务业	1323	1299	24	1550	15863	5163
科学研究和技术服务业	511	503	8	685	7342	2314
水利、环境和公共设施管理业	247	245	2	322	8464	3185
居民服务、修理和其他服务业	572	565	7	652	4970	1394
教　育	1047	947	100	1874	60034	39906
卫生和社会工作	495	407	88	2563	18092	11463
文化、体育和娱乐业	493	487	6	537	6095	2676
公共管理、社会保障和社会组织	5767	4730	1037	7254	106956	32884
国际组织						

注：其他法人包括基金会、村委会、居委会、农民专业合作社和其他组织机构。

2-4 按机构类型、行业(门类)分组的法人单位、产业活动单位数及就业人数(2016年)

单位：个，人

类 别	法 人 单位数	单产业法人	多产业法人	产业活动 单 位 数	法人单位 就业人数	#女性
合 计	**37229**	**35543**	**1686**	**45565**	**808520**	**244401**
一、按机构类型分组						
企 业	21216	20765	451	24943	501248	125513
事业单位	2606	2328	278	5150	108221	59505
机 关	867	454	413	1283	42508	12523
社会团体	709	692	17	728	16648	6547
民办非企业单位	455	454	1	454	10196	7269
其他法人	11379	10852	527	13119	129767	33082
二、按行业门类分组						
农、林、牧、渔业	9446	9435	11	9472	121857	32572
采矿业	1063	1037	26	1122	131849	16253
制造业	3262	3203	59	3366	145324	39464
电力、燃气及水的生产和供应业	295	286	9	389	9725	2586
建筑业	843	816	27	988	26588	4335
批发和零售业	7466	7306	160	8648	71127	25570
交通运输、仓储和邮政业	1193	1162	31	1644	24920	4346
住宿和餐饮业	343	335	8	393	10532	5691
信息传输、软件和信息技术服务业	608	598	10	875	8015	3205
金融业	261	209	52	1164	11349	4771
房地产业	910	899	11	969	12141	4307
租赁和商务服务业	1774	1741	33	2096	18408	5956
科学研究和技术服务业	581	572	9	766	8175	2461
水利、环境和公共设施管理业	280	278	2	355	8935	3244
居民服务、修理和其他服务业	813	801	12	916	6681	2026
教 育	1115	1016	99	1941	60826	40414
卫生和社会工作	510	421	89	2578	18326	11539
文化、体育和娱乐业	641	635	6	685	7126	2986
公共管理、社会保障和社会组织	5828	4795	1033	7310	106684	32713
国际组织						

注：其他法人包括基金会、村委会、居委会、农民专业合作社和其他组织机构

2-5　按登记注册类型分组的法人单位、产业活动单位数及就业人数(2015年)

单位：个，人

登记注册类型	法人单位数	单产业法人	多产业法人	产业活动单位数	法人单位就业人数	#女性
合　计	**31170**	**29560**	**1610**	**38922**	**758510**	**230531**
内　资	**31140**	**29533**	**1607**	**38892**	**744391**	**226998**
国　有	3897	3166	731	7583	173353	78497
集　体	382	331	51	1210	24939	8873
股份合作	29	29		54	582	246
联　营	26	26		42	961	497
国有联营	11	11		17	402	303
集体联营	5	5		10	181	117
国有与集体联营	3	3		8	85	38
其他联营	7	7		7	293	39
有限责任公司	2905	2806	99	3296	171029	38894
国有独资公司	54	44	10	100	25720	7948
其他有限责任公司	2851	2762	89	3196	145309	30946
股份有限公司	206	180	26	509	20827	4293
私　营	11989	11823	166	13182	214944	56058
私营独资	2151	2141	10	2281	21135	7045
私营合伙	207	206	1	228	3308	963
私营有限责任公司	8556	8418	138	9497	179534	45738
私营股份有限公司	1075	1058	17	1176	10967	2312
其他内资	11706	11172	534	13016	137756	39640
港澳台商投资	**14**	**12**	**2**	**39**	**5399**	**1726**
与港澳台商合资经营	6	6		14	1778	382
与港澳台商合作经营	1	1		2	1129	124
港澳台商独资	6	5	1	21	2177	1020
港澳台商投资股份有限公司	1		1	1	315	200
其他港、澳、台商投资				1		
外商投资	**19**	**17**	**2**	**59**	**8788**	**1845**
中外合资经营	12	11	1	16	6881	926
中外合作经营						
外资企业	4	4		35	782	110
外商投资股份有限公司	1	1		7	9	2
其他外商投资	2	1	1	1	1116	807

2-6　按登记注册类型分组的法人单位、产业活动单位数及就业人数(2016年)

单位：个，人

登记注册类型	法人单位数	单产业法人	多产业法人	产业活动单位数	法人单位就业人数	#女性
合　计	**37229**	**35543**	**1686**	**45565**	**808520**	**244401**
内　资	**37196**	**35513**	**1683**	**45576**	**794206**	**240852**
国　有	4045	3296	749	7865	176926	81273
集　体	324	293	31	1010	21303	6386
股份合作	29	29		54	543	243
联　营	28	28		42	1018	471
国有联营	11	11		14	452	311
集体联营	6	6		11	186	117
国有与集体联营	5	5		9	103	17
其他联营	6	6		8	277	26
有限责任公司	2986	2865	121	3422	159599	37441
国有独资公司	70	59	11	113	25908	7982
其他有限责任公司	2916	2806	110	3309	133691	29459
股份有限公司	220	189	31	538	20591	4340
私　营	16367	16151	216	18125	253228	65852
私营独资	2476	2466	10	2655	22970	7575
私营合伙	225	225		248	3497	871
私营有限责任公司	11952	11768	184	13309	214570	55028
私营股份有限公司	1714	1692	22	1913	12191	2378
其他内资	13197	12662	535	14520	160998	44846
港澳台商投资	**16**	**14**	**2**	**42**	**5420**	**1731**
与港澳台商合资经营	6	6		13	1778	382
与港澳台商合作经营	1	1		2	1129	124
港澳台商独资	7	6	1	23	2188	1022
港澳台商投资股份有限公司	2	1	1	3	325	203
其他港、澳、台商投资				1		
外商投资	**20**	**18**	**2**	**59**	**8962**	**1856**
中外合资经营	12	11	1	16	6881	926
中外合作经营						
外资企业	5	5		35	956	121
外商投资股份有限公司	1	1		7	9	2
其他外商投资	2	1	1	1	1116	807

2-7　按行业(门类、大类)分组的企业法人单位数及就业人数(2015年)

单位：个，人

行　业	单位数	#单产业法人	就业人数	#单产业法人	#女性
合　计	**18029**	**17659**	**490082**	**398837**	**122326**
农、林、牧、渔业	2450	2445	27857	27654	7843
农　业	879	877	12020	11973	3990
林　业	415	415	5444	5444	1456
畜牧业	986	984	8720	8604	1896
渔　业	11	11	146	146	37
农、林、牧、渔服务业	159	158	1527	1487	464
采矿业	996	971	132784	96428	16543
煤炭开采和洗选业	635	615	123923	88691	15488
石油和天然气开采业	4	4	33	33	8
黑色金属矿采选业	67	66	2608	2487	286
有色金属矿采选业	53	51	2183	1198	268
非金属矿采选业	184	183	2881	2876	311
开采辅助活动	25	25	781	781	140
其他采矿业	28	27	375	362	42
制造业	2929	2879	143146	118095	38862
农副食品加工业	366	360	15325	9932	7047
食品制造业	101	100	2573	2495	1198
酒、饮料和精制茶制造业	197	187	18881	7170	7174
烟草制品业	1	1	26	26	5
纺织业	16	16	548	548	428
纺织服装、服饰业	12	12	391	391	302
皮革、毛皮、羽毛及其制品和制鞋业	7	7	58	58	16
木材加工和木、竹、藤、棕、草制品业	26	26	507	507	291
家具制造业	17	17	169	169	50
造纸和纸制品业	21	21	427	427	277
印刷和记录媒介复制业	53	52	1819	1241	845
文教、工美、体育和娱乐用品制造业	18	18	155	155	58
石油加工、炼焦和核燃料加工业	70	68	22291	21725	4368
化学原料和化学制品制造业	211	206	11526	9586	3121
医药制造业	20	20	697	697	307
化学纤维制造业	1	1	15	15	5
橡胶和塑料制品业	89	88	1289	1181	417
非金属矿物制品业	671	658	22413	18932	4786
黑色金属冶炼和压延加工业	177	175	19106	18805	2846
有色金属冶炼和压延加工业	58	58	8148	8148	1431
金属制品业	209	208	4647	4574	902
通用设备制造业	283	280	4705	4554	900
专用设备制造业	74	71	2453	2018	773
汽车制造业	7	7	200	200	26
铁路、船舶、航空航天和其他运输设备制造业	4	4	245	245	78
电气机械和器材制造业	35	34	2439	2209	781
计算机、通信和其他电子设备制造业	2	2	189	189	58
仪器仪表制造业	8	8	79	79	14
其他制造业	119	119	1120	1120	192
废弃资源综合利用业	43	42	604	598	150
金属制品、机械和设备修理业	13	13	101	101	16
电力、热力、燃气及水生产和供应业	215	207	8805	8221	2387
电力、热力生产和供应业	101	99	5336	5056	1322
燃气生产和供应业	59	54	1653	1566	408
水的生产和供应业	55	54	1816	1599	657

2-7 续表

单位：个，人

行　业	单位数	#单产业法人	就业人数	#单产业法人	#女性
建筑业	577	558	25986	22632	3931
房屋建筑业	101	91	11621	10426	1035
土木工程建筑业	108	102	8455	6518	1654
建筑安装业	76	73	2304	2082	421
建筑装饰和其他建筑业	292	292	3606	3606	821
批发和零售业	5683	5549	62396	53901	22930
批发业	2405	2365	29071	26812	8715
零售业	3278	3184	33325	27089	14215
交通运输、仓储和邮政业	879	858	22349	18522	4007
铁路运输业	29	29	2737	2737	412
道路运输业	686	673	15528	13640	3134
水上运输业	3	3	26	26	6
航空运输业	1	1	134	134	34
管道运输业	2	2	60	60	10
装卸搬运和运输代理业	80	80	966	966	120
仓储业	39	37	856	781	205
邮政业	39	33	2042	178	86
住宿和餐饮业	297	288	9319	8909	5041
住宿业	110	106	3251	2968	1757
餐饮业	187	182	6068	5941	3284
信息传输、软件和信息技术服务业	431	426	7053	4186	3000
电信、广播电视和卫星传输服务	28	23	3248	381	1998
互联网和相关服务	186	186	1344	1344	466
软件和信息技术服务业	217	217	2461	2461	536
金融业	221	177	10402	2261	4411
货币金融服务	103	78	6638	1033	3258
资本市场服务	25	25	200	200	60
保险业	62	44	2943	691	839
其他金融业	31	30	621	337	254
房地产业	792	782	11258	11024	4085
房地产业	792	782	11258	11024	4085
租赁和商务服务业	1205	1183	13946	12729	4330
租赁业	156	156	1504	1504	266
商务服务业	1049	1027	12442	11225	4064
科学研究和技术服务业	261	256	3636	3430	1071
研究和试验发展	21	19	741	703	236
专业技术服务业	214	211	2729	2561	802
科技推广和应用服务业	26	26	166	166	33
水利、环境和公共设施管理业	123	121	1982	1857	586
水利管理业	16	16	163	163	42
生态保护和环境治理业	11	11	119	119	27
公共设施管理业	96	94	1700	1575	517
居民服务、修理和其他服务业	532	525	4017	3889	1127
居民服务业	132	129	955	921	363
机动车、电子产品和日用产品修理业	117	114	1051	961	227
其他服务业	283	282	2011	2007	537
教　育	64	64	1163	1163	357
教　育	64	64	1163	1163	357
卫生和社会工作	47	46	1050	1045	712
卫　生	41	40	945	940	637
社会工作	6	6	105	105	75
文化、体育和娱乐业	330	327	2933	2891	1103
新闻和出版业	4	4	24	24	4
广播、电视、电影和影视录音制作业	39	39	520	520	194
文化艺术业	79	79	1137	1137	467
体　育	15	14	188	177	73
娱乐业	193	191	1064	1033	365

2-8　按行业(门类、大类)分组的企业法人单位数及就业人数(2016年)

单位：个，人

行　业	单位数	#单产业法人	就业人数	#单产业法人	#女性
合　计	**21216**	**20765**	**501248**	**397148**	**125513**
农、林、牧、渔业	1569	1560	17478	17093	4759
农　业	503	500	6207	6140	1957
林　业	328	328	4007	4007	1050
畜牧业	604	600	5992	5719	1390
渔　业	14	14	187	187	41
农、林、牧、渔服务业	120	118	1085	1040	321
采矿业	1063	1037	131849	92723	16253
煤炭开采和洗选业	683	663	122963	84966	15196
石油和天然气开采业	2	2	20	20	7
黑色金属矿采选业	65	64	2595	2474	284
有色金属矿采选业	53	50	2166	1176	241
非金属矿采选业	199	198	2786	2781	323
开采辅助活动	29	29	931	931	144
其他采矿业	32	31	388	375	58
制造业	3251	3192	145197	112774	39398
农副食品加工业	340	333	14984	9349	6792
食品制造业	124	122	2619	2518	1176
酒、饮料和精制茶制造业	226	215	19416	7693	7334
纺织业	15	15	561	561	435
纺织服装、服饰业	13	12	396	393	305
皮革、毛皮、羽毛及其制品和制鞋业	9	9	86	86	30
木材加工和木、竹、藤、棕、草制品业	29	29	552	552	305
家具制造业	20	20	176	176	50
造纸和纸制品业	26	26	506	506	309
印刷和记录媒介复制业	60	58	1891	1326	868
文教、工美、体育和娱乐用品制造业	17	17	220	220	120
石油加工、炼焦和核燃料加工业	73	69	22526	21953	4392
化学原料和化学制品制造业	252	247	11931	9991	3260
医药制造业	26	26	812	812	349
化学纤维制造业	3	3	22	22	8
橡胶和塑料制品业	98	97	1541	1433	512
非金属矿物制品业	710	695	22283	18790	4789
黑色金属冶炼和压延加工业	182	179	19383	12062	3051
有色金属冶炼和压延加工业	62	62	7851	7851	1400
金属制品业	237	236	4688	4615	869
通用设备制造业	300	298	4723	4506	899
专用设备制造业	84	81	2628	2193	820
汽车制造业	8	8	215	215	27
铁路、船舶、航空航天和其他运输设备制造业	4	4	182	182	66
电气机械和器材制造业	46	45	2544	2314	809
计算机、通信和其他电子设备制造业	2	2	54	54	24
仪器仪表制造业	12	12	104	104	22
其他制造业	204	204	1703	1703	269
废弃资源综合利用业	50	49	472	466	90
金属制品、机械和设备修理业	19	19	128	128	18
电力、热力、燃气及水生产和供应业	292	283	9699	8867	2583
电力、热力生产和供应业	147	145	6097	5817	1495
燃气生产和供应业	86	80	1755	1420	427
水的生产和供应业	59	58	1847	1630	661

2-8 续表

单位：个，人

行 业	单位数	#单产业法人	就业人数	#单产业法人	#女性
建筑业	843	816	26588	22264	4335
房屋建筑业	118	104	11605	9722	1064
土木工程建筑业	160	152	7652	5681	1679
建筑安装业	117	112	2552	2082	491
建筑装饰和其他建筑业	448	448	4779	4779	1101
批发和零售业	7454	7294	70907	61455	25511
批发业	2996	2945	31011	28030	8979
零售业	4458	4349	39896	33425	16532
交通运输、仓储和邮政业	1171	1143	24143	20165	4162
铁路运输业	30	29	1275	1271	214
道路运输业	933	918	17866	15956	3424
水上运输业	4	4	28	28	6
航空运输业	1	1	134	134	34
管道运输业	3	3	170	170	44
装卸搬运和运输代理业	112	112	1598	1598	133
仓储业	43	41	895	820	215
邮政业	45	35	2177	188	92
住宿和餐饮业	334	326	10060	9700	5407
住宿业	122	118	3255	2967	1739
餐饮业	212	208	6805	6733	3668
信息传输、软件和信息技术服务业	586	578	7695	4788	3096
电信、广播电视和卫星传输服务	37	32	3285	418	2014
互联网和相关服务	199	199	1223	1223	300
软件和信息技术服务业	350	347	3187	3147	782
金融业	248	197	10666	2385	4517
货币金融服务	105	78	6495	986	3181
资本市场服务	27	27	227	227	62
保险业	74	53	3040	777	890
其他金融业	42	39	904	395	384
房地产业	891	880	11932	11677	4218
房地产业	891	880	11932	11677	4218
租赁和商务服务业	1652	1621	16468	15209	5133
租赁业	221	221	1887	1887	365
商务服务业	1431	1400	14581	13322	4768
科学研究和技术服务业	332	326	4297	4089	1172
研究和试验发展	25	23	948	910	260
专业技术服务业	244	240	2917	2747	803
科技推广和应用服务业	63	63	432	432	109
水利、环境和公共设施管理业	157	155	2266	2169	637
水利管理业	24	24	199	199	51
生态保护和环境治理业	19	19	155	155	36
公共设施管理业	114	112	1912	1815	550
居民服务、修理和其他服务业	758	746	5613	5440	1734
居民服务业	182	178	1482	1437	631
机动车、电子产品和日用产品修理业	158	153	1203	1092	269
其他服务业	418	415	2928	2911	834
教 育	92	92	1333	1333	439
教 育	92	92	1333	1333	439
卫生和社会工作	57	56	1205	1200	736
卫 生	52	51	1109	1104	668
社会工作	5	5	96	96	68
文化、体育和娱乐业	466	463	3852	3817	1423
新闻和出版业	6	6	71	71	33
广播、电视、电影和影视录音制作业	46	46	556	556	205
文化艺术业	134	134	1574	1574	606
体 育	22	21	227	217	78
娱乐业	258	256	1424	1399	501

2-9　主要年份从业人员年末人数

单位：万人

年　份	从业人员合　计				
		在岗职工			
			国有单位	城镇集体单　位	其他单位
1980	14.16	14.05	11.87	2.18	
1985	17.78	16.99	12.69	4.30	
1990	21.45	20.92	16.12	4.79	
1991	22.01	21.59	16.69	4.90	
1992	22.31	21.88	16.95	4.94	
1993	22.60	21.48	16.78	4.55	1.45
1994	22.99	22.40	17.89	4.48	0.03
1995	23.88	23.15	18.55	4.54	0.06
1996	23.46	22.59	18.63	3.81	0.15
1997	22.34	21.71	18.22	3.37	0.11
1998	20.53	19.32	15.80	2.64	0.87
1999	21.42	20.02	16.50	2.52	1.01
2000	21.25	20.18	16.92	2.23	1.03
2001	21.22	20.51	17.16	2.24	1.11
2002	21.08	20.31	16.74	2.29	1.29
2003	21.14	20.40	16.73	2.15	1.52
2004	21.79	20.89	16.95	2.12	1.82
2005	24.63	23.93	17.01	2.80	4.12
2006	27.52	26.91	20.15	2.69	4.07
2007	27.77	27.04	20.72	2.90	0.72
2008	27.81	26.62	21.25	2.76	3.80
2009	28.77	27.81	17.68	1.49	9.61
2010	30.78	29.55	18.73	1.81	10.23
2011	32.73	31.02	19.40	1.95	11.37
2012	35.33	33.63	20.31	2.90	12.12
2013	39.51	37.56	18.44	2.67	18.39
2014	37.19	34.60	17.49	2.45	14.26
2015	36.17	33.66	16.67	2.35	17.16
2016	35.19	32.74	16.88	2.17	16.14

2-10 全部非私营单位从业人员(2016年)

类别	平均人数(人)				
	单位从业人员	1.在岗职工	2.劳务派遣人员	在岗劳务合计	3.其他从业人员
总计	**349776**	**325226**	**3888**	**329114**	**20662**
一、按执行会计标准类别分组					
1.企业	204411	194322	3245	197567	6844
2.事业	97494	86444	252	86696	10798
3.机关	47307	43963	391	44354	2953
5.其他	564	497		497	67
二、按国民经济行业分组					
(一)农、林、牧、渔业	682	682		682	
(二)采矿业	90085	87932	506	88438	1647
(三)制造业	55515	54886	169	55055	460
(四)电力、热力、燃气及水生产和供应业	5490	4749	373	5122	368
(五)建筑业	6528	5340	29	5369	1159
(六)批发和零售业	14079	13463	362	13825	254
(七)交通运输、仓储和邮政业	8216	7042	465	7507	709
(八)住宿和餐饮业	2915	2546	86	2632	283
(九)信息传输、软件和信息技术服务业	3724	2302	521	2823	901
(十)金融业	12178	10236	777	11013	1165
(十一)房地产业	1164	1147	10	1157	7
(十二)租赁和商务服务业	1424	1411	8	1419	5
(十三)科学研究和技术服务业	980	970		970	10
(十四)水利、环境和公共设施管理业	7639	5153	56	5209	2430
(十五)居民服务、修理和其他服务业	119	118		118	1
(十六)教育	54914	51993	105	52098	2816
(十七)卫生和社会工作	13944	12581		12581	1363
(十八)文化、体育和娱乐业	3099	3007	11	3018	81
(十九)公共管理、社会保障和社会组织	67081	59668	410	60078	7003

2-11 全部非私营单位从业人员劳动报酬(2016年)

类 别	工资总额(万元)					从业人员平均工资(元)
	从业人员工资总额	1.在岗职工	2.劳务派遣人员	在岗劳务合 计	3.其他从业人员	
总 计	**1861904**	**1800369**	**16614**	**1816983**	**44921**	**53231**
一、按执行会计标准类别分组						
1.企 业	1052727	1016820	15267	1032086	20641	51500
2.事 业	538108	518208	637	518845	19263	55194
3.机 关	268129	262539	710	263249	4881	56679
5.其 他	2940	2803		2803	137	52133
二、按国民经济行业分组						
(一)农、林、牧、渔业	3625	3625		3625		53151
(二)采矿业	529311	522785	2314	525098	4213	58757
(三)制造业	258430	255920	1263	257182	1247	46551
(四)电力、热力、燃气及水生产和供应业	27102	23877	2428	26305	797	49366
(五)建筑业	23248	20260	104	20364	2885	35613
(六)批发和零售业	48370	46419	1023	47443	927	34356
(七)交通运输、仓储和邮政业	41241	35744	2581	38325	2916	50196
(八)住宿和餐饮业	7874	7059	155	7214	660	27013
(九)信息传输、软件和信息技术服务业	21689	14455	2634	17089	4601	58242
(十)金融业	80373	74753	2962	77714	2659	65998
(十一)房地产业	4005	3964	24	3989	16	34404
(十二)租赁和商务服务业	4814	4791	10	4802	13	33809
(十三)科学研究和技术服务业	5153	5131		5131	22	52578
(十四)水利、环境和公共设施管理业	16584	12701	118	12819	3765	21709
(十五)居民服务、修理和其他服务业	521	519		519	1	43756
(十六)教 育	329406	325992	183	326175	3232	59986
(十七)卫生和社会工作	77593	74431		74431	3162	55646
(十八)文化、体育和娱乐业	14624	14443	2	14445	179	47188
(十九)公共管理、社会保障和社会组织	367942	353501	813	354314	13628	54850

2-12 全部非私营国有单位从业人员(2016年)

类别	平均人数(人)				
	单位从业人员	1.在岗职工	2.劳务派遣人员	在岗劳务合计	3.其他从业人员
总 计	**168655**	**151716**	**1770**	**153486**	**15169**
一、按隶属关系分组					
1.中 央	4939	4635	238	4873	66
2.省、自治区、直辖市	17767	14475	978	15453	2314
3.地 区	21027	18223	174	18397	2630
4.县及县级以下	119575	109220	380	109600	9975
5.其 他	5347	5163		5163	184
二、按执行会计标准类别分组					
1.企 业	27289	24642	1177	25819	1470
#地方	23582	21128	1014	22142	1440
2.事 业	94121	83173	202	83375	10746
#地方	93837	82920	196	83116	10721
3.机 关	47100	43756	391	44147	2953
#地方	46152	42888	322	43210	2942
4.民间非营利组织					
5.其 他	145	145		145	
三、按国民经济行业分组					
(一)农、林、牧、渔业	641	641		641	
(二)采矿业	1911	1772		1772	139
(三)制造业	1509	1393		1393	116
(四)电力、热力、燃气及水生产和供应业	2703	2456	54	2510	193
(五)建筑业	2392	2363		2363	29
(六)批发和零售业	3028	2773	212	2985	43
(七)交通运输、仓储和邮政业	3277	2608	234	2842	435
(八)住宿和餐饮业	1694	1539	60	1599	95
(九)信息传输、软件和信息技术服务业	660	257	350	607	53
(十)金融业	5350	4629	286	4915	435
(十一)房地产业	412	403	8	411	1
(十二)租赁和商务服务业	573	568		568	5
(十三)科学研究和技术服务业	980	970		970	10
(十四)水利、环境和公共设施管理业	6047	3581	40	3621	2426
(十五)居民服务、修理和其他服务业	109	108		108	1
(十六)教 育	54761	51907	105	52012	2749
(十七)卫生和社会工作	12540	11185		11185	1355
(十八)文化、体育和娱乐业	2987	2895	11	2906	81
(十九)公共管理、社会保障和社会组织	67081	59668	410	60078	7003

2-13　全部非私营国有单位从业人员劳动报酬(2016年)

类　别	工资总额(万元)					从业人员平均工资(元)
	从业人员工资总额	1.在岗职工	2.劳务派遣人员	在岗劳务合　计	3.其他从业人员	
总　计	**918984**	**884401**	**6453**	**890854**	**28131**	**54489**
一、按隶属关系分组						
1.中　央	35251	34523	581	35103	148	71373
2.省、自治区、直辖市	98819	87528	4765	92292	6526	55619
3.地　区	108704	102281	401	102683	6021	51697
4.县及县级以下	657851	642172	706	642878	14973	55016
5.其 他	18360	17897		17897	462	34336
二、按执行会计标准类别分组						
1.企　业	125767	116272	5323	121595	4172	46087
#地方	98754	89756	4897	94653	4101	41877
2.事　业	524381	504884	420	505304	19078	55714
#地方	522895	503458	405	503863	19032	55724
3.机　关	267996	262405	710	263115	4881	56899
#地方	261244	255824	571	256395	4849	56605
4.民间非营利组织						
5.其　他	840	840		840		57959
三、按国民经济行业分组						
(一)农、林、牧、渔业	3445	3445		3445		53739
(二)采矿业	8580	8050		8050	530	44898
(三)制造业	4886	4756		4756	130	32378
(四)电力、热力、燃气及水生产和供应业	13084	12293	309	12602	482	48405
(五)建筑业	9479	9374		9374	105	39627
(六)批发和零售业	14955	14023	531	14554	401	49388
(七)交通运输、仓储和邮政业	15082	12466	1123	13589	1493	46023
(八)住宿和餐饮业	4602	4176	118	4294	308	27164
(九)信息传输、软件和信息技术服务业	3484	1088	1935	3023	461	52786
(十)金融业	37456	35733	1344	37077	379	70012
(十一)房地产业	1486	1468	15	1484	2	36061
(十二)租赁和商务服务业	2869	2857		2857	13	50077
(十三)科学研究和技术服务业	5153	5131		5131	22	52578
(十四)水利、环境和公共设施管理业	13805	9970	79	10049	3756	22830
(十五)居民服务、修理和其他服务业	479	477		477	1	43899
(十六)教　育	328775	325498	183	325681	3094	60038
(十七)卫生和社会工作	69139	65992		65992	3148	55135
(十八)文化、体育和娱乐业	14285	14104	2	14107	179	47825
(十九)公共管理、社会保障和社会组织	367942	353501	813	354314	13628	54850

2-14 全部全部非私营集体单位从业人员(2016年)

类 别	平均人数(人)				
	单 位 从业人员	1.在岗 职工	2.劳务 派遣人员	在岗劳务 合 计	3.其他 从业人员
总 计	**21614**	**20260**	**522**	**20782**	**832**
一、按执行会计标准类别分组					
1.企 业	17882	16630	472	17102	780
2.事 业	3232	3130	50	3180	52
3.机 关	207	207		207	
4.民间非营利组织					
5.其 他	293	293		293	
二、按国民经济行业分组					
(一)农、林、牧、渔业	41	41		41	
(二)采矿业	6196	5881		5881	315
(三)制造业	1378	1298	12	1310	68
(四)电力、热力、燃气及水生产和供应业	212	212		212	
(五)建筑业	824	519	19	538	286
(六)批发和零售业	5416	5376	15	5391	25
(七)交通运输、仓储和邮政业	81	80		80	1
(八)住宿和餐饮业	249	241	4	245	4
(九)信息传输、软件和信息技术服务业	64	53	9	62	2
(十)金融业	4073	3499	455	3954	119
(十一)房地产业	91	87		87	4
(十二)租赁和商务服务业	49	41	8	49	
(十三)科学研究和技术服务业					
(十四)水利、环境和公共设施管理业	1473	1473		1473	
(十五)居民服务、修理和其他服务业					
(十六)教 育	27	27		27	
(十七)卫生和社会工作	1404	1396		1396	8
(十八)文化、体育和娱乐业	36	36		36	
(十九)公共管理、社会保障和社会组织					

2-15　全部非私营集体单位从业人员劳动报酬(2016年)

类　别	工资总额(万元)					从业人员平均工资(元)
	从业人员	1.在岗职工	2.劳务派遣人员	在岗劳务合　计	3.其他从业人员	
总　计	**104798**	**101794**	**1793**	**103587**	**1212**	**48486**
一、按执行会计标准类别分组						
1.企　业	89872	87270	1576	88845	1027	50258
2.事　业	13153	12751	217	12968	185	40697
3.机　关	134	134		134		6449
4.民间非营利组织						
5.其　他	1639	1639		1639		55952
二、按国民经济行业分组						
(一)农、林、牧、渔业	180	180		180		43951
(二)采矿业	40554	40447		40447	107	65452
(三)制造业	5496	5357	42	5398	97	39880
(四)电力、热力、燃气及水生产和供应业	520	520		520		24528
(五)建筑业	2774	2135	95	2230	545	33669
(六)批发和零售业	12651	12541	54	12595	56	23358
(七)交通运输、仓储和邮政业	168	166		166	1	20691
(八)住宿和餐饮业	885	861	11	872	13	35538
(九)信息传输、软件和信息技术服务业	245	219	22	241	4	38219
(十)金融业	29752	27823	1559	29382	370	73046
(十一)房地产业	178	173		173	5	19538
(十二)租赁和商务服务业	46	36	10	46		9429
(十三)科学研究和技术服务业						
(十四)水利、环境和公共设施管理业	2572	2572		2572		17464
(十五)居民服务、修理和其他服务业						
(十六)教　育	171	171		171		63259
(十七)卫生和社会工作	8454	8439		8439	14	60211
(十八)文化、体育和娱乐业	154	154		154		42722
(十九)公共管理、社会保障和社会组织						

2-16 全部非私营其他单位从业人员(2016年)

类 别	平均人数(人)				
	单 位 从业人员	1.在岗 职工	2.劳务 派遣人员	在岗劳务 合 计	3.其他 从业人员
总 计	**159507**	**153250**	**1596**	**154846**	**4661**
一、按登记注册类型分组					
(一)内 资	145472	140352	1422	141774	3698
1.股份合作	307	307		307	
2.联营	139	136		136	3
#国有联营					
集体联营	33	30		30	3
3.有限责任公司	128470	123968	1135	125103	3367
#国有独资	27600	26706	22	26728	872
4.股份有限公司	15081	14690	266	14956	125
5.其 他	1475	1251	21	1272	203
(二)港、澳、台商投资	6304	5281	60	5341	963
(三)外商投资	7731	7617	114	7731	
二、按执行会计标准类别分组					
1.企 业	159240	153050	1596	154646	4594
2.事 业	141	141		141	
3.机 关					
4.民间非营利组织					
5.其 他	126	59		59	67
三、按国民经济行业分组					
(一)农、林、牧、渔业					
(二)采矿业	81978	80279	506	80785	1193
(三)制造业	52628	52195	157	52352	276
(四)电力、热力、燃气及水生产和供应业	2575	2081	319	2400	175
(五)建筑业	3312	2458	10	2468	844
(六)批发和零售业	5635	5314	135	5449	186
(七)交通运输、仓储和邮政业	4858	4354	231	4585	273
(八)住宿和餐饮业	972	766	22	788	184
(九)信息传输、软件和信息技术服务业	3000	1992	162	2154	846
(十)金融业	2755	2108	36	2144	611
(十一)房地产业	661	657	2	659	2
(十二)租赁和商务服务业	802	802		802	
(十三)科学研究和技术服务业					
(十四)水利、环境和公共设施管理业	119	99	16	115	4
(十五)居民服务、修理和其他服务业	10	10		10	
(十六)教 育	126	59		59	67
(十七)卫生和社会工作					
(十八)文化、体育和娱乐业	76	76		76	
(十九)公共管理、社会保障和社会组织					

2-17　全部非私营其他单位从业人员劳动报酬(2016年)

类　别	工资总额(万元)					从业人员平均工资(元)
	从业人员	1.在岗职工	2.劳务派遣人员	在岗劳务合　计	3.其他从业人员	
总　计	**838121**	**814175**	**8368**	**822543**	**15579**	**52544**
一、按登记注册类型分组						
(一)内　资	761350	742753	7677	750430	10920	52337
1.股份合作	1359	1359		1359		44254
2.联　营	734	716		716	17	52777
#国有联营						
集体联营	203	186		186	17	61576
3.有限责任公司	661813	646057	5797	651853	9960	51515
#国有独资	152408	151099	57	151156	1251	55220
4.股份有限公司	90739	88664	1529	90193	546	60168
5.其　他	6706	5958	352	6310	396	45464
(二)港、澳、台商投资	30274	25311	304	25615	4659	48023
(三)外商投资	46498	46111	387	46498		60145
二、按执行会计标准类别分组						
1.企　业	837088	813278	8368	821646	15441	52568
2.事　业	573	573		573		40652
3.机　关						
4.民间非营利组织						
5.其　他	461	323		323	137	36548
三、按国民经济行业分组						
(一)农、林、牧、渔业						
(二)采矿业	480177	474287	2314	476601	3576	58574
(三)制造业	248048	245807	1221	247028	1020	47132
(四)电力、热力、燃气及水生产和供应业	13498	11064	2119	13183	315	52420
(五)建筑业	10995	8751	9	8760	2235	33198
(六)批发和零售业	20765	19856	438	20294	471	36849
(七)交通运输、仓储和邮政业	25992	23112	1459	24570	1422	53504
(八)住宿和餐饮业	2388	2022	26	2048	340	24565
(九)信息传输、软件和信息技术服务业	17961	13148	676	13825	4136	59869
(十)金融业	13165	11197	59	11256	1909	47785
(十一)房地产业	2341	2323	9	2332	9	35418
(十二)租赁和商务服务业	1899	1899		1899		23676
(十三)科学研究和技术服务业						
(十四)水利、环境和公共设施管理业	206	159	39	197	9	17303
(十五)居民服务、修理和其他服务业	42	42		42		42200
(十六)教　育	461	323		323	137	36548
(十七)卫生和社会工作						
(十八)文化、体育和娱乐业	185	185		185		24289
(十九)公共管理、社会保障和社会组织						

2-18 全部非私营企业单位从业人员(2016年)

类别	平均人数(人)				
	单位从业人员	1.在岗职工	2.劳务派遣人员	在岗劳务合计	3.其他从业人员
总计	**204411**	**194322**	**3245**	**197567**	**6844**
#国有控股	106700	101309	2376	103685	3015
集体控股	19215	17717	460	18177	1038
按国民经济行业分组					
(一)农、林、牧、渔业	97	97		97	
(二)采矿业	90085	87932	506	88438	1647
(三)制造业	55515	54886	169	55055	460
(四)电力、热力、燃气及水生产和供应业	5388	4647	373	5020	368
(五)建筑业	6391	5203	29	5232	1159
(六)批发和零售业	13738	13122	362	13484	254
(七)交通运输、仓储和邮政业	6999	5890	463	6353	646
(八)住宿和餐饮业	2915	2546	86	2632	283
(九)信息传输、软件和信息技术服务业	3649	2241	512	2753	896
(十)金融业	11418	9590	711	10301	1117
(十一)房地产业	985	969	10	979	6
(十二)租赁和商务服务业	833	825	8	833	
(十三)科学研究和技术服务业	18	18		18	
(十四)水利、环境和公共设施管理业	121	99	16	115	6
(十五)居民服务、修理和其他服务业	113	113		113	
(十六)教 育	4891	4891		4891	
(十七)卫生和社会工作	943	943		943	
(十八)文化、体育和娱乐业	260	260		260	
(十九)公共管理、社会保障和社会组织	52	50		50	2

2-19　全部非私营企业单位从业人员劳动报酬(2016年)

类　别	工资总额(万元)					从业人员平均工资(元)
	从业人员	1.在岗职工	2.劳务派遣人员	在岗劳务合　计	3.其他从业人员	
总　计	**1052727**	**1016820**	**15267**	**1032086**	**20641**	**51500**
#国有控股	600612	578749	12047	590796	9816	56290
集体控股	97218	94089	1404	95493	1725	50595
按国民经济行业分组(GB/T 4754-211)						
(一)农、林、牧、渔业	288	288		288		29691
(二)采矿业	529311	522785	2314	525098	4213	58757
(三)制造业	258430	255920	1263	257182	1247	46551
(四)电力、热力、燃气及水生产和供应业	26684	23459	2428	25888	797	49525
(五)建筑业	22660	19672	104	19775	2885	35456
(六)批发和零售业	47654	45703	1023	46727	927	34688
(七)交通运输、仓储和邮政业	36107	30708	2576	33284	2823	51589
(八)住宿和餐饮业	7874	7059	155	7214	660	27013
(九)信息传输、软件和信息技术服务业	21322	14118	2612	16730	4592	58431
(十)金融业	74705	69516	2719	72235	2469	65427
(十一)房地产业	3169	3131	24	3155	14	32176
(十二)租赁和商务服务业	1965	1955	10	1965		23589
(十三)科学研究和技术服务业	67	67		67		37167
(十四)水利、环境和公共设施管理业	208	159	39	197	11	17174
(十五)居民服务、修理和其他服务业	487	487		487		43062
(十六)教　育	16667	16667		16667		34077
(十七)卫生和社会工作	3913	3913		3913		41498
(十八)文化、体育和娱乐业	923	923		923		35485
(十九)公共管理、社会保障和社会组织	294	291		291	3	56538

主要统计指标解释

人口数 指一定时点、一定地区范围内有生命的个人总和。

年度统计的年末人口数指每年 12 月 31 日 24 时的常住人口数。

常住人口 包括：1、住本乡（镇）街道，户口登记地在本乡（镇）街道；2、住本乡（镇）街道半年以上，户口登记地在其他乡（镇）街道；3、住本乡（镇）街道不满半年，但是已离开户口登记地半年以上；4、户口登记地在本乡（镇）街道，离开不满半年；5、住本乡（镇）街道，户口待定。6、户口登记地在本乡（镇）街道，现居住国外。

城镇人口和乡村人口 城镇人口是指居住在城镇范围内的全部常住人口；乡村人口是除上述人口以外的全部人口。

城镇包括城区和镇区。城区是指在市辖区和不设区的市中，街道办事处所辖的居民委员会地域；城市公共设施、居住设施等连接到的其他居民委员会地域和村民委员会地域。

镇区是指在城区以外的镇和其他区域，其包括镇所辖的居民委员会地域；镇的公共设施、居住设施等连接到的村民委员会地域。

出生率（又称粗出生率） 指在一定时期内（通常为一年）一定地区的出生人数与同期内平均人数（或期中人数）之比，用千分率表示。本资料中的出生率指年出生率，其计算公式为：

出生率=年出生人数/年平均人数×1000‰

式中：出生人数指活产婴儿，即胎儿脱离母体时（不管怀孕月数），有过呼吸或其他生命现象。年平均人数指年初、年底人口数的平均数，也可用年中人口数代替。

死亡率（又称粗死亡率） 指在一定时期内（通常为一年）一定地区的死亡人数与同期内平均人数（或期中人数）之比，用千分率表示。本资料中的死亡率指年死亡率，其计算公式为：

死亡率=年死亡人数/年平均人数×1000‰

人口自然增长率 指在一定时期内（通常为一年）人口自然增加数（出生人数减死亡人数）与该时期内平均人数（或期中人数）之比，用千分率表示。计算公式为：

人口自然增长率=（本年出生人数-本年死亡人数）/年平均人数×1000‰=人口出生率-人口死亡率

从业人员期末人数 指报告期末最后一日 24 时在本单位工作，并取得工资或其他形式劳动报酬的人员数。该指标为时点指标，不包括最后一日当天及以前已经与单位解除劳动合同关系的人员，是在岗职工、劳务派遣人员及其他从业人员之和。从业人员不包括：

(1)离开本单位仍保留劳动关系，并定期领取生活费的人员；

(2)利用课余时间打工的学生及在本单位实习的各类在校学生；

(3)本单位因劳务外包而使用的人员，如：建筑业整建制使用的人员。

从业人员平均人数 指报告期内（年度、季度、月度）平均拥有的从业人员数。季度或年度平均人数按单位实际月平均人数计算得到，不得用期末人数替代。

年平均人数是以 12 个月的平均人数相加之和除以 12 求得，或以 4 个季度的平均人数之和除以 4 求得。计算公式为：

$$\text{年平均人数}=\frac{\text{报告年内12个月平均人数之和}}{12}$$

或：

$$年平均人数=\frac{报告年内4个季度平均人数之和}{4}$$

在年内新成立的单位年平均人数计算方法为：从实际开工之月起到年底的月平均人数相加除以 12 个月。计算公式为：

$$年平均人数=\frac{开工之月平均人数+\cdots+12月平均人数}{12}$$

在岗职工　指在本单位工作且与本单位签订劳动合同，并由单位支付各项工资和社会保险、住房公积金的人员，以及上述人员中由于学习、病伤、产假等原因暂未工作仍由单位支付工资的人员。在岗职工还包括：

(1)应订立劳动合同而未订立劳动合同人员（如使用的农村户籍人员）；

(2)处于试用期人员；

(3)编制外招用的人员，如临时人员；

(4)派往外单位工作，但工资仍由本单位发放的人员（如挂职锻炼、外派工作等情况）。

在岗职工不包括：

(1)本单位使用的且由本单位直接支付工资的劳务派遣人员，应统计在本单位“劳务派遣人员”指标中；

(2)本单位因劳务外包而使用的人员，由承包劳务的单位统计为在岗职工。

从业人员工资总额　指根据《关于工资总额组成的规定》（1990 年 1 月 1 日国家统计局发布的一号令）进行修订，本单位在报告期内（季度或年度）直接支付给本单位全部从业人员的劳动报酬总额。包括计时工资、计件工资、奖金、津贴和补贴、加班加点工资、特殊情况下支付的工资，是在岗职工工资总额、劳务派遣人员工资总额和其他从业人员工资总额之和。

工资总额是税前工资，包括单位从个人工资中直接为其代扣或代缴的房费、水费、电费、住房公积金和社会保险基金个人缴纳部分等。

工资总额不论是计入成本的还是不计入成本的，不论是以货币形式支付的还是以实物形式支付的，均应列入工资总额的计算范围。

在岗职工工资总额　指本单位在报告期内直接支付给本单位全部在岗职工的劳动报酬总额。在岗职工工资总额由基本工资、绩效工资、工资性津贴和补贴、其他工资四部分组成。工资总额不包括病假、事假等情况的扣款。

各单位在填报在岗职工工资总额四项构成时，应根据实际情况调整对应项目；如不能确定调整项，可扣减基本工资项。

三、物价、城乡居民生活

资料整理：刘文娟　李雪竹　武海鹏

3-1　各年度各种物价总指数

上年价格=100

年　份	市政府所在地城市居民消费价格总指数	市政府所在地城市商品零售价格总指数
1996	107.0	106.4
1997	103.2	101.0
1998	98.4	96.1
1999	99.2	97.2
2000	101.7	97.9
2001	102.6	100.7
2002	101.0	99.1
2003	101.3	100.1
2004	104.5	102.5
2005	101.0	99.1
2006	102.3	100.7
2007	105.1	104.2
2008	106.3	105.0
2009	99.4	97.6
2010	103.4	103.3
2011	104.6	104.1
2012	102.6	101.8
2013	103.0	101.7
2014	101.7	100.4
2015	100.3	99.3
2016	100.6	101.0

3-2 居民消费价格分类指数

上年价格=100

指　标	2016年	指　标	2016年
居民消费价格总指数	**100.6**	(12)糖果糕点类	99.1
一、食品烟酒	**102.6**	食糖	100.0
1.食品	103.3	糖果	93.4
(1)粮食	99.3	糕点	100.0
大米	100.0	其他糖果糕点	100.0
面粉	100.7	(13)调味品	100.5
其他粮食	94.3	食用盐	100.0
粮食制品	100.0	酱油	100.0
(2)薯类	112.7	食醋	100.0
薯类	112.7	调味酱	100.5
(3)豆类	96.3	味精	100.0
干豆	95.3	其他调味品	102.7
豆制品	96.5	(14)其他食品类	99.7
(4)食用油	101.1	方便食品	104.2
食用植物油	100.6	淀粉及制品	93.0
食用动物油	134.8	膨化食品	100.0
(5)菜	111.5	2.茶及饮料	99.6
鲜菜	111.8	茶叶	100.0
干菜及菜制品	108.0	固体咖啡	100.0
(6)畜肉类	112.2	其他固体饮料	100.0
猪肉	122.0	饮用水	100.0
牛肉	98.4	果汁饮料	100.0
羊肉	99.0	其他液体饮料	98.9
畜肉副产品	100.2	3.烟酒	101.4
其他畜肉及制品	105.3	(1)烟草	103.0
(7)禽肉类	108.0	烟草	103.0
鸡	110.2	(2)酒类	98.4
鸭	89.0	白酒	100.0
其他禽肉及制品	104.5	葡萄酒	100.0
(8)水产品	102.0	啤酒	88.4
淡水鱼	91.2	其他酒类	100.0
海水鱼	108.7	4.在外餐饮	101.3
虾蟹类	110.6	正餐	100.3
其他水产品及制品	109.8	快餐	104.4
(9)蛋类	92.6	地方小吃	99.9
鸡蛋	92.3	其他在外餐饮	100.0
其他蛋及制品	100.0	**二、衣着**	**101.1**
(10)奶类	99.2	1.服装	102.1
鲜奶	98.4	(1)男式服装	101.8
酸奶	100.0	男式西服	98.3
奶粉	100.0	男式冬衣	113.5
其他奶制品	100.0	男式夹克衫	96.0
(11)干鲜瓜果类	95.0	男式毛线衣	111.2
鲜瓜果	96.3	男式运动装	99.5
坚果	93.6	男式衬衫T恤	95.2
瓜果制品	79.7	男式裤子	98.7

3-2　续表1

上年价格=100

指　　标	2016年	指　　标	2016年
男式内衣	100.2	(2)物业管理费	100.4
(2)女式服装	103.0	物业管理费	100.4
女式外套	92.2	(3)住房装潢维修	100.0
女式冬衣	113.9	装潢维修费	100.0
女式毛线衣	113.2	其他住房费用	100.0
女式运动装	99.6	3.水电燃料	100.6
女式衬衫T恤	95.3	(1)水	100.0
女式裤子	100.0	水	100.0
女式裙子	103.1	(2)电	100.0
女式内衣	98.6	电	100.0
(3)儿童服装	100.3	(3)燃气	100.0
婴幼服装	100.0	管道燃气	100.0
儿童上衣	100.0	液化石油气	100.0
儿童裤子	100.0	(4)取暖费	100.0
儿童裙子	101.7	取暖费	100.0
2.服装材料	100.0	(5)其他燃料	107.9
服装材料	100.0	其他燃料	107.9
3.其他衣着及配件	100.0	4.自有住房	95.0
袜子	100.0	自有住房	95.0
帽子	100.0	**四、生活用品及服务**	**100.1**
其他衣着配件	100.0	1.家具及室内装饰品	99.5
4.衣着加工服务费	100.0	(1)家具	99.4
衣着洗涤保养	100.0	柜	99.9
衣着加工	100.0	床	97.5
5.鞋类	98.4	桌	100.0
(1)鞋	98.4	椅	100.0
男鞋	98.1	沙发	100.0
女鞋	98.5	其他家具	99.5
童鞋	98.9	(2)室内装饰品	100.6
(2)鞋类加工服务	100.0	灯具	100.0
鞋类加工服务	100.0	其他室内装饰品	101.4
三、居住	**97.1**	2.家用器具	100.2
1.租赁房房租	94.3	(1)大型家用器具	100.2
公房房租	100.0	洗衣机	100.3
私房房租	94.2	电冰箱(柜)	100.0
2.住房保养维修及管理	100.1	抽油烟机	100.0
(1)住房装潢材料	100.0	空调器	101.4
木地板	99.2	热水器	100.0
瓷砖	100.0	炉具灶具	100.0
水泥	101.1	微波炉	100.0
涂料	100.0	其他大型家用器具	100.0
板材	99.5	(2)小家电	100.0
管材	101.1	厨房小家电	100.0
厨卫设备	100.0	生活小家电	100.0
门窗	100.0	3.家用纺织品	99.9
其他住房装潢材料	100.0	(1)床上用品	99.8

3-2 续表2

上年价格=100

指　标	2016年	指　标	2016年
被子	99.4	其他车用能源	86.5
床单被套	100.0	(3)交通工具使用和维修	100.0
其他床上用品	100.0	停车费	100.0
(2)窗帘门帘	100.4	车辆使用费	100.0
窗帘门帘	100.4	交通工具零配件	100.0
(3)其他家用纺织品	100.0	车辆修理与保养	100.0
其他家用纺织品	100.0	(4)交通费	98.5
4.家庭日用杂品	100.3	市内公共交通	100.0
(1)洗涤卫生用品	100.1	出租汽车	100.0
清洗用品	100.2	飞机票	99.7
清洁用具	100.0	火车票	100.0
清洁用纸	100.1	长途汽车	92.9
(2)厨具餐具茶具	101.1	其他交通费	100.0
厨具	101.7	2.通信	100.1
餐具	100.9	(1)通信工具	100.5
茶具	100.0	固定电话机	100.0
(3)家用手工工具	100.2	移动电话机	100.5
家用手工工具	100.2	通信工具零配件	100.0
(4)其他家庭日用杂品	100.0	(2)通信服务	100.0
配电附件	100.0	固定电话费	100.0
雨具	100.0	移动通信费	100.0
其他日用杂品	100.0	上网费	100.0
5.个人护理用品	100.5	其他通信服务	100.0
(1)化妆品	100.7	(3)邮递服务	100.0
清洁化妆品	100.5	邮政邮寄	100.0
护肤化妆品	101.0	快递服务	100.0
彩妆化妆品	100.3	**六、教育文化和娱乐**	**102.9**
化妆器具	100.0	1.教育	104.5
(2)其他护理用品类	100.1	(1)教育用品	103.9
清洁类护理用品	100.4	工具书	100.0
护发美发用品	100.1	教材	105.9
护理器具	100.0	参考资料	104.9
其他护理用品	99.2	其他教育用品	100.0
6.家庭服务	100.0	(2)教育服务	104.5
家政服务	100.0	学前教育	125.1
家庭维修服务	100.0	小学初中教育	103.2
五、交通和通信	**99.1**	高中中职教育	100.0
1.交通	98.5	高等教育	100.0
(1)交通工具	100.0	课外教育	101.6
小型汽车	100.0	专业技能培训	100.0
电动自行车	100.0	2.文化娱乐	100.8
自行车	100.0	(1)文娱耐用消费品	100.2
其他交通工具	100.0	电视机	100.4
(2)交通工具用燃料	95.3	照相机	100.0
汽油	95.4	台式计算机	100.0
柴油	97.2	笔记本平板	100.0

3-2　续表3

上年价格=100

指　　标	2016年	指　　标	2016年
乐器	100.0	一般医疗服务	100.0
音响	100.0	一般治疗操作	100.0
其他文娱耐用消费品	101.0	护理	100.0
(2)其他文娱用品	100.0	其他综合医疗服务	100.0
书报杂志	100.0	(2)诊断类	100.0
纸张文具	100.0	病理学诊断	100.0
体育户外用品	100.0	实验室诊断	100.0
游戏用品和玩具	100.0	影像学诊断	100.0
园艺花卉及用品	100.0	临床诊断	100.0
宠物及用品	100.0	(3)治疗类	100.0
其他文化娱乐用品	100.0	临床手术治疗	100.0
(3)文化娱乐服务	100.9	临床非手术治疗	100.0
电影票	100.0	(4)康复类	100.0
景点门票	100.0	康复医疗	100.0
有线电视	100.0	(5)中医医疗服务类	100.0
健身活动	108.5	中医治疗	100.0
其他文娱服务	100.0	(6)其他医疗服务	100.0
(4)旅游	101.4	其他医疗服务	100.0
旅行社收费	101.6	**八、其他用品和服务**	**101.7**
其他旅游	100.0	1.其他用品类	103.0
七、医疗保健	**100.4**	(1)首饰手表	104.8
1.药品及医疗器具	101.0	金饰品	114.5
(1)中药	100.7	银饰品	102.5
中药材	101.4	铂金饰品	90.8
中成药	100.3	手表	99.8
(2)西药	101.2	(2)其他杂项用品	100.4
抗微生物药	93.7	箱包	100.9
消化系统用药	100.4	母婴用品	100.0
呼吸系统用药	105.7	眼镜	100.0
解热镇痛药	97.5	2.其他服务类	100.6
抗肿瘤药	100.7	(1)旅馆住宿	100.5
激素及影响内分泌药	102.7	宾馆住宿	100.1
心血管系统用药	106.6	其他住宿	101.1
血液系统用药	100.0	(2)美容美发洗浴	102.4
治疗精神障碍药	104.8	美容	100.0
神经系统用药	102.8	美发	105.6
消毒防腐及创伤外科用药	99.9	洗浴	100.0
泌尿系统用药	100.0	(3)养老服务	100.0
维生素、矿物质类药	99.6	养老服务	100.0
调节水、电解质及酸碱平衡药	100.0	(4)金融保险	100.1
(3)滋补保健品	101.0	金融服务	95.5
滋补保健品	101.0	车辆保险	101.9
(4)医疗卫生器具	100.0	旅行保险	100.0
医疗卫生器具	100.0	其他保险	100.0
(5)保健器具	100.0	(5)其他服务类	100.0
保健器具	100.0	中介服务	100.0
2.医疗服务	100.0	其他服务	100.0
(1)综合医疗类	100.0		

3-3 商品零售价格分类指数

上年价格=100

指　标	2016年	指　标	2016年
商品零售价格指数	**101.0**	瓜果制品	79.7
一、食品	**102.8**	12.糖果糕点类	99.1
1.粮食	99.3	食糖	100.0
大米	100.0	糖果	93.4
面粉	100.7	糕点	100.0
其他粮食	94.3	其他糖果糕点	100.0
粮食制品	100.0	13.调味品	100.5
2.薯类	112.7	食用盐	100.0
薯类	112.7	酱油	100.0
3.豆类	96.3	食醋	100.0
干豆	95.3	调味酱	100.5
豆制品	96.5	味精	100.0
4.食用油	101.1	其他调味品	102.7
食用植物油	100.6	14.其他食品类	99.7
食用动物油	134.8	方便食品	104.2
5.菜	111.5	淀粉及制品	93.0
鲜菜	111.8	膨化食品	100.0
干菜及菜制品	108.0	15.在外餐饮	101.3
6.畜肉类	112.2	正餐	100.3
猪肉	122.0	快餐	104.4
牛肉	98.4	地方小吃	99.9
羊肉	99.0	其他在外餐饮	100.0
畜肉副产品	100.2	**二、饮料、烟酒**	**101.1**
其他畜肉及制品	105.3	1.茶及饮料	99.6
7.禽肉类	108.0	茶叶	100.0
鸡	110.2	固体咖啡	100.0
鸭	89.0	其他固体饮料	100.0
其他禽肉及制品	104.5	饮用水	100.0
8.水产品	102.0	果汁饮料	100.0
淡水鱼	91.2	其他液体饮料	98.9
海水鱼	108.7	2.烟草	103.0
虾蟹类	110.6	烟草	103.0
其他水产品及制品	109.8	3.酒类	98.4
9.蛋类	92.6	白酒	100.0
鸡蛋	92.3	葡萄酒	100.0
其他蛋及制品	100.0	啤酒	88.4
10.奶类	99.2	其他酒类	100.0
鲜奶	98.4	**三、服装、鞋帽**	**101.1**
酸奶	100.0	1.服装	102.1
奶粉	100.0	(1)男士服装	101.8
其他奶制品	100.0	男式西服	98.3
11.干鲜瓜果类	95.0	男式冬衣	113.5
鲜瓜果	96.3	男式夹克衫	96.0
坚果	93.6	男式毛线衣	111.2

3-3　续表1

上年价格=100

指　　标	2016年	指　　标	2016年
男式运动装	99.5	微波炉	100.0
男式衬衫T恤	95.2	厨房小家电	100.0
男式裤子	98.7	生活小家电	100.0
男式内衣	100.2	其他大型家用器具	100.0
(2)女士服装	103.0	2.文娱用耐用消费品	100.5
女式外套	92.2	电视机	100.4
女式冬衣	113.9	照相机	100.0
女式毛线衣	113.2	音响	100.0
女式运动装	99.6	其他文娱耐用消费品	101.0
女式衬衫T恤	95.3	3.专业音像器材	100.0
女式裤子	100.0	专业音响器材	100.0
女式裙子	103.1	专业声像器材	100.0
女式内衣	98.6	**六、文化办公用品**	**100.0**
(3)儿童服装	100.3	纸张文具	100.0
婴幼服装	100.0	台式计算机	100.0
儿童上衣	100.0	笔记本平板	100.0
儿童裤子	100.0	电脑附件	100.0
儿童裙子	101.7	打印复印机	100.0
2.鞋帽袜	98.6	教学设备	100.0
(1)鞋	98.4	**七、日用品**	**100.3**
男鞋	98.1	1.日用百货	100.0
女鞋	98.5	电动自行车	100.0
童鞋	98.9	自行车	100.0
(2)袜子	100.0	雨具	100.0
袜子	100.0	护理器具	100.0
(3)帽子	100.0	清洁用纸	100.1
帽子	100.0	化妆器具	100.0
3.其他衣着配件	100.0	2.厨具餐具茶具	101.1
其他衣着配件	100.0	厨具	101.7
四、纺织品	**99.8**	餐具	100.9
1.服装材料	100.0	茶具	100.0
服装材料	100.0	3.清洗用品	100.2
2.床上用品	99.8	清洗用品	100.2
被子	99.4	4.其他日用品	100.3
床单被套	100.0	灯具	100.0
其他床上用品	100.0	箱包	100.9
五、家用电器及音像器材	**100.3**	母婴用品	100.0
1.家庭设备	100.2	眼镜	100.0
洗衣机	100.3	其他护理用品	99.2
电冰箱(柜)	100.0	其他日用杂品	100.0
抽油烟机	100.0	**八、体育娱乐用品**	**100.0**
空调器	101.4	1.体育户外用品	100.0
热水器	100.0	体育户外用品	100.0
炉具灶具	100.0	2.娱乐用品	100.0

3-3 续表2

上年价格=100

指　标	2016年	指　标	2016年
乐器	100.0	血液系统用药	100.0
游戏用品和玩具	100.0	治疗精神障碍药	104.8
园艺花卉及用品	100.0	神经系统用药	102.8
宠物及用品	100.0	消毒防腐及创伤外科用药	99.9
其他文化娱乐用品	100.0	泌尿系统用药	100.0
九、交通、通信用品	**100.3**	维生素、矿物质类药	99.6
1.交通运输机械	100.1	调节水、电解质及酸碱平衡药	100.0
小型汽车	100.0	4.保健器具及用品	100.9
大中型客车	100.4	保健器具	100.0
交通工具零配件	100.0	滋补保健品	101.0
2.通信器材	100.4	**十四、书报杂志及电子出版物**	**101.8**
固定电话机	100.0	1.教材及参考书	103.9
移动电话机	100.5	工具书	100.0
其他通信器材	100.0	教材	105.9
十、家具	**99.4**	参考资料	**104.9**
柜	99.9	其他教育用品	100.0
床	97.5	2.书报杂志	100.0
桌	100.0	书报杂志	100.0
椅	100.0	3.计算机办公软件	100.0
沙发	100.0	计算机办公软件	100.0
其他家具	99.5	**十五、燃料**	**99.8**
十一、化妆品	**100.6**	1.煤炭及制品	107.3
清洁化妆品	100.5	原煤	107.5
护肤化妆品	101.0	煤制品	106.5
彩妆化妆品	100.3	2.石油及制品	96.9
清洁类护理用品	100.4	管道燃气	100.0
护发美发用品	100.1	液化石油气	100.0
十二、金银饰品	**106.0**	汽油	95.4
金饰品	114.5	柴油	97.2
银饰品	102.5	**十六、建筑材料及五金电料**	**100.0**
铂金饰品	90.8	1.建筑装璜材料	100.0
十三、中西药品及医疗保健用品	**101.0**	木地板	99.2
1.医疗卫生器具	100.0	瓷砖	100.0
医疗卫生器具	100.0	水泥	101.1
2.中药	100.7	涂料	100.0
中药材	101.4	板材	99.5
中成药	100.3	管材	101.1
3.西药	101.2	厨卫设备	100.0
抗微生物药	93.7	门窗	100.0
消化系统用药	100.4	其他住房装潢材料	100.0
呼吸系统用药	105.7	2.五金水暖	100.0
解热镇痛药	97.5	家用手工工具	100.2
抗肿瘤药	100.7	配电附件	100.0
激素及影响内分泌药	102.7	水暖器材	100.0
心血管系统用药	106.6		

3-4　工业生产者购进价格指数

上年同期=100

指　标	2015年	2016年
总指数	**90.7**	**99.6**
一、燃料动力类	89.1	103.7
二、黑色金属材料类	86.8	93.9
钢　材	94.9	98.4
其　他	79.0	88.8
三、有色金属材料和电线类	90.6	106.0
四、化工原料类	97.0	94.0
五、木材及纸浆类	99.2	99.5
六、建筑材料及非金属矿类	101.0	106.6
七、其他工业原材料及半成品类	93.6	99.7
八、农副产品类	95.3	91.6
九、纺织原料类	100.0	100.0

3-5　工业生产者出厂价格指数

上年同期=100

指　标	2015年	2016年
全部工业品	85.0	99.4
1.轻工业	94.3	94.6
以农产品为原料	94.2	94.6
以非农产品为原料	96.5	96.2
重工业	84.4	100.0
采掘工业	97.3	101.8
原料工业	81.1	99.7
加工工业	88.6	99.4
2.生产资料	84.4	99.8
采掘工业	97.3	101.8
原料工业	81.1	99.7
加工工业	88.3	98.4
生活资料	97.2	94.6
食　品	97.1	94.5
衣　着		
一般日用品	99.4	96.8
耐用消费品		
按工业部门分		
1.冶金工业	76.7	104.4
2.电力工业	101.1	90.0
3.煤炭及炼焦工业	83.5	99.6
4.石油工业	100.5	98.1
5.化学工业	102.8	102.2
6.机械工业	96.1	92.5
7.建筑材料工业	97.4	89.9
8.森林工业		
9.食品工业	94.1	94.6
10.纺织工业		
11.缝纫工业		
12.皮革工业		
13.造纸工业		
14.文教艺术用品工业	97.9	97.7
15.其他工业	118.5	92.7

3-6 工业生产者分行业出厂价格指数

上年同期=100

行　　业	2015年	2016年
煤炭开采和洗选业	84.8	96.3
黑色金属矿采选业	100.0	98.4
农副食品加工业	86.8	94.5
食品制造业	101.1	97.6
酒、饮料和精制茶制造业	99.8	94.3
印刷和记录媒介复制业	97.9	97.7
石油加工、炼焦和核燃料加工业	82.3	109.6
化学原料和化学制品制造业	102.8	102.4
医药制造业	100.8	96.7
橡胶和塑料制品业	103.4	100.2
非金属矿物制品业	99.8	89.9
黑色金属冶炼和压延加工业	76.2	100.6
有色金属冶炼和压延加工业	90.4	110.3
金属制品业	100.0	97.7
通用设备制造业	94.1	94.1
专用设备制造业	100.6	97.7
铁路、船舶、航空航天和其他运输设备制造业	103.0	102.9
电气机械和器材制造业	92.7	94.9
电力、热力生产和供应业	101.1	90.0
燃气生产和供应业	100.1	98.1
水的生产和供应业	100.0	96.2

注：2016年轮换基期，大类行业有变化

3-7　住户收入和消费支出

单位：元，%

指　标	全　体		
	2015年	2016年	增幅
全　市			
可支配收入	**13591**	**14429**	**6.2**
工资性收入	8438	9328	10.5
经营净收入	2458	2358	-4.1
财产净收入	850	771	-9.3
转移净收入	1845	1972	6.9
消费性支出	**8524.7**	**9096**	**6.7**
食品烟酒	2312	2314	0.1
衣　着	850	837	-1.5
居　住	1897.7	2089	10.1
生活用品及服务	512	525	2.5
交通通信	1077	1160	7.7
教育文化娱乐	997	1209	21.3
医疗保健	709	813	14.7
其他用品和服务	170	149	-12.4
城　镇			
可支配收入	**22903**	**24180**	**5.6**
工资性收入	15059	16418	9.0
经营净收入	3054	2905	-4.9
财产净收入	1748	1621	-7.3
转移净收入	3042	3236	6.4
消费性支出	**12825**	**13710**	**6.9**
食品烟酒	3177	3145	-1.0
衣　着	1427	1440	0.9
居　住	2759	3083	11.7
生活用品及服务	1009	858	-15.0
交通通信	1725	1945	12.8
教育文化娱乐	1571	2032	29.3
医疗保健	894	927	3.7
其他用品和服务	263	280	6.5
农　村			
可支配收入	**7193**	**7644**	**6.3**
工资性收入	4165	4482	7.6
经营净收入	1877	1928	2.7
财产净收入	140	157	12.1
转移净收入	1011	1077	6.5
消费性支出	**5572**	**5940**	**6.6**
食品烟酒	1692	1736	2.6
衣　着	452	429	-5.1
居　住	1251	1408	12.5
生活用品及服务	275	299	8.7
交通通信	628	629	0.2
教育文化娱乐	598	621	3.8
医疗保健	572	726	26.9
其他用品和服务	104	92	-11.5

主要统计指标解释

居民消费价格指数 反映居民生活消费品及服务项目价格变动趋势和变动程度的相对数，采用链式拉斯贝尔公式，加权平均计算。

商品零售价格指数 反映市场商品零售价格变动趋势和变动程度的相对数，计算方法同上。

工业生产者出厂价格指数 是反映工业产品出厂价格总水平的变动趋势和程度的相对数，根据全市部分重点企业的产品出厂价格的定期调查资料，按链式拉氏公式加权计算。

工业生产者购进价格指数 是反映工业企业购进主要原材料、燃料、动力价格水平变动趋势和程度的相对数。根据全市部分重点企业主要原材料、燃料、动力购进价格的定期调查资料，按链式拉氏公式加权计算。

可支配收入 指住户在调查期内获得的、可用于最终消费支出和储蓄的总和，即调查户可以用来自由支配的收入。可支配收入既包括现金，也包括实物收入。按照收入的来源，可支配收入包含四项，分别为：工资性收入、经营净收入、财产净收入和转移净收入。计算公式为：

可支配收入 = 工资性收入 + 经营净收入 + 财产净收入 + 转移净收入

工资性收入 指就业人员通过各种途径得到的全部劳动报酬和各种福利，包括受雇于单位或个人、从事各种自由职业、兼职和零星劳动得到的全部劳动报酬和福利。

经营净收入 指住户或住户成员从事生产经营活动所获得的净收入，是全部经营收入中扣除经营费用、生产性固定资产折旧和生产税之后得到的净收入。计算公式具体为：

经营净收入 = 经营收入 - 经营费用 - 生产性固定资产折旧 - 生产税

财产净收入 指住户或住户成员将其所拥有的金融资产、住房等非金融资产和自然资源交由其他机构单位、住户或个人支配而获得的回报并扣除相关的费用之后得到的净收入。财产净收入包括利息净收入、红利收入、储蓄性保险净收益、转让承包土地经营权租金净收入、出租房屋净收入、出租其他资产净收入和自有住房折算净租金等。

转移净收入 计算公式为：转移净收入 = 转移性收入 - 转移性支出

转移性收入 指国家、单位、社会团体对住户的各种经常性转移支付和住户之间的经常性收入转移。包括政府、非行政事业单位、社会团体对居民转移的养老金或退休金、社会救济和补助、惠农补贴、政策性生活补贴、救灾款、经常性捐赠和赔偿以及报销医疗费等；住户之间的赡养收入、经常性捐赠和赔偿以及农村地区（村委会）在外（含国外）工作的本住户非常住成员寄回带回的收入等。

转移性支出 指住户对国家、单位、住户或个人的经常性或义务性转移支付。包括缴纳的税款、各项社会保障支出、赡养支出、经常性捐赠和赔偿支出以及其他经常转移支出等。

消费支出 指住户用于满足家庭日常生活消费需要的全部支出，包括用于消费品的支出和用于服务性消费的支出。根据用途不同，消费支出可划分为食品烟酒、衣着、居住、生活用品及服务、交通通信、教育文化娱乐服务、医疗保健、其他商品及服务八大类。

四、财政、金融

资料整理：冯中兵

4-1 主要年份一般公共预算收支总额

单位：万元

年 份	一般公共预算收入	一般公共预算支出
1978	5311	11722
1980	5728	11012
1985	11560	22242
1990	26636	37719
1995	33669	77234
2000	51237	131707
2001	59831	177150
2002	58459	212967
2003	79869	262333
2004	118849	346390
2005	186500	452742
2006	256741	577538
2007	383317	754600
2008	551070	1013922
2009	597196	1217730
2010	729582	1510013
2011	1005058	1897561
2012	1419491	2441281
2013	1639780	2922924
2014	1306045	2566189
2015	906798	2741687
2016	895988	2758512

4-2 一般公共预算收入

单位：万元

项　　目	2015年	2016年
本年收入合计	**906798**	**895988**
一、税收收入	633838	654730
国内增值税	154053	275885
营业税	107342	59198
企业所得税	69744	41645
企业所得税退税		
个人所得税	13981	15392
资源税	113235	93748
城市维护建设税	51092	52103
房产税	23307	24339
印花税	11186	10174
城镇土地使用税	56962	52862
土地增值税	4042	3381
车船税	11446	12832
耕地占用税	6973	5492
契　税	10475	7679
烟叶税		
其他税收收入		
二、非税收入	272960	241258
专项收入	172858	75378
行政事业性收费收入	28391	27864
罚没收入	35385	35310
国有资本经营收入	1796	34
国有资源(资产)有偿使用收入	16877	84672
其他收入	17653	18000

4-3 一般公共预算支出

单位：万元

项　目	2015年	2016年
本年支出合计	**2741687**	**2758512**
一、一般公共服务支出	227464	248612
二、外　交		
三、国　防	2974	2517
四、公共安全	129121	149365
五、教　育	603169	599429
六、科学技术	10736	16646
七、文化体育传媒	47496	50114
八、社会保障和就业	322236	379277
九、医疗卫生	336326	319071
十、节能环保	81534	79011
十一、城乡社区事务	201344	154805
十二、农林水事务	360851	415496
十三、交通运输	92512	82859
十四、资源勘探电力信息等事务	44666	37066
十五、商业服务业等事务	11537	11026
十六、金融监管等事务	1485	198
十七、地震灾后恢复重建等事务		
十八、援助其他地区事务		
十九、国土资源气象等事务	29995	28923
二十、住房保障支出	118797	119171
二十一、粮油物资储备事务	10220	10075
二十二、国债还本付息支出		
二十三、其他支出	31120	28503

4-4 政府性基金收支

单位: 万元

项　　目	2015年	2016年
收入合计	**507907**	**320751**
一、政府性基金收入	108751	110259
二、上级补助收入	29774	36100
三、上年结余	309382	73267
四、债务(转贷)收入	6000	101036
五、调入资金		89
1.公共财政预算调入		
2.财政专户管理资金调入		
3.其他调入		
支出合计	**507907**	**320751**
一、教育支出		
二、文化体育与传媒支出	160	512
三、社会保障和就业支出	2422	3459
四、节能环保支出		
五、城乡社区支出	153669	169961
六、农林水支出	346	5547
七、交通运输支出		175
八、资源勘探信息等支出	5	404
九、商务服务业等支出	298	6
十、其他支出	81999	27341
上解上级支出	65	111
债务还本支出	40000	11036
调出资金	155675	31693
年终结余	73268	68661
#本级	2541	

4-5　金融机构本外币信贷收支

单位：万元

项　　目	2015年	2016年
资金来源总计	**17007078**	**18946282**
一、各项存款	16164222	18111051
(一)境内存款	16163228	18109903
1.住户存款	12022241	2349163
2.非金融企业存款	2010427	7160041
3.广义政府存款	2108150	
4.非银行业金融机构存款	22410	
(二)境外存款	995	1148
二、金融债券		
三、卖出回购资产	896150	
四、借款及非银行业金融机构拆入		
五、联行往来		
六、应付及暂收款	518359	543687
七、各项准备	458496	532318
八、所有者权益	395155	351401
九、其　他	-1425304	-592175
资金运用总计	**17007078**	**18946282**
一、各项贷款	8922686	9509213
(一)境内贷款	8922674	9509203
1.住户贷款	2057036	
2.非金融企业及机关团体贷款	6865638	
3.非银行业金融机构贷款		
(二)境外贷款	13	9
二、债券投资	954073	1113357
三、股权及其他投资	810	810
四、买入返售资产	877329	317520
五、存放非银行业金融机构款项		
六、联行往来	6023980	7756161
七、金银占款		
八、中央银行外汇占款		
九、应收及预付款	82575	100685
十、投资性房地产	5	5
十一、固定资产	145619	148531

4-6 金融机构人民币信贷收支

单位：万元

项　目	2015年	2016年
资金来源总计	**16990848**	**18926810**
一、各项存款	16144409	18087698
(一)境内存款	16143420	18086559
1.住户存款	12007694	13270008
(1)活期存款	3377413	3911112
(2)定期及其他存款	8630282	9358895
2.非金融企业存款	2005189	2624466
(1)活期存款	1285471	1848379
(2)定期及其他存款	719718	776087
3.广义政府存款	2108150	2137938
(1)财政性存款	433335	340656
(2)机关团体存款	1674815	1797283
4.非银行业金融机构存款	22388	54147
(二)境外存款	989	1139
二、金融债券		
三、卖出回购资产	896150	
四、借款及非银行业金融机构拆入		
五、联行往来(净)		
六、应付及暂收款	518323	543569
七、各项准备	458481	532267
八、所有者权益	394843	351208
#实收资本	201607	305815
九、其　他	-1421358	-587942
资金运用总计	**16990848**	**18926810**
一、各项贷款	8903477	9508723
(一)境内贷款	8903464	9508714
1.住户贷款	2056964	2349143
(1)短期贷款	1291118	1458905
消费贷款	142636	230971
经营贷款	1148482	1227934
(2)中长期贷款	765846	890238
消费贷款	534989	589241
经营贷款	230857	300997
2.非金融企业及机关团体贷款	6846500	7159571
(1)短期贷款	2798073	2913951
(2)中长期贷款	2656771	2631867
(3)票据融资	1329473	1549405
(4)融资租赁		
(5)各项垫款	62183	64349
3.非银行业金融机构贷款		
(二)境外贷款	13	9
二、债券投资	954073	1113357
三、股权及其他投资	810	810
四、买入返售资产	877329	317520
五、存放非银行业金融机构款项		
六、联行往来(净)	6027690	7737198
七、金银占款		
八、外汇买卖	-664	
九、应收及预付款	82509	100656
十、投资性房地产	5	5
十一、固定资产	145619	148531

4-7　金融机构外汇信贷收支

单位：万美元

项　　目	2015年	2016年
资金来源总计	**2968**	**2808**
一、各项存款	3051	3366
(一)境内存款	3050	3365
(二)境外存款	1	1
二、金融债券		
三、卖出回购资产		
四、借款及非银行业金融机构拆入		
五、联行往来(净)	571	
六、应付及暂收款	5	17
七、外汇买卖		7
八、各项准备	2	28
九、所有者权益	**48**	
十、其　他	-710	-610
资金运用总计	**2968**	**2808**
一、各项贷款	2958	71
(一)境内贷款	2958	71
(二)境外贷款		
二、债券投资		
三、股权及其他投资		
四、买入返售资产		
五、存放非银行业金融机构款项		
六、联行往来(净)		2734
七、应收及预付款	10	4
八、投资性房地产		
九、固定资产		

4-8 主要年份金融机构各项存贷款余额

单位：万元

年 份	存款余额	#企业存款	#储蓄存款	贷款余额	#工业贷款	#商业贷款	#农业贷款	#中长期贷 款
1978	16300	4490	3221	29475	5554	16176	7630	115
1980	26048	6925	6620	37699	6676	20537	9340	1146
1985	73636	16056	31209	85646	12762	38885	18723	6288
1990	201706	39525	132222	220229	42480	79620	42501	16028
1995	622031	86106	465384	539810	105136	120409	67610	72767
2000	1171957	152811	950505	792450	131911	117218	115281	124324
2001	1334061	176217	1076052	858886	150916	117086	126382	156208
2002	1632977	227571	1295540	993881	181369	130073	149689	192176
2003	2231776	310031	1715875	1211368	225053	121025	198242	228767
2004	2811501	385747	2124300	1396965	230523	110904	288205	233871
2005	3537484	473253	2545872	1486448	202895	90510	379294	244575
2006	4240323	608238	3033091	1746742	294919	117802	424431	288349
2007	5528342	821348	3746723	1949678	305916	110676	464540	406519
2008	7825397	1174639	5348166	1979979	283627	61599	832789	432642
2009	9171419	1489079	5953116	2634522	327049	61603	985987	777983
2010	11342797	2263332	6813930	4061113				1679817
2011	13570428		7727754	5192257				2035145
2012	15874615		9205164	7620672				3078974
2013	16035503		10319453	8030528				3255129
2014	15784456		10906445	8596013				3539539
2015	16164222	2010427	12022263	8922686				3423073
2016	18111051	2626521	13291297	9509213				3522574

主要统计指标解释

一般公共预算收入 指按照现行财政体制规定列入地方预算，直接缴入地方金库的财政收入。具体由两部分组成：一是税收收入，包括增值税、企业所得税、个人所得税的地方分享部分，营业税、资源税、城市维护建设税、房产税、印花税、城镇土地使用税、土地增值税、车船税、契税、耕地占用税等；二是非税收入，包括专项收入、行政事业性收费收入、罚没收入、国有资本经营收入、国有资源（资产）有偿使用收入、其他收入等。

上划中央收入 指实行分税制财政体制后，增值税的75%部分和消费税划为中央收入，以及从2002年起实行所得税分享改革后，所得税（包括企业所得税、个人所得税）由中央分享部分，这部分收入直接缴入中央金库。根据《预算法》和财政体制规定，上划中央收入属于列入中央预算范围的收入，地方总预算中不予包括。

税收收入 反映政府税收收入。包括：增值税、营业税、企业所得税、个人所得税、城市维护建设税、房产税、印花税、城镇土地使用税、土地增值税、车船税、耕地占用税、契税、烟叶税以及其他税收收入等。

非税收入 反映政府非税收入。包括：专项收入、行政事业性收入、罚没收入、国有资本经营收入、国有资源（资产）有偿使用收入以及其他收入等。

一般公共预算支出 是指列入地方预算的财政支出，包括：一般公共服务支出、国防支出、公共安全支出、教育支出、科学技术支出、文化体育与传媒支出、社会保障和就业支出、医疗卫生与计划生育支出、节能环保支出、城乡社区支出、农林水支出、交通运输支出、资源勘探信息等支出、商业服务业等支出、金融支出、国土海洋气象等支出、住房保障支出、粮油物资储备支出、国债还本付息支出及其他支出等。其资金来源包括用地方当年财力安排的支出、上年结余、调入资金和中央一般性及专项转移支付补助收入安排的支出。

一般公共服务 反映政府提供一般公共服务的支出。具体包括人大、政协、政府办公厅（室）及相关机构、发展与改革、统计信息、财政、税收、审计、海关、人事、纪检监察、人口与计划生育、商贸、知识产权、工商行政管理、质量技术监督与检验检疫、民族、宗教、港澳台侨、档案、民主党派及工商联、群众团体事务、党委办公厅（室）其相关机构事务、组织事务、宣传事务、统战事务、对外联盟、其它共产党事务支出、其它一般公共服务支出。

公共安全支出 反映政府维护社会公共安全方面的支出。有关事务包括：武装警察、公安、国家安全、法院、司法、强制隔离戒毒、国家保密、缉私警察等。

教育支出 反映政府教育事务支出。有关事务包括：教育管理事务、学前教育、小学教育、初中教育、高中教育、高等教育、初等职业教育、中专教育、技校教育、职业高中教育、高等职业教育、成人教育、广播电视教育、留学生教育、特殊教育、进修及培训等。

科学技术支出 反映科学技术方面的支出。有关事务包括：科学技术管理事务、基础研究、应用研究、技术研究与开发、科技条件与服务、社会科学、科学技术普及、科技交流与合作等。

文化体育与传媒支出 反映政府在文化、文物、体育、广播影视、新闻出版等方面的支出。

社会保障和就业支出 反映政府在社会保障与就业方面的支出。有关事务包括：人力资源和社会保障管理事务、民政管理事务、财政对社会保险基金的补助、补充全国社会保障基金、行政事业单位离退休、企业改革补助、就业补助、抚恤、退役安置、社会福利、残疾人事业、城市居民最低生活保障、其他城市生活救助、自然灾害生活救助、农村最低生活保障、红十字事务等。

医疗卫生与计划生育支出 反映政府医疗卫生方面的支出。有关事务包括：医疗卫生管理事务、公立医院、公共卫生、基层医疗卫生机构、医疗保障、中医药、人口与计划生育事务、食品和药品监督管理事务等。

节能环保支出 反映政府节能环保支出。有关事务包括：环境保护管理事务、环境监测与监察、污染防治、自然生态保护、天然林保护、退耕还林、风沙荒漠治理、退牧还草、已垦草原退耕还草、能源节约利用、污染减排、可再生能源和资源综合利用等支出等。

城乡社区支出 反映政府城乡社区事务支出。有关事务包括：城乡社会管理事务、城乡社区规划与管理、城乡社区公共设施、城乡社区环境卫生、建设市场管理与监督等。

农林水支出 反映政府农林水事务支出。有关事务包括：农业、林业、水利、扶贫、农业综合开发等。

交通运输支出 反映交通运输和邮政业方面的支出。有关事务包括：公路水路运输、铁路运输、民用航空运输等。

资源勘探信息等支出 反映用于资源勘探、制造业、建筑业、信息等方面的支出。有关事务包括：资源勘探、制造业、建筑业、工业和信息产业监管、安全生产监管、国有资产监管、支持中小企业发展和管理支出等。

粮油物资储备支出 反映政府用于粮油物资储备方面的支出。有关事务包括：粮油事务、物资事务、能源储备、重要商品储备等。

金融支出 反映金融方面的支出。有关事务包括：金融部门行政支出、金融部门监管支出、金融发展支出、金融调控支出等。

国土海洋气象支出 反映政府用于国土资源、海洋、测绘、地震、气象等公益服务事务方面的支出。

商业服务业等支出 反映商业服务业等方面的支出。有关事务包括：商业流通事务、旅游业管理与服务支出、涉外发展服务支出等。

其他支出 反映不能划分到上述功能科目的其他政府支出。包括年初预留和其他支出。

当年可用财力 是指按照现行财政体制规定，在预算年度内可统筹安排使用的预算内资金，其来源包括当年公共财政收入、税收返还收入、下级上解收入、一般性转移支付补助，并从中扣减上解上级及补助下级的资金。当年可用财力不包括上年结余资金及中央专项转移支付补助。根据《预算法》的规定，当年支出预算应当小于或等于当年地方可用财力。

存款 企业、机关、团体或居民根据可以收回的原则，把货币资金存入银行或其他信用机构保管并取得一定利息的一种信用活动形式。根据存款对象的不同可划分：企业存款、财政存款、机关团体存款、城镇居民储蓄存款、农村存款等项目。

住户存款 银行业金融机构通过信用方式吸收的居民储蓄存款及通过其他方式吸收的由住户部门（由住户和为其服务的非营利机构组成的部门）支配的存款。其他方式吸收的存款主要有两部分：一是保证金存款；二是个人委托业务在银行沉淀资金。

非金融企业存款 银行业金融机构吸收的企业定活期存款、保证金存款、应解及临时存款以及企业委托银行业金融机构开展委托业务沉淀在银行的货币资金。

贷款 银行或其他信用机构根据必须归还的原则，按一定利率，为企业、个人等提供资金的一种信用活动形式。我国银行贷款，分流动资金贷款、农业贷款、固定资产贷款等科目。

境内贷款 银行业金融机构对非金融企业、个人、机关团体以贷款、票据贴现、垫款、押汇、福费廷等方式提供的融资总额。

住户贷款 银行业金融机构向住户部门（由住户和为其服务的非营利机构组成的部门）发放的贷款。

非金融企业及机关团体贷款 银行业金融机构向非金融企业及机关团体发放的贷款。

票据融资 银行业金融机构通过对客户持有的商业汇票、银行承兑汇票等票据进行贴现提供的融资。

五、能源消费与平衡

资料整理：高文举

5-1　能源生产、外调、使用平衡表

单位：万吨标准煤

项　　目	2015年	2016年
一、资　源		
年初库存		845.07
成品库存		
使用单位库存		
商业部门库存		
一次能源生产量		7643.69
外省市调入量		2065.62
回收能		67.05
二、加工转换投入产出差数	383.09	337.5
加工转换投入量	8213.08	9644.61
加工转换产出量	7829.99	8981.21
三、外调出省、出口		6354.68
调给外省市		6354.68
供应外贸出口		
四、终端消费	1371.58	1413.34
(一)第一产业	8.88	9.3
农林牧渔业	8.88	9.3
(二)第二产业	1151.85	1182.05
工　业	1142.62	1172.75
轻工业		
重工业		
建筑业	9.23	9.33
(三)第三产业	109.35	122.12
交通运输、仓储及邮电通讯业	68.46	71.18
批发和零售贸易业、餐饮业	12.23	22.46
其　他	28.66	28.47
(四)人民生活	101.51	99.87
城　镇	47.78	63.18
乡　村	53.73	36.69
五、损失量	21.74	16.86
#煤矿损失		
运输变电损失	21.74	16.86
六、年末库存量		1008.95
成品库存		
使用单位库存		
商业部门库存		

5-2 煤炭生产、外调、使用平衡表

单位：万吨

项　目	2015年	2016年
一、资　源		
年初库存		1058.88
成品库存		
使用单位库存		
商业部门库存		
一次能源生产量		10729.71
外省市调入量		2786.1
二、加工转换投入产出差数		5759.51
加工转换投入量		13327.68
加工转换产出量		7568.17
三、外调出省、出口		7479.45
调给外省市		7479.45
供应外贸出口		
四、终端消费	566.77	293.23
(一)第一产业	1.40	1.29
农林牧渔业	1.40	1.29
(二)第二产业	531.19	257.59
工　业	529.20	257.59
轻工业		
重工业		
建筑业	1.99	4.67
(三)第三产业	0.39	7.33
交通运输、仓储及邮电通讯业	0.02	1.24
批发和零售贸易业、餐饮业	0.37	2.4
其　他		3.6
(四)人民生活	33.79	22.36
城　镇	9.59	3.86
乡　村	24.20	18.5
五、损失量	.	0.01
煤矿损失		0.01
运输变电损失		
六、年末库存量		1042.49
成品库存		
使用单位库存		
商业部门库存		

5-3　焦炭生产、外调、使用平衡表

单位：万吨

项　　目	2015年	2016年
一、资　源		
年初库存		156.24
成品库存		
使用单位库存		
二、加工转换投入产出差数		
加工转换投入量		
加工转换产出量	1570.24	1741.90
三、外调出省、出口		1595.99
调给外省市		1595.99
供应外贸出口		
四、终端消费	185.40	168.12
(一)第一产业		
农林牧渔业		
(二)第二产业	185.14	168.12
工　业	185.14	168.12
轻工业		
重工业		
建筑业		
(三)第三产业	0.26	
交通运输、仓储及		
邮电通讯业		
批发和零售贸易业、餐饮业	0.26	
其　他		
(四)人民生活		
城　镇		
乡　村		
五、损失量		
运输变电损失		
六、年末库存量		134.03
成品库存		
使用单位库存		

5-4 电力生产、外调、使用平衡表

单位：万千瓦小时

项 目	2015年	2016年
一、资 源		
一次能源生产量		8600
外省市调入量		
二、加工转换投入产出差数		3097600
加工转换投入量		5035900
加工转换产出量		1938800
三、外调出省、出口		
调给外省市		
四、终端消费	1348400	1346500
(一)第一产业	23500	10200
农林牧渔业	23500	10200
(二)第二产业	1047600	1058100
工 业	1029600	1048100
轻工业		
重工业		
建筑业	18000	10000
(三)第三产业	127700	144700
交通运输、仓储及邮电通讯业	39700	89700
批发和零售贸易业、餐饮业	23200	24000
其 他	64800	31000
(四)人民生活	149600	133500
城 镇	91900	82500
乡 村	57700	51000
五、损失量	66000	239200
运输变电损失	66000	239200

5-5 石油制品生产、外调、使用平衡表

单位：万吨标准煤

项　　目	2015年	2016年
一、资　源		
年初库存		3.32
使用单位库存		
商业部门库存		
外省市调入量		75.13
二、加工转换投入产出差数		
加工转换投入量		
加工转换产出量		
三、外调出省、出口		
调给外省市		
四、终端消费	62.71	73.79
(一)第一产业	0.12	0.70
农林牧渔业	0.12	0.70
(二)第二产业	12.26	9.97
工　业	10.40	9.63
轻工业		
重工业		
建筑业	1.86	0.34
(三)第三产业	40.97	60.16
交通运输、仓储及邮	38.38	55.18
电通讯业		
批发和零售贸易业、餐饮业	0.89	4.96
其　他	1.70	0.02
(四)人民生活	9.36	2.96
城　镇	2.23	2.44
乡　村	7.13	0.52
五、损失量		
运输变电损失及仓储		
六、年末库存量		2.39
使用单位库存		
商业部门库存		

5-6 主要年份石油制品、焦炭消费量

单位:万吨

年份	石油制品(标准煤)	#工业交通	#农业	焦炭	#工业生产	#建筑
2006	60.50	57.00	3.57	339.14	338.73	
2007	59.00	55.00	4.00	375.00	375.00	
2008	65.00	61.00	4.00	243.00	243.00	
2009	69.36	67.48	1.88	220.17	219.72	
2010	77.83	74.95	2.88	222.73	222.00	
2011	83.13	80.56	2.57	190.90	190.45	
2012	47.43	46.85	0.58	199.70	199.19	
2013	72.03	71.61	0.42	216.94	216.38	
2014	158.01	146.61	0.61	230.69	230.15	
2015	62.71	48.78	0.12	184.24	183.97	
2016	74.00	55.00	0.70	164.00	164.00	

5-7 主要年份社会用电量

单位: 万千瓦小时

年份	社会用电量	#农业	#工业	#交通运输	#市政生活
2006	640800	29800	483800	28200	41400
2007	822600	15400	634600	40900	50200
2008		14174	652865	4794	68083
2009	812400	14200	660200	8000	68700
2010	1046245	19596	846700	10300	95580
2011	1266900	25000	1021500	27700	103100
2012	1328000	22300	1050000	36200	136200
2013	1494900	23900	1126100	41400	136300
2014	1497300	22500	1207700	40200	146000
2015	1348400	23500	1047600	39700	149600
2016	1361500	23800	1048100	39500	133500

5-8 终端能源消费量和构成(2015年)

单位: 万吨标准煤

项 目	合 计	原 煤	洗精煤及其他洗煤	焦 炭	石油制品	电 力	天然气煤气及其他
消费总计	**1371.58**	**342.69**	**70.9**	**184.24**	**62.71**	**443.62**	**267.42**
一、第一产业	8.88	1.04			0.12	7.72	
农林牧渔业	8.88	1.04			0.12	7.72	
二、第二产业	1151.85	330.9	61.08	183.97	12.26	344.67	218.73
工 业	1142.62	329.43	61.08	183.97	10.4	338.77	218.73
轻工业							
重工业							
建筑业	9.23	1.47			1.86	5.9	
三、第三产业	109.35	0.29		0.26	40.97	42.01	
交通运输、仓储及邮电通讯业	68.46	0.01			38.38	13.07	
批发和零售贸易业、餐饮业	12.23	0.28		0.26	0.89	7.63	
其 他	28.66				1.7	31.31	
四、人民生活	101.51	10.47	9.82		9.36	49.21	48.69

5-9 终端能源消费量和构成(2016年)

单位: 万吨标准煤

项 目	合 计	原 煤	洗精煤及其他洗煤	焦 炭	石油制品	电 力	天然气煤气及其他
消费总计	**1413.34**	**202.43**	**1.33**	**163.94**	**73.79**	**434.67**	**523.92**
一、第一产业	9.3	0.98			0.7	4.62	0.64
农林牧渔业	9.3	0.98			0.7	4.62	
二、第二产业	1172.75	175.35	1.33	163.94	9.63	334.62	469.97
工 业	1157.22	169.82	1.33	163.94	9.56	332.58	469.95
轻工业							
重工业							
建筑业	9.3	3.54			0.34	5.4	0.02
三、第三产业	122.12	5.56			60.16	43.42	16.64
交通运输、仓储及邮电通讯业	71.19	0.94			55.18	12.61	2.44
批发和零售贸易业、餐饮业	22.46	1.82			4.96	8.29	11.07
其 他	28.47	2.80			0.02	22.52	3.13
四、人民生活	99.87	16.98			2.96	42.62	37.31

5-10 分行业能源消费总量(2015年)

行 业	能源消费总量(万吨标准煤)	煤炭(万吨)	电力(亿千瓦小时)	焦炭(万吨)	汽油(万吨)	柴油(万吨)
总 计	**1754.67**	**566.77**	**134.84**	**185.4**	**11.26**	**27.24**
一、农林牧渔业	8.88	1.40	2.35		0.01	0.08
二、工 业	1534.94	529.20	104.76	185.14	0.33	6.62
三、建筑业	9.23	1.99	1.8		0.60	0.67
四、交通、运输、仓储及邮政业	68.46	0.01	3.97		7.56	18.70
五、批发零售业和住宿餐饮业	12.23	0.37	2.32	0.27	0.18	0.43
六、人民生活及其他	130.17	33.79	21.44		2.39	0.73

5-11 分行业能源消费总量(2016年)

单位：万吨标准煤

行 业	能源消费总量(万吨标准煤)	煤炭(万吨)	电力(亿千瓦小时)	焦炭(万吨)	汽油(万吨)	柴油(万吨)
总 计	**1767.70**	**221.69**	**136.15**	**163.94**	**26.55**	**47.07**
一、农林牧渔业	9.30	0.98	2.38		0.06	0.63
二、工 业	1172.70	175.36	104.81	163.94	0.40	9.10
三、建筑业	9.28	3.55	1.69			0.34
四、交通、运输、仓储及邮政业	71.41	0.94	3.95		19.44	35.70
五、批发零售业和住宿餐饮业	22.46	1.82	2.91		3.71	1.25
六、人民生活及其他	99.87	16.98	13.35		2.94	0.01

主要统计指标解释

能源资源　指报告期全市各种能源资源总量。能源品种包括原煤、洗精煤、焦炭、原油、汽油、柴油、煤油、燃料油、天然气、焦炉煤气、其他煤气、其他焦化制品、热力、电力等品种。能源资源组成包括三部分：

1.期初、期末库存量是指一定时点各种能源的库存量，其中包括产成品库存量，各种能源库存量。

2.一次能源生产量是指报告期一次能源的生产量，其中包括原煤、水电、风电、天然气（煤矿瓦斯）的生产量。由一次能源加工转换产出的二次能源产量不包括在内。

3.外省调入量是指报告期调入的各种能源数量。我市从外省调入的能源主要是石油制品：汽油、柴油、煤油、燃料油及电网交界处输入部分电力和相邻省调入的部分煤炭。

能源消费总量　是指报告期全市用于生产、生活的各种能源消费量的总和。能源消费总量按标准煤折算。能源消费总量中包括：原煤、原油及其制品、天然气、电力，不包括生物能和太阳能等的利用。能源消费总量包括三部分：

1.能源终端消费量　指报告期全市物质生产部门、非物质生产部门的各种能源消费量。不包括加工转换损失量和运输、管理中的损失量。

2.能源加工转换损失量　指全市投入加工转换的各种能源数量和与产出能源及制品之和的差数，是能源加工转换过程的消费量，也称加工转换损失量。

3.损失量　指能源的运输、储存中发生的经营管理损失量，包括煤炭库存中的水冲、自燃等损失量。

能源加工转换效率　是指报告期内一次能源产品经过加工转换后，产出的各种能源产品及其制品的数量，与同期投入加工转换的各种一次能源数量的比率。它是观察能源加工转换装置和生产工艺先进与落后、管理水平高低等的重要指标。

六、固定资产投资

资料整理：贺　强　侯丽丽　王　佳

6-1　固定资产投资

年份	全社会固定资产投资（万元）	#住宅	#国有	城镇	农村	新增固定资产（万元）	房屋施工面积（万平方米）	房屋竣工面积（万平方米）	#住宅
1978	8044	910	4624	5234	2810	5582	104.6	78.4	61.4
1979	9937	1170	5747	6567	3370	6860	116.9	84.8	76.9
1980	10471	1923	5671	6506	3965	8480	125.2	89.3	76.6
1981	8701	9026	4226	5146	3555	7882	119.7	85.8	82.8
1982	12478	9600	5531	6401	6077	10236	150.9	117.4	109.1
1983	17406	11820	4916	5906	11500	16066	169.4	134.5	126.7
1984	25233	14219	7507	8707	16526	22500	196.8	155.2	139.5
1985	32530	16738	12265	13685	18845	26853	201.9	156.4	145.2
1986	35451	18341	12559	14287	21164	29164	176.3	134.2	118.7
1987	39020	22075	13280	14820	24200	37765	167.6	122.9	107.1
1988	43876	20705	18760	20976	22900	32875	137.9	113.9	92.4
1989	50675	22796	23335	25267	25408	37755	135.2	105.3	91.0
1990	52933	25258	21172	23500	29433	43786	132.4	115.7	101.5
1991	57820	27928	21803	22808	35012	48984	136.7	106.6	96.8
1992	68625	31441	31421	31468	37157	45248	141.0	99.3	83.2
1993	114926	37507	66771	67470	47456	116843	163.5	120.7	100.0
1994	173187	45298	94270	109297	63890	78660	178.8	131.9	104.0
1995	216739	48772	142703	158359	58380	149530	174.7	149.4	110.4
1996	251123	60442	173144	191842	59281	235818	178.0	135.5	116.7
1997	187457	41972	140146	147660	39797	172930	167.3	133.2	115.9
1998	175567	38237	122184	132197	43370	165150	178.0	150.1	124.6
1999	192014	35015	145447	145707	46307	116350	188.9	144.3	128.4
2000	265450	36352	184840	226099	39351	282746	161.6	116.8	117.1
2001	265184	32115	110054	220340	44844	132285	132.0	93.5	66.7
2002	399345	46033	186924	347972	51373	265213	179.3	126.8	77.6
2003	678126	31401	359091	613000	65126	293762	144.9	83.6	50.4
2004	1026714	66258	371226	862171	164543	588479	221.6	147.2	96.2
2005	1537190	96065	461011	1250918	286272	1167201	289.6	138.4	87.6
2006	2029172	188581	727859	1651299	377873	1592806	434.5	229.5	133.5
2007	3010995	357746	796412	2424527	586468	1637907	705.6	322.7	205.5
2008	3755686	404238	1333658	3363516	392170	2270024	751.6	334.5	254.6
2009	3888472	409717	1414021	3461691	426781	2457667	785.4	268.7	178.4
2010	4357587	495196	1620808	3998501	359086	2157351	1129.1	370.3	239.0
2011	5437488	564972	1771936	5158488	279000	4733533	1151.4	330.9	204.7
2012	6903834	610816	2642616	6461333	442501	3271704	1428.3	394.8	229.0
2013	8729071	676501	2799128	8221579	507492	4543052	1798.0	439.7	254.8
2014	10169695	1827595	3129546	8372701	1796994	10480791	2276.4	768.3	598.0
2015	11664013	2141670	4051820	10988701		13179154	2130.6	1128.5	848.5
2016	11184608	1448152	4104405	10479280		8159138	1795.5	542.5	433.5

注：1.1978—2000年面积指标包括城镇和农村个人建房。
2.2001—2005年面积指标包括城镇工矿区私人建房，不包括农村个人建房。
3.2006—2009年面积指标仅包括城镇投资、非农户投资。
4.本资料2009年以前全社会固定资产投资包括跨地市项目。
5.2010-2016年数据不包括跨地市项目和个人建房。

6-2 固定资产投资

指　标	2015年	2016年
一、投资总额(万元)	**11664013**	**11184608**
#住宅	2141670	1448152
按登记注册类型分		
国　有	4051820	4104405
非国有	7612193	708203
按城乡分		
城　镇	11664013	11184608
#房地产开发	675312	705328
非农户		
按构成分		
建筑工程	7464904	6428726
安装工程	1181314	1417209
设备工器具购置	2111459	2443390
其他费用	906336	895283
按三次产业分		
第一产业	356962	850774
第二产业	5726056	6103359
第三产业	5580995	4230475
二、新增固定资产(万元)	**13179154**	**8159138**
三、房屋建筑面积(平方米)		
本年施工房屋面积	21306441	17954957
#住宅	15480810	11301197
本年竣工房屋面积	11284721	5425229
#住宅	8485229	4334520
本年竣工房屋价值		1052995
#住宅		831137
四、本年资金来源小计(万元)	**10046553**	**8884396**
国家预算内资金	428886	448074
国内贷款	688552	658820
债　券		2610
利用外资	3017	6298
自筹资金	8464776	7360664
#企事业单位自有资金	5375669	4064547
#股东投入资金	134243	398974
#借入资金	215651	216394
其　他	461322	407930

注：固定资产投资不包括跨省、市项目和个体投资(下同)。

6-3　按登记注册类型分固定资产投资(2016年)

单位：万元

类　别	固定资产投资	#城　镇
总　计	**11184608**	**10479280**
内　资	10756321	10050993
国　有	2246737	2228607
集　体	430289	428936
股份合作	11118	11118
国有联营		
集体联营	1972	1972
国有与集体联营		
其他联营		
国有独资公司	121309	121309
其他有限责任公司	3354375	3263864
股份有限公司	139860	139767
私　营	3713149	3117908
其　他	737512	737512
港澳台投资	222179	222179
港澳台合资经营	67769	67769
港澳台合作经营		
港澳台独资	96445	96445
港澳台股份有限	57965	57965
外商投资	120279	120279
中外合资经营企业	37277	37277
中外合作经营企业		
外资企业	5226	5226
其他外商投资企业	77776	77776
个体经营	85829	85829
个体户	82881	82881
个人合伙	2948	2948

注：城镇不包括房地产开发投资。

6-4 按国民经济行业分固定资产投资

单位：万元

行 业	2015年	2016年
总 计	**11664013**	**11184608**
农、林、牧、渔业	356962	850774
采矿业	2077836	1754041
制造业	2256762	2945828
电力、燃气及水的生产和供应业	1391458	1403490
建筑业		
交通运输、仓储和邮政业	1107564	95553
信息传输、计算机服务和软件业	98544	616434
批发和零售业	368724	24444
住宿和餐饮业	77931	111001
金融业	4076	9863
房地产业	2676131	2018480
租赁和商务服务业	13033	10330
科学研究、技术服务和地质勘查业	58612	9502
水利、环境和公共设施管理业	790590	796377
居民服务和其他服务业		5500
教 育	163621	154992
卫生、社会保障和社会福利业	93399	116761
文化、体育和娱乐业	107167	192475
公共管理和社会组织	21603	68763

6-5 固定资产投资新增生产能力(2016年)

生产能力(或效益)名称	单 位	本年新增生产能力	生产能力(或效益)名称	单 位	本年新增生产能力
原煤开采	万吨／年	680.8	铅锌采矿(原矿)	万吨/年	
洗 煤	万吨／年		铅锌选矿：(1)处理原矿	万吨/年	
焦 炭	万吨／年	120	(2)铅含量	吨／年	
天然原油开采	万吨／年		(3)锌含量	吨／年	
天然气开采	亿立方米／年		铅冶炼	吨／年	
石油加工：蒸馏设备能力	处理万吨／年	20	#电解铅	吨／年	
裂化设备能力	处理万吨／年		锌冶炼	吨／年	
加氢精制设备能力	万吨／年		#电解锌	吨／年	
焦化设备能力	万吨／年		锡冶炼	吨／年	
催化重整设备能力	万吨／年		#电解锡	吨／年	
润滑油(综合能力)	万吨／年		镍冶炼	吨／年	
铁矿开采(原矿)	万吨／年		#电解镍	吨／年	
铁矿选矿处理原矿量	万吨／年		氧化铝	吨／年	400000
铁矿石成品矿	万吨／年		电解铝	吨／年	
生 铁	万吨／年		粗 铅	吨／年	
粗 钢	万吨／年		铝加工	吨／年	
#转炉钢	万吨／年		铜加工材	吨／年	
#电弧炉钢	万吨／年		黄 金	公斤／年	
#感应电炉钢	万吨／年		银选矿：(1)处理原矿	吨／年	
连铸坯	万吨／年		(2)银含量	公斤／年	
铁合金	万吨／年		硫铁矿开采	吨／年	
钢 材	万吨／年		水力发电	万千瓦	105.2
热轧钢材	万吨／年		火力发电	万千瓦	
冷轧(拔)钢材	万吨／年		核能发电	万千瓦	
镀层、涂层钢材	万吨／年		风力发电	万千瓦	4.8
锻压、挤压、旋压钢材	万吨/年		太阳能发电	万千瓦	
其他加工工艺钢材	万吨/年		其他发电	万千瓦	
铜采矿(原矿)	万吨/年		输电线路长度(110KV及以上)	公里	275.9
铜选矿：(1)处理原矿	万吨/年		水 泥	万吨／年	
(2)铜含量	吨／年		平板玻璃	万重量箱／年	
铜冶炼	吨／年		石墨及炭素制品	吨／年	
#电解铜	吨／年		木 材	吨／年	

6-5 续表

生产能力(或效益)名称	单 位	本年新增生产能力	生产能力(或效益)名称	单 位	本年新增生产能力
电 石	吨／年		程控交换机（指安装能力）	万线／年	
氮 肥	吨／年	48500	新建铁路里程	公里	
磷 肥	吨／年	18000	复线里程	公里	
钾 肥	吨／年	3000	电气化铁路里程	公里	
化学农药原药	吨／年		新建高速铁路里程	公里	
精甲醇	吨／年		新建公路	公里	
塑料树脂及共聚物	吨／年		#高速公路	公里	
合成橡胶	吨／年		一级公路	公里	
轮胎外胎	万条／年		二级公路	公里	
轮胎内胎	万条／年		改建公路	公里	403.68
内燃机	台/年		#高速公路	公里	
内燃机	万千瓦/年		一级公路	公里	0.5
载货汽车制造	辆／年		二级公路	公里	26.7
客车制造	辆／年		新建独立公路桥梁	延长米	460
轿车制造	辆／年		新建独立公路桥梁	座	1
其他汽车制造	辆／年		新建独立公路隧道	延长米	
摩托车制造	辆／年		新建独立公路隧道	处	
电视机	万部／年		新(扩)建港口码头	年吞吐量：万吨	
#彩色电视机	万吨／年		新(扩)建港口码头	年吞吐量：标准集装箱	
化学纤维	吨／年		新(扩)建港口码头	泊位：个	
#合成纤维	吨／年		#新(扩)建沿海港口码头	年吞吐量：万吨	
粘胶纤维	吨／年		#新(扩)建沿海港口码头	泊位：个米	
棉纺锭	锭		新(扩)建公路客、货运站	个	
毛纺锭	锭		新(扩)建公路客、货运站	平方米	
啤 酒	万吨／年		民航机场跑道	条	
白 酒	万吨／年		民航机场跑道	米	
其他酒	万吨／年	0.5	飞机购置	架	
卷 烟	箱/年		候机楼	座	
机制纸浆	万吨／年		候机楼	平方米	
家用电冰箱	万台／年		城市自来水供水能力	万吨/日	5
家用洗衣机	万台／年		城市公共交通车辆购置	辆/年	
房间空气调节器	万台／年		城市污水处理能力	万吨/日	1.85

6-6　2016年按国民经济行业分城镇固定资产投资(2016年)

单位：万元

行　业	城镇固定资产投资	行　业	城镇固定资产投资
总　计	**10479280**	零售业	55166
农、林、牧、渔业	**850774**	**交通运输、仓储和邮政业**	**616434**
农　业	346733	铁路运输业	116707
林　业	78749	道路运输业	449218
畜牧业	370697	水上运输业	
渔　业		航空运输业	
农、林、牧、渔服务业	54595	管道运输业	8474
采矿业	**1754041**	装卸搬运和运输代理业	4476
煤炭开采和洗选业	1405813	仓储业	37559
石油和天然气开采业	202134	邮政业	
黑色金属矿采选业	17250	**住宿和餐饮业**	**24444**
有色金属矿采选业	128228	住宿业	15044
非金属矿采选业	616	餐饮业	9400
制造业	**2945828**	**信息传输、软件和信息技术服务业**	**111001**
农副食品加工业	238174	电信、广播电视和卫星传输服务业	13202
食品制造业	34956	互联网和相关服务业	66581
酒、饮料和精制茶制造业	134922	软件和信息技术服务业	31218
烟草制品业		**金融业**	**9863**
纺织业	4500	货币金融业	660
纺织服装、鞋、帽制造业		资本市场业	
皮革、毛皮、羽毛(绒)及其制品业	500	保险业	4206
木材加工及木、竹、藤、棕、草制	5943	其他金融业	4997
家具制造业		**房地产业**	**1313152**
造纸及纸制品业	31919	房地产业	1313152
印刷业和记录媒介的复制	1200	**租赁和商务服务业**	**10330**
文教体育用品制造业	1790	租赁业	
石油加工、炼焦及核燃料加工业	198005	商务服务业	10330
化学原料及化学制品制造业	896190	**科学研究和技术服务业**	**9502**
医药制造业	12174	研究与试验发展	
化学纤维制造业		专业技术服务业	
橡胶和塑料制品业	3355	科技交流和推广服务业	9502
非金属矿物制品业	337376	**水利、环境和公共设施管理业**	**796377**
黑色金属冶炼及压延加工业	139483	水利管理业	129258
有色金属冶炼及压延加工业	711640	生态保护和环境治理业	11486
金属制品业	1731	**公共设施管理业**	**655633**
通用设备制造业	19498	居民服务、修理和其他服务业	5500
专用设备制造业	6281	居民服务业	868
汽车制造业	2292	机动车、电子产品和日用产品修理业	4632
铁路、船舶、航空航天等制造业	20	其他服务业	
电气机械及器材制造业	154782	**教　育**	**154992**
计算机、通信和其他电子设备制造业		教　育	154992
仪器仪表制造业		**卫生和社会工作**	**116761**
其他制造业	4087	卫　生	96853
废弃资源综合利用业	5010	社会工作	19908
金属制品、机械和设备修理业		**文化、体育和娱乐业**	**192475**
电力、热力、燃气及水的生产和供应业	**1403490**	新闻和出版业	1372
电力、热力的生产和供应业	1217513	广播、电视、电影和影视录音制作业	9487
燃气生产和供应业	144037	文化艺术业	43732
水的生产和供应业	41940	体　育	6598
建筑业		娱乐业	131286
房屋建筑业		**公共管理、社会保障和社会组织**	**68763**
土木工程建筑业		中国共产党机关	
建筑安装业		国家机构	67726
建筑装饰和其他建筑业		人民政协和民主党派	
批发和零售业	**95553**	社会保障	1037
批发业	40387		

6-7 城镇固定资产投资主要指标

指 标	2016年	指 标	2016年
一、投资总额(万元)	**10479280**	**二、新增固定资产(万元)**	
#国有经济控股	2349916	中 央	193997
#住 宅	910131	地 方	7597316
按隶属关系分		**三、建设项目(个)**	
中 央	538466	施工项目	1481
地 方	9940814	中 央	38
按登记注册类型分		地 方	1443
国 有	2349916	施工项目中本年新开工	979
非国有	8129364	全部建成投产项目	1233
按构成分		**四、房屋建筑面积(万平方米)**	
建筑工程	5931709	本年施工房屋面积	9222659
安装工程	1288210	#住 宅	4719857
设备工器具购置	2430886	本年竣工房屋面积	4007527
其他费用	828475	#住 宅	3243905
按建设性质分		**五、投资资金来源合计(万元)**	**8424855**
新 建	5239368	上年结余资金	115704
扩 建	2014236	本年资金来源小计	8309151
改建和技术改造	1983842	国家预算内资金	448074
单纯建造生活设施	914565	国内贷款	626098
其 他	327269	债 券	2610
按三次产业分		利用外资	6298
第一产业	796179	自筹资金	6946125
第二产业	6103359	#企事业单位自有资金	3795501
第三产业	3579742	股东投入资金	331338
		借入资金	177104
		其他资金来源	279946

注:不包含房地产开发投资。

6-8　城镇固定资产投资规模(2016年)

指　　标	计　划 总投资 (万元)	自开始建设 至本年底累 计完成投资 (万元)	#本年完 成投资	本年新增 固定资产 (万元)	施工项 目个数 (个)	#本年 新开工	本年投产 项目个数 (个)
总　计	**24985952**	**20432929**	**10479280**	**7791313**	**1460**	**979**	**1233**
#本年新开工项目	2234746	2247168	2245955	2068419	806	806	697
本年投产项目	2734429	2921582	2801250	2921582	972	697	1087
按隶属关系分							
中　央	1016439	745403	538466	193997	38	32	32
地　方	23969513	19687526	9940814	7597316	1422	947	1201
按登记注册类型分							
国　有	11344717	8770693	4104405	2265697	570	364	426
非国有	13641235	11662236	6374875	5525616	890	615	807
按建设性质分							
新　建	12308221	9319932	5239368	2922843	659	471	498
扩　建	6112671	4777807	2014236	1040780	336	202	245
改建和技术改造	4534346	4417002	1983842	2920841	318	225	261
单纯建造生活设施	1558741	1564247	914565	621252	145	79	113
其　他	471973	353941	327269	285597	2	2	116
按三次产业分							
第一产业	946758	819018	796179	618986	256	201	220
第二产业	17006169	13916269	6103359	4962954	583	384	529
第三产业	7033025	5697642	3579742	2209373	621	394	484
按投资总规模分							
500 － 1000万元	168524	174529	159919	166001	224	133	225
1000 － 3000万元	886066	907833	850586	851794	423	300	432
3000 － 5000万元	2047905	2058366	1996838	1912434	457	373	430
5000万元 － 1亿元	635101	685392	554798	407016	82	62	53
1亿元 － 5亿元	4385949	3976008	2470973	1402591	170	84	69
5亿元 － 10亿元	3809280	3375495	1345242	939268	53	11	15
10亿元以上	13053127	9255306	3100924	2112209	51	16	9

注：不包含房地产开发投资。

6-9 按登记注册类型分城镇固定资产投资(2016年)

单位：万元

行　　业	合　计	内资企业				
			国有企业	集体企业	股份合作企业	联营企业
总　计	**10479280**	**10050993**	**2228607**	**428936**	**11118**	**1972**
农、林、牧、渔业	850774	809302	83295	32189	5032	722
农　业	346733	328620	12999	21784		
林　业	78749	78749	64863	440		
畜牧业	370697	347338			5032	722
渔　业						
农、林、牧、渔服务业	54595	54595	5433	9965		
采矿业	1754041	1722394	207879	3678		
煤炭开采和洗选业	1405813	1384928	130656			
石油和天然气开采业	202134	191372	73285	3678		
黑色金属矿采选业	17250	17250	3938			
有色金属矿采选业	128228	128228				
非金属矿采选业	616	616				
开采辅助活动						
其他采矿业						
制造业	2945828	2726663	19024	8324		1250
农副食品加工业	238174	225735		2795		
食品制造业	34956	34956		5529		
酒、饮料和精制茶制造业	134922	134922				
烟草制品业						
纺织业	4500	4500				
纺织服装、服饰业						
皮革、毛皮、羽毛及其制品和制鞋业	500	500				
木材加工和木、竹、藤、棕、草制品业	5943	5943				
家具制造业						
造纸和纸制品业	31919	31919				
印刷和记录媒介复制业	1200	1200				
文教、工美、体育和娱乐用品制造业	1790	1790				
石油加工、炼焦和核燃料加工业	198005	134912				
化学原料和化学制品制造业	896190	895550				
医药制造业	12174	12174				1250
化学纤维制造业						
橡胶和塑料制品业	3355	3355				
非金属矿物制品业	337376	309757	12667			
黑色金属冶炼和压延加工业	139483	139483				
有色金属冶炼和压延加工业	711640	596266				
金属制品业	1731	1731				

6-9　续表1

单位：万元

行　　业	合　计	内资企业	国有企业	集体企业	股份合作企业	联营企业
通用设备制造业	19498	19498				
专用设备制造业	6281	6281				
汽车制造业	2292	2292				
铁路、船舶、航空航天和其他运输设备制造业	20	20				
电气机械和器材制造业	154782	154782	6357			
计算机、通信和其他电子设备制造业						
仪器仪表制造业						
其他制造业	4087	4087				
废弃资源综合利用业	5010	5010				
金属制品、机械和设备修理业						
电力、热力、燃气及水生产和供应业	1403490	1354788	198024	7430		
电力、热力生产和供应业	1217513	1169313	147308	3630		
燃气生产和供应业	144037	143535	9652	3800		
水的生产和供应业	41940	41940	41064			
建筑业						
房屋建筑业						
土木工程建筑业						
建筑安装业						
建筑装饰和其他建筑业						
批发和零售业	95553	89406	9604	42237	1954	
批发业	40387	34240	7046			
零售业	55166	55166	2558	42237	1954	
交通运输、仓储和邮政业	616434	616434	286642	3512		
铁路运输业	116707	116707		3512		
道路运输业	449218	449218	283922			
水上运输业						
航空运输业						
管道运输业	8474	8474				
装卸搬运和运输代理业	4476	4476				
仓储业	37559	37559	2720			
邮政业						
住宿和餐饮业	24444	24444		7391		
住宿业	15044	15044		4891		
餐饮业	9400	9400		2500		
信息传输、软件和信息技术服务业	111001	33225				
电信、广播电视和卫星传输服务	13202					
互联网和相关服务	66581	2007				
软件和信息技术服务业	31218	31218				
金融业	9863	9863	4997	660		
货币金融服务	660	660		660		
资本市场服务						
保险业	4206	4206				
其他金融业	4997	4997	4997			

6-9 续表2

单位：万元

行　　业	合　计	内资企业				
			国有企业	集体企业	股份合作企业	联营企业
房地产业	1313152	1313152	688592	297744		
房地产业	1313152	1313152	688592	297744		
租赁和商务服务业	10330	10330	2200			
租赁业						
商务服务业	10330	10330	2200			
科学研究和技术服务业	9502	9502				
研究和试验发展						
专业技术服务业						
科技推广和应用服务业	9502	9502				
水利、环境和公共设施管理业	796377	793519	407954	6846	4132	
水利管理业	129258	129258	107463	4768		
生态保护和环境治理业	11486	11486	11486			
公共设施管理业	655633	652775	289005	2078	4132	
居民服务、修理和其他服务业	5500	4980	868			
居民服务业	868	868	868			
机动车、电子产品和日用产品修理业	4632	4112				
其他服务业						
教　育	154992	154992	117119	5485		
教　育	154992	154992	117119	5485		
卫生和社会工作	116761	116761	97392	6654		
卫　生	96853	96853	91979	1174		
社会工作	19908	19908	5413	5480		
文化、体育和娱乐业	192475	192475	36254	6786		
新闻和出版业	1372	1372	1372			
广播、电视、电影和影视录音制作业	9487	9487	2437			
文化艺术业	43732	43732	23878	4541		
体　育	6598	6598	3877			
娱乐业	131286	131286	4690	2245		
公共管理、社会保障和社会组织	68763	68763	68763			
中国共产党机关						
国家机构	67726	67726	67726			
人民政协、民主党派						
社会保障	1037	1037	1037			
群众团体、社会团体和其他成员组织						
基层群众自治组织						

6-9　续表3

单位：万元

行　　业	有限责任公司	国有独资公司	其他有限责任公司	股份有限公司	私营企业	其他企业
总　计	**3385173**	**121309**	**3263864**	**139767**	**3117908**	**737512**
农、林、牧、渔业	165067		165067	5705	251805	265487
农　业	4388		4388	624	141135	147690
林　业	1423		1423		5050	6973
畜牧业	153486		153486	5081	88122	94895
渔　业						
农、林、牧、渔服务业	5770		5770		17498	15929
采矿业	934379	20546	913833	58404	481387	36667
煤炭开采和洗选业	708716	13575	695141	53441	456064	36051
石油和天然气开采业	114409		114409			
黑色金属矿采选业	6971	6971			6341	
有色金属矿采选业	104283		104283	4963	18982	
非金属矿采选业						616
开采辅助活动						
其他采矿业						
制造业	861481	31583	829898	53732	1680125	102727
农副食品加工业	49030		49030		149298	24612
食品制造业	1920		1920		27507	
酒、饮料和精制茶制造业	92260		92260	1698	30246	10718
烟草制品业						
纺织业					4500	
纺织服装、服饰业						
皮革、毛皮、羽毛及其制品和制鞋业					500	
木材加工和木、竹、藤、棕、草制品业	945		945	4998		
家具制造业						
造纸和纸制品业	15721		15721		16198	
印刷和记录媒介复制业					1200	
文教、工美、体育和娱乐用品制造业					1790	
石油加工、炼焦和核燃料加工业	50789		50789		84123	
化学原料和化学制品制造业	84612		84612	37290	768536	5112
医药制造业					10924	
化学纤维制造业						
橡胶和塑料制品业	3355		3355			
非金属矿物制品业	86238		86238	9746	158821	42285
黑色金属冶炼和压延加工业	92686		92686		46797	
有色金属冶炼和压延加工业	336243		336243		256023	4000
金属制品业					1731	

6-9 续表4

单位：万元

行　　业	有限责任公司	国有独资公司	其他有限责任公司	股份有限公司	私营企业	其他企业
通用设备制造业	10720		10720		8778	
专用设备制造业	1750		1750		4531	
汽车制造业	2292		2292			
铁路、船舶、航空航天和其他运输设备制造业	20		20			
电气机械和器材制造业	32900	31583	1317		99525	16000
计算机、通信和其他电子设备制造业						
仪器仪表制造业						
其他制造业					4087	
废弃资源综合利用业					5010	
金属制品、机械和设备修理业						
电力、热力、燃气及水生产和供应业	859448	40908	818540	21926	238520	29440
电力、热力生产和供应业	741484	40908	700576	18295	229156	29440
燃气生产和供应业	117088		117088	3631	9364	
水的生产和供应业	876		876			
建筑业						
房屋建筑业						
土木工程建筑业						
建筑安装业						
建筑装饰和其他建筑业						
批发和零售业	4416		4416		25523	5672
批发业	2950		2950		18572	5672
零售业	1466		1466		6951	
交通运输、仓储和邮政业	226046		226046		95434	4800
铁路运输业	60086		60086		53109	
道路运输业	131811		131811		33485	
水上运输业						
航空运输业						
管道运输业	8474		8474			
装卸搬运和运输代理业	4476		4476			
仓储业	21199		21199		8840	4800
邮政业						
住宿和餐饮业	1601	1500	101		15452	
住宿业	101		101		10052	
餐饮业	1500	1500			5400	
信息传输、软件和信息技术服务业	2007		2007		31218	
电信、广播电视和卫星传输服务						
互联网和相关服务	2007		2007			
软件和信息技术服务业					31218	
金融业					4206	
货币金融服务						
资本市场服务						
保险业					4206	
其他金融业						

6-9　续表5

单位：万元

行　　业	有限责任公司	国有独资公司	其他有限责任公司	股份有限公司	私营企业	其他企业
房地产业	72822		72822		15030	238964
房地产业	72822		72822		15030	238964
租赁和商务服务业	5130		5130		3000	
租赁业						
商务服务业	5130		5130		3000	
科学研究和技术服务业					9502	
研究和试验发展						
专业技术服务业						
科技推广和应用服务业					9502	
水利、环境和公共设施管理业	122325	26772	95553		236840	15422
水利管理业	10949		10949		6078	
生态保护和环境治理业						
公共设施管理业	111376	26772	84604		230762	15422
居民服务、修理和其他服务业					4112	
居民服务业						
机动车、电子产品和日用产品修理业					4112	
其他服务业						
教　育					8690	23698
教　育					8690	23698
卫生和社会工作	4500		4500		4515	3700
卫　生						3700
社会工作	4500		4500		4515	
文化、体育和娱乐业	125951		125951		12549	10935
新闻和出版业						
广播、电视、电影和影视录音制作业					7050	
文化艺术业	4378		4378			10935
体　育					2721	
娱乐业	121573		121573		2778	
公共管理、社会保障和社会组织						
中国共产党机关						
国家机构						
人民政协、民主党派						
社会保障						
群众团体、社会团体和其他成员组织						
基层群众自治组织						

6-9 续表6

单位：万元

行业	港澳台商投资企业	外商投资企业	个体经营	个体户	个人合伙
总 计	**222179**	**120279**	**85829**	**82881**	**2948**
农、林、牧、渔业			41472	39447	2025
农 业			18113	16588	1525
林 业					
畜牧业			23359	22859	500
渔 业					
农、林、牧、渔服务业					
采矿业		31647			
煤炭开采和洗选业		20885			
石油和天然气开采业		10762			
黑色金属矿采选业					
有色金属矿采选业					
非金属矿采选业					
开采辅助活动					
其他采矿业					
制造业	173477	10856	34832	33909	923
农副食品加工业			12439	11516	923
食品制造业					
酒、饮料和精制茶制造业					
烟草制品业					
纺织业					
纺织服装、服饰业					
皮革、毛皮、羽毛及其制品和制鞋业					
木材加工和木、竹、藤、棕、草制品业					
家具制造业					
造纸和纸制品业					
印刷和记录媒介复制业					
文教、工美、体育和娱乐用品制造业					
石油加工、炼焦和核燃料加工业	57463	5630			
化学原料和化学制品制造业	640				
医药制造业					
化学纤维制造业					
橡胶和塑料制品业					
非金属矿物制品业		5226	22393	22393	
黑色金属冶炼和压延加工业					
有色金属冶炼和压延加工业	115374				
金属制品业					

6-9　续表7

单位：万元

行　　业	港澳台商投资企业	外商投资企业	个体经营	个体户	个人合伙
通用设备制造业					
专用设备制造业					
汽车制造业					
铁路、船舶、航空航天和其他运输设备制造业					
电气机械和器材制造业					
计算机、通信和其他电子设备制造业					
仪器仪表制造业					
其他制造业					
废弃资源综合利用业					
金属制品、机械和设备修理业					
电力、热力、燃气及水生产和供应业	48702				
电力、热力生产和供应业	48200				
燃气生产和供应业	502				
水的生产和供应业					
建筑业					
房屋建筑业					
土木工程建筑业					
建筑安装业					
建筑装饰和其他建筑业					
批发和零售业			6147	6147	
批发业			6147	6147	
零售业					
交通运输、仓储和邮政业					
铁路运输业					
道路运输业					
水上运输业					
航空运输业					
管道运输业					
装卸搬运和运输代理业					
仓储业					
邮政业					
住宿和餐饮业					
住宿业					
餐饮业					
信息传输、软件和信息技术服务业		77776			
电信、广播电视和卫星传输服务		13202			
互联网和相关服务		64574			
软件和信息技术服务业					
金融业					
货币金融服务					
资本市场服务					
保险业					
其他金融业					

6-9 续表8

单位：万元

行　业	港澳台商投资企业	外商投资企业	个体经营	个体户	个人合伙
房地产业					
房地产业					
租赁和商务服务业					
租赁业					
商务服务业					
科学研究和技术服务业					
研究和试验发展					
专业技术服务业					
科技推广和应用服务业					
水利、环境和公共设施管理业			2858	2858	
水利管理业					
生态保护和环境治理业					
公共设施管理业			2858	2858	
居民服务、修理和其他服务业			520	520	
居民服务业					
机动车、电子产品和日用产品修理业			520	520	
其他服务业					
教　育					
教　育					
卫生和社会工作					
卫　生					
社会工作					
文化、体育和娱乐业					
新闻和出版业					
广播、电视、电影和影视录音制作业					
文化艺术业					
体　育					
娱乐业					
公共管理、社会保障和社会组织					
中国共产党机关					
国家机构					
人民政协、民主党派					
社会保障					
群众团体、社会团体和其他成员组织					
基层群众自治组织					

6-10　按构成分城镇固定资产投资(2016年)

单位：万元

行　　业	本年完成投资	#住宅	建筑工程	安装工程	设备工器具购置	其他费用
总　计	**10479280**	**910131**	**5931709**	**1288210**	**2430886**	**828475**
农、林、牧、渔业	850774	10050	636156	64077	79811	70730
农　业	346733	400	310869	9850	12415	13599
林　业	78749	4856	53691	102	1482	23474
畜牧业	370697	4794	232817	51392	58821	27667
渔　业						
农、林、牧、渔服务业	54595		38779	2733	7093	5990
采矿业	1754041	1278	798770	247811	484854	222606
煤炭开采和洗选业	1405813	1278	614539	203485	461826	125963
石油和天然气开采业	202134		135883	42734	17369	6148
黑色金属矿采选业	17250		11775	1012	4388	75
有色金属矿采选业	128228		35957	580	1271	90420
非金属矿采选业	616		616			
开采辅助活动						
其他采矿业						
制造业	2945828	9646	1404959	450808	1012251	77810
农副食品加工业	238174		153066	31921	44406	8781
食品制造业	34956		21134	4671	7222	1929
酒、饮料和精制茶制造业	134922	7485	123987	3015	7920	
烟草制品业						
纺织业	4500		3109	293	998	100
纺织服装、服饰业						
皮革、毛皮、羽毛及其制品和制鞋业	500		387	33	80	
木材加工和木、竹、藤、棕、草制品业	5943		5154	12	731	46
家具制造业						
造纸和纸制品业	31919		20919	3500	7500	
印刷和记录媒介复制业	1200		786	100		314
文教、工美、体育和娱乐用品制造业	1790		1790			
石油加工、炼焦和核燃料加工业	198005		126593	17228	41908	12276
化学原料和化学制品制造业	896190	1141	346966	153119	391491	4614
医药制造业	12174		5728	1032	5414	
化学纤维制造业						
橡胶和塑料制品业	3355		1115	856	1384	
非金属矿物制品业	337376	120	200464	37295	77980	21637
黑色金属冶炼和压延加工业	139483		42723	31001	54255	11504
有色金属冶炼和压延加工业	711640		311291	152533	233081	14735
金属制品业	1731		1731			

6-10 续表1

单位：万元

行　业	本年完成投资	#住宅	建筑工程	安装工程	设备工器具购置	其他费用
通用设备制造业	19498		8154	100	11244	
专用设备制造业	6281		3612	1611	1058	
汽车制造业	2292	900	972	31	1289	
铁路、船舶、航空航天和其他运输设备制造业	20			20		
电气机械和器材制造业	154782		24678	11237	116993	1874
计算机、通信和其他电子设备制造业						
仪器仪表制造业						
其他制造业	4087		600	1200	2287	
废弃资源综合利用业	5010				5010	
金属制品、机械和设备修理业						
电力、热力、燃气及水生产和供应业	1403490		414253	258041	602625	128571
电力、热力生产和供应业	1217513		327316	208535	555693	125969
燃气生产和供应业	144037		62703	37159	42029	2146
水的生产和供应业	41940		24234	12347	4903	456
建筑业						
房屋建筑业						
土木工程建筑业						
建筑安装业						
建筑装饰和其他建筑业						
批发和零售业	95553	30282	86232	3015	3176	3130
批发业	40387		34036	2611	1730	2010
零售业	55166	30282	52196	404	1446	1120
交通运输、仓储和邮政业	616434	2506	460043	18930	40013	97448
铁路运输业	116707		75039	13184	10376	18108
道路运输业	449218	2506	346012	5624	27459	70123
水上运输业						
航空运输业						
管道运输业	8474					8474
装卸搬运和运输代理业	4476		4476			
仓储业	37559		34516	122	2178	743
邮政业						
住宿和餐饮业	24444		22168	87	1742	447
住宿业	15044		12998	87	1742	217
餐饮业	9400		9170			230
信息传输、软件和信息技术服务业	111001		48330	22989	39682	
电信、广播电视和卫星传输服务	13202		2750	3745	6707	
互联网和相关服务	66581		14362	19244	32975	
软件和信息技术服务业	31218		31218			
金融业	9863		7841	706	1185	131
货币金融服务	660		418	111		131
资本市场服务						
保险业	4206		4206			
其他金融业	4997		3217	595	1185	

6-10 续表2

单位: 万元

行业	本年完成投资	#住宅	建筑工程	安装工程	设备工器具购置	其他费用
房地产业	1313152	820139	1018792	90378	43902	160080
房地产业	1313152	820139	1018792	90378	43902	160080
租赁和商务服务业	10330	5130	9207	713	410	
租赁业						
商务服务业	10330	5130	9207	713	410	
科学研究和技术服务业	9502		9502			
研究和试验发展						
专业技术服务业						
科技推广和应用服务业	9502		9502			
水利、环境和公共设施管理业	796377	30403	662819	63373	31535	38650
水利管理业	129258	200	103698	6164	3564	15832
生态保护和环境治理业	11486		9266	797	1385	38
公共设施管理业	655633	30203	549855	56412	26586	22780
居民服务、修理和其他服务业	5500		2572	116	2812	
居民服务业	868		752	116		
机动车、电子产品和日用产品修理业	4632		1820		2812	
其他服务业						
教　育	154992		107733	15382	24746	7131
教　育	154992		107733	15382	24746	7131
卫生和社会工作	116761	697	79554	9800	9347	18060
卫生	96853		62271	9251	7754	17577
社会工作	19908	697	17283	549	1593	483
文化、体育和娱乐业	192475		113349	38047	38862	2217
新闻和出版业	1372		1372			
广播、电视、电影和影视录音制作业	9487		6747	1550	600	590
文化艺术业	43732		41219	1065	1448	
体　育	6598		6598			
娱乐业	131286		57413	35432	36814	1627
公共管理、社会保障和社会组织	68763		49429	3937	13933	1464
中国共产党机关						
国家机构	67726		48392	3937	13933	1464
人民政协、民主党派						
社会保障	1037		1037			
群众团体、社会团体和其他成员组织						
基层群众自治组织						

6-11 按建设性质分城镇固定资产投资(2016年)

单位：万元

行　　业	合　计	新　建	扩　建	改建和技术改造	单纯建造生活设施	其　他
总　计	**10479280**	**5239368**	**2014236**	**1983842**	**914565**	**327269**
农、林、牧、渔业	850774	669189	144419	37166		
农　业	346733	291643	39115	15975		
林　业	78749	36550	40399	1800		
畜牧业	370697	299349	58789	12559		
渔　业						
农、林、牧、渔服务业	54595	41647	6116	6832		
采矿业	1754041	319819	555774	724204		154244
煤炭开采和洗选业	1405813	260184	282911	708474		154244
石油和天然气开采业	202134	25578	176556			
黑色金属矿采选业	17250	1134	386	15730		
有色金属矿采选业	128228	32307	95921			
非金属矿采选业	616	616				
开采辅助活动						
其他采矿业						
制造业	2945828	1616298	660263	590214		79053
农副食品加工业	238174	185363	45007	7804		
食品制造业	34956	19353	10193	5410		
酒、饮料和精制茶制造业	134922	98321	20201	15000		1400
烟草制品业						
纺织业	4500	4500				
纺织服装、服饰业						
皮革、毛皮、羽毛及其制品和制鞋业	500	500				
木材加工和木、竹、藤、棕、草制品业	5943	945		4998		
家具制造业						
造纸和纸制品业	31919	16198	15721			
印刷和记录媒介复制业	1200	1200				
文教、工美、体育和娱乐用品制造业	1790	1790				
石油加工、炼焦和核燃料加工业	198005	140758	48633	8614		
化学原料和化学制品制造业	896190	641663	250701	3826		
医药制造业	12174	8462	990	2722		
化学纤维制造业						
橡胶和塑料制品业	3355	3355				
非金属矿物制品业	337376	158735	138508	40133		
黑色金属冶炼和压延加工业	139483	109685	27990	1808		
有色金属冶炼和压延加工业	711640	179763	53460	478417		
金属制品业	1731	1731				

6-11 续表1

单位：万元

行业	总计	新建	扩建	改建和技术改造	单纯建造生活设施	其他
通用设备制造业	19498	4782	13388	1328		
专用设备制造业	6281	4531		1750		
汽车制造业	2292	900	1392			
铁路、船舶、航空航天和其他运输设备制造业	20	20				
电气机械和器材制造业	154782	28733	34079	14317		77653
计算机、通信和其他电子设备制造业						
仪器仪表制造业						
其他制造业	4087			4087		
废弃资源综合利用业	5010	5010				
金属制品、机械和设备修理业						
电力、热力、燃气及水生产和供应业	1403490	925126	354084	123778		502
电力、热力生产和供应业	1217513	794281	313501	109731		
燃气生产和供应业	144037	117240	22495	3800		502
水的生产和供应业	41940	13605	18088	10247		
建筑业						
房屋建筑业						
土木工程建筑业						
建筑安装业						
建筑装饰和其他建筑业						
批发和零售业	95553	74860	13254	7439		
批发业	40387	28947	4646	6794		
零售业	55166	45913	8608	645		
交通运输、仓储和邮政业	616434	321766	24860	266538		3270
铁路运输业	116707	113195		3512		
道路运输业	449218	170716	12746	262486		3270
水上运输业						
航空运输业						
管道运输业	8474		8474			
装卸搬运和运输代理业	4476	4476				
仓储业	37559	33379	3640	540		
邮政业						
住宿和餐饮业	24444	22753	1691			
住宿业	15044	13353	1691			
餐饮业	9400	9400				
信息传输、软件和信息技术服务业	111001	31218		79783		
电信、广播电视和卫星传输服务	13202			13202		
互联网和相关服务	66581			66581		
软件和信息技术服务业	31218	31218				
金融业	9863	9863				
货币金融服务	660	660				
资本市场服务						
保险业	4206	4206				
其他金融业	4997	4997				

6-11 续表2

单位：万元

行　　业	总　计	新　建	扩　建	改建和技术改造	单纯建造生活设施	其　他
房地产业	1313152	396405		11892	904855	
房地产业	1313152	396405		11892	904855	
租赁和商务服务业	10330	8130	2200			
租赁业						
商务服务业	10330	8130	2200			
科学研究和技术服务业	9502	9502				
研究和试验发展						
专业技术服务业						
科技推广和应用服务业	9502	9502				
水利、环境和公共设施管理业	796377	469463	194082	123122	9710	
水利管理业	129258	22634	43971	62653		
生态保护和环境治理业	11486	7058		4428		
公共设施管理业	655633	439771	150111	56041	9710	
居民服务、修理和其他服务业	5500	520	1300	868		2812
居民服务业	868			868		
机动车、电子产品和日用产品修理业	4632	520	1300			2812
其他服务业						
教　育	154992	70907	13181	11325		59579
教　育	154992	70907	13181	11325		59579
卫生和社会工作	116761	72769	19539	1733		22720
卫　生	96853	63880	9728	525		22720
社会工作	19908	8889	9811	1208		
文化、体育和娱乐业	192475	172966	14753	4756		
新闻和出版业	1372		1372			
广播、电视、电影和影视录音制作业	9487	7050		2437		
文化艺术业	43732	34154	8291	1287		
体　育	6598	2721	2845	1032		
娱乐业	131286	129041	2245			
公共管理、社会保障和社会组织	68763	47814	14836	1024		5089
中国共产党机关						
国家机构	67726	46777	14836	1024		5089
人民政协、民主党派						
社会保障	1037	1037				
群众团体、社会团体和其他成员组织						
基层群众自治组织						

6-12　按资金来源分城镇固定资产投资(2016年)

单位：万元

行　业	本年资金来源小计	国　家预算资金	国内贷款	债　券	利用外资
总　计	**8309151**	**448074**	**626098**	**2610**	**6298**
农、林、牧、渔业	756298	48528	2670		
农　业	309937	10888			
林　业	63980	32448			
畜牧业	329654	430	390		
渔　业					
农、林、牧、渔服务业	52727	4762	2280		
采矿业	1480546	33148	48949		
煤炭开采和洗选业	1249488	24100	48949		
石油和天然气开采业	160020	9048			
黑色金属矿采选业	17396				
有色金属矿采选业	53026				
非金属矿采选业	616				
开采辅助活动					
其他采矿业					
制造业	2379286	4246	140207		
农副食品加工业	169269	835	1400		
食品制造业	29888		160		
酒、饮料和精制茶制造业	34972				
烟草制品业					
纺织业	4500				
纺织服装、服饰业					
皮革、毛皮、羽毛及其制品和制鞋业	500				
木材加工和木、竹、藤、棕、草制品业	3512		567		
家具制造业					
造纸和纸制品业	30419				
印刷和记录媒介复制业	1200				
文教、工美、体育和娱乐用品制造业	1790				
石油加工、炼焦和核燃料加工业	191336				
化学原料和化学制品制造业	733917		110250		
医药制造业	12174				
化学纤维制造业					
橡胶和塑料制品业	3003				
非金属矿物制品业	296676		27830		
黑色金属冶炼和压延加工业	80927				
有色金属冶炼和压延加工业	597950				
金属制品业	1731				

6-12 续表1

单位：万元

行业	本年资金来源小计	国家预算资金	国内贷款	债券	利用外资
通用设备制造业	19516				
专用设备制造业	6281				
汽车制造业	900				
铁路、船舶、航空航天和其他运输设备制造业	20				
电气机械和器材制造业	154718	3411			
计算机、通信和其他电子设备制造业					
仪器仪表制造业					
其他制造业	4087				
废弃资源综合利用业					
金属制品、机械和设备修理业					
电力、热力、燃气及水生产和供应业	1064482	20405	315092		
电力、热力生产和供应业	884345	11261	306482		
燃气生产和供应业	142435				
水的生产和供应业	37702	9144	8610		
建筑业					
房屋建筑业					
土木工程建筑业					
建筑安装业					
建筑装饰和其他建筑业					
批发和零售业	92996				
批发业	37830				
零售业	55166				
交通运输、仓储和邮政业	452078	90301	38594		
铁路运输业	94661				
道路运输业	319599	90301	38594		
水上运输业					
航空运输业					
管道运输业	5920				
装卸搬运和运输代理业	1376				
仓储业	30522				
邮政业					
住宿和餐饮业	16157				
住宿业	13657				
餐饮业	2500				
信息传输、软件和信息技术服务业	70116	863			
电信、广播电视和卫星传输服务	13202				
互联网和相关服务	33414	863			
软件和信息技术服务业	23500				
金融业	9511				
货币金融服务	660				
资本市场服务					
保险业	4226				
其他金融业	4625				

6-12　续表2

单位：万元

行　　业	本年资金来源小计	国　　家预算资金	国内贷款	债　券	利用外资
房地产业	958464	100000	11997	2610	3650
房地产业	958464	100000	11997	2610	3650
租赁和商务服务业	10330				
租赁业					
商务服务业	10330				
科学研究和技术服务业	9668				
研究和试验发展					
专业技术服务业					
科技推广和应用服务业	9668				
水利、环境和公共设施管理业	543967	72492	22665		2648
水利管理业	109287	45684	11935		2648
生态保护和环境治理业	11738	2957			
公共设施管理业	422942	23851	10730		
居民服务、修理和其他服务业	5500				
居民服务业	868				
机动车、电子产品和日用产品修理业	4632				
其他服务业					
教　育	127453	27612	39564		
教　育	127453	27612	39564		
卫生和社会工作	106931	10327	6080		
卫　生	87023	10327	6080		
社会工作	19908				
文化、体育和娱乐业	163879	9566	280		
新闻和出版业	1372				
广播、电视、电影和影视录音制作业	7987	2437			
文化艺术业	40013	7129			
体　育	6598				
娱乐业	107909		280		
公共管理、社会保障和社会组织	61489	30586			
中国共产党机关					
国家机构	59404	28501			
人民政协、民主党派					
社会保障	2085	2085			
群众团体、社会团体和其他成员组织					
基层群众自治组织					

6-12 续表3

单位：万元

行业	自筹资金	#企、事业单位自有资金	#股东投入资金	#借入资金	其他资金来源
总 计	**6946125**	**3795501**	**331338**	**177104**	**279946**
农、林、牧、渔业	704721	406754	83689	10115	379
农 业	299049	230988	520	5358	
林 业	31532	7288			
畜牧业	328564	158885	82115	3757	270
渔 业					
农、林、牧、渔服务业	45576	9593	1054	1000	109
采矿业	1309055	700585	33100	31276	89394
煤炭开采和洗选业	1087045	590792		11936	89394
石油和天然气开采业	150972	71548	33100	19340	
黑色金属矿采选业	17396	17396			
有色金属矿采选业	53026	20233			
非金属矿采选业	616	616			
开采辅助活动					
其他采矿业					
制造业	2222450	1320125	150026	114837	12383
农副食品加工业	167030	87203	11645	2864	4
食品制造业	29728	24977		506	
酒、饮料和精制茶制造业	34972	30247			
烟草制品业					
纺织业	4500	4500			
纺织服装、服饰业					
皮革、毛皮、羽毛及其制品和制鞋业	500	500			
木材加工和木、竹、藤、棕、草制品业	2945	945			
家具制造业					
造纸和纸制品业	30419	15721			
印刷和记录媒介复制业	1200				
文教、工美、体育和娱乐用品制造业	1790	1790			
石油加工、炼焦和核燃料加工业	188051	137070	45781	5200	3285
化学原料和化学制品制造业	623667	353001	84900	25813	
医药制造业	12174	9452			
化学纤维制造业					
橡胶和塑料制品业	3003	3003			
非金属矿物制品业	260222	109571	7700	52054	8624
黑色金属冶炼和压延加工业	80927	21130		1500	
有色金属冶炼和压延加工业	597950	398477			
金属制品业	1731				

6-12　续表4

单位：万元

行　　业					
	自筹资金	#企、事业单位自有资金	#股东投入资金	#借入资金	其　他资金来源
通用设备制造业	19516	12575			
专用设备制造业	6281	1750			
汽车制造业	900	900			
铁路、船舶、航空航天和其他运输设备制造业					20
电气机械和器材制造业	150857	107313		26900	450
计算机、通信和其他电子设备制造业					
仪器仪表制造业					
其他制造业	4087				
废弃资源综合利用业					
金属制品、机械和设备修理业					
电力、热力、燃气及水生产和供应业	709109	244176	61286	9200	19876
电力、热力生产和供应业	549607	122375	61286	9200	16995
燃气生产和供应业	142435	116216			
水的生产和供应业	17067	5585			2881
建筑业					
房屋建筑业					
土木工程建筑业					
建筑安装业					
建筑装饰和其他建筑业					
批发和零售业	92996	35764	1977	1960	
批发业	37830	4074	1977	1960	
零售业	55166	31690			
交通运输、仓储和邮政业	251084	152875		1616	72099
铁路运输业	94661	61156			
道路运输业	128111	74206			62593
水上运输业					
航空运输业					
管道运输业					5920
装卸搬运和运输代理业	1376			1376	
仓储业	26936	17513		240	3586
邮政业					
住宿和餐饮业	16157	8516			
住宿业	13657	6016			
餐饮业	2500	2500			
信息传输、软件和信息技术服务业	69253	44609			
电信、广播电视和卫星传输服务	13202	13202			
互联网和相关服务	32551	31407			
软件和信息技术服务业	23500				
金融业	9511	4625			
货币金融服务	660				
资本市场服务					
保险业	4226				
其他金融业	4625	4625			

6-12 续表5

单位：万元

行业	自筹资金	#企、事业单位自有资金	#股东投入资金	#借入资金	其他资金来源
房地产业	808482	425319	100	700	31725
房地产业	808482	425319	100	700	31725
租赁和商务服务业	10330	10330			
租赁业					
商务服务业	10330	10330			
科学研究和技术服务业	9668	8268			
研究和试验发展					
专业技术服务业					
科技推广和应用服务业	9668	8268			
水利、环境和公共设施管理业	402765	212825		7100	43397
水利管理业	46636	31172			2384
生态保护和环境治理业	8781	4534			
公共设施管理业	347348	177119		7100	41013
居民服务、修理和其他服务业	5500	4980			
居民服务业	868	868			
机动车、电子产品和日用产品修理业	4632	4112			
其他服务业					
教　育	60277	50261		300	
教　育	60277	50261		300	
卫生和社会工作	90524	40175			
卫　生	70616	34910			
社会工作	19908	5265			
文化、体育和娱乐业	145443	98604	1160		8590
新闻和出版业	1372				
广播、电视、电影和影视录音制作业					5550
文化艺术业	32884	13737	1160		
体　育	6598	3877			
娱乐业	104589	80990			3040
公共管理、社会保障和社会组织	28800	26710			2103
中国共产党机关					
国家机构	28800	26710			2103
人民政协、民主党派					
社会保障					
群众团体、社会团体和其他成员组织					
基层群众自治组织					

6-13　城镇固定资产投资规模及新增生产能力(2016年)

生产能力(或效益)名称	单　位	建设规模	本　　年 施工规模	#本年 新开工	累计新增 生产能力	#本年 新增
原煤开采	万吨/年	5437	4306.8	560.8	1894.8	680.8
洗　煤	万吨/年					
焦　炭	万吨/年	476	416	120	120	120
天然原油开采	万吨/年					
天然气开采	亿立方米/年	9.6	6.3	0.8		
石油加工：蒸馏设备能力	处理万吨/年	20	20	20	20	20
裂化设备能力	处理万吨/年					
加氢精制设备能力	万吨/年					
焦化设备能力	万吨/年					
催化重整设备能力	万吨/年					
润滑油(综合能力)	万吨/年					
铁矿开采(原矿)	万吨/年					
铁矿选矿处理原矿量	万吨/年					
铁矿石成品矿	万吨/年					
生　铁	万吨/年					
粗　钢	万吨/年					
#转炉钢	万吨/年					
#电弧炉钢	万吨/年					
#感应电炉钢	万吨/年					
连铸坯	万吨/年					
铁合金	万吨/年					
钢　材	万吨/年					
热轧钢材	万吨/年					
冷轧(拔)钢材	万吨/年					
镀层、涂层钢材	万吨/年					
锻压、挤压、旋压钢材	万吨/年					
其他加工工艺钢材	万吨/年					
铜采矿(原矿)	万吨/年					
铜选矿：(1)处理原矿	万吨/年					
(2)铜含量	吨/年					
铜冶炼	吨/年					
#电解铜	吨/年					
铅锌采矿(原矿)	万吨/年					
铅锌选矿：(1)处理原矿	万吨/年					
(2)铅含量	吨/年					
(3)锌含量	吨/年					
铅冶炼	吨/年					
#电解铅	吨/年					
锌冶炼	吨/年					
#电解锌	吨/年					
锡冶炼	吨/年					
#电解锡	吨/年					
镍冶炼	吨/年					
#电解镍	吨/年					
氧化铝	吨/年	2400000	400000		1800000	400000
电解铝	吨/年					
粗　铅	吨/年					
铝加工	吨/年	500000	500000			
铜加工材	吨/年					
黄　金	公斤/年					
银选矿：(1)处理原矿	吨/年					
(2)银含量	公斤/年					

6-13 续表1

生产能力(或效益)名称	单　位	建设规模	本　　年 施工规模	#本年 新开工	累计新增 生产能力	#本年 新增
硫铁矿开采	吨／年					
水力发电	万千瓦					
火力发电	万千瓦	350.2	245.2	70	140.2	105.2
核能发电	万千瓦					
风力发电	万千瓦	36.4	31.6	16.8	9.6	4.8
太阳能发电	万千瓦	18007	10002	3002	5	
其他发电	万千瓦					
输电线路长度(110KV及以上)	公里	275.9	275.9	185.9	275.9	275.9
水　泥	万吨／年	200	200			
平板玻璃	万重量箱／年					
石墨及炭素制品	吨／年					
木　材	吨／年					
电　石	吨／年					
氮　肥	吨／年	1262500	48500	48500	48500	48500
磷　肥	吨／年	25000	18000	18000	18000	18000
钾　肥	吨／年	105000	103000	3000	3000	3000
化学农药原药	吨／年					
精甲醇	吨／年					
塑料树脂及共聚物	吨／年					
合成橡胶	吨／年					
轮胎外胎	万条／年					
轮胎内胎	万条／年					
内燃机	台/年					
内燃机	万千瓦/年					
载货汽车制造	辆／年					
客车制造	辆／年					
轿车制造	辆／年					
其他汽车制造	辆／年					
摩托车制造	辆／年					
电视机	万部／年					
#彩色电视机	万吨／年					
化学纤维	吨／年					
#合成纤维	吨／年					
粘胶纤维	吨／年					
棉纺锭	锭					
毛纺锭	锭					
啤　酒	万吨／年					
白　酒	万吨／年	10.5	10			
其他酒	万吨／年	0.5	0.5	0.5	0.5	0.5
卷　烟	箱/年					
机制纸浆	万吨／年					
家用电冰箱	万台／年					
家用洗衣机	万台／年					
房间空气调节器	万台／年					
程控交换机(指安装能力)	万线／年					

6-13　续表2

生产能力(或效益)名称	单　位	建设规模	本　　年 施工规模	#本年 新开工	累计新增 生产能力	#本年 新增
新建铁路里程	公里	13.1	13.1			
复线里程	公里					
电气化铁路里程	公里					
新建高速铁路里程	公里					
新建公路	公里	10.5	10.5	10.5		
#高速公路	公里					
一级公路	公里					
二级公路	公里					
改建公路	公里	1087.03	929.33	823.93	411.68	403.68
#高速公路	公里					
一级公路	公里	29.2	0.5	0.5	0.5	0.5
二级公路	公里	260.7	244.5	188	34.7	26.7
新建独立公路桥梁	延长米	460	460	460	460	460
新建独立公路桥梁	座	1	1	1	1	1
新建独立公路隧道	延长米					
新建独立公路隧道	处					
新(扩)建港口码头	年吞吐量：万吨					
新(扩)建港口码头	年吞吐量：标准集装箱					
新(扩)建港口码头	泊位：个					
#新(扩)建沿海港口码头	年吞吐量：万吨					
#新(扩)建沿海港口码头	泊位：个米					
新(扩)建公路客、货运站	个					
新(扩)建公路客、货运站	平方米					
民航机场跑道	条					
民航机场跑道	米					
飞机购置	架					
候机楼	座					
候机楼	平方米					
城市自来水供水能力	万吨/日	5	5		5	5
城市公共交通车辆购置	辆/年					
城市污水处理能力	万吨/日	1.85	1.85	1.15	1.85	1.85

6-14 城镇固定资产投资总规模及新增固定资产(2016年)

单位：万元

行业	计划总投资	自开始建设至本年底累计完成投资	#本年完成投资	施工项目个数(个)	#本年新开工	本年投产项目个数(个)	本年新增固定资产
总计	**24985952**	**20432929**	**10479280**	**1460**	**979**	**1233**	**7791313**
农、林、牧、渔业	1007522	874448	850774	276	215	235	649571
农业	393982	353221	346733	91	74	79	313407
林业	85107	83581	78749	31	24	29	78264
畜牧业	467669	382216	370697	134	103	112	227315
渔业							
农、林、牧、渔服务业	60764	55430	54595	20	14	15	30585
采矿业	4807391	4526704	1754041	165	118	184	1200976
煤炭开采和洗选业	3921316	3680066	1405813	137	102	170	1115402
石油和天然气开采业	691309	657143	202134	10	2	2	12726
黑色金属矿采选业	53727	60371	17250	6	4	6	60371
有色金属矿采选业	140518	128508	128228	11	9	5	11861
非金属矿采选业	521	616	616	1	1	1	616
开采辅助活动							
其他采矿业							
制造业	8865985	6903326	2945828	273	177	230	2898734
农副食品加工业	462524	368134	238174	63	38	46	232290
食品制造业	52146	35062	34956	8	6	5	21169
酒、饮料和精制茶制造业	1052766	869812	134922	9	5	8	38722
烟草制品业							
纺织业	4500	4500	4500	1	1	1	4500
纺织服装、服饰业							
皮革、毛皮、羽毛及其制品和制鞋业	500	500	500	1	1	1	500
木材加工和木、竹、藤、棕、草制品业	5843	6011	5943	2	1	2	6011
家具制造业							
造纸和纸制品业	216514	124362	31919	3	2	1	2198
印刷和记录媒介复制业	1200	1200	1200	1	1	1	1200
文教、工美、体育和娱乐用品制造业	1534	1790	1790	1	1	1	1790
石油加工、炼焦和核燃料加工业	819150	274653	198005	12	6	4	10760
化学原料和化学制品制造业	1881548	1332577	896190	47	33	36	432692
医药制造业	13172	12174	12174	5	5	3	5172
化学纤维制造业							
橡胶和塑料制品业	2900	3375	3355	2	1	2	3375
非金属矿物制品业	856524	622761	337376	59	38	49	242384
黑色金属冶炼和压延加工业	352138	355378	139483	13	9	8	12943
有色金属冶炼和压延加工业	2605903	2420950	711640	23	15	17	1653205
金属制品业	19296	19296	1731	1		1	19296

6-14 续表1

单位：万元

行 业	计 划总投资	自开始建设至本年底累计完成投资	#本年完成投资	施工项目个 数(个)	#本年新开工	本年投产项目个数(个)	本年新增固定资产
通用设备制造业	95748	92085	19498	7	4	6	19336
专用设备制造业	6331	6331	6281	3	2	3	6331
汽车制造业	5481	4081	2292	2	1	1	3181
铁路、船舶、航空航天和其他运输设备制造业	118846	59739	20	1			
电气机械和器材制造业	279842	275762	154782	7	6	32	172582
计算机、通信和其他电子设备制造业							
仪器仪表制造业							
其他制造业	3500	4087	4087	1	1	1	4087
废弃资源综合利用业	8079	8706	5010	1		1	5010
金属制品、机械和设备修理业							
电力、热力、燃气及水生产和供应业	3332793	2486239	1403490	145	89	115	863244
电力、热力生产和供应业	3127443	2266900	1217513	107	66	79	673462
燃气生产和供应业	131400	149848	144037	22	15	22	143750
水的生产和供应业	73950	69491	41940	16	8	14	46032
建筑业							
房屋建筑业							
土木工程建筑业							
建筑安装业							
建筑装饰和其他建筑业							
批发和零售业	110484	103108	95553	38	28	35	94151
批发业	60742	46625	40387	14	11	12	37668
零售业	49742	56483	55166	24	17	23	56483
交通运输、仓储和邮政业	1703452	1164358	616434	81	48	56	246611
铁路运输业	472857	466734	116707	5	1	2	8918
道路运输业	1079272	570610	449218	58	38	41	195809
水上运输业							
航空运输业							
管道运输业	40908	45340	8474	2			
装卸搬运和运输代理业	68200	41560	4476	2		1	3600
仓储业	42215	40114	37559	14	9	12	38284
邮政业							
住宿和餐饮业	101899	64773	24444	8	5	4	11866
住宿业	62829	28660	15044	5	4	3	9216
餐饮业	39070	36113	9400	3	1	1	2650
信息传输、软件和信息技术服务业	131221	139278	111001	23	21	21	77130
电信、广播电视和卫星传输服务	10534	13203	13202	6	6	6	13203
互联网和相关服务	72687	94857	66581	16	14	15	63927
软件和信息技术服务业	48000	31218	31218	1	1		
金融业	9213	9863	9863	3	2	2	9863
货币金融服务	660	660	660	1	1		660
资本市场服务							
保险业	3557	4206	4206	1		1	4206
其他金融业	4996	4997	4997	1	1	1	4997

6-14 续表2

单位：万元

行业	计划总投资	自开始建设至本年底累计完成投资	#本年完成投资	施工项目个数(个)	#本年新开工	本年投产项目个数(个)	本年新增固定资产
房地产业	2006307	1982160	1313152	176	104	135	897018
房地产业	2006307	1982160	1313152	176	104	135	897018
租赁和商务服务业	12174	11010	10330	3	2	2	8810
租赁业							
商务服务业	12174	11010	10330	3	2	2	8810
科学研究和技术服务业	34418	9502	9502	3	3	2	4668
研究和试验发展							
专业技术服务业							
科技推广和应用服务业	34418	9502	9502	3	3	2	4668
水利、环境和公共设施管理业	1866860	1515058	796377	159	101	116	483862
水利管理业	515206	463576	129258	43	23	28	53956
生态保护和环境治理业	17253	16772	11486	9	2	7	13610
公共设施管理业	1334401	1034710	655633	107	76	81	416296
居民服务、修理和其他服务业	5530	5530	5500	3	2	5	5530
居民服务业	868	868	868	1	1	1	868
机动车、电子产品和日用产品修理业	4662	4662	4632	2	1	4	4662
其他服务业							
教　育	268875	164782	154992	31	22	28	97354
教　育	268875	164782	154992	31	22	28	97354
卫生和社会工作	394218	186626	116761	23	13	19	48070
卫　生	375075	166704	96853	15	6	11	28148
社会工作	19143	19922	19908	8	7	8	19922
文化、体育和娱乐业	220783	210009	192475	27	17	25	140334
新闻和出版业	1150	1372	1372	1	1	1	1372
广播、电视、电影和影视录音制作业	8911	9537	9487	2	1	2	9487
文化艺术业	78145	61086	43732	15	7	13	48945
体　育	5582	6598	6598	3	3	3	6598
娱乐业	126995	131416	131286	6	5	6	73932
公共管理、社会保障和社会组织	106827	76155	68763	23	12	19	53521
中国共产党机关							
国家机构	104583	74959	67726	21	11	19	53521
人民政协、民主党派							
社会保障	2244	1196	1037	2	1		
群众团体、社会团体和其他成员组织							
基层群众自治组织							

6-15 主要年份房地产开发投资、面积

年 份	本年完成投资（万元）	#商品住宅	本年新增固定资产（万元）	本年商品房屋销售额（万元）	#商品住宅	本年销售面积（平方米）	#商品住宅
1991	1651	1611	998			42520	40720
1992	2401	2344	1710			39852	39852
1993	2746	2646	1399			35165	28856
1994	2813	2070	2047			38331	37331
1995	4068	2839	1200	792	792	14340	14340
1996	3688	3389	4303	4413	3014	53250	42050
1997	4031	4003	2934	1478	1478	37083	37083
1998	6469	5228	2990	1178	1178	71229	71229
1999	7011	5876	4118	7868	6317	102483	85983
2000	3265	3009	2454	1471	1471	23560	23560
2001	7096	5560	5706	4440	4321	40294	39360
2002	14873	12041	19714	16708	13281	159520	147120
2003	13678	9310	5851	7855	5482	84117	67354
2004	14930	11623	6750	8839	8505	79159	76529
2005	28615	21521	10342	15855	12344	106565	94650
2006	54905	49323	23689	29108	28716	252269	250296
2007	87691	72809	38485	79146	66957	497545	465375
2008	129735	103904	50105	60142	50151	364110	316255
2009	130581	109400	55190	103274	91658	455765	434857
2010	197130	169577	136445	165093	131548	648410	561656
2011	229703	169182	165751	156002	117853	600632	544930
2012	293758	219833	70984	132650	119082	517128	489649
2013	324716	237493	208540	252313	232620	801120	755965
2014	431517	302229	182737	189679	176349	526994	498273
2015	675312	511079	243070	205406	189089	620338	580207
2016	705328	538021	367825	269968	240557	891053	816551

6-15 续表

年份	本年施工房屋面积(平方米)	#商品住宅	本年竣工房屋面积(平方米)	#商品住宅	本年竣工房屋价值(万元)	#商品住宅
1991	102845	99715	42870	39740	1058	902
1992	98781	94386	44852	44852	1656	1656
1993	123333	104847	49278	40077	2030	1778
1994	113774	83105	41001	36128	2094	2001
1995	114869	95869	38787	38287	2072	2042
1996	132610	121440	64650	53450	4303	2904
1997	115810	115010	49830	49830	2934	2934
1998	184710	168210	39635	39635	2990	2990
1999	147967	131467	56087	39587	4118	2567
2000	127473	121143	45437	45437	2454	2454
2001	157787	146365	79254	78320	5706	5587
2002	273077	243691	206434	204034	16572	16389
2003	214463	178937	51214	27338	5851	2105
2004	281251	257400	74714	72084	6750	6461
2005	584313	483971	85932	66801	10292	7062
2006	865747	796178	228606	218126	21178	19962
2007	1239619	1094967	294143	273068	31485	27808
2008	1674310	1517139	395017	375669	45923	42637
2009	2312612	1995171	368959	327933	53940	47722
2010	3330980	2623631	1044196	782026	136445	111977
2011	3092741	2537496	735010	644917	133827	112251
2012	4874248	3898781	372395	314315	69099	57475
2013	5614317	4382690	1005680	828415	207690	162870
2014	6562847	5026344	845638	673922	159212	134793
2015	7325768	5557969	993485	766193	237242	183609
2016	8732298	6581340	1417702	1090615	339010	218314

6-16　房地产开发完成情况

指标名称	单位	2015年	2016年
本年完成投资	万元	675312	705328
#商品住宅	万元	511079	538021
按构成分:			
建筑工程	万元	523637	497017
安装工程	万元	90069	128999
设备工器具购置	万元	6452	12504
其它费用	万元	55154	66808
本年土地购置面积	平方米	159524	209565
成交价款	万元	35004	31284
本年新增固定资产	万元	243070	367825
本年商品房屋销售额	万元	205406	269968
#商品住宅	万元	189089	240557
本年销售面积	平方米	620338	891053
#商品住宅	平方米	580207	816551
本年施工房屋面积	平方米	7325768	8732298
#商品住宅	平方米	5557969	6581340
本年新开工施工房屋面积	平方米	1517013	2598791
#商品住宅	平方米	1175176	1994079
本年竣工房屋面积	平方米	993485	42870
#商品住宅	平方米	766193	39740
本年竣工房屋价值	万元	237242	1058
#商品住宅	万元	183609	902

6-17 房地产开发投资(2016年)

单位：万元

类别	企业个数(个)	计划总投资	自开始建设累计完成投资	本年完成投资	建筑工程
总计	**129**	**2560663**	**2004942**	**705328**	**497017**
按登记注册类型分:					
内资企业	129				
国有企业	7	51391	50314	18130	14347
集体企业	2	4120	4120	1353	1353
股份合作企业					
国有联营企业					
集体联营企业					
国有与集体联营企业					
其他联营企业					
国有独资公司					
其他有限责任公司	26	438549	336009	113663	78940
股份有限公司	2	9800	13319	93	93
私营独资企业					
私营合伙企业					
私营有限责任公司	85	2036285	1580662	572089	402284
私营股份有限公司	7	20518	20518		
其他企业					
港澳台商投资企业					
外商投资企业					
按控股情况分:					
国有控股					
集体控股					
私人控股					
港澳台商控股					
外商控股					
其他					
按隶属关系分:					
中央					
省(自治区、直辖市)					
地区(州、盟、省辖市)	129				
县(区、市、旗)	8	51391	50314	18130	14347
街道	2	4120	4120	1353	1353
镇	115	2466421	1918785	683945	480717
乡	4	38731	31723	1900	600
居委会	129				
村委会	7	17955	20389	463	343
其他	14	169750	129032	47403	33714
按企业资质等级分:	108	2372958	1855521	657462	462960
一级	129				
二级	7	317804	251519	36513	31603
三级	19	219731	184652	70275	54183
四级	63	1352281	1107720	331315	219109
暂定	30	469987	345260	161343	97845
其他	10	200860	115791	105882	94277
按企业类型分:					
大型					
中型	61	1716151	1470222	459683	330206
小型	19	441718	224968	83086	43801
微型	49	402794	309752	162559	123010

6-17　续表1

单位：万元

类　别	安装工程	设备工器具购置	其他费用	#旧建筑物购置费	#土地购置费
总　计	**128999**	**12504**	**66808**	**903**	**51665**
按登记注册类型分:					
内资企业					
国有企业	3783				
集体企业					
股份合作企业					
国有联营企业					
集体联营企业					
国有与集体联营企业					
其他联营企业					
国有独资公司					
其他有限责任公司	22980		11743	503	9040
股份有限公司					
私营独资企业					
私营合伙企业					
私营有限责任公司	102236	12504	55065	400	42625
私营股份有限公司					
其他企业					
港澳台商投资企业					
外商投资企业					
按控股情况分:					
国有控股					
集体控股					
私人控股					
港澳台商控股					
外商控股					
其他					
按隶属关系分:					
中央					
省(自治区、直辖市)					
地区(州、盟、省辖市)					
县(区、市、旗)	3783				
街道					
镇	123916	12504	66808	903	51665
乡	1300				
居委会					
村委会	120				
其他	8199		5490	503	4987
按企业资质等级分:	120680	12504	61318	400	46678
一级					
二级	4910				
三级	13827	1493	772		772
四级	76817	6816	28573		19417
暂定	26900	4195	32403	903	26476
其他	6545		5060		5000
按企业类型分:					
大型					
中型	95162	6653	27662	503	18492
小型	22904	256	16125		12951
微型	10933	5595	23021	400	20222

6-17 续表2

单位：万元

类　　别	商品住宅	#90平方米及以下	#144平方米以上	#别墅、高档公寓	办公楼	商业营业用房	其他
总　计	**538021**	**190689**	**57730**		**11841**	**98231**	**57235**
按登记注册类型分:							
内资企业							
国有企业	18130	18048					
集体企业	1353						
股份合作企业							
国有联营企业							
集体联营企业							
国有与集体联营企业							
其他联营企业							
国有独资公司							
其他有限责任公司	93927	41661	4543		3574	7222	8940
股份有限公司						93	
私营独资企业							
私营合伙企业							
私营有限责任公司	424611	130980	53187		8267	90916	48295
私营股份有限公司							
其他企业							
港澳台商投资企业							
外商投资企业							
按控股情况分:							
国有控股							
集体控股							
私人控股							
港澳台商控股							
外商控股							
其他							
按隶属关系分:							
中央							
省(自治区、直辖市)							
地区(州、盟、省辖市)							
县(区、市、旗)	18130	18048					
街道	1353						
镇	517338	171441	57730		11841	98231	56535
乡	1200	1200					700
居委会							
村委会	370	370				93	
其他	41758	31665	1150			2388	3257
按企业资质等级分:	495893	158654	56580		11841	95750	53978
一级							
二级	33536	8190	8702			1487	1490
三级	45518	24500	1150			6857	17900
四级	254395	85798	32670		5664	57326	13930
暂定	111678	56666	3230		6177	25063	18425
其他	92894	15535	11978			7498	5490
按企业类型分:							
大型							
中型	358488	124583	31793		4664	55175	41356
小型	67088	6466	3618		3127	9321	3550
微型	112445	59640	22319		4050	33735	12329

6-18 房地产企业资金和土地情况(2016年)

单位：万元

类　别	本年新增固定资产	本年实际到位资金合计	上年末结余资金	本年实际到位资金小计	国内贷款	#银行贷款	#非银行金融机构贷款
总　计	**367825**	**594727**	**19482**	**575245**	**32722**	**24713**	**8009**
按登记注册类型分:							
内资企业		594727	19482	575245	32722	24713	8009
国有企业	4500	18130		18130			
集体企业		1353		1353			
股份合作企业							
国有联营企业							
集体联营企业							
国有与集体联营企业							
其他联营企业							
国有独资公司							
其他有限责任公司	4029	93184	2770	90414	23615	23615	
股份有限公司		100	100				
私营独资企业							
私营合伙企业							
私营有限责任公司	341683	481960	16612	465348	9107	1098	8009
私营股份有限公司	17613						
其他企业							
港澳台商投资企业							
外商投资企业							
按控股情况分:							
国有控股							
集体控股							
私人控股							
港澳台商控股							
外商控股							
其他							
按隶属关系分:							
中央							
省(自治区、直辖市)							
地区(州、盟、省辖市)							
县(区、市、旗)	4500	18130		18130			
街道		1353		1353			
镇	363325	575218	19482	555736	32722	24713	8009
乡		26		26			
居委会		594727	19482	575245	32722	24713	8009
村委会		129	100	29			
其他	4500	48348	1800	46548			
按企业资质等级分:	363325	546250	17582	528668	32722	24713	8009
一级							
二级	121407	44852	602	44250	4500		4500
三级	36367	72559	2052	70507			
四级	148778	286377	10785	275592	27342	24713	2629
暂定	61273	135118	938	134180	880		880
其他		55821	5105	50716			
按企业类型分:							
大型							
中型	302306	401489	12924	388565	28115	23615	4500
小型	28212	61076	993	60083	3607	98	3509
微型	37307	132162	5565	126597	1000	1000	

6-18 续表1

单位：万元

类　　别	自筹资金	#自有资金	#股东投入资金	#借入资金	其他资金来源	#定金及预收款	#个人按揭贷款
总　计	**414539**	**269046**	**67636**	**39290**	**127984**	**59626**	**41200**
按登记注册类型分:							
内资企业	414539	269046	67636	39290	127984	59626	41200
国有企业	82	82			18048		
集体企业	1353						
股份合作企业							
国有联营企业							
集体联营企业							
国有与集体联营企业							
其他联营企业							
国有独资公司							
其他有限责任公司	43234	9236	16680	3824	23565	18704	4861
股份有限公司							
私营独资企业							
私营合伙企业							
私营有限责任公司	369870	259728	50956	35466	86371	40922	36339
私营股份有限公司							
其他企业							
港澳台商投资企业							
外商投资企业							
按控股情况分:							
国有控股							
集体控股							
私人控股							
港澳台商控股							
外商控股							
其他							
按隶属关系分:							
中央							
省(自治区、直辖市)							
地区(州、盟、省辖市)							
县(区、市、旗)	82	82			18048		
街道	1353						
镇	413078	268964	67636	39290	109936	59626	41200
乡	26						
居委会	414539	269046	67636	39290	127984	59626	41200
村委会	29						
其他	13819	92	10850	1524	32729	14681	
按企业资质等级分:	400691	268954	56786	37766	95255	44945	41200
一级							
二级	17894	17894			21856	9198	12658
三级	48233	42970	5263		22274	1824	2402
四级	185020	135147	29418	6305	63230	43501	19729
暂定	120645	58035	32955	29655	12655	4613	932
其他	42747	15000		3330	7969	490	5479
按企业类型分:							
大型							
中型	251883	159218	52667	13949	108567	56528	33991
小型	54476	25585		16481	2000		
微型	108180	84243	14969	8860	17417	3098	7209

6-18　续表2

单位：万元，平方米

类　　别	本年各项应付款合计	#工程款	待开发土地面积	本年购置土地面积	本年土地成交价款	#拆迁补偿费	#土地使用权出让金	契税
总　计	**233303**	**147353**	**88900**	**209565**	**31284**	**1439**	**29239**	**331**
按登记注册类型分:								
内资企业	233303	147353	88900	209565	31284	1439	29239	331
国有企业								
集体企业								
股份合作企业								
国有联营企业								
集体联营企业								
国有与集体联营企业								
其他联营企业								
国有独资公司								
其他有限责任公司	51564	44290		20066	1120	39	475	19
股份有限公司								
私营独资企业								
私营合伙企业								
私营有限责任公司	181739	103063	88900	189499	30164	1400	28764	312
私营股份有限公司								
其他企业								
港澳台商投资企业								
外商投资企业								
按控股情况分:								
国有控股								
集体控股								
私人控股								
港澳台商控股								
外商控股								
其他								
按隶属关系分:								
中央								
省(自治区、直辖市)								
地区(州、盟、省辖市)								
县(区、市、旗)								
街道								
镇	231403	145453	88900	209565	31284	1439	29239	331
乡	1900	1900						
居委会	233303	147353	88900	209565	31284	1439	29239	331
村委会	370	370						
其他	14482	12582						
按企业资质等级分:	218451	134401	88900	209565	31284	1439	29239	331
一级								
二级	16635	16635						
三级	5431	3531						
四级	103362	78996		77288	13136	39	12491	314
暂定	52662	31353	88900	132277	18148	1400	16748	17
其他	55213	16838						
按企业类型分:								
大型								
中型	146053	100791		48779	7932		7932	245
小型	36969	3092	88900	88900	13500		13500	
微型	50281	43470		71886	9852	1439	7807	86

6-19　房地产开发财务(2016年)

单位:万元

类　　别	年初存货	流动资产合　　计	#应收账款	#存货	固定资产合　　计	固定资产原　　价	累计折旧	#本年折旧
总　计	**583284**	**1580093**	**69649**	**922455**	**55120**	**50034**	**9847**	**1060**
按登记注册类型分:								
内资企业	583284	1580093	69649	922455	55120	50034	9847	1060
国有企业	10422	54514	2047	26710	1989	2989	866	76
集体企业	2552	3308	436	2554	997	1296	299	26
股份合作企业								
国有联营企业								
集体联营企业								
国有与集体联营企业								
其他联营企业								
国有独资公司								
其他有限责任公司	133291	343442	25805	203394	6841	7062	1328	336
股份有限公司	61840	78564		67681	4553	5856	1303	0
私营独资企业								
私营合伙企业								
私营有限责任公司	365342	1051959	39288	619150	39290	30936	5504	604
私营股份有限公司	9838	48305	2073	2967	1451	1896	548	18
其他企业								
港澳台商投资企业								
外商投资企业								
按控股情况分:								
国有控股								
集体控股								
私人控股								
港澳台商控股								
外商控股								
其他								
按隶属关系分:								
中央								
省(自治区、直辖市)								
地区(州、盟、省辖市)								
县(区、市、旗)	10422	54514	2047	26710	1989	2989	866	76
街道	2552	3308	436	2554	997	1296	299	26
镇	563274	1461648	66188	867820	51225	44352	8146	869
乡	7037	60623	978	25372	910	1397	535	90
居委会								
村委会	5105	40947	871	3209	2838	3666	652	52
其他	37856	140088	16757	84024	4293	5149	961	214
按企业资质等级分:	540324	1399058	52020	835222	47989	41219	8235	794
一级								
二级	186502	267532	296	215109	5143	7435	2340	24
三级	69877	281510	8099	96026	17323	5678	2178	177
四级	265029	792511	49525	481137	25866	30527	4920	799
暂定	51895	156781	5863	109162	2012	1395	185	32
其他	9982	81758	5866	21021	4776	4999	223	29
按企业类型分:								
大型								
中型	146563	474880	18091	282060	9380	12284	3047	346
小型	46481	145003	12582	79766	5419	5936	528	49
微型	390241	960210	38975	560630	40321	31815	6272	665

6-19　续表1

单位:万元

类　　别	在建工程	资产总计	流动负债合计	#应付账款	非流动负债合计	负债合计	所有者权益合计	#实收资本
总　计	**25516**	**1800060**	**1399028**	**311321**	**119577**	**1518605**	**281456**	**232967**
按登记注册类型分:								
内资企业	25516	1800060	1399028	311321	119577	1518605	281456	232967
国有企业	90	59519	28387	7426	22958	51345	8174	2527
集体企业		4304	3579	3005		3579	725	800
股份合作企业								
国有联营企业								
集体联营企业								
国有与集体联营企业								
其他联营企业								
国有独资公司								
其他有限责任公司		391904	283124	46828	46334	329459	62446	60515
股份有限公司		99644	59724	1912	11340	71064	28580	32000
私营独资企业								
私营合伙企业								
私营有限责任公司	25426	1192844	988330	247128	38944	1027274	165570	122537
私营股份有限公司		51845	35884	5022		35884	15961	14588
其他企业								
港澳台商投资企业								
外商投资企业								
按控股情况分:								
国有控股								
集体控股								
私人控股								
港澳台商控股								
外商控股								
其他								
按隶属关系分:								
中央								
省(自治区、直辖市)								
地区(州、盟、省辖市)								
县(区、市、旗)	90	59519	28387	7426	22958	51345	8174	2527
街道		4304	3579	3005		3579	725	800
镇	25426	1672546	1305955	292676	95169	1401124	271422	227139
乡		63691	61107	8214	1450	62557	1134	2500
居委会								
村委会		60341	47691	9311	8420	56111	4230	5400
其他	90	144589	86189	29724	20330	106519	38069	28128
按企业资质等级分:	25426	1595131	1265148	272287	90827	1355975	239157	199439
一级								
二级		322604	216221	17272	33680	249901	72703	61353
三级	3336	303400	198685	33308	20399	219084	84317	53723
四级	1670	864108	739961	228548	54992	794952	69155	86310
暂定	20310	209192	157114	25181	10507	167620	41572	23463
其他	200	100757	87047	7013		87047	13709	8119
按企业类型分:								
大型								
中型	504	506591	408278	124912	8462	416740	89851	67178
小型	200	164416	129347	23053	4342	133689	30726	32743
微型	24811	1129053	861402	163357	106774	968175	160878	133046

6-19 续表2

单位:万元

类别	营业收入	主营业务收入	土地转让收入	商品房屋销售收入	房屋出租收入	其他收入	营业成本	主营业务成本
总计	**225434**	**186335**	**26**	**184634**	**275**	**1401**	**190543**	**161152**
按登记注册类型分:								
内资企业	225434	186335	26	184634	275	1401	190543	161152
国有企业	1346	1346		1032	77	238	1052	1052
集体企业	1127	1127		1123	4		654	654
股份合作企业								
国有联营企业								
集体联营企业								
国有与集体联营企业								
其他联营企业								
国有独资公司								
其他有限责任公司	96052	58816		58814		2	76017	47353
股份有限公司	1843	1723		1523		200	1459	1459
私营独资企业								
私营合伙企业								
私营有限责任公司	118335	117045	26	115917	141	961	104517	104283
私营股份有限公司	6732	6280		6226	54		6845	6351
其他企业								
港澳台商投资企业								
外商投资企业								
按控股情况分:								
国有控股								
集体控股								
私人控股								
港澳台商控股								
外商控股								
其他								
按隶属关系分:								
中央								
省(自治区、直辖市)								
地区(州、盟、省辖市)								
县(区、市、旗)	1346	1346		1032	77	238	1052	1052
街道	1127	1127		1123	4		654	654
镇	206541	167453	26	166069	195	1163	174666	145286
乡	16421	16410		16410			14171	14160
居委会								
村委会	16788	16788		16581	7	200	14480	14480
其他	51489	14508		14196	73	240	40059	11437
按企业资质等级分:	157158	155039	26	153858	195	961	136003	135234
一级								
二级	8744	8623		8614	9		2839	2839
三级	56190	19210		18086	130	994	45253	16631
四级	147172	145174		144963	4	207	123290	122567
暂定	12940	12940		12739	1	200	18796	18761
其他	389	389	26	232	131		367	354
按企业类型分:								
大型								
中型	174116	173537		173086	73	379	144282	144240
小型	6357	6357	26	5373	1	957	5502	5502
微型	44962	6442		6176	201	65	40759	11410

6-19　续表3

单位:万元

类　别	营业税金及附加	#主营业务税金及附加	其他业务利润	销售费用	管理费用	#税金
总　计	**13642**	**11088**	**535**	**4470**	**10765**	**823**
按登记注册类型分:						
内资企业	13642	11088	535	4470	10765	823
国有企业	15	15		4	593	1
集体企业	3	3			191	
股份合作企业						
国有联营企业						
集体联营企业						
国有与集体联营企业						
其他联营企业						
国有独资公司						
其他有限责任公司	6389	3873	215	273	1457	-7
股份有限公司	139	139	120		893	
私营独资企业						
私营合伙企业						
私营有限责任公司	6942	6942	200	4047	7476	823
私营股份有限公司	155	117		147	156	7
其他企业						
港澳台商投资企业						
外商投资企业						
按控股情况分:						
国有控股						
集体控股						
私人控股						
港澳台商控股						
外商控股						
其他						
按隶属关系分:						
中央						
省(自治区、直辖市)						
地区(州、盟、省辖市)						
县(区、市、旗)	15	15		4	593	1
街道	3	3			191	
镇	12418	9864	535	4465	9858	822
乡	1207	1207		1	123	
居委会						
村委会	1223	1223		2	491	
其他	3156	640		104	790	16
按企业资质等级分:	9263	9225	535	4363	9484	807
一级						
二级	920	920	120	914	2004	205
三级	3713	1197		230	1477	31
四级	8512	8474	415	2547	5913	514
暂定	469	469		429	834	47
其他	28	28		350	536	26
按企业类型分:						
大型						
中型	10260	10260	535	2364	3615	284
小型	259	259		153	713	25
微型	3122	568		1953	6436	514

6-19 续表4

单位:万元

类　别	财务费用	利息收入	利息支出	营业利润	营业外收　入	#补贴收入
总　计	**2148**	**52**	**1753**	**5936**	**2938**	**2000**
按登记注册类型分:						
内资企业	2148	52	1753	5936	2938	2000
国有企业	-2	2	1	-313	2405	
集体企业				379		
股份合作企业						
国有联营企业						
集体联营企业						
国有与集体联营企业						
其他联营企业						
国有独资公司						
其他有限责任公司	1144	11	1136	10773	1	
股份有限公司	2			-649		
私营独资企业						
私营合伙企业						
私营有限责任公司	1003	38	615	-3684	496	2000
私营股份有限公司	1	1	0	-570	36	
其他企业						
港澳台商投资企业						
外商投资企业						
按控股情况分:						
国有控股						
集体控股						
私人控股						
港澳台商控股						
外商控股						
其他						
按隶属关系分:						
中央						
省(自治区、直辖市)						
地区(州、盟、省辖市)						
县(区、市、旗)	-2	2	1	-313	2405	
街道				379		
镇	1417	50	1019	5683	533	2000
乡	733		733	186		
居委会						
村委会	734	1	733	-140		
其他	395	3	393	7085	2406	
按企业资质等级分:	1019	49	627	-1009	532	2000
一级						
二级	357	5		2052		
三级	21	3	16	5497	2406	
四级	1739	40	1731	6923	258	2000
暂定	33	1	6	-7646	274	
其他	-2	3		-890		
按企业类型分:						
大型						
中型	1518	1	1135	12076	93	
小型	41	4	42	-311		
微型	589	48	576	-5829	2844	2000

6-19　续表5

单位:万元

类　　别	营业外支　出	利润总额	应　交所得税	应付职工薪酬(贷方累计发生额)	年末从业人员总计(人)
总　计	**-1590**	**10464**	**1888**	**9589**	**2167**
按登记注册类型分:					
内资企业	-1590	10464	1888	9589	2167
国有企业	13	2078		478	194
集体企业		379		67	53
股份合作企业					
国有联营企业					
集体联营企业					
国有与集体联营企业					
其他联营企业					
国有独资公司					
其他有限责任公司	183	10591	951	793	300
股份有限公司	2	-651	23	83	34
私营独资企业					
私营合伙企业					
私营有限责任公司	-1798	-1389	914	7984	1496
私营股份有限公司	10	-545		184	90
其他企业					
港澳台商投资企业					
外商投资企业					
按控股情况分:					
国有控股					
集体控股					
私人控股					
港澳台商控股					
外商控股					
其他					
按隶属关系分:					
中央					
省(自治区、直辖市)					
地区(州、盟、省辖市)					
县(区、市、旗)	13	2078		478	210
街道		379		67	53
镇	-1607	7823	1888	8874	1861
乡	3	183		170	43
居委会					
村委会	3	-142	4	293	148
其他	48	9443	817	430	193
按企业资质等级分:	-1640	1163	1067	8866	1826
一级					
二级	36	2017	-161	1078	248
三级	86	7816	705	3289	400
四级	-1958	9139	1236	3767	975
暂定	168	-7540	108	1194	445
其他	78	-968		262	99
按企业类型分:					
大型					
中型	-1971	14141	1538	2430	537
小型	-49	-262	13	471	167
微型	430	-3415	338	6689	1463

6-20 房地产开发施工面积(2016年)

单位:平方米

类　别	房屋施工面积合计	住宅	#90平方米及以下住房	#144平方米以上住房	办公楼	商业营业用　房	其他房屋
总　计	**8732298**	**6581340**	**1828915**	**809074**	**225880**	**1098396**	**826682**
按登记注册类型分:							
内资企业	8732298	6581340	1828915	809074	225880	1098396	826682
国有企业	228052	227652	211189				400
集体企业	27800	23600				4200	
股份合作企业							
国有联营企业							
集体联营企业							
国有与集体联营企业							
其他联营企业							
国有独资公司							
其他有限责任公司	1672785	1361760	372133	59612	37808	146292	126925
股份有限公司	63598	28236		28236		35362	
私营独资企业							
私营合伙企业							
私营有限责任公司	6626163	4843292	1193023	717996	188072	905842	688957
私营股份有限公司	113900	96800	52570	3230		6700	10400
其他企业							
港澳台商投资企业							
外商投资企业							
按控股情况分:							
国有控股							
集体控股							
私人控股							
港澳台商控股							
外商控股							
其他							
按隶属关系分:							
中央							
省(自治区、直辖市)							
地区(州、盟、省辖市)							
县(区、市、旗)	228052	227652	211189				400
街道	27800	23600				4200	
镇	8272731	6177352	1493947	806302	225880	1085283	784216
乡	203715	152736	123779	2772		8913	42066
居委会							
村委会	111402	75640	47404	28236		35362	400
其他	666152	593287	252654	56840		42215	30650
按企业资质等级分:	7954744	5912413	1528857	723998	225880	1020819	795632
一级							
二级	1142561	789861	278820	167973	31434	134258	187008
三级	893877	726702	218931	100501		70881	96294
四级	4415583	3383650	912286	440085	76424	650227	305282
暂定	1673651	1180792	345492	63221	118022	176457	198380
其他	606626	500335	73386	37294		66573	39718
按企业类型分:							
大型							
中型	1745822	1376374	317076	225672	37808	216128	115512
小型	563327	448797	43532	178718	9500	76333	28697
微型	6423149	4756169	1468307	404684	178572	805935	682473

6-20　续表

单位:平方米

类　　别	新开工面积合计	住宅	#90平方米及以下住房	#144平方米以上住房	办公楼	商业营业用房	其他房屋
总　计	**2598791**	**1994079**	**499944**	**242810**	**8516**	**323044**	**273152**
按登记注册类型分:							
内资企业	2598791	1994079	499944	242810	8516	323044	273152
国有企业							
集体企业							
股份合作企业							
国有联营企业							
集体联营企业							
国有与集体联营企业							
其他联营企业							
国有独资公司							
其他有限责任公司	551681	480975	95026	42340		44852	25854
股份有限公司							
私营独资企业							
私营合伙企业							
私营有限责任公司	2047110	1513104	404918	200470	8516	278192	247298
私营股份有限公司							
其他企业							
港澳台商投资企业							
外商投资企业							
按控股情况分:							
国有控股							
集体控股							
私人控股							
港澳台商控股							
外商控股							
其他							
按隶属关系分:							
中央							
省(自治区、直辖市)							
地区(州、盟、省辖市)							
县(区、市、旗)							
街道							
镇	2598791	1994079	499944	242810	8516	323044	273152
乡							
居委会							
村委会							
其他	155358	136459	45911	42340		7549	11350
按企业资质等级分:	2443433	1857620	454033	200470	8516	315495	261802
一级							
二级	129710	104595	17800	43398		15115	10000
三级	283900	205475	23691	42340		29658	48767
四级	895798	657809	206742	111199	8516	161053	68420
暂定	731757	558087	178325	8579		67423	106247
其他	557626	468113	73386	37294		49795	39718
按企业类型分:							
大型							
中型	326986	251818	43152	43398		33883	41285
小型	219311	158448	35007	73615	7200	28866	24797
微型	2052494	1583813	421785	125797	1316	260295	207070

6-21 房地产开发竣工面积(2016年)

单位:平方米

类　别	房屋竣工面积合计	住　宅	#90平方米及以下住房	#144平方米以上住房	办公楼	商业营业用　房	其他房屋
总　计	**1417702**	**1090615**	**381418**	**208959**	**27334**	**203490**	**96263**
按登记注册类型分:							
内资企业	1417702	1090615	381418	208959	27334	203490	96263
国有企业	16463	16463					
集体企业							
股份合作企业							
国有联营企业							
集体联营企业							
国有与集体联营企业							
其他联营企业							
国有独资公司							
其他有限责任公司	20066	15084	6395			3423	1559
股份有限公司							
私营独资企业							
私营合伙企业							
私营有限责任公司	1280773	975768	322453	205729	27334	193367	84304
私营股份有限公司	100400	83300	52570	3230		6700	10400
其他企业							
港澳台商投资企业							
外商投资企业							
按控股情况分:							
国有控股							
集体控股							
私人控股							
港澳台商控股							
外商控股							
其他							
按隶属关系分:							
中央							
省(自治区、直辖市)							
地区(州、盟、省辖市)							
县(区、市、旗)	16463	16463					
街道							
镇	1401239	1074152	381418	208959	27334	203490	96263
乡							
居委会							
村委会							
其他	16463	16463					
按企业资质等级分:	1401239	1074152	381418	208959	27334	203490	96263
一级							
二级	419875	258686	44207	118810	27334	90895	42960
三级	157990	111382	1591	43661		24168	22440
四级	512876	433040	176606	43258		72675	7161
暂定	326961	287507	159014	3230		15752	23702
其他							
按企业类型分:							
大型							
中型	421898	343281	133565	46488		67048	11569
小型	58308	48803				5605	3900
微型	937496	698531	247853	162471	27334	130837	80794

6-22　房地产开发竣工房屋价值(2016年)

单位:万元

类　别	竣工房屋价值合计	住　宅	#90平方米及以下住房	#144平方米以上住房	办公楼	商业营业用　房	其他房屋
总　计	**339010**	**218314**	**76076**	**34919**	**8173**	**90974**	**21549**
按登记注册类型分:							
内资企业	339010	218314	76076	34919	8173	90974	21549
国有企业	4500	4500					
集体企业							
股份合作企业							
国有联营企业							
集体联营企业							
国有与集体联营企业							
其他联营企业							
国有独资公司							
其他有限责任公司	3000	2255	956			512	233
股份有限公司							
私营独资企业							
私营合伙企业							
私营有限责任公司	313897	196937	66385	34337	8173	89293	19494
私营股份有限公司	17613	14622	8735	582		1169	1822
其他企业							
港澳台商投资企业							
外商投资企业							
按控股情况分:							
国有控股							
集体控股							
私人控股							
港澳台商控股							
外商控股							
其他							
按隶属关系分:							
中央							
省(自治区、直辖市)							
地区(州、盟、省辖市)							
县(区、市、旗)	4500	4500					
街道							
镇	334510	213814	76076	34919	8173	90974	21549
乡							
居委会							
村委会							
其他	4500	4500					
按企业资质等级分:	334510	213814	76076	34919	8173	90974	21549
一级							
二级	120257	45829	8435	16314	8173	55515	10740
三级	36367	24344	320	8776		7094	4929
四级	121613	94892	34879	9247		25082	1639
暂定	60773	53249	32442	582		3283	4241
其他							
按企业类型分:							
大型							
中型	93993	68452	20553	9829		23309	2232
小型	11933	7371				3363	1199
微型	233084	142491	55523	25090	8173	64302	18118

6-23 房地产开发销售面积(2016年)

单位:平方米

类 别	商品房销售面积合计	住 宅			办公楼	商业营业用房	其他房屋
			#90平方米及以下住房	#144平方米以上住房			
总 计	**891053**	**816551**	**202265**	**84717**	**4852**	**67282**	**2368**
按登记注册类型分:							
内资企业	891053	816551	202265	84717	4852	67282	2368
国有企业	61109	61109					
集体企业	35058	35058					
股份合作企业							
国有联营企业							
集体联营企业							
国有与集体联营企业							
其他联营企业							
国有独资公司							
其他有限责任公司	81139	80939	10380	3631		200	
股份有限公司	8362	8362					
私营独资企业							
私营合伙企业							
私营有限责任公司	622103	547801	139333	77856	4852	67082	2368
私营股份有限公司	83282	83282	52552	3230			
其他企业							
港澳台商投资企业							
外商投资企业							
按控股情况分:							
国有控股							
集体控股							
私人控股							
港澳台商控股							
外商控股							
其他							
按隶属关系分:							
中央							
省(自治区、直辖市)							
地区(州、盟、省辖市)							
县(区、市、旗)	61109	61109					
街道	35058	35058					
镇	794886	720384	202265	84717	4852	67282	2368
乡							
居委会							
村委会							
其他	150688	150688		3631			
按企业资质等级分:	740365	665863	202265	81086	4852	67282	2368
一级							
二级	68677	60715	3364	21787	4852	3110	
三级	111586	107779	450	4287		2608	1199
四级	589798	527165	140596	55413		61464	1169
暂定	99165	99065	57855	3230		100	
其他	21827	21827					
按企业类型分:							
大型							
中型	507666	467318	137204	51612		39179	1169
小型	33020	31821	1218	3400			1199
微型	350367	317412	63843	29705	4852	28103	

6-23　续表1

单位:平方米

类　　别	现房销售面积合计	住　宅	#90平方米及以下住房	#144平方米以上住房	办公楼	商业营业用　房	其他房屋
总　计	**622109**	**560556**	**179300**	**63038**		**59185**	**2368**
按登记注册类型分:							
内资企业	622109	560556	179300	63038		59185	2368
国有企业	61109	61109					
集体企业	35058	35058					
股份合作企业							
国有联营企业							
集体联营企业							
国有与集体联营企业							
其他联营企业							
国有独资公司							
其他有限责任公司	10350	10350	3100				
股份有限公司	8362	8362					
私营独资企业							
私营合伙企业							
私营有限责任公司	423948	362395	123648	59808		59185	2368
私营股份有限公司	83282	83282	52552	3230			
其他企业							
港澳台商投资企业							
外商投资企业							
按控股情况分:							
国有控股							
集体控股							
私人控股							
港澳台商控股							
外商控股							
其他							
按隶属关系分:							
中央							
省(自治区、直辖市)							
地区(州、盟、省辖市)							
县(区、市、旗)	61109	61109					
街道	35058	35058					
镇	525942	464389	179300	63038		59185	2368
乡							
居委会							
村委会							
其他	96517	96517					
按企业资质等级分:	525592	464039	179300	63038		59185	2368
一级							
二级	24099	24099	1061	12988			
三级	96250	95051	450	162			1199
四级	403745	343491	119934	46658		59085	1169
暂定	98015	97915	57855	3230		100	
其他							
按企业类型分:							
大型							
中型	395893	355545	132601	46488		39179	1169
小型	19179	17980		3400			1199
微型	207037	187031	46699	13150		20006	

6-23 续表2

单位:平方米

类　　别	期房销售面积合计	住　宅	#90平方米及以下住房	#144平方米以上住房	办公楼	商业营业用房	其他房屋
总　计	**268944**	**255995**	**22965**	**21679**	**4852**	**8097**	
按登记注册类型分:							
内资企业	268944	255995	22965	21679	4852	8097	
国有企业							
集体企业							
股份合作企业							
国有联营企业							
集体联营企业							
国有与集体联营企业							
其他联营企业							
国有独资公司							
其他有限责任公司	70789	70589	7280	3631		200	
股份有限公司							
私营独资企业							
私营合伙企业							
私营有限责任公司	198155	185406	15685	18048	4852	7897	
私营股份有限公司							
其他企业							
港澳台商投资企业							
外商投资企业							
按控股情况分:							
国有控股							
集体控股							
私人控股							
港澳台商控股							
外商控股							
其他							
按隶属关系分:							
中央							
省(自治区、直辖市)							
地区(州、盟、省辖市)							
县(区、市、旗)							
街道							
镇	268944	255995	22965	21679	4852	8097	
乡							
居委会							
村委会							
其他	54171	54171		3631			
按企业资质等级分:	214773	201824	22965	18048	4852	8097	
一级							
二级	44578	36616	2303	8799	4852	3110	
三级	15336	12728		4125		2608	
四级	186053	183674	20662	8755		2379	
暂定	1150	1150					
其他	21827	21827					
按企业类型分:							
大型							
中型	111773	111773	4603	5124			
小型	13841	13841	1218				
微型	143330	130381	17144	16555	4852	8097	

6-24 房地产开发销售额(2016年)

单位:万元

类别	商品房销售额合计	住宅	#90平方米及以下住房	#144平方米以上住房	办公楼	商业营业用房	其他房屋
总计	**269968**	**240557**	**53088**	**27952**	**2163**	**26718**	**530**
按登记注册类型分:							
内资企业	269968	240557	53088	27952	2163	26718	530
国有企业	13366	13366					
集体企业	9934	9934					
股份合作企业							
国有联营企业							
集体联营企业							
国有与集体联营企业							
其他联营企业							
国有独资公司							
其他有限责任公司	24980	24860	2926	774		120	
股份有限公司	2833	2833					
私营独资企业							
私营合伙企业							
私营有限责任公司	185993	156702	29661	25725	2163	26598	530
私营股份有限公司	32862	32862	20501	1453			
其他企业							
港澳台商投资企业							
外商投资企业							
按控股情况分:							
国有控股							
集体控股							
私人控股							
港澳台商控股							
外商控股							
其他							
按隶属关系分:							
中央							
省(自治区、直辖市)							
地区(州、盟、省辖市)							
县(区、市、旗)	13366	13366					
街道	9934	9934					
镇	246668	217257	53088	27952	2163	26718	530
乡							
居委会							
村委会							
其他	40548	40548		774			
按企业资质等级分:	229420	200009	53088	27178	2163	26718	530
一级							
二级	33572	26203	1368	10600	2163	5206	
三级	28068	26764	158	1585		1184	120
四级	163836	143204	29470	14314		20222	410
暂定	38640	38534	22092	1453		106	
其他	5852	5852					
按企业类型分:							
大型							
中型	142805	132705	34466	13463		9690	410
小型	9936	9816	448	1530			120
微型	117227	98036	18174	12959	2163	17028	

6-24 续表1

单位:万元

类别	现房销售额合计	住宅	#90平方米及以下住房	#144平方米以上住房	办公楼	商业营业用房	其他房屋
总计	**160448**	**143312**	**45534**	**18491**		**16606**	**530**
按登记注册类型分:							
内资企业	160448	143312	45534	18491		16606	530
国有企业	13366	13366					
集体企业	9934	9934					
股份合作企业							
国有联营企业							
集体联营企业							
国有与集体联营企业							
其他联营企业							
国有独资公司							
其他有限责任公司	3152	3152	930				
股份有限公司	2833	2833					
私营独资企业							
私营合伙企业							
私营有限责任公司	98301	81165	24103	17038		16606	530
私营股份有限公司	32862	32862	20501	1453			
其他企业							
港澳台商投资企业							
外商投资企业							
按控股情况分:							
国有控股							
集体控股							
私人控股							
港澳台商控股							
外商控股							
其他							
按隶属关系分:							
中央							
省(自治区、直辖市)							
地区(州、盟、省辖市)							
县(区、市、旗)	13366	13366					
街道	9934	9934					
镇	137148	120012	45534	18491		16606	530
乡							
居委会							
村委会							
其他	23452	23452					
按企业资质等级分:	136996	119860	45534	18491		16606	530
一级							
二级	10326	10326	493	6201			
三级	22802	22682	158	60			120
四级	89063	72153	22791	10777		16500	410
暂定	38257	38151	22092	1453		106	
其他							
按企业类型分:							
大型							
中型	93647	83547	32092	10700		9690	410
小型	5352	5232		1530			120
微型	61449	54533	13442	6261		6916	

6-24　续表2

单位:万元

类　　别	期房销售额合计	住　宅	#90平方米及以下住房	#144平方米以上住房	办公楼	商业营业用房	其他房屋
总　计	**109520**	**97245**	**7554**	**9461**	**2163**	**10112**	
按登记注册类型分:							
内资企业	109520	97245	7554	9461	2163	10112	
国有企业							
集体企业							
股份合作企业							
国有联营企业							
集体联营企业							
国有与集体联营企业							
其他联营企业							
国有独资公司							
其他有限责任公司	21828	21708	1996	774		120	
股份有限公司							
私营独资企业							
私营合伙企业							
私营有限责任公司	87692	75537	5558	8687	2163	9992	
私营股份有限公司							
其他企业							
港澳台商投资企业							
外商投资企业							
按控股情况分:							
国有控股							
集体控股							
私人控股							
港澳台商控股							
外商控股							
其他							
按隶属关系分:							
中央							
省(自治区、直辖市)							
地区(州、盟、省辖市)							
县(区、市、旗)							
街道							
镇	109520	97245	7554	9461	2163	10112	
乡							
居委会							
村委会							
其他	17096	17096		774			
按企业资质等级分:	92424	80149	7554	8687	2163	10112	
一级							
二级	23246	15877	875	4399	2163	5206	
三级	5266	4082		1525		1184	
四级	74773	71051	6679	3537		3722	
暂定	383	383					
其他	5852	5852					
按企业类型分:							
大型							
中型	49158	49158	2374	2763			
小型	4584	4584	448				
微型	55778	43503	4732	6698	2163	10112	

6-25 房地产开发待售面积(2016年)

单位:平方米

类　别	待售面积合计	住宅	#90平方米以下住房	#144平方米以上住房	办公楼	商业营业用房	其他房屋
总　计	**1184508**	**738925**	**148233**	**89765**	**15477**	**176989**	**253117**
按登记注册类型分:							
内资企业	1184508	738925	148233	89765	15477	176989	253117
国有企业	11055	11055					
集体企业	3135					3135	
股份合作企业							
国有联营企业							
集体联营企业							
国有与集体联营企业							
其他联营企业							
国有独资公司							
其他有限责任公司	84356	52806	2000			9660	21890
股份有限公司	84031	69795				11768	2468
私营独资企业							
私营合伙企业							
私营有限责任公司	1001747	605085	146049	89765	15477	152426	228759
私营股份有限公司	184	184	184				
其他企业							
港澳台商投资企业							
外商投资企业							
按控股情况分:							
国有控股							
集体控股							
私人控股							
港澳台商控股							
外商控股							
其他							
按隶属关系分:							
中央							
省(自治区、直辖市)							
地区(州、盟、省辖市)							
县(区、市、旗)	11055	11055					
街道	3135					3135	
镇	1158163	726471	148233	89765	15477	170194	246021
乡	12155	1399				3660	7096
居委会							
村委会	12155	1399				3660	7096
其他	29568	23433				6135	
按企业资质等级分:	1142785	714093	148233	89765	15477	167194	246021
一级							
二级	241636	104613	176	33674	15477	76118	45428
三级	205548	94417	14078	16437		33589	77542
四级	548730	370012	83044	39654		59990	118728
暂定	188594	169883	50935			7292	11419
其他							
按企业类型分:							
大型							
中型	277351	139443	14262			53503	84405
小型	79272	55072		39654		12421	11779
微型	827885	544410	133971	50111	15477	111065	156933

6-25　续表

单位:平方米

类　　别	待售1-3年面积合计	住　宅	#90平方米以下住房	#144平方米以上住房	办公楼	商业营业用房	其他房屋
总　计	**186738**	**132753**	**40124**	**39654**		**36373**	**17612**
按登记注册类型分:							
内资企业	186738	132753	40124	39654		36373	17612
国有企业	1187	1187					
集体企业							
股份合作企业							
国有联营企业							
集体联营企业							
国有与集体联营企业							
其他联营企业							
国有独资公司							
其他有限责任公司	6400	2000	2000			3000	1400
股份有限公司							
私营独资企业							
私营合伙企业							
私营有限责任公司	179151	129566	38124	39654		33373	16212
私营股份有限公司							
其他企业							
港澳台商投资企业							
外商投资企业							
按控股情况分:							
国有控股							
集体控股							
私人控股							
港澳台商控股							
外商控股							
其他							
按隶属关系分:							
中央							
省(自治区、直辖市)							
地区(州、盟、省辖市)							
县(区、市、旗)	1187	1187					
街道							
镇	185551	131566	40124	39654		36373	17612
乡							
居委会							
村委会							
其他	1187	1187					
按企业资质等级分:	185551	131566	40124	39654		36373	17612
一级							
二级							
三级	12531	4227				5603	2701
四级	174207	128526	40124	39654		30770	14911
暂定							
其他							
按企业类型分:							
大型							
中型	32286	11117				21169	
小型	63894	42694		39654		9421	11779
微型	90558	78942	40124			5783	5833

6-26 房地产开发竣工、销售套数(2016年)

单位:套

类别	商品住宅竣工套数	#90平方米及以下住房	#144平方米以上住房	商品住宅销售套数合计	#90平方米及以下住房	#144平方米以上住房
总计	**10150**	**4576**	**1138**	**7608**	**2545**	**404**
按登记注册类型分:						
内资企业	10150	4576	1138	7608	2545	404
国有企业	170			544		
集体企业				316		
股份合作企业						
国有联营企业						
集体联营企业						
国有与集体联营企业						
其他联营企业						
国有独资公司						
其他有限责任公司	162	72		703	121	16
股份有限公司				72		
私营独资企业						
私营合伙企业						
私营有限责任公司	9013	3914	1119	5170	1836	369
私营股份有限公司	805	590	19	803	588	19
其他企业						
港澳台商投资企业						
外商投资企业						
按控股情况分:						
国有控股						
集体控股						
私人控股						
港澳台商控股						
外商控股						
其他						
按隶属关系分:						
中央						
省(自治区、直辖市)						
地区(州、盟、省辖市)						
县(区、市、旗)	170			544		
街道				316		
镇	9980	4576	1138	6748	2545	404
乡						
居委会						
村委会						
其他	170			1296		16
按企业资质等级分:	9980	4576	1138	6312	2545	388
一级						
二级	1986	500	696	478	38	134
三级	885	18	268	934	5	26
四级	4379	2276	155	5014	1850	225
暂定	2900	1782	19	969	652	19
其他				213		
按企业类型分:						
大型						
中型	3409	1768	174	4407	1788	208
小型	425			285	14	20
微型	6316	2808	964	2916	743	176

6-26　续表

单位:套

类　　别	现房销售套数合计	#90平方米及以下住房	#144平方米以上住房	期房销售套　　数	#90平方米及以下住房	#144平方米以上住房
总　计	**5407**	**2275**	**275**	**2201**	**270**	**129**
按登记注册类型分:						
内资企业	5407	2275	275	2201	270	129
国有企业	544					
集体企业	316					
股份合作企业						
国有联营企业						
集体联营企业						
国有与集体联营企业						
其他联营企业						
国有独资公司						
其他有限责任公司	108	38		595	83	16
股份有限公司	72					
私营独资企业						
私营合伙企业						
私营有限责任公司	3564	1649	256	1606	187	113
私营股份有限公司	803	588	19			
其他企业						
港澳台商投资企业						
外商投资企业						
按控股情况分:						
国有控股						
集体控股						
私人控股						
港澳台商控股						
外商控股						
其他						
按隶属关系分:						
中央						
省(自治区、直辖市)						
地区(州、盟、省辖市)						
县(区、市、旗)	544					
街道	316					
镇	4547	2275	275	2201	270	129
乡						
居委会						
村委会						
其他	863			433		16
按企业资质等级分:	4544	2275	275	1768	270	113
一级						
二级	178	12	80	300	26	54
三级	836	5	1	98		25
四级	3434	1606	175	1580	244	50
暂定	959	652	19	10		
其他				213		
按企业类型分:						
大型						
中型	3493	1735	174	914	53	34
小型	152		20	133	14	
微型	1762	540	81	1154	203	95

6-27 房地产开发不可销售面积(2016年)

单位:平方米

类　别	不可销售面积合计	住　宅	#90平方米以下住房	#144平方米以上住房	办公楼	商业营业用房	其他房屋
总　计	**119016**	**100118**	**10591**			**8498**	**10400**
按登记注册类型分:							
内资企业	119016	100118	10591			8498	10400
国有企业							
集体企业							
股份合作企业							
国有联营企业							
集体联营企业							
国有与集体联营企业							
其他联营企业							
国有独资公司							
其他有限责任公司							
股份有限公司							
私营独资企业							
私营合伙企业							
私营有限责任公司	101916	100118	10591			1798	
私营股份有限公司	17100					6700	10400
其他企业							
港澳台商投资企业							
外商投资企业							
按控股情况分:							
国有控股							
集体控股							
私人控股							
港澳台商控股							
外商控股							
其他							
按隶属关系分:							
中央							
省(自治区、直辖市)							
地区(州、盟、省辖市)							
县(区、市、旗)							
街道							
镇	119016	100118	10591			8498	10400
乡							
居委会							
村委会							
其他							
按企业资质等级分:	119016	100118	10591			8498	10400
一级							
二级	47377	47377	9000				
三级	14744	12946	1591			1798	
四级							
暂定	56895	39795				6700	10400
其他							
按企业类型分:							
大型							
中型	17100					6700	10400
小型	28647	28647					
微型	73269	71471	10591			1798	

主要统计指标解释

全社会固定资产投资 是以货币形式表现的在一定时期内全社会建造和购置固定资产的工作量以及与此有关的费用的总称。该指标是反映固定资产投资规模、结构和发展速度的综合性指标,又是观察工程进度和考核投资效果的重要依据。全社会固定资产投资按登记注册类型可分为国有、集体、联营、股份制、私营和个体、港澳台商、外商、其他等。

固定资产投资（不含农户） 指城镇和农村各种登记注册类型的企业、事业、行政单位及城镇个体户进行的计划总投资 500 万元及 500 万元以上的建设项目投资和房地产开发投资，包含原口径的城镇固定资产投资加上农村企事业组织项目投资，该口径自 2011 年起开始使用。

固定资产投资的实际到位资金 根据固定资产投资的资金来源不同，分为国家预算资金、国内贷款、利用外资、自筹资金和其他资金。

(1)国家预算资金 国家预算包括一般预算、政府性基金预算、国有资本经营预算和社保基金预算。各类预算中用于固定资产投资的资金全部作为国家预算资金填报，其中一般预算中用于固定资产投资的部分包括基建投资、车购税、灾后恢复重建基金和其他财政投资。各级政府债券也应归入国家预算资金。

(2)国内贷款 指报告期固定资产项目投资单位向银行及非银行金融机构借入用于固定资产投资的各种国内借款，包括银行利用自有资金及吸收存款发放的贷款、上级主管部门拨入的国内贷款、国家专项贷款（包括煤代油贷款、劳改煤矿专项贷款等），地方财政专项资金安排的贷款、国内储备贷款、周转贷款等。

(3)利用外资 指报告期收到的境外（包括外国及港澳台地区）资金(包括设备、材料、技术在内)。包括对外借款(外国政府贷款、国际金融组织贷款、出口信贷、外国银行商业贷款、对外发行债券和股票)、外商直接投资、外商其他投资(包括利用外商投资收益在国内进行固定资产再投资活动的资金)。不包括我国自有外汇资金(国家外汇、地方外汇、留成外汇、调剂外汇和国内银行自有资金发放的外汇贷款等)。各类外资按报告期末的外汇牌价（中间价）折成人民币计算。

(4)自筹资金 指固定资产投资单位在报告期收到的，由各企、事业单位筹集用于固定资产投资的资金，包括各类企事业单位的自有资金和从其他单位筹集的用于固定资产投资的资金，但不包括各类财政性资金、从各类金融机构借入资金和国外资金。

(5)其他资金 指在报告期收到的除以上各种资金之外的用于固定资产投资的资金，包括社会集资、个人资金、无偿捐赠的资金及其他单位拨入的资金等。

固定资产投资按国民经济行业分 指根据其从事的社会经济活动性质对各类单位进行的分类。应根据建设项目建成投产后的主要产品种类或主要用途及社会经济活动种类来划分，不能根据项目单位本身的行业类别来划分。如果项目投产后有几种产品，应根据主要产品来确定行业类别。一般情况下，一个建设项目只能属于一种国民经济行业。

固定资产投资按隶属关系分 是按建设单位或企业、事业、行政单位的主管上级机关确定的。

(1)中央 是指中共中央、人大常委会和国务院各部、委、局、总公司以及直属机构直接领导的建设项目和企业、事业、行政单位。这些单位的固定资产投资计划由国务院各部门直接编制和下达，统一组织或委托下级实施。包括有中央垂直管理的部门（如国家统计局各级调查队）和中央直属企业、事业单位（如工商银行、中国电信、中国石油）等。

(2)地方 是由省（自治区、直辖市）、地（区、市、州、盟）、县（区、市、旗）三级政府及业务主管部门直接领导和管理的建设项目、企业、事业、行政单位。地方项目还包括不隶属以上各级政府及主管部门的建设项目和企业、事业单位，如外商投资企业和无主管部门的企业等。

固定资产投资按建设性质分 按整个建设项目情况来确定。建设项目的性质一般分为新建、扩建、改建和技术改造、单纯建造生活设施、迁建、恢复、单纯购置。房地产开发单位、农户投资不划分建设性质。

(1)新建 指从无到有“平地起家”开始建设的项目。现有企业、事业、行政单位投资的项目一般不属于新建。但如有的单位原有基础很小，经过建设后新增的固定资产价值超过该企业、事业、行政单位原有固定资产价值（原值）三倍以上的，也应作为新建。

(2)扩建 指在厂内或其他地点，为扩大原有产品的生产能力(或效益)或增加新的产品生产能力，而增建的生产车间(或主要工程)、分厂、独立的生产线的企业、事业单位。行政、事业单位在原单位增建业务性用房(如学校增建教学用房、医院增建门诊部、病房等)也作为扩建。

现有企、事业单位为扩大原有主要产品生产能力或增加新的产品生产能力，增建一个或几个主要生产车间(或主要工程)、分厂，同时进行一些更新改造工程的，也应作为扩建。

(3)改建和技术改造 指现有企业、事业单位对原有设施进行技术改造或更新(包括相应配套的辅助性生产、生活福利设施) 的建设项目。改建项目包括现有企业、事业单位为适应市场变化的需要，而改变企业的主要产品种类(如军工企业转民产品等) 的建设项目，原有产品生产作业线由于各工序(车间)之间能力不平衡，为填平补齐充分发挥原有生产能力而增建不增加本企业主要产品设计能力的车间的建设项目。技术改造是指企业、事业单位在现有基础上，用先进的技术代替落后的技术，用先进的工艺和装备代替落后的工艺和装备，以改变企业落后的技术经济面貌，实现以内涵为主的扩大再生产，达到提高产品质量、促进产品更新换代、节约能源、降低消耗、扩大生产规模、全面提高社会经济效益的目的。技术改造具体包括以下内容：机器设备和工具的更新改造；生产工艺改革、节约能源和原材料的改造；厂房建筑和公共设施的改造；保护环境进行的“三废”治理改造；劳动条件和生产环境的改造等。

固定资产投资按构成分

(1)建筑工程 指各种房屋、建筑物的建造工程，又称建筑工作量。这部分投资额必须兴工动料，通过施工活动才能实现，是固定资产投资额的重要组成部分。

(2)安装工程 指各种设备、装置的安装工程，又称安装工作量。

在安装工程中，不包括被安装设备本身价值。

(3)设备工具器具购置 指报告期内购置或自制的，达到固定资产标准的设备、工具、器具的价值。新建单位及扩建单位的新建车间，按照设计或计划要求购置或自制的全部设备、工具、器具，不论是否达到固定资产标准均计入“设备工具器具购置”中。

(4)其他费用 指在固定资产建造和购置过程中发生的，除建筑安装工程和设备、工器具购置投资完成额以外的应当分摊计入固定资产投资的费用，不指经营中财务上的其他费用。

施工项目个数 是指本年正式进行过建筑或安装施工活动的建设项目个数。包括本年新开工项目，以前年度开工跨入本年继续施工项目，本年全部建成投产项目、以前年度全部停缓建在本年恢复施工的项目，本年进行过施工又在本年内全部停缓建的项目。施工项目个数可以反映一定时期固定资产投资的实际规模，与同期全部建成投产项目个数相比，可以从建设速度的角度反映固定资产投资的效果。

本年投产项目个数 指报告期内按设计文件规定建成主体工程和相应配套的辅助设施，形成生产能力或工程效益，经过验收合格，并且已正式投入生产或交付使用的建设项目。

新增生产能力(或工程效益) 指通过固定资产投资活动而增加的设计能力(或工程效益)。主要指标包括建设规模、本年施工规模、自开始建设累计新增生产能力(或工程效益)、本年新增生产能力(或工程效益)等。

建设规模 指建设项目或工程设计文件中规定的全部设计能力(或工程效益)。包括已经建成投产和尚未建成投产的工程的生产能力(或工程效益)。

本年施工规模 指报告期内施工的单项工程（或更新改造项目）的设计能力(或工程效益)，包括报告期以前已开工跨入本年继续施工的工程的设计能力和报告期新开工工程的设计能力。也包括报告期内建成投产或报告期施工后又停缓建的单项工程设计能力。不包括在报告期以前建成投产或已经停、缓建的工程，以及报告期内尚未正式开工的工程的设计能力。

自开始建设累计新增生产能力(或工程效益) 指自开始建设至本年底止建成投产的全部单项工程累计新增生产能力(或工程效益)。

本年新增生产能力(或工程效益) 指在本年度内按照新增生产能力(或工程效益)的计算条件和标准，实际建成投入生产或交付使用的生产能力(或工程效益)。

新增固定资产 是指已经完成建造和购置过程，并已交付生产或使用单位的固定资产的价值，包括已经建成投入生产或交付使用的工程投资和达到固定资产标准的设备、工具、器具的投资及有关应摊入的费用。该指标是表示固定资产投资成果的价值指标，也是反映建设进度，计算固定资产投资效果的重要指标。

项目建成投产率 指一定时期内全部建成投产项目个数与同期施工项目个数的比率。该指标从建设单位建设速度的角度反映投资效果。

固定资产交付使用率 指一定时期新增固定资产与同期完成投资额的比率。该指标是反映固定资产动用速度，衡量建设过程中宏观投资效果的综合指标。由于新增固定资产是较长时期内形成的结果，而投资额则是当年完成的，因此，该指标一般适宜于反映较长时期内固定资产的动用情况。、

房地产开发投资 指各种登记注册类型的房地产开发法人单位统一开发的住宅、厂房、仓库、饭店、宾馆、度假村、写字楼、办公楼等房屋建筑物，配套的服务设施，土地开发工程（如道路、给水、排水、供电、供热、通讯、平整场地等基础设施工程）和土地购置的投资；不包括单纯的土地开发和交易活动。

本年实际到位资金小计 指房地产开发企业在报告期内实际拨入的，用于房地产开发的各种货币资金。包括国内贷款、利用外资、自筹资金和其他资金。

本年土地购置面积 指通过各种方式获得土地使用权的土地面积。

本年土地成交价款 指进行土地使用权交易活动的最终金额。在土地一级市场，是指土地最后的划拨款、“招拍挂”价格和出让价；在土地二级市场是指土地转让、出租、抵押等最后确定的合同价格。土地成交价款与土地购置面积同口径，可以计算土地的平均购置价格。

房屋新开工面积 指报告期内新开工建设的房屋建筑面积，以单位工程为核算对象，即整栋房屋的全部建筑面积，不能分割计算。不包括在上期开工跨入报告期继续施工的房屋建筑面积和上期停缓建而在本期恢复施工的房屋建筑面积。房屋的开工应以房屋正式开始破土刨槽（地基处理或打永久桩）的日期为准。

房屋竣工面积 指报告期内房屋建筑按照设计要求已全部完工，达到住人和使用条件，经验收鉴定合格或达到竣工验收标准，可正式移交使用的各栋房屋建筑面积的总和。

房屋竣工价值 指报告期内按规定已经上报竣工的房屋本身的建造价值。一般按房屋设计和预算规定的内容计算。包括竣工房屋本身的基础、结构、屋面、装修以及水、电、卫等附属工程的建筑价值；也包括作为房屋建筑组成部分而列入房屋建筑工程预算内的设备（如电梯、通风设备等）的购置和安装费用。不包括厂房内的工艺设备、工艺管线的购置和安装，工艺设备基础的建造；室外的水、暖、电、卫、道路工程、挡土墙等环境工程的费用；办公和生活用家具的购置等费用；购置土地的费用；迁移补偿费和场地平整的费用及城市建设配套投资。

房屋竣工价值不仅包括该竣工房屋在报告期内完成的价值，也包括跨年施工的房屋在本期以前完成的价值。未竣工而转让给其他单位的房屋建筑工程，出让单位不计算竣工价值，待接受单位继续施工并符合竣工条件后，由接受单位计算其竣工价值，包括出让单位在出让前所完成的价值。房屋竣工价值一般按结算价格（或中标价）计算。

商品房销售面积 指报告期内出售商品房屋的合同总面积（即双方签署的正式买卖合同中所确定的建筑面积）。商品房销售面积由现房销售面积和期房销售面积两部分组成。

商品房销售额 指报告期内出售商品房屋的合同总价款（即双方签署的正式买卖合同中所确定的合同总价）。该指标与商品房销售面积同口径，由现房销售额和期房销售额两部分组成。

待售面积 指报告期末已竣工的可供销售或出租的商品房屋建筑面积中，尚未销售或出租的商品房屋建筑面积，包括以前年度竣工和本期竣工的房屋面积，但不包括报告期已竣工的拆迁还建、统建代建、公共配套建筑、房地产公司自用及周转房等不可销售或出租的房屋面积。按照商品房待售时间的长短可以划分为待售一年以下、待售一到三年（含一年）和待售三年以上（含三年）。

七、农　业

资料整理：杨 晋 王 莹 李 军 刘晓庆

7-1 农村基层组织及基础设施情况(2016年)

单位：个

指 标	数 量	指 标	数 量
一、农村基层组织情况		村委会个数	3133
乡镇数量	164	二、农村基础设施	
1.镇	81	自来水受益村数	2641
#城关镇	9	通有线电视村数	1657
2.乡	67	通宽带村数	2071
3.涉农街道办事处	16	通汽车村数	3125
4.其他乡级单位		通电话村数	3071

7-2 乡村人口与从业人员情况(2016年)

指 标	数 量	指 标	数 量
一、乡村户数(户)	1094254	按行业分	
二、乡村人口(人)	3159696	1.农业从业人员	790651
#男	1691316	#男	452280
女	1468380	女	338371
三、乡村劳动力资源数(人)	1657280	2.工 业	182861
#男	943139	3.建筑业	124710
女	714141	4.交通运输仓储业和邮政业	77848
四、乡村从业人员(人)	1417868	5.信息传输、计算机服务和软件业	16143
按性别分		6.批发与零售业	75784
#男	819064	7.住宿与餐饮业	41470
女	598804	8.其他行业	108401

7-3 农业主要能源及物质消耗情况(2016年)

指　　标	数　量	指　　标	数　量
一、乡、村办水电站(个)	4	四、农用化肥施用折纯量(吨)	79986
装机容量(千瓦)	320	1.氮　肥	33425
发电量(万千瓦时)	413	2.磷　肥	9945
二、农村用电量(万千瓦时)	94004	3.钾　肥	5048
三、农用化肥施用实物量(吨)	232163	4.复合肥	31568
1.氮　肥	108599	五、农用塑料薄膜使用量(吨)	1312
2.磷　肥	48248	#地膜使用量	1230
3.钾　肥	9633	地膜覆盖面积(公顷)	23979
4.复合肥	65683	六、农用柴油使用量(吨)	11212
		七、农药使用量(吨)	825

7-4 农林牧渔业增加值(2016年)

指　　标	总　量 (万元)	比上年增长 (%)
一、农林牧渔业总产值	**1016936**	**4.8**
农　业	494318	15.9
林　业	56136	-6.7
牧　业	443988	-4.8
渔　业	3494	-5.2
农林牧渔服务业	19000	4.3
二、农林牧渔业中间消耗	**470300**	
农　业	212197	
林　业	26114	
牧　业	221352	
渔　业	1578	
农林牧渔服务业	9060	
三、农林牧渔业增加值	**546636**	**4.8**
农　业	282121	13.9
林　业	30022	-6.7
牧　业	222636	-4.5
渔　业	1917	-4.8
农林牧渔服务业	9940	14.0

7-5　粮食作物生产情况(2016年)

指　　标	播种面积(公顷)	产　量(吨)	单　产(公斤/亩)
粮食作物	351429	1115804	212
一、谷　物	246044	989881	268
1.小　麦	1735	5500	211
2.玉　米	177287	862342	324
3.谷　子	45113	87589	129
4.高　粱	5588	15314	183
5.秋杂谷物	16321	19137	78
#燕麦(莜麦)	2399	2052	57
荞　麦	802	695	58
二、豆　类	57553	58234	67
1.大　豆	39064	41975	72
2.秋杂豆	18490	16259	59
#绿　豆	2351	2197	62
红小豆	3026	2589	57
三、薯类(鲜薯)	47832	338443	472
1.马铃薯	45216	319873	472
2.甘　薯	2616	18570	473

7-6　经济作物生产情况(2016年)

指　　标	播种面积(公顷)	产　量(吨)	单　产(公斤/亩)
经济作物	34118		
一、油　料	20409	22668	74
1.花　生	1981	2609	88
2.油菜籽	108	183	113
3.芝　麻	1159	892	51
4.胡麻籽	2231	1809	54
5.葵花籽	6181	5739	62
6.其他油料	8750	11435	87
二、棉　花	56	21	25
三、中草药材	1297	433	22
四、蔬菜及食用菌	10365	209447	1347
五、瓜果类	759	12280	1078
六、其他农作物	1231		
#青饲料	647		
七、特种农作物			
花　卉	2		
鲜切花(百支)		4600	
盆栽观赏植物(盆)		2420	
#盆栽花(盆)		2220	
香料原料		5	
#花　椒		5	
补充资料：饲料用青贮玉米面积	7		

注：盆栽观赏植物包括盆景。

7-7 蔬菜及食用菌、瓜果、中草药材生产情况(2016年)

指标	播种面积(公顷)	产量(吨)	指标	播种面积(公顷)	产量(吨)
一、蔬菜及食用菌	10365	209447	西红柿	1740	34044
1.叶菜类	281	6648	8.葱蒜类	622	15415
#芹　菜	84	2419	#大　葱	543	14007
油　菜	56	1291	蒜　头	41	916
菠　菜	106	2517	葱　头	8	96
香　菜	31	298	韭　菜	11	195
2.白菜类	1317	37201	9.水生菜类		
#大白菜	1158	35914	#莲　藕		
3.甘蓝类	535	12875	10.其他蔬菜	141	3280
#茴子白	314	7851	#黄花菜	2	6
紫甘蓝	4	117	芦　笋	84	1820
菜　花	12	174	11.食用菌(干鲜混合)		8435
西兰花	188	4219	(1)干品		612
4.根茎类	1264	15002	#香　菇		547
#白萝卜	245	3646	黑木耳(干品)		5
胡萝卜	824	10478	(2)鲜品		7822
生　姜			#蘑　菇		4041
5.瓜菜类	2236	46164	二、瓜果类	759	12280
#黄　瓜	416	16593	#西　瓜	585	9710
南　瓜	1246	15499	香瓜(甜瓜)	152	2357
西葫芦	539	12989	草　莓	4	92
冬　瓜	10	535	三、中草药材	1297	433
6.豆类(菜用)	1480	13320	#人　参		
#豇　豆	200	1349	甘　草	0.4	1
四季豆	1087	11598	枸　杞	2	3
7.茄果类	2490	51107	黄　芪	300	39
#茄　子	341	11191	党　参	0.3	
辣　椒	391	5833	生　地		

7-8 茶叶、水果及食用坚果生产情况(2016年)

指标	年末果园面积(公顷)	产量(吨)	指标	年末果园面积(公顷)	产量(吨)
一、园林水果	55065	222906	9.沙果	18	70
1.苹果	3090	13785	10.其他园林水果	34	310
2.梨	4401	119728	二、食用坚果		45644
3.桃	196	2015	1.核桃	82037	45364
4.杏	666	2333	2.板栗		
5.猕猴桃			3.松子		
6.葡萄	355	8013	4.仁用杏		280
7.红枣	46215	75402	5.其他		
8.柿子	90	1251			

7-9　设施农业生产情况(2016年)

指　　标	播种面积(公顷)	产　量(吨)
一、蔬　菜	982	36345
#芹　菜	20	721
油　菜	22	464
菠　菜	22	507
黄　瓜	161	10085
西红柿	517	13223
生　姜		
辣　椒	38	1276
二、瓜果类	30	573
#草　莓	2	33
三、花卉苗木	2	
四、食用菌(干鲜混合)	90	7633
1.干　品	11	552
2.鲜　品	79	7081
#蘑　菇	24	3509
五、其他作物	31	

7-9　续表

指　　标	设施数量(个)	设施农业占地面积(公顷)	实际使用面积(公顷)
合　计	**22363**	**1041**	**749**
1.连栋温室	85	9	6
2.日光温室	3188	500	301
3.大　棚	5699	444	366
4.中小棚	13391	88	76

7-10 林业生产情况

指　标	2016年	指　标	2016年
一、当年造林面积(公顷)	38227	4.薪炭林	2851
1.用材林		二、育苗面积(公顷)	8066
2.经济林	9062	#本年新育	2314
3.防护林	13981	三、零星植树(株)	11000000

7-11 主要畜禽生产情况(2016年)

指　标	年末存栏数	当年出栏数	畜产品产量(吨)
一、猪(头)	508570	716985	58697
#能繁殖母猪	57406		
二、牛(头)	180440	122731	16313
#肉　牛	144172		
奶　牛	7565		
三、羊(只)	999216	714960	12375
1.山　羊	734101	478501	7655
2.绵　羊	265115	236459	4720
四、活家禽(只)	15955437	37109668	80200
#活　鸡	15713476	35926337	75270
#蛋　鸡	8170548		
肉　鸡	7542928		
附：禽蛋产量			95316
#鸡蛋产量			94663
牛奶产量			28003
蜂蜜产量			145

7-12　非主要畜禽生产情况(2016年)

指　　标	年末存栏数	当年出栏数	(肉、产品)产量(吨)
一、活牲畜(除猪、牛、羊外)(头)	12470	1288	139
1.马	1677	292	35
2.驴	6295	740	75
3.骡	4490	256	29
4.骆驼	8		
二、家兔(万只)		1	16
三、其他肉产量(吨)			7
四、其他奶产量(吨)			80
五、山羊毛产量(吨)			487
1.山羊粗毛			304
2.山羊绒			183
六、绵羊毛产量(吨)			160
#细羊毛			21
半细羊毛			58
七、其他禽蛋产量(吨)			1
八、蚕茧产量(吨)			5
#桑蚕茧			5
附：养蜂箱数(箱)			9799

7-13　渔业生产情况(2016年)

指　　标	养殖面积(公顷)	总产量(吨)
淡水产品产量	1233	1792
#鱼类产量	1233	1792
1.养殖产量	1233	1792
2.捕捞产量		

7-14 农业机械拥有量情况(2016年)

指标	数量	指标	数量
农业机械总动力（万千瓦特）	**144.2**	农用水泵(台)	15039
大中型农用拖拉机(台)	8716	联合收割机(台)	1678
(万千瓦特)	33.3	机动脱粒机(台)	5293
小型农用拖拉机(台)	12160	农用动力机(台)	24069
(万千瓦特)	12.2	(万千瓦特)	20.2
大中型拖拉机配套机具(部)	13336	1.电动机(台)	21656
小型拖拉机配套机具(部)	14620	(万千瓦特)	17.4
农用排灌动力机械(台)	14578	2.柴油机(台)	2413
(万千瓦特)	17	(万千瓦特)	2.8

7-15 农机化作业情况(2016年)

单位：千公顷

指标	数量	指标	数量
一、机耕面积	245	四、机电植保面积	61
二、机播面积	199	五、机收面积	122
三、机电灌溉面积	83		

主要统计指标解释

乡村户数　指长期(一年以上)居住在乡镇(不包括城关镇)行政管理区域内的住户，还包括居住在城关镇所辖行政村范围内的农村住户。户口不在本地而在本地居住一年及以上的住户也包括在本地农村住户内；有本地户口，但举家外出谋生一年以上的住户，无论是否保留承包耕地都不包括在本地农村住户范围内。不包括乡村地区内的国有经济的机关、团体、学校、企业、事业单位的集体户。

乡村人口　乡村地区常住居民户数中的常住人口数，即经常在家或在家居住 6 个月以上，而且经济和生活与本户连成一体的人口。外出从业人员在外居住时间虽然在 6 个月以上，但收入主要带回家中，经济与本户连为一体，仍视为家庭常住人口；在家居住，生活和本户连成一体的国家职工、退休人员也为家庭常住人口，但是现役军人、中专及以上（走读生除外）的在校学生以及常年在外（不包括探亲、看病等）且已有稳定的职业与居住场所的外出从业人员，不应当作家庭常住人口。

乡村从业人员　指乡村人口中 16 岁以上实际参加生产经营活动并取得实物或货币收入的人员，既包括劳动年龄内经常参加劳动的人员，也包括超过劳动年龄但经常参加劳动的人员。但不包括户口在家的在外学生、现役军人和丧失劳动能力的人，也不包括待业人员和家务劳动者。从业人员年龄为 16 岁以上。从业人员按从事主业时间最长（时间相同按收入）分为农业从业人员、工业从业人员、建筑业从业人员、交运仓储及邮政从业人员、信息传输、计算机服务业和软件业从业人员、批发与零售业从业人员、住宿和餐饮业从业人员、其他行业从业人员。

农林牧渔业总产值　指以货币表现的农林牧渔业的全部产品总量和对农林牧渔业生产进行的各种支持性服务活动的价值。它反映一定时期内农林牧渔业生产总规模和总成果，是观察农林牧渔业生产水平和发展速度，研究农林牧渔业内部比例关系、农林牧渔业与工业、农林牧渔业与国家建设、人民生活比例关系的重要指标，同时也是计算农林牧渔业劳动生产率和农林牧渔业增加值的基础资料。

农林牧渔业增加值　指农、林、牧、渔业生产及农林牧渔服务业提供服务活动所增加的价值，为农林牧渔业现价总产值扣除农林牧渔业中间消耗后的余额。

耕地面积　指种植农作物的土地。包括熟地，新开发、复垦、整理地，休闲地（含轮歇地、轮作地）；以种植农作物（含蔬菜）为主，间有零星果树、桑树或其他树木的土地；平均每年能保证收获一季的已垦滩地和海涂。耕地中包括南方宽度＜1.0 米、北方宽度＜2.0 米固定的沟、渠、路和地坎（梗）；临时种植药材、草皮、花卉、苗木等的耕地，以及其他临时改变用途的耕地。

有效灌溉面积　具有一定水源，地块比较平整，灌溉工程或设备已经配套，在一般年景下当年能够进行正常灌溉的耕地面积。在一般情况下，有效灌溉面积应等于灌溉工程或设备已经配套，能够进行正常灌溉的水田和水浇地之和。

农作物播种面积　指农业生产经营者应在日历年度内收获农作物在全部土地（耕地或非耕地）上的播种或移植面积。凡是本年内收获的农作物，无论是本年还是上年播种，都算为播种面积，但不包括本年播种，下年收获的农作物面积。移植的农作物面积按移植后的面积计算，不计算移植前的秧田、畦田等面积。多年生作物，即播种后可连续生长多年的缩根性草本植物，如有些麻类、中药等作物的播种面积，按本年新增面积加往年的连续累计面积计算。如果因灾害等原因，应该收获却未能收获，也要按原播种面积计算，新补或改种，并在本年收获的，要按复种作物计算面积。间种、混种的作物面积按比例折算各个作物的面积，如果完全混合、同步生长、收获的作物，按混合面积平均分配。复种、套种的作物，按次数计算面积，每种一次计算一次。再生稻、再生高粱、再生烟等，因其没有经过播种或移植，不算入播种面积。

期末畜禽存栏头(只)数 指本调查期末饲养的生猪、各类型的牛、各种羊只、家禽以及饲养的活牲畜（除猪、牛、羊外）、家兔的总量。

肉类总产量 指本调查期内各种牲畜及家禽、兔等动物肉产量总计。猪、牛、羊、马、驴、骡、骆驼肉产量按去掉头蹄下水后带骨肉的胴体重量计算，兔及禽肉产量按屠宰后去毛和内脏后的重量计算。

禽蛋产量 指本调查期内饲养的蛋用家禽生产的禽蛋总重量。包括出售的和农民自产自用的部分。品种主要为鸡鸭鹅。

农用化肥施用量 指本年内实际用于农业生产的化肥数量，包括氮肥、磷肥、钾肥和复合肥。化肥施用量要求按折纯量计算数量。折纯量是指把氮肥、磷肥、钾肥分别按含氮、含五氧化二磷、含氧化钾的百分之百成份进行折算后的数量。复合肥按其所含主要成分折算。公式为：折纯量=实物量×某种化肥有效成份含量的百分比

农村用电量 本年度内，扣除在农村中的国有工业、交通、基建等单位的用电量以后的农村生产和生活的全年用电总量。包括国家电网供电和农村自办电站供电量。

八、工　业

资料整理：张　辉

8-1　主要年份工业企业单位数

单位：个

年　份	企　业 单位数	按隶属关系分		按经济类型分			按轻重工业分		按企业规模分		
		中央 企业	地方 企业	国有 经济	集体 经济	其他 经济	轻工业	重工业	大型 企业	中型 企业	小型 企业
1980	726	1	725								
1985	839	7	832	203	634	2	391	448	2	8	829
1990	878	8	870	224	654		330	548	1	5	872
1991	832	2	830	218	614		334	498	1	7	824
1992	755	2	753	211	544		278	477	1	10	744
1993	770	3	767	206	555	9	263	507	1	12	757
1994	765	2	763	199	560	6	233	532	1	10	754
1995	758	2	756	204	531	23	211	547	1	11	746
1996	695	2	693	212	459	24	180	515	1	10	684
1997	666	2	664	205	444	17	195	471	1	12	653
1998	319	1	318	148	91	80	66	253	1	13	305
1999	290	1	289	143	64	83	73	217	2	14	274
2000	279	1	278	137	59	83	71	208	2	11	266
2001	274	1	273	106	54	114	57	217	2	14	258
2002	303	1	302	103	63	137	49	254	2	11	290
2003	300	1	299	72	68	160	43	257	2	50	248
2004	426	1	425	60	117	249	43	383	6	59	361
2005	481	1	480	44	185	252	39	442	8	79	394
2006	544	1	543	35	181	328	41	503	11	93	440
2007	553	1	552	25	145	383	36	517	12	107	434
2008	477	3	474	21	34	422	38	439	16	109	352
2009	374	4	370	24	28	324	42	332	15	103	256
2010	597	3	594	19	25	553	50	547	19	140	438
2011	579	1	578	14	21	544	48	531	43	116	377
2012	582	2	580	19	17	546	50	532	46	114	371
2013	601		601	6	14	581	54	547	45	121	379
2014	567		567	8	10	549	67	500	37	114	416
2015	523		523	8	8	507	78	445	34	110	313
2016	448		448	6	7	435	67	381	31	111	306

注:1.本表及以后各表的价值量指标从1998年起数据的统计口径均为规模以上工业企业,2008年为第二次经济普查数据,2011年口径增加为主营业务收入2000万元。

2.2011年开始执行GB/T 4754-2011国民经济行业分类和工信部联企业[2011]300号，统计上大中小微型企业划分办法。

8-2 主要年份工业产品产量

年份	原煤产量(万吨)	发电量(万千瓦小时)	钢(万吨)	成品钢材(万吨)	生铁(万吨)	焦炭(万吨)	水泥(万吨)	化学肥料(万吨)
1980	382.39	17727.76			2.44	44.30	12.16	2.87
1985	770.00	17683.00			7.50	87.50	23.60	2.86
1990	986.58	22103.40			29.06	234.58	37.60	3.68
1991	950.60	23899.00			31.33	223.06	39.85	4.30
1992	914.91	28339.00			41.17	321.62	50.73	4.17
1993	1137.03	25698.16			67.11	459.56	57.56	2.63
1994	1260.04	23734.03			123.29	775.92	68.83	3.27
1995	1404.75	28479.24			103.51	1008.78	76.23	4.18
1996	1301.42	116749.43			108.14	1071.55	95.37	5.28
1997	1538.80	148110.66			108.57	1055.38	95.89	4.74
1998	1494.77	139835.12		0.02	112.32	987.85	102.55	4.33
1999	1067.65	126623.06	13.30	3.66	117.93	818.23	87.92	5.53
2000	394.70	127661.16	3.13	3.61	103.22	324.05	72.23	6.25
2001	459.64	130195.30		20.65	116.24	320.26	83.86	2.75
2002	718.14	136001.45	16.09	32.24	154.95	367.16	106.57	9.54
2003	1007.50	148460.74	0.94	29.60	172.40	481.56	136.73	9.28
2004	1346.70	165648.20	131.70	141.80	303.90	1006.40	161.00	4.80
2005	1895.40	160356.00	192.00	148.50	320.00	1345.30	161.30	25.40
2006	3678.60	188523.18	192.62	136.71	291.94	2009.30	188.59	17.71
2007	6187.60	189392.70	264.80	146.50	367.20	2331.50	185.30.	18.50
2008	5610.94	966473.69	210.74	141.25	270.41	1789.28	213.66	26.11
2009	5529.40	954572.94	247.58	217.78	245.05	1609.53	207.46	22.86
2010	9076.77	926330.32	317.28	295.51	313.44	1892.34	272.63	27.60
2011	11211.33	1047084.93	340.49	328.13	313.92	1927.46	411.56	21.54
2012	11137.27	938648.86	317.82	306.07	300.90	1754.48	642.23	5.32
2013	11676.12	910248.42	394.95	362.30	362.54	1894.05	888.72	5.14
2014	11606.82	1125625.61	403.25	369.10	447.83	1841.30	666.15	10.04
2015	11556.65	1121120.09	316.38	295.41	388.49	1570.24	428.94	21.98
2016	10453.93	1551689.86	283.32	270.08	398.15	1741.90	414.21	12.66

8-3　主要年份工业基本情况

年　份	企业单位数(个)	工　业总产值(亿元)	工业增加值(亿元)	工业发展速度(上年=100)	资产合计(亿元)	主营业务收入(亿元)	利润总额(亿元)	利税总额(亿元)	年均从业人员(人)
1978	748	3.1			3.3	2.2		0.5	52500
1979	759	3.1			4.6	2.6		0.5	53700
1980	726	3.1			3.9	2.4	0.2	0.5	60400
1981	729	3.3			3.9	2.3	0.2	0.4	60700
1982	715	3.6			4.0	2.7	0.3	0.5	61800
1983	725	4.0			4.3	3.2	0.4	0.7	76500
1984	765	4.8			5.9	3.7	0.5	0.7	78700
1985	839	6.0			6.7	4.4	0.6	0.9	78500
1986	819	6.4			7.4	5.7	0.7	1.2	80600
1987	885	7.8			11.2	9.0	1.3	2.3	89200
1988	895	9.3			13.6	13.0	2.2	3.7	96200
1989	858	15.6	6.3		19.4	14.9	2.2	3.9	98502
1990	844	15.6	5.9	93.8	15.2	15.7	2.2	4.0	101533
1991	798	17.4	6.9	117.3	16.5	18.2	2.6	4.6	100792
1992	735	21.0	8.6	125.0	26.2	20.6	2.5	4.9	106699
1993	759	28.4	17.2	199.2	40.7	29.1	3.3	7.2	104274
1994	763	32.3	13.1	76.1	50.3	26.4	2.5	7.0	106851
1995	751	39.5	11.5	87.7	63.5	30.4	3.1	7.0	108883
1996	692	45.3	15.8	108.8	67.0	35.1	1.8	6.4	105406

8-3 续表

年 份	企业单位数(个)	工 业总产值(亿元)	工业增加值(亿元)	工业发展速度(上年=100)	资产合计(亿元)	主营业务收入(亿元)	利润总额(亿元)	利税总额(亿元)	年均从业人员(人)
1997	663	45.6	20.1	109.8	75.7	38.7	2.0	6.9	100039
1998	319	47.4	20.3	86.4	96.4	41.7	0.4	5.7	78060
1999	290	46.7	19.4	93.8	103.4	43.8	0.9	5.8	73534
2000	279	53.0	18.8	105.3	109.0	51.4	0.6	6.0	70886
2001	274	64.4	24.8	110.3	138.5	62.8	2.3	9.3	77619
2002	288	89.8	35.2	119.8	162.0	92.2	6.2	15.6	86483
2003	300	144.0	54.7	126.3	234.0	143.9	10.4	23.9	97895
2004	426	251.7	77.0	134.8	404.9	249.4	17.3	43.6	124447
2005	481	365.7	111.7	126.0	550.4	348.4	14.0	49.3	150435
2006	544	534.2	182.5	137.2	757.1	509.2	19.8	66.7	177302
2007	553	711.9	251.0	125.0	972.6	711.3	60.2	131.2	194776
2008	477	1027.2	395.6	110.9	1328.0	1056.4	100.6	207.2	191055
2009	374	855.2	343.7	100.1	1582.1	835.6	61.6	136.2	173503
2010	597	1442.5	552.3	138.1	2308.5	1474.4	173.0	294.7	216573
2011	579	1814.7	811.4	118.4	2841.7	1858.3	194.6	350.4	223815
2012	582	1913.6	892.1	113.5	3594.0	1815.6	118.7	226.1	227346
2013	601	1995.4	875.6	112.0	4016.9	1893.8	50.4	183.7	236842
2014	567	1669.1	693.5	94.4	4211.4	1732.8	-9.7	95.4	224820
2015	523	1298.4	516.1	88.1	4341.0	1434.6	-9.0	88.6	211863
2016	448	1397.3	546.7	102.6	4394.7	1493.6	11.4	117.0	197871

注：1998-2006年的统计口径为全部国有及年产品销售收入500万元以上非国有工业企业;2007-2010年的统计口径为年主营业务收入500万元;2011年的统计口径为年主营业务收入2000万元;2004年以后的工业增加值及发展速度为快报数。

8-4　工业产品产量(2016年)

产品名称	单位	数　量	产品名称	单　位	数　量
原煤	吨	104539303	发电量	万千瓦小时	1121120
洗煤	吨	102298042	预应力混凝土桩	米	1588006
焦炭	吨	17419024	砖	万块	217
铁矿石原矿	吨	26613098	平板玻璃	重量箱	9384824
铁矿石成品矿	吨	7166195	钢化玻璃	平方米	2786747
铝土矿▲	吨	4143087	夹层玻璃	平方米	1260088
小麦粉	吨	5050	电力电缆	千米	48347
饲料	吨	708247	太阳能电池(光伏电池)	千瓦	657617
鲜、冷藏肉	吨	94924	自来水生产量	万立方米	1039
食醋	吨	34476	饮料酒	千升	85138
软饮料	吨	27785	#白酒(折65度，商品量)	千升	81562
氢氧化铝▲	吨	5492491	单色印刷品	令	111738
粗苯▲	吨	83227	多色印刷品	对开色令	1755112
纯苯	吨	67084	玻璃包装容器	吨	26402
精甲醇	吨	47000	耐火材料制品	吨	1226885
煤制油▲	吨	6284	铸铁件	吨	175258
精萘▲	吨	10169	铸钢件	吨	7961
蒽▲	吨	25246	钢材	吨	2700793
煤制沥青▲	吨	241557	铁合金	吨	287508
农用氮、磷、钾化学肥料(折纯)	吨	126584	十种有色金属	吨	17079
涂料	吨	4411	镁	吨	17079
中成药	吨	17	钙(金属钙)▲	吨	5180
塑料制品	吨	9960	钕铁硼▲	吨	692
水泥	吨	4142114	钢结构	吨	16093
生铁	吨	3981480	钢丝	吨	16733
粗钢	吨	2833219	硅酸盐水泥熟料	吨	3764023
氧化铝	吨	7429549			

8-5 工业企业主要

类 别	企业单位数(个)	#亏损企业	工业总产值(当年价格)	工业销售产值(当年价格)	#出口交货值
总 计	**448**	**174**	**13973062**	**13713751**	**86013**
一、按登记注册类型分组:					
内资企业	437	170	12565410	12316504	79792
国有企业	6	4	43579	44380	
中央企业					
地方企业	6	4	43579	44380	
集体企业	7	4	219765	215344	
股份合作企业					
联营企业	1	1	6543	6543	
国有联营企业					
集体联营企业					
国有与集体联营企业					
其他联营企业	1	1	6543	6543	
有限责任公司	115	51	5245744	5138267	56252
国有独资公司	7	3	1300292	1266456	14904
其他有限责任公司	108	48	3945452	3871811	41349
股份有限公司	16	6	1061812	1017359	
私营企业	290	103	5958561	5866583	23540
私营独资企业	9	2	85206	81001	
私营合伙企业	2		68000	62139	
私营有限责任公司	273	99	5762497	5674945	23540
私营股份有限公司	6	2	42858	48497	
其他企业	2	1	29406	28029	
港、澳、台商投资企业	6	2	1175353	1175199	
合资经营企业(港或澳、台资)	2	1	340236	341304	
合作经营企业(港或澳、台资)	1		221580	221580	
港澳台商独资经营企业	1		534818	539160	
港澳台商投资股份有限公司	1	1	51931	46038	
其他港澳台商投资企业	1		26787	27117	
外商投资企业	5	2	232299	222048	6221
中外合资经营企业	4	1	205641	193998	6221
中外合作经营企业					
外资企业	1	1	26658	28050	
外商投资股份有限公司					
其他外商投资企业					

经济指标(综合分组)(2016年)

单位：万元

年初存货	#产成品	资产总计	流动资产合计	应收账款	存 货	#产成品	固定资产合计	固定资产原价
2607753	**1015545**	**43946861**	**16823527**	**3018881**	**2874275**	**1194055**	**15199027**	**20723751**
2347783	983654	40402458	15425611	2757940	2611914	1154419	13764455	18666371
5723	2118	723158	41985	6469	2914	1794	111462	137207
5723	2118	723158	41985	6469	2914	1794	111462	137207
47891	28816	508530	199018	49161	51799	26652	198661	472866
		1343	1010	405	353		210	210
		1343	1010	405	353		210	210
1005757	461303	19580064	6610894	1034829	1104024	520675	7118418	9466127
439144	171128	3229607	1371522	296943	417042	189008	1131908	1620361
566614	290176	16350457	5239373	737886	686981	331667	5986510	7845766
121071	11158	3369901	892556	176265	144261	33015	1785859	2540275
1165757	480172	15944485	7487245	1441255	1305809	570893	4475731	5979080
7791	2354	69606	37754	10709	13976	9280	26308	28130
1299	37	17275	3904	1536	1838	37		
1139823	471892	15786985	7403006	1417354	1273280	554687	4424285	5925520
16845	5889	70620	42582	11656	16715	6890	25138	25431
1583	87	274978	192902	49556	2755	1390	74114	70608
186652	19340	2682415	1110758	168080	223905	26436	1106453	1530373
43398	7155	1085415	257718	29960	64629	4710	677115	642859
38368		307519	236794	102314	47577	5164	52680	175656
97875	8688	949179	387109	11337	99342	6713	290447	532186
4054	2909	259016	155994	16729	10774	9374	78708	168132
2957	590	81286	73143	7741	1584	475	7504	11540
73318	12551	861988	287159	92861	38456	13200	328119	527007
69706	10955	677887	283004	92861	35869	12901	177284	336864
3612	1596	184101	4156		2587	299	150835	190143

8-5

类　别	企　业单位数(个)	#亏损企业	工业总产值(当年价格)	工业销售产值(当年价格)	#出口交货值
二、按经济组织类型分组					
独资企业	24	11	910027	907935	
国有企业	6	4	43579	44380	
集体企业	7	4	219765	215344	
私营独资企业	9	2	85206	81001	
港澳台商独资经营企业	1		534818	539160	
外资企业	1	1	26658	28050	
合作、合伙企业	7	2	352317	345408	
股份合作企业					
国有联营企业					
集体联营企业					
国有与集体联营企业					
其他联营企业	1	1	6543	6543	
私营合伙企业	2		68000	62139	
合作经营企业(港或澳、台资)	1		221580	221580	
中外合作经营企业					
其他企业(内资)	2	1	29406	28029	
其他港澳台商投资企业	1		26787	27117	
其他外商投资企业					
股份有限公司	23	9	1156601	1111894	
股份有限公司(内资)	16	6	1061812	1017359	
私营股份有限公司	6	2	42858	48497	
港澳台商投资股份有限公司	1	1	51931	46038	
外商投资股份有限公司					
有限责任公司	394	152	11554118	11348514	86013
国有独资公司	7	3	1300292	1266456	14904
私营有限责任公司	273	99	5762497	5674945	23540
合资经营企业(港或澳、台资)	2	1	340236	341304	
中外合资经营企业	4	1	205641	193998	6221
其他有限责任公司	108	48	3945452	3871811	41349
三、在总计中:亏损企业	174	174	3907982	3914183	13159
在总计中:国有控股企业	61	30	3932683	3819096	24152
在总计中:农村工业	8	3	107426	122857	1295
在总计中:轻工业	67	8	1683597	1632905	13545
重工业	381	166	12289465	12080846	72468
在总计中:大型企业	31	12	5452394	5288859	36642
中型企业	111	56	5001119	4963616	16961
小型企业	277	98	3377386	3324283	32410
微型企业	29	8	142164	136994	

续表1

单位：万元

年初存货	#产成品	资产总计	流动资产合计	应收账款	存货	#产成品	固定资产合计	固定资产原价
162892	43571	2434574	670021	77676	170618	44737	777713	1360531
5723	2118	723158	41985	6469	2914	1794	111462	137207
47891	28816	508530	199018	49161	51799	26652	198661	472866
7791	2354	69606	37754	10709	13976	9280	26308	28130
97875	8688	949179	387109	11337	99342	6713	290447	532186
3612	1596	184101	4156		2587	299	150835	190143
44208	713	682401	507753	161552	54106	7066	134507	258014
		1343	1010	405	353		210	210
1299	37	17275	3904	1536	1838	37		
38368		307519	236794	102314	47577	5164	52680	175656
1583	87	274978	192902	49556	2755	1390	74114	70608
2957	590	81286	73143	7741	1584	475	7504	11540
141969	19955	3699537	1091132	204650	171750	49279	1889705	2733837
121071	11158	3369901	892556	176265	144261	33015	1785859	2540275
16845	5889	70620	42582	11656	16715	6890	25138	25431
4054	2909	259016	155994	16729	10774	9374	78708	168132
2258684	951305	37130350	14554622	2575004	2477801	1092974	12397103	16371370
439144	171128	3229607	1371522	296943	417042	189008	1131908	1620361
1139823	471892	15786985	7403006	1417354	1273280	554687	4424285	5925520
43398	7155	1085415	257718	29960	64629	4710	677115	642859
69706	10955	677887	283004	92861	35869	12901	177284	336864
566614	290176	16350457	5239373	737886	686981	331667	5986510	7845766
1093037	581993	21507913	8894002	1279036	1202838	625964	6281238	8877826
826180	345888	16043710	4272006	761556	869908	376122	6438811	8922417
22053	6502	940847	527418	113572	24436	7261	181263	282343
461857	188408	2052420	1188885	118646	475642	219119	545609	600677
2145896	827137	41894441	15634643	2900235	2398633	974936	14653418	20123075
1201823	439184	16380250	6446115	893172	1217356	481824	5317820	8147055
932124	384440	20601036	7423690	1433231	1055411	403003	7256119	9229825
461481	190032	6653315	2852864	665525	588377	304352	2549612	3278015
12325	1889	312261	100859	26954	13130	4876	75475	68857

8-5

类　别	累计折旧	#本年折旧	负债合计	流动负债合计	#应付账款
总　计	**7158306**	**966420**	**35328106**	**25348957**	**5783209**
一、按登记注册类型分组:					
内资企业	6374261	867635	32786058	23479407	5316431
国有企业	30435	5975	476665	369990	8696
中央企业					
地方企业	30435	5975	476665	369990	8696
集体企业	273090	11820	488672	485991	74547
股份合作企业					
联营企业			1624	1624	405
国有联营企业					
集体联营企业					
国有与集体联营企业					
其他联营企业			1624	1624	405
有限责任公司	2941857	420708	16427729	11605532	2285092
国有独资公司	498534	92888	1927824	1297635	243780
其他有限责任公司	2443323	327821	14499905	10307897	2041312
股份有限公司	892791	97334	2016297	1423309	349081
私营企业	2217123	327645	13085052	9438325	2569785
私营独资企业	5284	230	42591	35155	20485
私营合伙企业			8529		
私营有限责任公司	2205338	325515	12985994	9359782	2538776
私营股份有限公司	6501	1900	47938	43388	10525
其他企业	18965	4153	290019	154636	28826
港、澳、台商投资企业	585158	76812	2109701	1442562	434533
合资经营企业(港或澳、台资)	126983	18710	1052736	737197	259312
合作经营企业(港或澳、台资)	122976	11826	214336	92965	42084
港澳台商独资经营企业	241739	37645	504571	386617	59094
港澳台商投资股份有限公司	89424	8030	261804	182809	50131
其他港澳台商投资企业	4036	601	76254	42974	23912
外商投资企业	198887	21973	432347	426987	32246
中外合资经营企业	159580	15421	269148	269148	29890
中外合作经营企业					
外资企业	39308	6552	163199	157839	2356
外商投资股份有限公司					
其他外商投资企业					

续表2

单位：万元

非流动负债合计	所有者权益合计	#实收资本	国家资本	集体资本	法人资本	个人资本	港澳台资本	外商资本
9422366	**8618750**	**5634464**	**1930178**	**99550**	**1671745**	**1417397**	**334800**	**180795**
8749868	7616395	4919972	1930178	99424	1533845	1356525		
71477	246492	17734	14972			2762		
71477	246492	17734	14972			2762		
2680	19859	5241		493	1748	3000		
	-281	333	333					
	-281	333	333					
4689633	3152334	2419020	1251630	65005	767182	335203		
630189	1301783	607247	607247					
4059445	1850551	1811774	644383	65005	767182	335203		
413379	1353603	930531	663244	7026	162235	98026		
3437316	2859430	1545599		26900	601165	917533		
563	27015	7556			2500	5056		
	8746	520			520			
3432203	2800987	1517702		26900	596522	894280		
4550	22682	19821			1623	18197		
135383	-15042	1515			1515			
667139	572714	507672			112000	60872	334800	
315538	32679	263000			111000		152000	
121371	93183	60872				60872		
117954	444608	138200					138200	
78995	-2788	44600					44600	
33280	5032	1000			1000			
5359	429641	206821		126	25900			180795
	408739	142568		126	25900			116542
5359	20902	64253						64253

类　别	累计折旧	#本年折旧	负债合计	流动负债合计	#应付账款
二、按经济组织类型分组					
独资企业	589857	62222	1675698	1435592	165176
国有企业	30435	5975	476665	369990	8696
集体企业	273090	11820	488672	485991	74547
私营独资企业	5284	230	42591	35155	20485
港澳台商独资经营企业	241739	37645	504571	386617	59094
外资企业	39308	6552	163199	157839	2356
合作、合伙企业	145977	16580	590763	292199	95227
股份合作企业					
国有联营企业					
集体联营企业					
国有与集体联营企业					
其他联营企业			1624	1624	405
私营合伙企业			8529		
合作经营企业(港或澳、台资)	122976	11826	214336	92965	42084
中外合作经营企业					
其他企业(内资)	18965	4153	290019	154636	28826
其他港澳台商投资企业	4036	601	76254	42974	23912
其他外商投资企业					
股份有限公司	988715	107264	2326039	1649505	409738
股份有限公司(内资)	892791	97334	2016297	1423309	349081
私营股份有限公司	6501	1900	47938	43388	10525
港澳台商投资股份有限公司	89424	8030	261804	182809	50131
外商投资股份有限公司					
有限责任公司	5433757	780354	30735606	21971660	5113069
国有独资公司	498534	92888	1927824	1297635	243780
私营有限责任公司	2205338	325515	12985994	9359782	2538776
合资经营企业(港或澳、台资)	126983	18710	1052736	737197	259312
中外合资经营企业	159580	15421	269148	269148	29890
其他有限责任公司	2443323	327821	14499905	10307897	2041312
三、在总计中:亏损企业	3407259	328790	20345146	13962333	3169433
在总计中:国有控股企业	2874459	329184	12116371	8461440	1639019
在总计中:农村工业	101114	15139	648999	471096	59763
在总计中:轻工业	122392	31576	922715	760570	131539
重工业	7035914	934844	34405391	24588387	5651671
在总计中:大型企业	3335284	371221	11998126	7972329	1933430
中型企业	2879904	460037	17996367	13544174	2877553
小型企业	932479	133181	5065306	3654700	930015
微型企业	10639	1982	268306	177753	42211

续表3

单位：万元

非流动负债合计	所有者权益合计	#实收资本	国家资本	集体资本	法人资本	个人资本	港澳台资本	外商资本
198033	758875	232983	14972	493	4248	10818	138200	64253
71477	246492	17734	14972			2762		
2680	19859	5241		493	1748	3000		
563	27015	7556			2500	5056		
117954	444608	138200					138200	
5359	20902	64253						64253
290034	91638	64239	333		3035	60872		
	-281	333	333					
	8746	520			520			
121371	93183	60872				60872		
135383	-15042	1515			1515			
33280	5032	1000			1000			
496924	1373498	994952	663244	7026	163858	116224	44600	
413379	1353603	930531	663244	7026	162235	98026		
4550	22682	19821			1623	18197		
78995	-2788	44600					44600	
8437375	6394739	4342291	1251630	92031	1500604	1229483	152000	116542
630189	1301783	607247	607247					
3432203	2800987	1517702		26900	596522	894280		
315538	32679	263000			111000		152000	
	408739	142568		126	25900			116542
4059445	1850551	1811774	644383	65005	767182	335203		
6055640	1162765	2159594	418968	61661	789391	678422	122600	88553
3408821	3927338	2688200	1868978	10591	637895	96736	74000	
177903	291848	158298		36	74262	8000		76000
119672	1129705	251748	96768	10126	28199	116613		42
9302694	7489045	5382717	1833410	89424	1643546	1300784	334800	180753
4025797	4382124	2309419	1486299	10000	331387	365234		116500
4325687	2604667	2196286	388386	56047	857183	495618	334800	64253
994371	1588004	1088291	50511	33503	473438	530798		42
76512	43955	40468	4983		9737	25748		

8-5

类　　别	营业收入	#主营业务收入	营业成本	#主营业务成本	营业税金及附加
总　　计	**15199868**	**14936073**	**12186854**	**11955113**	**405491**
一、按登记注册类型分组:					
内资企业	13805218	13577546	10996498	10797306	385810
国有企业	55099	55078	42934	42933	1930
中央企业					
地方企业	55099	55078	42934	42933	1930
集体企业	218623	208533	149843	140695	14908
股份合作企业					
联营企业	6543	6543	7090	7090	45
国有联营企业					
集体联营企业					
国有与集体联营企业					
其他联营企业	6543	6543	7090	7090	45
有限责任公司	6611592	6492524	5151483	5024978	261859
国有独资公司	2241179	2215900	1772433	1728934	116436
其他有限责任公司	4370413	4276624	3379050	3296043	145423
股份有限公司	1002995	990289	587934	578805	33577
私营企业	5882061	5796274	5037846	4983438	71213
私营独资企业	79996	79996	74040	74040	878
私营合伙企业	62139	62139	61010	61010	221
私营有限责任公司	5695859	5610116	4867711	4813305	68999
私营股份有限公司	44067	44023	35085	35084	1115
其他企业	28305	28305	19367	19367	2277
港、澳、台商投资企业	1130062	1125261	1001860	1000247	6734
合资经营企业(港或澳、台资)	340057	338680	299612	298936	3260
合作经营企业(港或澳、台资)	221580	221580	220942	220942	
港澳台商独资经营企业	493133	489709	419719	418782	3305
港澳台商投资股份有限公司	46038	46038	38325	38325	22
其他港澳台商投资企业	29255	29255	23262	23262	147
外商投资企业	264587	233266	188495	157560	12948
中外合资经营企业	237147	205845	161719	130790	12773
中外合作经营企业					
外资企业	27440	27421	26777	26771	175
外商投资股份有限公司					
其他外商投资企业					

续表4

#主营业务税金及附加	其他业务收入	其他业务利润	销售费用	管理费用	#税金	财务费用	#利息收入	#利息支出
387211	**263795**	**138**	**678170**	**893996**	**49264**	**906574**	**21234**	**833418**
367530	227672	-3062	651823	847447	45623	867664	12436	788191
1930	21		7762	10688	90	1079	32	1125
1930	21		7762	10688	90	1079	32	1125
14869	10090		24688	29850	797	15597	614	14776
45				26				
45				26				
252933	119068	-4227	240779	478942	26821	540081	8462	501678
107553	25279	-9223	107020	157439	7464	33774	4247	37988
145380	93789	4996	133759	321503	19358	506307	4215	463690
33373	12707	3527	173256	61321	1876	49200	2272	51819
62103	85787	-2363	205198	260631	16040	233522	1061	190760
878			1905	1394	50	987	1	59
221			211	229		189		
59889	85743	-2406	200393	257294	15958	229844	975	188821
1115	44	43	2689	1714	32	2502	85	1879
2277			140	5989		28185	-3	28034
6734	4801	3188	20013	23745	2528	32723	8983	38907
3260	1377	701	15427	12463	518	11111	196	11307
			136	141		315		315
3305	3424	2487	166	7358	1773	9658	8801	15632
22			3274	3372	201	8936		8936
147			1011	412	36	2703	-14	2717
12948	31321	13	6333	22804	1113	6187	-185	6320
12773	31303		5744	15896	670	363	-186	503
175	19	13	589	6909	443	5824	1	5817

8-5

类　别	营业收入	#主营业务收入	营业成本	#主营业务成本	营业税金及附加
二、按经济组织类型分组					
独资企业	874291	860737	713313	703220	21196
国有企业	55099	55078	42934	42933	1930
集体企业	218623	208533	149843	140695	14908
私营独资企业	79996	79996	74040	74040	878
港澳台商独资经营企业	493133	489709	419719	418782	3305
外资企业	27440	27421	26777	26771	175
合作、合伙企业	347822	347822	331672	331672	2690
股份合作企业					
国有联营企业					
集体联营企业					
国有与集体联营企业					
其他联营企业	6543	6543	7090	7090	45
私营合伙企业	62139	62139	61010	61010	221
合作经营企业(港或澳、台资)	221580	221580	220942	220942	
中外合作经营企业					
其他企业(内资)	28305	28305	19367	19367	2277
其他港澳台商投资企业	29255	29255	23262	23262	147
其他外商投资企业					
股份有限公司	1093100	1080350	661344	652214	34714
股份有限公司(内资)	1002995	990289	587934	578805	33577
私营股份有限公司	44067	44023	35085	35084	1115
港澳台商投资股份有限公司	46038	46038	38325	38325	22
外商投资股份有限公司					
有限责任公司	12884655	12647165	10480525	10268008	346890
国有独资公司	2241179	2215900	1772433	1728934	116436
私营有限责任公司	5695859	5610116	4867711	4813305	68999
合资经营企业(港或澳、台资)	340057	338680	299612	298936	3260
中外合资经营企业	237147	205845	161719	130790	12773
其他有限责任公司	4370413	4276624	3379050	3296043	145423
三、在总计中:亏损企业	4112542	3994113	3538170	3410150	118181
在总计中:国有控股企业	5333829	5236827	3964603	3859318	239616
在总计中:农村工业	133094	132883	83882	83747	8281
在总计中:轻工业	2558582	2553718	2050874	2050562	105974
重工业	12641286	12382356	10135979	9904551	299516
在总计中:大型企业	6798858	6656483	5166702	5024875	233943
中型企业	4909030	4801292	3943679	3861689	133054
小型企业	3336150	3327612	2935503	2931509	36056
微型企业	155830	150688	140970	137040	2437

续表5

#主营业务税金及附加	其他业务收入	其他业务利润	销售费用	管理费用	#税金	财务费用	#利息收入	#利息支出
21157	13554	2500	35110	56198	3152	33144	9448	37408
1930	21		7762	10688	90	1079	32	1125
14869	10090		24688	29850	797	15597	614	14776
878			1905	1394	50	987	1	59
3305	3424	2487	166	7358	1773	9658	8801	15632
175	19	13	589	6909	443	5824	1	5817
2690			1497	6797	36	31392	-17	31066
45				26				
221			211	229		189		
			136	141		315		315
2277			140	5989		28185	-3	28034
147			1011	412	36	2703	-14	2717
34511	12751	3570	179219	66407	2108	60639	2356	62635
33373	12707	3527	173256	61321	1876	49200	2272	51819
1115	44	43	2689	1714	32	2502	85	1879
22			3274	3372	201	8936		8936
328854	237490	-5932	462344	764594	43968	781399	9447	702309
107553	25279	-9223	107020	157439	7464	33774	4247	37988
59889	85743	-2406	200393	257294	15958	229844	975	188821
3260	1377	701	15427	12463	518	11111	196	11307
12773	31303		5744	15896	670	363	-186	503
145380	93789	4996	133759	321503	19358	506307	4215	463690
100205	118429	-14769	197781	369361	21785	567899	5561	531812
230516	97002	-3070	361872	397726	17436	246030	9685	235240
8281	210		4551	20085	342	36855	-13	36814
105942	4864	341	113620	108533	4357	18257	4245	17567
281269	258930	-203	564550	785463	44908	888317	16989	815851
225053	142375	-4449	405445	441682	23810	234822	7271	215437
132892	107738	5534	143246	339207	20628	561634	12846	525089
26859	8539	-947	126763	110941	4809	106425	887	91016
2407	5142		2716	2166	17	3694	231	1876

8-5

类　　别	营业利润	资产减值损失	公允价值变动收益	投资收益	营业外收入	政府补助
总　　计	**112524**	**25094**	**-90**	**9077**	**55309**	**13859**
一、按登记注册类型分组:						
内资企业	39943	25047	-90	9256	50885	11952
国有企业	-9294				117	34
中央企业						
地方企业	-9294				117	34
集体企业	-15879	-93	291		140	
股份合作企业						
联营企业	-619					
国有联营企业						
集体联营企业						
国有与集体联营企业						
其他联营企业	-619					
有限责任公司	-72767	21302	-486	10576	18380	7536
国有独资公司	51537	6554	-293	4309	5970	2958
其他有限责任公司	-124305	14748	-193	6267	12410	4578
股份有限公司	93952	1583		-2022	13574	1424
私营企业	72204	2254	106	702	18671	2958
私营独资企业	792	1				
私营合伙企业	280					
私营有限责任公司	70176	2248	106	702	18562	2958
私营股份有限公司	956	5			109	
其他企业	-27654				5	
港、澳、台商投资企业	44595			-392	4402	1825
合资经营企业(港或澳、台资)	-1815				1049	1000
合作经营企业(港或澳、台资)	46					
港澳台商独资经营企业	52519			-407	2473	
港澳台商投资股份有限公司	-7875			16	880	825
其他港澳台商投资企业	1720					
外商投资企业	27985	48		213	22	83
中外合资经营企业	40867			213		
中外合作经营企业						
外资企业	-12881	48			22	83
外商投资股份有限公司						
其他外商投资企业						

续表6

单位：万元

营业外支出	利润总额	所得税费用	亏损企业亏损总额	利税总额	应交税金及附加	本年应付职工薪酬	本年应交增值税	从业人员平均人数(人)
53249	**114583**	**152430**	**684636**	**1170360**	**1257471**	**1049385**	**650286**	**197871**
48889	41940	125160	647210	1015063	1143906	978942	587313	186996
1363	-10541	235	12123	-7390	3474	12398	1220	2713
1363	-10541	235	12123	-7390	3474	12398	1220	2713
594	-16333	65	16426	17551	34745	55005	18976	6973
	-619		619	-573	45	38		16
	-619		619	-573	45	38		16
25791	-80179	69719	411774	512717	689436	584753	331036	105328
3634	53874	33392	31548	280900	267882	154012	110590	26095
22157	-134052	36327	380226	231816	421554	430741	220446	79233
6765	100760	18094	10241	197785	116995	88713	63447	9703
14205	76670	37047	168053	316905	293322	234221	169022	61629
0	791		481	2630	1889	1212	961	447
	280			805	525	261	305	70
14132	74606	37047	167478	310993	289392	230988	167388	60579
72	993		95	2476	1515	1761	368	533
170	-27820		27974	-21930	5890	3813	3613	634
3636	45362	16492	19553	91068	64727	32295	38973	4596
1593	-2360	3345	12550	7631	13853	14919	6731	1617
	46			1115	1069	7127	1069	1272
1696	53296	13148		86645	48270	8045	30045	805
8	-7003		7003	-6771	433	1537	210	800
338	1382			2448	1102	667	919	102
725	27282	10777	17873	64229	48838	38147	23999	6279
590	40277	10775	4878	75344	46513	32068	22295	5617
135	-12994	3	12994	-11115	2325	6079	1705	662

8-5

类　别	营业利润	资产减值损失	公允价值变动收益	投资收益	营业外收入	政府补助
二、按经济组织类型分组						
独资企业	15257	-44	291	-407	2751	117
国有企业	-9294				117	34
集体企业	-15879	-93	291		140	
私营独资企业	792	1				
港澳台商独资经营企业	52519			-407	2473	
外资企业	-12881	48			22	83
合作、合伙企业	-26227				5	
股份合作企业						
国有联营企业						
集体联营企业						
国有与集体联营企业						
其他联营企业	-619					
私营合伙企业	280					
合作经营企业(港或澳、台资)	46					
中外合作经营企业						
其他企业(内资)	-27654				5	
其他港澳台商投资企业	1720					
其他外商投资企业						
股份有限公司	87033	1588		-2006	14563	2249
股份有限公司(内资)	93952	1583		-2022	13574	1424
私营股份有限公司	956	5			109	
港澳台商投资股份有限公司	-7875			16	880	825
外商投资股份有限公司						
有限责任公司	36461	23550	-380	11491	37990	11494
国有独资公司	51537	6554	-293	4309	5970	2958
私营有限责任公司	70176	2248	106	702	18562	2958
合资经营企业(港或澳、台资)	-1815				1049	1000
中外合资经营企业	40867			213		
其他有限责任公司	-124305	14748	-193	6267	12410	4578
三、在总计中:亏损企业	-680526	9134	-339	7800	21270	5977
在总计中:国有控股企业	117583	16636	-293	10679	27972	9524
在总计中:农村工业	-20460			100	76	3
在总计中:轻工业	160955	3320	152	2802	4361	1162
重工业	-48432	21774	-242	6275	50948	12697
在总计中:大型企业	308645	15793	-147	8321	17858	7858
中型企业	-219491	8291	-49	641	13032	2351
小型企业	19535	999	106	116	24307	3595
微型企业	3835	12			112	55

续表7

单位：万元

营业外支出	利润总额	所得税费用	亏损企业亏损总额	利税总额	应交税金及附加	本年应付职工薪酬	本年应交增值税	从业人员平均人数（人）
3789	14219	13450	42024	88321	90704	82739	52906	11600
1363	-10541	235	12123	-7390	3474	12398	1220	2713
594	-16333	65	16426	17551	34745	55005	18976	6973
0	791		481	2630	1889	1212	961	447
1696	53296	13148		86645	48270	8045	30045	805
135	-12994	3	12994	-11115	2325	6079	1705	662
508	-26730		28593	-18135	8631	11906	5905	2094
	-619		619	-573	45	38		16
	280			805	525	261	305	70
	46			1115	1069	7127	1069	1272
170	-27820		27974	-21930	5890	3813	3613	634
338	1382			2448	1102	667	919	102
6845	94750	18094	17339	193490	118942	92011	64026	11036
6765	100760	18094	10241	197785	116995	88713	63447	9703
72	993		95	2476	1515	1761	368	533
8	-7003		7003	-6771	433	1537	210	800
42106	32345	120886	596680	906684	1039194	862729	527449	173141
3634	53874	33392	31548	280900	267882	154012	110590	26095
14132	74606	37047	167478	310993	289392	230988	167388	60579
1593	-2360	3345	12550	7631	13853	14919	6731	1617
590	40277	10775	4878	75344	46513	32068	22295	5617
22157	-134052	36327	380226	231816	421554	430741	220446	79233
25380	-684636	-1885	684636	-391677	312859	518385	174777	95687
24375	121180	70185	143036	659820	626261	525207	299023	80614
641	-21025	3631	35709	2799	27797	17065	15543	3521
3396	161921	34017	1319	338952	215405	93030	71058	26039
49853	-47337	118413	683317	831408	1042066	956355	579229	171832
17396	309108	96896	113580	872889	684487	540739	329838	94038
27512	-233973	43437	487550	151427	449465	417418	252346	77235
8316	35526	12064	81578	137628	118976	89987	66046	25863
25	3922	33	1928	8415	4544	1241	2056	735

8-6 工业企业主要经济

行 业	企业单位数(个)	#亏损企业	工业总产值(当年价格)	工业销售产值(当年价格)	#出口交货值
总 计	**448**	**174**	**13973062**	**13713751**	**86013**
采矿业	**211**	**94**	**5997917**	**5922868**	**9248**
煤炭开采和洗选业	197	89	5561389	5474993	9248
烟煤和无烟煤开采洗选	197	89	5561389	5474993	9248
石油和天然气开采业					
黑色金属矿采选业	3	1	327497	337830	
铁矿采选	3	1	327497	337830	
有色金属矿采选业	9	4	109032	110046	
常用有色金属矿采选	9	4	109032	110046	
铝矿采选	9	4	109032	110046	
非金属矿采选业	2				
土砂石开采	2				
粘土及其他土砂石开采	2				
开采辅助活动					
其他采矿业					
制造业	**221**	**72**	**7598686**	**7418066**	**76765**
农副食品加工业	33	2	969089	943372	6223
谷物磨制	1		4340	4340	
饲料加工	2		577692	577527	
植物油加工	2		5375	5013	
非食用植物油加工	2		5375	5013	
屠宰及肉类加工	6	1	190853	174745	
禽类屠宰	2		102667	86360	
肉制品及副产品加工	4	1	88187	88385	
蔬菜、水果和坚果加工	18	1	145050	134312	6221
水果和坚果加工	18	1	145050	134312	6221
其他农副食品加工	4		45779	47436	2
淀粉及淀粉制品制造	1				
其他未列明农副食品加工	3		45779	47436	2
食品制造业	8		24956	25646	
糖果、巧克力及蜜饯制造	1		4440	4440	
蜜饯制作	1		4440	4440	
方便食品制造	4		8460	8670	
米、面制品制造	3		6044	5854	
方便面及其他方便食品制造	1		2416	2815	
调味品、发酵制品制造	3		12056	12536	
酱油、食醋及类似制品制造	1		7000	7000	
其他调味品、发酵制品制造	2		5056	5536	
酒、饮料和精制茶制造业	14	1	605940	578443	2569
酒的制造	9	1	589337	562901	2569
白酒制造	9	1	589337	562901	2569
饮料制造	5		16603	15542	
果菜汁及果菜汁饮料制造	4		11552	11109	
含乳饮料和植物蛋白饮料制造	1		5051	4433	
烟草制品业					
纺织业					
纺织服装、服饰业					
皮革、毛皮、羽毛及其制品和制鞋业					
木材加工和木、竹、藤、棕、草制品业	1				
木制品制造	1				
建筑用木料及木材组件加工	1				

指标(大中小类行业)(2016年)

年初存货	#产成品	资产总计	流动资产合计	应收账款	存货	#产成品	固定资产合计	固定资产原价
2607753	**1015545**	**43946861**	**16823527**	**3018881**	**2874275**	**1194055**	**15199027**	**20723751**
692596	**268023**	**23319068**	**8208867**	**1491376**	**760400**	**328996**	**7207735**	**10308532**
635778	234645	21792702	7876109	1351025	729871	317903	6495027	9505865
635778	234645	21792702	7876109	1351025	729871	317903	6495027	9505865
50091	29795	1295377	237738	125136	20067	4356	686106	766602
50091	29795	1295377	237738	125136	20067	4356	686106	766602
5837	3583	203100	88361	11816	8799	6736	21654	30592
5837	3583	203100	88361	11816	8799	6736	21654	30592
5837	3583	203100	88361	11816	8799	6736	21654	30592
891		27890	6659	3399	1663		4948	5474
891		27890	6659	3399	1663		4948	5474
891		27890	6659	3399	1663		4948	5474
1897782	**746762**	**18678063**	**8269183**	**1449872**	**2095278**	**864885**	**6621148**	**8667629**
100269	53814	578821	273223	66655	122205	64535	254854	277287
789	20	4319	1638	258	892	22	2499	2829
19434	11358	114761	36383	1881	25019	14750	56544	81575
209	58	12256	5524	530	971	819	6732	206
209	58	12256	5524	530	971	819	6732	206
22102	7749	132307	64279	16675	24659	11181	54506	60483
10937	4087	55445	21692	2285	11120	3713	29885	32051
11165	3662	76863	42587	14390	13539	7468	24620	28432
40913	25582	239662	134064	37026	61378	29809	91143	92651
40913	25582	239662	134064	37026	61378	29809	91143	92651
16822	9047	75516	31335	10285	9286	7955	43429	39543
370	370	1202	972	542	335	335	231	231
16452	8677	74313	30363	9743	8951	7620	43198	39313
9365	3352	52425	23424	7590	8594	4374	22586	20987
1155	1155	4837	2729	627	1155	1100	2021	1534
1155	1155	4837	2729	627	1155	1100	2021	1534
4135	1743	18324	9776	3053	3522	1785	8405	9784
3267	1743	14302	7471	2477	3522	1785	6688	8663
868		4023	2305	576			1717	1121
4075	454	29264	10919	3910	3918	1489	12159	9669
981	454	10412	2506	467	914	432	7906	8010
3094		18851	8412	3443	3004	1056	4253	1659
334557	122306	1273284	817674	23690	325075	140574	199125	208772
329967	120580	1235339	799022	21786	319256	137327	180245	189811
329967	120580	1235339	799022	21786	319256	137327	180245	189811
4591	1726	37945	18651	1905	5819	3248	18880	18961
3802	1726	30615	15650	1334	4511	1940	14870	13030
789		7331	3002	571	1308	1308	4010	5932
91	91	815	750	160	495	495	24	45
91	91	815	750	160	495	495	24	45
91	91	815	750	160	495	495	24	45

8-6

行　　业	企　业 单位数 (个)	#亏损企业	工业总产值 (当年价格)	工业销售产值 (当年价格)	#出口 交货值
家具制造业					
造纸和纸制品业					
印刷和记录媒介复制业	1		12982	13522	
印刷	1		12982	13522	
书、报刊印刷	1		12982	13522	
文教、工美、体育和娱乐用品制造业					
石油加工、炼焦和核燃料加工业	31	19	2065646	2008693	
炼焦	31	19	2065646	2008693	
化学原料和化学制品制造业	25	7	401184	374372	31688
基础化学原料制造	15	3	276189	249215	30911
无机酸制造	1		7903	7903	
无机碱制造	3	1	81259	59133	
无机盐制造	5		64716	63482	30911
有机化学原料制造	5	2	78725	75111	
其他基础化学原料制造	1		43587	43587	
肥料制造	3		24013	19796	8
氮肥制造	1		19273	14560	
有机肥料及微生物肥料制造	2		4740	5236	8
涂料、油墨、颜料及类似产品制造	3	2	27618	33810	
涂料制造	1		4170	4026	
油墨及类似产品制造	2	2	23448	29784	
合成材料制造	1	1	6708	6218	769
初级形态塑料及合成树脂制造	1	1	6708	6218	769
专用化学产品制造	2	1	34092	35572	
化学试剂和助剂制造	1	1	34092	35572	
林产化学产品制造	1				
炸药、火工及焰火产品制造	1		32565	29761	
炸药及火工产品制造	1		32565	29761	
医药制造业	4	1	27508	22657	4753
化学药品原料药制造	1		21499	16517	4753
中药饮片加工	1				
中成药生产	2	1	6009	6140	
化学纤维制造业					
橡胶和塑料制品业	4	2	20667	21691	
塑料制品业	4	2	20667	21691	
塑料丝、绳及编织品制造	3	1	14839	15863	
其他塑料制品制造	1	1	5828	5828	
非金属矿物制品业	46	15	378778	374709	
水泥、石灰和石膏制造	11	6	99233	99445	
水泥制造	10	6	93211	93402	
石灰和石膏制造	1		6022	6043	
石膏、水泥制品及类似制品制造	1		14901	14901	
水泥制品制造	1		14901	14901	
玻璃制造	1	1	68267	71270	
平板玻璃制造	1	1	68267	71270	
玻璃制品制造	3		29723	27412	
技术玻璃制品制造	1		22777	20515	
玻璃包装容器制造	2		6946	6897	
耐火材料制品制造	30	8	166654	161681	
耐火陶瓷制品及其他耐火材料制造	30	8	166654	161681	
黑色金属冶炼和压延加工业	24	11	998430	1022330	17902

续表1

年初存货	#产成品	资产总计	流动资产合计	应收账款	存　货	#产成品	固定资产合计	固定资产原价
2166	1361	13299	7686	2329	1999	1384	4585	14056
2166	1361	13299	7686	2329	1999	1384	4585	14056
2166	1361	13299	7686	2329	1999	1384	4585	14056
456550	180411	8019337	4193640	882917	601851	283528	1813683	2711578
456550	180411	8019337	4193640	882917	601851	283528	1813683	2711578
93850	33764	873836	321921	49778	117838	38665	285780	449298
74416	25058	635421	215071	16916	92611	25305	169579	297623
1563		7960	2679	476			2617	4179
18881	4687	125169	64653	6277	31471	6559	59360	84398
7296	3305	51819	21880	5902	6583	4079	23803	28292
43406	16697	395793	111063	11496	42483	14274	46639	124219
3270	370	54679	14797	-7234	12075	393	37160	56536
4859	3157	72470	22499	2021	10591	7930	49200	59195
3203	2531	55930	10531	-167	7872	7268	44634	53472
1656	626	16540	11968	2188	2718	662	4566	5723
7421	1884	57372	35415	11206	7375	1890	20763	20960
519	119	4262	3797	2773	460	124	465	1022
6902	1766	53111	31618	8433	6915	1766	20298	19938
1037		39096	3466	1152	1557	1054	32133	35016
1037		39096	3466	1152	1557	1054	32133	35016
4510	2725	34192	21903	5053	3847	1176	4463	5691
3595	2602	29605	17480	1401	3597	1121	4307	5226
915	123	4587	4423	3652	250	55	156	465
1608	939	35284	23567	13431	1858	1310	9641	30814
1608	939	35284	23567	13431	1858	1310	9641	30814
4511	3551	50043	19918	3258	4744	3465	29326	30897
1240	938	27965	10026	1471	2079	1527	17940	19097
394		2654	1340	419	469		1314	1775
2878	2612	19424	8552	1368	2196	1938	10072	10024
3584	1572	18147	13453	4005	5164	1821	3964	9056
3584	1572	18147	13453	4005	5164	1821	3964	9056
2610	1572	12447	10376	3123	3186	1135	1926	5422
975		5699	3077	882	1978	686	2038	3634
81381	26282	972405	325256	66142	93864	35031	576789	687353
17956	3535	482889	90600	26644	16955	2946	335581	454988
17210	3311	464710	86293	24990	16139	2581	322724	437901
746	225	18179	4307	1653	817	365	12857	17088
960	471	11014	5131	2853	1409	1134	5883	10298
960	471	11014	5131	2853	1409	1134	5883	10298
21945	13067	281870	118728	10718	24751	11682	163142	119926
21945	13067	281870	118728	10718	24751	11682	163142	119926
11545	4879	45600	24024	2986	11987	2262	16485	26165
9074	2739	32007	16900	362	8577	51	10082	13232
2471	2141	13592	7123	2624	3410	2211	6402	12934
28975	4329	151032	86774	22941	38762	17009	55698	75975
28975	4329	151032	86774	22941	38762	17009	55698	75975
487205	249248	2637540	936073	77945	416955	171045	1147877	1767760

8-6

行　业	企　业单位数(个)	#亏损企业	工业总产值(当年价格)	工业销售产值(当年价格)	#出口交货值
炼铁	12	7	187747	181570	3142
炼钢	2	1	13150	30129	
黑色金属铸造	7	3	81565	79906	2270
钢压延加工	1		538255	532872	
铁合金冶炼	2		177713	197853	12490
有色金属冶炼和压延加工业	13	5	1803295	1774217	
常用有色金属冶炼	9	3	1785515	1755476	
铝冶炼	6	1	1758274	1729311	
镁冶炼	3	2	27241	26166	
稀有稀土金属冶炼	3	1	14047	15062	
稀土金属冶炼	3	1	14047	15062	
有色金属压延加工	1	1	3734	3679	
稀有稀土金属压延加工	1	1	3734	3679	
金属制品业	8	5	50111	47354	
结构性金属制品制造	6	4	39494	36569	
金属结构制造	6	4	39494	36569	
金属丝绳及其制品制造	1	1	4252	4419	
建筑、安全用金属制品制造	1		6365	6365	
其他建筑、安全用金属制品制造	1		6365	6365	
通用设备制造业	3	1	7370	7304	1295
锅炉及原动设备制造	1		2621	2614	1295
锅炉及辅助设备制造	1		2621	2614	1295
金属加工机械制造	1		2516	2507	
其他金属加工机械制造	1		2516	2507	
通用零部件制造	1	1	2233	2183	
机械零部件加工	1	1	2233	2183	
专用设备制造业	4	2	18603	18037	
采矿、冶金、建筑专用设备制造	4	2	18603	18037	
矿山机械制造	3	1	15490	15009	
建筑工程用机械制造	1	1	3113	3028	
汽车制造业					
铁路、船舶、航空航天和其他运输设备制造业					
电气机械和器材制造业	2	1	214128	185721	12335
输配电及控制设备制造	1		196128	172760	12335
光伏设备及元器件制造	1		196128	172760	12335
电线、电缆、光缆及电工器材制造	1	1	18000	12961	
电线、电缆制造	1	1	18000	12961	
计算机、通信和其他电子设备制造业					
仪器仪表制造业					
其他制造业					
废弃资源综合利用业					
金属制品、机械和设备修理业					
电力、热力、燃气及水生产和供应业	**16**	**8**	**376459**	**372817**	
电力、热力生产和供应业	10	6	303264	301288	
电力生产	9	5	289333	287356	
火力发电	8	5	283818	281841	
太阳能发电	1		5515	5515	
热力生产和供应	1	1	13931	13931	
燃气生产和供应业	5	1	70463	68798	
水的生产和供应业	1	1	2732	2732	
自来水生产和供应	1	1	2732	2732	

续表2

年初存货	#产成品	资产总计	流动资产合计				固定资产合计	固定资产原价
				应收账款	存货	#产成品		
63321	32817	488630	181906	28863	74190	35737	275891	424519
154867	134179	542076	184596	852	122742	100792	225172	379155
68607	60041	253260	123683	21025	26992	16254	71463	48531
170664	1529	1142335	311537		167139	1456	504291	803460
29746	20682	211239	134352	27205	25893	16806	71060	112097
262649	31712	3582175	918878	37776	310602	60504	2129960	2296632
249334	27791	3537653	889651	28195	298979	51187	2123166	2279933
242623	27279	3492531	857003	18467	291761	50038	2110693	2247627
6712	512	45122	32648	9729	7218	1149	12473	32305
12500	3553	34966	22376	9361	10823	8969	4487	13248
12500	3553	34966	22376	9361	10823	8969	4487	13248
815	367	9557	6850	219	800	349	2307	3451
815	367	9557	6850	219	800	349	2307	3451
14327	7795	109569	83169	36841	16426	9387	24985	31674
12429	6855	89999	71669	30212	13207	8505	17575	20657
12429	6855	89999	71669	30212	13207	8505	17575	20657
78	37	6046	4648	3818	122	67	738	1214
1820	904	13524	6852	2811	3098	815	6672	9803
1820	904	13524	6852	2811	3098	815	6672	9803
2843	2141	25899	11272	6005	2339	1534	11482	18048
184	58	4992	2709	1970	438	180	2276	4204
184	58	4992	2709	1970	438	180	2276	4204
2317	2083	17891	6411	2794	1754	1316	8342	10450
2317	2083	17891	6411	2794	1754	1316	8342	10450
342		3016	2152	1242	147	38	864	3394
342		3016	2152	1242	147	38	864	3394
14315	7397	50091	32198	12209	13485	7517	15134	25435
14315	7397	50091	32198	12209	13485	7517	15134	25435
8656	6403	34491	22657	12404	8604	6523	9649	19651
5659	994	15600	9541	-195	4881	994	5485	5784
30117	21966	420376	290650	172573	53640	41027	100996	118752
25326	18223	399879	283454	171922	48101	41027	97110	111027
25326	18223	399879	283454	171922	48101	41027	97110	111027
4791	3744	20498	7197	652	5539		3885	7725
4791	3744	20498	7197	652	5539		3885	7725
17374	**760**	**1949731**	**345478**	**77633**	**18598**	**175**	**1370144**	**1747590**
12831	177	1814321	302860	72138	17002	175	1344027	1714966
12831	177	1745933	286772	67807	17002	175	1312810	1677435
12831	177	1691357	276651	59986	17002	175	1278892	1641182
		54577	10121	7821			33918	36252
		68387	16088	4331			31217	37531
4421	583	127527	41272	5082	1335		20187	21474
122		7884	1346	413	262		5931	11151
122		7884	1346	413	262		5931	11151

8-6

行　业	累计折旧	#本年折旧	负债合计	流动负债合计	应付账款
总　计	**7158306**	**966420**	**35328106**	**25348957**	**5783209**
采矿业	**3562592**	**436007**	**18853473**	**13967538**	**2161848**
煤炭开采和洗选业	3470684	368486	17757298	13208522	2067123
烟煤和无烟煤开采洗选	3470684	368486	17757298	13208522	2067123
石油和天然气开采业					
黑色金属矿采选业	80521	63759	884947	557980	68539
铁矿采选	80521	63759	884947	557980	68539
有色金属矿采选业	10851	3547	185523	175333	25099
常用有色金属矿采选	10851	3547	185523	175333	25099
铝矿采选	10851	3547	185523	175333	25099
非金属矿采选业	537	216	25705	25703	1087
土砂石开采	537	216	25705	25703	1087
粘土及其他土砂石开采	537	216	25705	25703	1087
开采辅助活动					
其他采矿业					
制造业	**3175373**	**481601**	**14876206**	**10729778**	**3374119**
农副食品加工业	57820	14523	259484	240240	27753
谷物磨制	330	48	1030	932	150
饲料加工	25140	6611	83689	82204	11998
植物油加工	80		7336	1037	292
非食用植物油加工	80		7336	1037	292
屠宰及肉类加工	11769	2818	54010	49774	5136
禽类屠宰	4783	985	28523	26418	1514
肉制品及副产品加工	6987	1833	25487	23356	3622
蔬菜、水果和坚果加工	10713	2658	88670	84425	9483
水果和坚果加工	10713	2658	88670	84425	9483
其他农副食品加工	9788	2388	24750	21868	694
淀粉及淀粉制品制造			1002	671	571
其他未列明农副食品加工	9788	2388	23748	21198	123
食品制造业	3730	403	10711	7732	773
糖果、巧克力及蜜饯制造	178		1147	1147	44
蜜饯制作	178		1147	1147	44
方便食品制造	2398	270	4455	4197	450
米、面制品制造	2021	216	3740	3534	419
方便面及其他方便食品制造	376	54	715	663	30
调味品、发酵制品制造	1154	133	5108	2388	280
酱油、食醋及类似制品制造	208	60	1230	1230	222
其他调味品、发酵制品制造	947	73	3879	1158	58
酒、饮料和精制茶制造业	22506	10983	567888	433939	81812
酒的制造	18960	10085	556708	423739	79224
白酒制造	18960	10085	556708	423739	79224
饮料制造	3546	899	11179	10200	2589
果菜汁及果菜汁饮料制造	1624	698	9118	8680	2496
含乳饮料和植物蛋白饮料制造	1922	201	2062	1521	93
烟草制品业					
纺织业					
纺织服装、服饰业					
皮革、毛皮、羽毛及其制品和制鞋业					
木材加工和木、竹、藤、棕、草制品业	21	21	110	110	99
木制品制造	21	21	110	110	99
建筑用木料及木材组件加工	21	21	110	110	99

续表3

单位：万元

非流动负债合计	所有者权益合计	#实收资本	国家资本	集体资本	法人资本	个人资本	港澳台资本	外商资本
9422366	**8618750**	**5634464**	**1930178**	**99550**	**1671745**	**1417397**	**334800**	**180795**
4613601	**4465593**	**2823708**	**1571669**	**53361**	**660392**	**421787**		**116500**
4276593	4035402	2379966	1168226	51561	648992	394687		116500
4276593	4035402	2379966	1168226	51561	648992	394687		116500
326966	410430	408000	400000	1800	1200	5000		
326966	410430	408000	400000	1800	1200	5000		
10040	17577	32543	3443		7200	21900		
10040	17577	32543	3443		7200	21900		
10040	17577	32543	3443		7200	21900		
2	2185	3200			3000	200		
2	2185	3200			3000	200		
2	2185	3200			3000	200		
4059367	**3801853**	**2411078**	**297092**	**42289**	**711176**	**961427**	**334800**	**64295**
12613	319337	96225		10126	8097	77960		42
98	3290	500				500		
1485	31072	15658				15658		
	4920	5338				5338		
	4920	5338				5338		
4235	78298	26660		10000	1572	15088		
2105	26922	18000		10000		8000		
2131	51376	8660			1572	7088		
4245	150991	38233		126	5325	32740		42
4245	150991	38233		126	5325	32740		42
2550	50766	9836			1200	8636		
	200	200			200			
2550	50566	9636			1000	8636		
53	41714	15199			11649	3550		
	3690	1000			1000			
	3690	1000			1000			
53	13869	3650			600	3050		
	10562	3100			600	2500		
53	3307	550				550		
	24155	10549			10049	500		
	9183	1350			1350			
	14973	9199			8699	500		
102040	705396	107604	91357		4853	11394		
101061	678630	96289	91357		2053	2879		
101061	678630	96289	91357		2053	2879		
979	26766	11315			2800	8515		
438	21497	6455			2800	3655		
541	5269	4860				4860		
	705	20			20			
	705	20			20			
	705	20			20			

8-6

行业	累计折旧	#本年折旧	负债合计	流动负债合计	应付账款
家具制造业					
造纸和纸制品业					
印刷和记录媒介复制业	9471	447	4631	3573	1159
印刷	9471	447	4631	3573	1159
书、报刊印刷	9471	447	4631	3573	1159
文教、工美、体育和娱乐用品制造业					
石油加工、炼焦和核燃料加工业	1279024	144985	7690240	5132746	1735093
炼焦	1279024	144985	7690240	5132746	1735093
化学原料和化学制品制造业	187925	23107	794594	613414	122831
基础化学原料制造	137996	15280	610583	437248	86465
无机酸制造	1562		18765	18765	5548
无机碱制造	25087	3592	92344	90065	19398
无机盐制造	14066	6036	38125	38040	5625
有机化学原料制造	77906	1837	413527	242556	33948
其他基础化学原料制造	19376	3816	47822	47822	21946
肥料制造	19384	2684	73061	65654	7677
氮肥制造	18228	2560	62298	55087	7577
有机肥料及微生物肥料制造	1156	124	10763	10567	99
涂料、油墨、颜料及类似产品制造	5258	1856	39198	39061	6489
涂料制造	557	58	1081	944	451
油墨及类似产品制造	4701	1798	38117	38117	6038
合成材料制造	2883	1983	30709	30409	3125
初级形态塑料及合成树脂制造	2883	1983	30709	30409	3125
专用化学产品制造	1231	442	17177	17177	7579
化学试剂和助剂制造	919	442	15769	15769	6853
林产化学产品制造	312		1409	1409	726
炸药、火工及焰火产品制造	21173	862	23866	23866	11497
炸药及火工产品制造	21173	862	23866	23866	11497
医药制造业	10242	2280	21694	19734	6584
化学药品原料药制造	7036	1709	8232	7559	2485
中药饮片加工	461	79	680	680	614
中成药生产	2745	493	12782	11495	3486
化学纤维制造业					
橡胶和塑料制品业	5092	1118	12054	10377	3475
塑料制品业	5092	1118	12054	10377	3475
塑料丝、绳及编织品制造	3496	868	8295	6618	1730
其他塑料制品制造	1596	250	3759	3759	1745
非金属矿物制品业	227045	32100	810687	700269	81135
水泥、石灰和石膏制造	121288	21842	397001	329807	42590
水泥制造	117057	20988	393023	329195	42179
石灰和石膏制造	4231	854	3978	612	411
石膏、水泥制品及类似制品制造	4415	585	4079	4079	1741
水泥制品制造	4415	585	4079	4079	1741
玻璃制造	59762	5385	296179	280961	4425
平板玻璃制造	59762	5385	296179	280961	4425
玻璃制品制造	13639	2242	21204	18516	10884
技术玻璃制品制造	7090	1877	8186	8186	6931
玻璃包装容器制造	6549	364	13017	10329	3953
耐火材料制品制造	27941	2047	92225	66906	21495
耐火陶瓷制品及其他耐火材料制造	27941	2047	92225	66906	21495
黑色金属冶炼和压延加工业	720544	84484	1666693	1271936	436974

续表4

单位：万元

非流动负债合计	所有者权益合计	#实收资本	国家资本	集体资本	法人资本	个人资本	港澳台资本	外商资本
1058	8668	3007	3007					
1058	8668	3007	3007					
1058	8668	3007	3007					
2544323	329097	929797	120355	5000	263448	418395	122600	
2544323	329097	929797	120355	5000	263448	418395	122600	
181180	79241	155797	1936	8000	11648	134213		
173335	24838	96736			4648	92088		
	-10805	518				518		
2279	32825	31500			3000	28500		
85	13695	3918			548	3370		
170971	-17734	52800			1100	51700		
	6857	8000				8000		
7408	-591	21125				21125		
7212	-6368	16925				16925		
196	5777	4200				4200		
138	18174	17000				17000		
138	3180	1000				1000		
	14994	16000				16000		
300	8387	10000			7000	3000		
300	8387	10000			7000	3000		
	17015	9000		8000		1000		
	13837	8000		8000				
	3179	1000				1000		
	11418	1936	1936					
	11418	1936	1936					
1960	28350	6300	1600		3600	1100		
673	19733	500				500		
	1974	1200			600	600		
1287	6642	4600	1600		3000			
	6093	4441			2000	2441		
	6093	4441			2000	2441		
	4152	2500			2000	500		
	1941	1941				1941		
98657	161717	248694	16024	4006	56210	108201		64253
67194	85888	156513	16024	4006	33564	38666		64253
63828	71687	153513	16024	4006	33564	35666		64253
3366	14202	3000				3000		
	6935	3600			3600			
	6935	3600			3600			
15218	-14309	40250				40250		
15218	-14309	40250				40250		
1688	24396	5564				5564		
	23821	1896				1896		
1688	575	3668				3668		
14558	58807	42767			19046	23721		
14558	58807	42767			19046	23721		
378948	970846	257720	15300	14700	72071	155649		

8-6

行业	累计折旧	#本年折旧	负债合计	流动负债合计	#应付账款
炼铁	154469	25241	278707	229270	59358
炼钢	154019	974	539363	452305	291740
黑色金属铸造	22599	4313	216373	197184	15359
钢压延加工	348420	45840	534097	295026	33502
铁合金冶炼	41037	8117	98152	98152	37016
有色金属冶炼和压延加工业	606326	156471	2519248	2001026	784242
常用有色金属冶炼	596420	155355	2497826	1979703	779096
铝冶炼	576567	153611	2452568	1953374	762250
镁冶炼	19854	1743	45258	26329	16846
稀有稀土金属冶炼	8761	876	17418	17318	4346
稀土金属冶炼	8761	876	17418	17318	4346
有色金属压延加工	1144	241	4005	4005	801
稀有稀土金属压延加工	1144	241	4005	4005	801
金属制品业	11068	1021	86138	84945	29172
结构性金属制品制造	7462	537	68961	67768	27928
金属结构制造	7462	537	68961	67768	27928
金属丝绳及其制品制造	475	118	4223	4223	708
建筑、安全用金属制品制造	3131	367	12955	12955	537
其他建筑、安全用金属制品制造	3131	367	12955	12955	537
通用设备制造业	6566	739	7092	6534	1103
锅炉及原动设备制造	1928	252	1169	939	116
锅炉及辅助设备制造	1928	252	1169	939	116
金属加工机械制造	2108	291	4431	4431	121
其他金属加工机械制造	2108	291	4431	4431	121
通用零部件制造	2530	196	1491	1163	866
机械零部件加工	2530	196	1491	1163	866
专用设备制造业	10238	1301	41380	38867	10370
采矿、冶金、建筑专用设备制造	10238	1301	41380	38867	10370
矿山机械制造	8709	1108	27708	25195	9201
建筑工程用机械制造	1529	193	13672	13672	1170
汽车制造业					
铁路、船舶、航空航天和其他运输设备制造业					
电气机械和器材制造业	17756	7619	383562	164336	51543
输配电及控制设备制造	13917	7208	367910	148884	51543
光伏设备及元器件制造	13917	7208	367910	148884	51543
电线、电缆、光缆及电工器材制造	3840	411	15652	15452	
电线、电缆制造	3840	411	15652	15452	
计算机、通信和其他电子设备制造业					
仪器仪表制造业					
其他制造业					
废弃资源综合利用业					
金属制品、机械和设备修理业					
电力、热力、燃气及水生产和供应业	**420340**	**48812**	**1598427**	**651641**	**247242**
电力、热力生产和供应业	408400	47231	1452793	574158	241026
电力生产	402086	45196	1402027	554189	236122
火力发电	399751	43824	1359898	544529	236122
太阳能发电	2334	1372	42130	9659	
热力生产和供应	6314	2035	50766	19969	4905
燃气生产和供应业	6720	1111	143301	75281	4945
水的生产和供应业	5220	469	2333	2203	1271
自来水生产和供应	5220	469	2333	2203	1271

续表5

单位：万元

非流动负债合计	所有者权益合计	#实收资本	国家资本	集体资本	法人资本	个人资本	港澳台资本	外商资本
33629	209922	87497	15300	14700	19072	38425		
87059	2713	37688				37688		
19189	36886	64015			52999	11016		
239071	608239	60000				60000		
	113087	8521				8521		
515097	1062927	499446	17820		241530	27896	212200	
514997	1039827	486946	17820		240180	16746	212200	
499193	1039963	470200	17820		240180		212200	
15803	-136	16746				16746		
100	17548	11500			500	11000		
100	17548	11500			500	11000		
	5552	1000			850	150		
	5552	1000			850	150		
1141	23430	24305		457	13248	10600		
1141	21038	21848			13248	8600		
1141	21038	21848			13248	8600		
	1824	2000				2000		
	569	457		457				
	569	457		457				
558	18807	4101			1008	3093		
230	3822	3000				3000		
230	3822	3000				3000		
	13460	1008			1008			
	13460	1008			1008			
328	1525	93				93		
328	1525	93				93		
2513	8711	25423	6693		11795	6935		
2513	8711	25423	6693		11795	6935		
2513	6783	14423	6693		795	6935		
	1928	11000			11000			
219226	36814	33000	23000		10000			
219026	31969	23000	23000					
219026	31969	23000	23000					
200	4846	10000			10000			
200	4846	10000			10000			
749398	**351304**	**399678**	**61418**	**3900**	**300178**	**34182**		
747749	361527	358562	46484		293878	18200		
716952	343906	350562	38484		293878	18200		
684481	331459	349572	38484		292888	18200		
32470	12447	990			990			
30797	17621	8000	8000					
1526	-15774	40312	14130	3900	6300	15982		
123	5551	804	804					
123	5551	804	804					

8-6

行　　业	营业收入	#主营业务收入	营业成本	#主营业务成本	营业税金及附加
总　计	**15199868**	**14936073**	**12186854**	**11955113**	**405491**
采矿业	**6548937**	**6429422**	**4886969**	**4757688**	**277831**
煤炭开采和洗选业	6105332	5990764	4516296	4391252	268965
烟煤和无烟煤开采洗选	6105332	5990764	4516296	4391252	268965
石油和天然气开采业					
黑色金属矿采选业	341635	337848	287605	284887	2681
铁矿采选	341635	337848	287605	284887	2681
有色金属矿采选业	92937	91778	77720	76200	5306
常用有色金属矿采选	92937	91778	77720	76200	5306
铝矿采选	92937	91778	77720	76200	5306
非金属矿采选业	9032	9032	5349	5349	878
土砂石开采	9032	9032	5349	5349	878
粘土及其他土砂石开采	9032	9032	5349	5349	878
开采辅助活动					
其他采矿业					
制造业	**8267353**	**8132948**	**6982448**	**6887707**	**125997**
农副食品加工业	937923	937027	810281	810116	127
谷物磨制	4340	4340	3713	3713	
饲料加工	577028	577028	498517	498517	2
植物油加工	5013	5013	4386	4386	32
非食用植物油加工	5013	5013	4386	4386	32
屠宰及肉类加工	180186	179289	164172	164007	24
禽类屠宰	89289	88397	84942	84777	1
肉制品及副产品加工	90898	90893	79230	79230	23
蔬菜、水果和坚果加工	123027	123027	101631	101631	57
水果和坚果加工	123027	123027	101631	101631	57
其他农副食品加工	48330	48330	37861	37861	11
淀粉及淀粉制品制造	2634	2634	2449	2449	11
其他未列明农副食品加工	45696	45696	35413	35413	1
食品制造业	36612	36612	30806	30806	43
糖果、巧克力及蜜饯制造	4440	4440	4070	4070	
蜜饯制作	4440	4440	4070	4070	
方便食品制造	12025	12025	9726	9726	33
米、面制品制造	8653	8653	6698	6698	33
方便面及其他方便食品制造	3372	3372	3028	3028	
调味品、发酵制品制造	20147	20147	17011	17011	10
酱油、食醋及类似制品制造	6269	6269	4756	4756	6
其他调味品、发酵制品制造	13878	13878	12255	12255	5
酒、饮料和精制茶制造业	1498401	1494761	1142809	1142690	105314
酒的制造	1483615	1479975	1130791	1130673	105281
白酒制造	1483615	1479975	1130791	1130673	105281
饮料制造	14786	14786	12017	12017	33
果菜汁及果菜汁饮料制造	12153	12153	10068	10068	33
含乳饮料和植物蛋白饮料制造	2633	2633	1950	1950	
烟草制品业					
纺织业					
纺织服装、服饰业					
皮革、毛皮、羽毛及其制品和制鞋业					
木材加工和木、竹、藤、棕、草制品业	2293	2293	1846	1846	90
木制品制造	2293	2293	1846	1846	90
建筑用木料及木材组件加工	2293	2293	1846	1846	90

续表6

单位：万元

#主营业务税金及附加	其他业务收入	其他业务利润	销售费用	管理费用	#税金	财务费用	#利息收入	#利息支出
387211	**263795**	**138**	**678170**	**893996**	**49264**	**906574**	**21234**	**833418**
259856	**119515**	**-3794**	**366922**	**531490**	**21757**	**631970**	**4992**	**590145**
250990	114568	-4867	362169	493021	19905	612874	4937	571112
250990	114568	-4867	362169	493021	19905	612874	4937	571112
2681	3787	1069	111	33199	1685	16153	50	16169
2681	3787	1069	111	33199	1685	16153	50	16169
5306	1159	4	3505	4032	141	2942	5	2864
5306	1159	4	3505	4032	141	2942	5	2864
5306	1159	4	3505	4032	141	2942	5	2864
878			1137	1238	25			
878			1137	1238	25			
878			1137	1238	25			
125692	**134406**	**2208**	**303196**	**345322**	**25418**	**234117**	**16514**	**203168**
96	897	31	14313	16916	736	10784	564	7210
			17	167		20		20
2			5019	8868	497	4243		4243
2			137	174	1	94		4
2			137	174	1	94		4
24	897	31	2034	2945	225	1506	16	1491
1	892	27	1370	1299	183	523		522
23	5	5	664	1646	42	983	16	969
57			3040	2718	14	2503	547	1446
57			3040	2718	14	2503	547	1446
11			4066	2044		2419		5
11			116	41		4		5
			3950	2003		2414		
42			602	1025	2	768	3	580
			10	28		32	2	33
			10	28		32	2	33
33			264	619	2	420	2	376
33			264	565	2	378	2	376
				55		42		
9			328	377		317		170
6			328	212		171		170
4				165		146		
105314	3640	35	95169	82603	3426	4045	3589	7135
105281	3640	35	94584	81763	3418	3711	3589	6954
105281	3640	35	94584	81763	3418	3711	3589	6954
33			585	840	8	335		181
33			571	571	8	289		181
			14	269		46		
90			8	47	6	2	2	
90			8	47	6	2	2	
90			8	47	6	2	2	

8-6

行　业	营业收入	#主营业务收入	营业成本	#主营业务成本	营业税金及附加
家具制造业					
造纸和纸制品业					
印刷和记录媒介复制业	13802	13522	10843	10827	227
印刷	13802	13522	10843	10827	227
书、报刊印刷	13802	13522	10843	10827	227
文教、工美、体育和娱乐用品制造业					
石油加工、炼焦和核燃料加工业	1909269	1831905	1633626	1583740	3160
炼焦	1909269	1831905	1633626	1583740	3160
化学原料和化学制品制造业	399349	387383	343409	332845	1381
基础化学原料制造	258725	258611	226585	226585	820
无机酸制造	7903	7903	6108	6108	4
无机碱制造	66060	66060	59725	59725	547
无机盐制造	64901	64901	55431	55431	132
有机化学原料制造	76293	76180	64061	64061	79
其他基础化学原料制造	43568	43568	41261	41261	58
肥料制造	19953	19897	14127	14127	28
氮肥制造	14616	14560	9993	9993	28
有机肥料及微生物肥料制造	5337	5337	4133	4133	
涂料、油墨、颜料及类似产品制造	33820	33796	28647	28635	78
涂料制造	4026	4012	2898	2887	25
油墨及类似产品制造	29793	29784	25749	25748	53
合成材料制造	6209	6209	5224	5224	
初级形态塑料及合成树脂制造	6209	6209	5224	5224	
专用化学产品制造	39344	39323	37707	37684	39
化学试剂和助剂制造	37024	37002	35595	35572	5
林产化学产品制造	2320	2320	2112	2112	33
炸药、火工及焰火产品制造	41298	29547	31119	20590	417
炸药及火工产品制造	41298	29547	31119	20590	417
医药制造业	24980	24980	15810	15810	133
化学药品原料药制造	16517	16517	9861	9861	46
中药饮片加工	2374	2374	1772	1772	
中成药生产	6090	6090	4177	4177	87
化学纤维制造业					
橡胶和塑料制品业	15310	15310	14196	14196	24
塑料制品业	15310	15310	14196	14196	24
塑料丝、绳及编织品制造	12000	12000	11028	11028	19
其他塑料制品制造	3310	3310	3167	3167	6
非金属矿物制品业	377482	372660	329647	325879	1928
水泥、石灰和石膏制造	99401	99100	94490	94028	517
水泥制造	93358	93057	89912	89450	445
石灰和石膏制造	6043	6043	4578	4578	72
石膏、水泥制品及类似制品制造	15253	15137	11225	11200	96
水泥制品制造	15253	15137	11225	11200	96
玻璃制造	75375	71252	67570	64290	346
平板玻璃制造	75375	71252	67570	64290	346
玻璃制品制造	27313	27032	23203	23203	62
技术玻璃制品制造	20397	20119	16875	16875	25
玻璃包装容器制造	6917	6913	6328	6328	37
耐火材料制品制造	160139	160139	133159	133159	907
耐火陶瓷制品及其他耐火材料制造	160139	160139	133159	133159	907
黑色金属冶炼和压延加工业	1043296	1020935	913955	893218	3046

续表7

单位：万元

#主营业务税金及附加	其他业务收入	其他业务利润	销售费用	管理费用	#税金	财务费用	#利息收入	#利息支出
227	280	263	144	2397		-8	9	
227	280	263	144	2397		-8	9	
227	280	263	144	2397		-8	9	
3130	77365	17	129460	75212	5665	89448	1884	58515
3130	77365	17	129460	75212	5665	89448	1884	58515
1381	11966	64	16863	21035	2066	13737	144	13315
820	114		12655	9859	1151	6150	38	5804
4			784	361		361		
547			1282	2326	185	3965	-12	3977
132			5372	2290	191	126	47	192
79	114		4425	3617	716	1638	3	1635
58			793	1266	58	60		
28	56	56	815	1585	190	2894	5	2871
28	56	56	491	1192	181	2696	5	2700
			324	394	9	199		170
78	23	8	2112	1022	22	1836	85	1856
25	14		421	438		8		
53	9	8	1691	584	22	1828	85	1856
			231	2576	78	2178		2172
			231	2576	78	2178		2172
39	22		814	681	100	72		
5	22		802	636	100	25		
33			12	45		47		
417	11751		236	5312	526	607	16	613
417	11751		236	5312	526	607	16	613
133			1197	3634	133	590	-2	545
46			646	2560	111	49		49
			64	126		2		2
87			486	947	22	538	-2	493
24			176	199	31	257	1	67
24			176	199	31	257	1	67
19			94	116	7	190	1	
6			82	83	24	67		67
1836	4821	915	12092	31218	1481	20987	143	16649
426	301	69	2478	16636	1067	10657	4	10617
354	301	69	2459	16268	1067	10657	4	10617
72			19	368				
96	115		1269	1235	88	-1	1	
96	115		1269	1235	88	-1	1	
346	4124	843	249	2732		5627	134	5130
346	4124	843	249	2732		5627	134	5130
62	281	4	2037	1419	140	137		136
25	278		2036	1287	140	24		24
37	4	4	1	132		113		112
907			6059	9196	185	4568	4	766
907			6059	9196	185	4568	4	766
3046	22361	-2453	10877	52029	6624	36174	640	35729

8-6

行　　业	营业收入	#主营业务收入	营业成本	#主营业务成本	营业税金及附加
炼铁	202508	181532	192593	173028	808
炼钢	31129	31129	48109	48109	6
黑色金属铸造	77505	76126	67163	65995	93
钢压延加工	534169	534169	449326	449326	1398
铁合金冶炼	197985	197980	156764	156760	741
有色金属冶炼和压延加工业	1732436	1727395	1506136	1504400	9821
常用有色金属冶炼	1712676	1707707	1488423	1486687	9805
铝冶炼	1684239	1679270	1460811	1459075	9641
镁冶炼	28437	28437	27612	27612	164
稀有稀土金属冶炼	15307	15307	13292	13292	8
稀土金属冶炼	15307	15307	13292	13292	8
有色金属压延加工	4453	4381	4421	4421	9
稀有稀土金属压延加工	4453	4381	4421	4421	9
金属制品业	50821	50763	46781	46453	130
结构性金属制品制造	40352	40352	37386	37386	90
金属结构制造	40352	40352	37386	37386	90
金属丝绳及其制品制造	4463	4463	4355	4355	9
建筑、安全用金属制品制造	6006	5948	5041	4712	31
其他建筑、安全用金属制品制造	6006	5948	5041	4712	31
通用设备制造业	7310	7310	6002	6002	31
锅炉及原动设备制造	2614	2614	2320	2320	12
锅炉及辅助设备制造	2614	2614	2320	2320	12
金属加工机械制造	2507	2507	1779	1779	8
其他金属加工机械制造	2507	2507	1779	1779	8
通用零部件制造	2189	2189	1903	1903	12
机械零部件加工	2189	2189	1903	1903	12
专用设备制造业	18813	10834	17546	10123	82
采矿、冶金、建筑专用设备制造	18813	10834	17546	10123	82
矿山机械制造	15009	7032	13944	6522	77
建筑工程用机械制造	3803	3802	3602	3602	4
汽车制造业					
铁路、船舶、航空航天和其他运输设备制造业					
电气机械和器材制造业	199258	199258	158757	158757	459
输配电及控制设备制造	186297	186297	147732	147732	448
光伏设备及元器件制造	186297	186297	147732	147732	448
电线、电缆、光缆及电工器材制造	12961	12961	11025	11025	11
电线、电缆制造	12961	12961	11025	11025	11
计算机、通信和其他电子设备制造业					
仪器仪表制造业					
其他制造业					
废弃资源综合利用业					
金属制品、机械和设备修理业					
电力、热力、燃气及水生产和供应业	**383578**	**373704**	**317436**	**309719**	**1664**
电力、热力生产和供应业	309440	302459	266240	259580	1181
电力生产	295509	288528	250832	244173	1157
火力发电	289994	283013	249280	242621	1157
太阳能发电	5515	5515	1552	1552	
热力生产和供应	13931	13931	15407	15406	24
燃气生产和供应业	71320	68448	49013	47955	472
水的生产和供应业	2818	2797	2184	2184	11
自来水生产和供应	2818	2797	2184	2184	11

续表8

单位：万元

#主营业务税金及附加	其他业务收入	其他业务利润	销售费用	管理费用	#税金	财务费用	#利息收入	#利息支出
808	20976	-2640	2390	9767	779	3038	371	2719
6			62	2163	1462	1844	121	1723
93	1379	185	709	5511	571	5304	2	4567
1398			471	23222	3335	21654	-141	22827
741	6	2	7245	11367	477	4334	286	3893
9709	5041	3306	15490	39398	4927	44065	8859	49348
9693	4969	3234	15206	38577	4916	43408	8859	48880
9529	4969	3234	14991	37184	4814	43283	8859	48741
164			215	1392	101	125		139
8			266	522		616		423
8			266	522		616		423
9	72	72	18	299	11	40		46
9	72	72	18	299	11	40		46
130	57		1887	2373	62	487	1	445
90			1772	1105	62	446	1	445
90			1772	1105	62	446	1	445
9			115	27		41		
31	57			1241				
31	57			1241				
31			273	538	25	211	46	258
12			164	91	17	25	47	70
12			164	91	17	25	47	70
8				269	8	170		170
8				269	8	170		170
12			108	177		17	-1	18
12			108	177		17	-1	18
43	7978	31	271	1617	72	1801	-12	1798
43	7978	31	271	1617	72	1801	-12	1798
38	7977		231	1433	56	537	2	538
4	1	31	40	184	16	1264	-14	1260
459			4377	15084	163	10768	645	11576
448			4075	13353	37	9349	645	10157
448			4075	13353	37	9349	645	10157
11			302	1731	126	1419		1419
11			302	1731	126	1419		1419
1664	**9874**	**1723**	**8052**	**17184**	**2090**	**40487**	**-272**	**40105**
1181	6981	202		10610	1978	39947	-270	40304
1157	6981	202		9643	1978	39352	-301	39684
1157	6981	202		9406	1978	37892	-320	38206
				237		1460	19	1478
24				966		596	32	620
472	2872	1521	8052	5852	99	479	-1	-262
11	21			722	14	61	-2	62
11	21			722	14	61	-2	62

8-6

行　　业	营业利润	资产减值损失	公允价值变动收益	投资收益	营业外收入	政府补助
总　计	**112524**	**25094**	**-90**	**9077**	**55309**	**13859**
采矿业	**-151331**	**11669**		**6583**	**19474**	**8091**
煤炭开采和洗选业	-153083	11669		6583	16434	5308
烟煤和无烟煤开采洗选	-153083	11669		6583	16434	5308
石油和天然气开采业						
黑色金属矿采选业	1886				2998	2783
铁矿采选	1886				2998	2783
有色金属矿采选业	-565				43	
常用有色金属矿采选	-565				43	
铝矿采选	-565				43	
非金属矿采选业	430					
土砂石开采	430					
粘土及其他土砂石开采	430					
开采辅助活动						
其他采矿业						
制造业	**266651**	**10736**	**250**	**866**	**25564**	**4170**
农副食品加工业	85138	374		11	2593	843
谷物磨制	422					
饲料加工	60121	267		11	1161	379
植物油加工	189				7	
非食用植物油加工	189				7	
屠宰及肉类加工	9399	107			561	441
禽类屠宰	1047	107			249	171
肉制品及副产品加工	8353				311	269
蔬菜、水果和坚果加工	13078				134	24
水果和坚果加工	13078				134	24
其他农副食品加工	1930				731	
淀粉及淀粉制品制造	14					
其他未列明农副食品加工	1916				731	
食品制造业	3367				75	
糖果、巧克力及蜜饯制造	301					
蜜饯制作	301					
方便食品制造	964				65	
米、面制品制造	717					
方便面及其他方便食品制造	247				65	
调味品、发酵制品制造	2103				10	
酱油、食醋及类似制品制造	796					
其他调味品、发酵制品制造	1307				10	
酒、饮料和精制茶制造业	68458	2947	152	2791	1334	
酒的制造	67483	2947	152	2791	1142	
白酒制造	67483	2947	152	2791	1142	
饮料制造	976				192	
果菜汁及果菜汁饮料制造	621				1	
含乳饮料和植物蛋白饮料制造	355				191	
烟草制品业						
纺织业						
纺织服装、服饰业						
皮革、毛皮、羽毛及其制品和制鞋业						
木材加工和木、竹、藤、棕、草制品业	301					
木制品制造	301					
建筑用木料及木材组件加工	301					

续表9

单位：万元

营业外支　出	利润总额	所得税费　用	亏损企业亏损总额	利税总额	应交税金及附加	本年应付职工薪酬	本年应交增值税	从业人员平均人数(人)
53249	**114583**	**152430**	**684636**	**1170360**	**1257471**	**1049385**	**650286**	**197871**
32256	**-164114**	**57862**	**490544**	**540676**	**784409**	**704747**	**426960**	**108586**
31184	-167833	56610	483757	495530	739878	682987	394398	105316
31184	-167833	56610	483757	495530	739878	682987	394398	105316
664	4219	989	4619	31906	30361	17137	25005	1621
664	4219	989	4619	31906	30361	17137	25005	1621
224	-746	248	2167	10723	11858	2869	6162	1515
224	-746	248	2167	10723	11858	2869	6162	1515
224	-746	248	2167	10723	11858	2869	6162	1515
185	246	15		2518	2311	1755	1394	134
185	246	15		2518	2311	1755	1394	134
185	246	15		2518	2311	1755	1394	134
18915	**273301**	**89480**	**174597**	**610454**	**452050**	**322482**	**211156**	**85492**
1117	86615	956	379	89937	5015	30064	3195	9376
	422			422		25		11
978	60304	554		60307	1054	18178		5071
11	185			262	77	42	45	35
11	185			262	77	42	45	35
52	9908	16	270	12329	2661	6659	2397	1793
24	1272			3109	2021	5518	1836	1440
27	8637	16	270	9220	641	1141	560	353
21	13191	382	109	14001	1205	3874	753	2022
21	13191	382	109	14001	1205	3874	753	2022
56	2605	4		2617	17	1286	1	444
	14	3		24	14	33		14
56	2591	1		2593	3	1253	1	430
	3442	59		3531	149	1284	45	653
	301			301		82		121
	301			301		82		121
	1029	58		1099	131	598	38	243
	717	58		787	130	446	38	185
	312			312	0	152		58
	2113			2130	18	605	8	289
	796			809	14	295	8	111
	1317			1322	5	310		178
2096	67696	32405	43	238067	206202	51344	65057	13699
2087	66538	32397	43	236867	206144	50050	65048	12789
2087	66538	32397	43	236867	206144	50050	65048	12789
10	1158	8		1200	58	1294	9	910
2	620	8		662	58	677	9	750
8	538			538		617		160
	301			392	96	1		48
	301			392	96	1		48
	301			392	96	1		48

8-6

行　业	营业利润	资产减值损失	公允价值变动收益	投资收益	营业外收　入	政府补助
家具制造业						
造纸和纸制品业						
印刷和记录媒介复制业	199				27	25
印刷	199				27	25
书、报刊印刷	199				27	25
文教、工美、体育和娱乐用品制造业						
石油加工、炼焦和核燃料加工业	-29440	5743	-193	-1867	10016	825
炼焦	-29440	5743	-193	-1867	10016	825
化学原料和化学制品制造业	2784	472		331	1602	486
基础化学原料制造	2656	331		331	72	
无机酸制造	286				4	
无机碱制造	-1786	331		331	48	
无机盐制造	1551				5	
有机化学原料制造	2474				15	
其他基础化学原料制造	130					
肥料制造	504				452	264
氮肥制造	218					
有机肥料及微生物肥料制造	287				452	264
涂料、油墨、颜料及类似产品制造	125				256	223
涂料制造	236				226	223
油墨及类似产品制造	-111				30	
合成材料制造	-4053	54			566	
初级形态塑料及合成树脂制造	-4053	54			566	
专用化学产品制造	33				253	
化学试剂和助剂制造	-38				2	
林产化学产品制造	71				251	
炸药、火工及焰火产品制造	3519	87			3	
炸药及火工产品制造	3519	87			3	
医药制造业	3617				38	38
化学药品原料药制造	3354				38	38
中药饮片加工	410					
中成药生产	-146					
化学纤维制造业						
橡胶和塑料制品业	457					
塑料制品业	457					
塑料丝、绳及编织品制造	552					
其他塑料制品制造	-95					
非金属矿物制品业	-18444	53			1521	778
水泥、石灰和石膏制造	-25425	48			1314	698
水泥制造	-26432	48			1304	698
石灰和石膏制造	1007				10	
石膏、水泥制品及类似制品制造	1430				72	
水泥制品制造	1430				72	
玻璃制造	-1148				17	
平板玻璃制造	-1148				17	
玻璃制品制造	454				7	
技术玻璃制品制造	149				7	
玻璃包装容器制造	305					
耐火材料制品制造	6245	5			110	80
耐火陶瓷制品及其他耐火材料制造	6245	5			110	80
黑色金属冶炼和压延加工业	26970	246			1053	10

续表10

单位：万元

营业外支　出	利润总额	所得税费　用	亏损企业亏损总额	利税总额	应交税金及附加	本年应付职工薪酬	本年应交增值税	从业人员平均人数(人)
2	223	52		1279	1109	4290	830	558
2	223	52		1279	1109	4290	830	558
2	223	52		1279	1109	4290	830	558
6704	-26128	5620	78500	5908	43321	70521	28875	19730
6704	-26128	5620	78500	5908	43321	70521	28875	19730
1006	3379	1459	9881	13612	13757	21319	8851	6252
808	1920	657	6189	7189	7076	13163	4449	3971
3	287			342	55	523	50	133
41	-1778	46	1975	1345	3354	4658	2575	1655
6	1550	295		2518	1454	3704	836	1132
726	1764	291	4213	2830	2074	1819	987	455
33	97	24		155	140	2459		596
59	898			1219	511	2116	293	716
57	160			490	510	1881	302	650
2	738			729	1	235	-9	66
52	329	25	88	1045	763	1520	639	435
45	417	25		682	291	426	241	120
7	-88		88	363	473	1094	398	315
	-3488		3488	-3488	78	499		107
	-3488		3488	-3488	78	499		107
81	205		117	296	191	746	52	247
81	-117		117	-60	157	386	52	108
	322			355	33	360		139
6	3516	777		7352	5138	3275	3418	776
6	3516	777		7352	5138	3275	3418	776
24	3631	435	492	4813	1750	2480	1050	653
2	3389	422		3931	1074	1469	496	245
	410			410		288		100
22	-168	14	492	473	676	723	553	308
1	456	2	431	552	129	1098	72	328
1	456	2	431	552	129	1098	72	328
1	551	2	336	573	31	877	4	263
	-95		95	-21	98	221	68	65
678	-17601	578	29267	-3646	16014	27540	12027	7026
440	-24551	44	27241	-20609	5054	12920	3426	2424
416	-25543	44	27241	-21708	4947	12649	3391	2323
25	992			1099	107	271	35	101
68	1434	302		3045	2001	1649	1516	280
68	1434	302		3045	2001	1649	1516	280
119	-1250		1250	583	1832	4812	1487	1654
119	-1250		1250	583	1832	4812	1487	1654
7	455	85		891	661	3048	374	863
5	152			464	453	2044	287	478
3	303	85		426	209	1004	87	385
44	6312	148	776	12444	6465	5110	5225	1805
44	6312	148	776	12444	6465	5110	5225	1805
1996	26027	11836	33338	60196	52629	51083	31123	15486

8-6

行　　业	营业利润	资产减值损失	公允价值变动收益	投资收益	营业外收入
炼铁	-6087				380
炼钢	-21054				3
黑色金属铸造	-1276				225
钢压延加工	38098				
铁合金冶炼	17289	246			445
有色金属冶炼和压延加工业	117119			-407	5536
常用有色金属冶炼	116849			-407	5514
铝冶炼	117920			-407	5507
镁冶炼	-1071				7
稀有稀土金属冶炼	604				20
稀土金属冶炼	604				20
有色金属压延加工	-334				2
稀有稀土金属压延加工	-334				2
金属制品业	-547		291		53
结构性金属制品制造	-447				30
金属结构制造	-447				30
金属丝绳及其制品制造	-83				
建筑、安全用金属制品制造	-18		291		23
其他建筑、安全用金属制品制造	-18		291		23
通用设备制造业	255				8
锅炉及原动设备制造	3				
锅炉及辅助设备制造	3				
金属加工机械制造	281				
其他金属加工机械制造	281				
通用零部件制造	-29				8
机械零部件加工	-29				8
专用设备制造业	-2513	16		6	162
采矿、冶金、建筑专用设备制造	-2513	16		6	162
矿山机械制造	-1229	16			161
建筑工程用机械制造	-1284			6	1
汽车制造业					
铁路、船舶、航空航天和其他运输设备制造业					
电气机械和器材制造业	8928	886			1548
输配电及控制设备制造	10454	886			1525
光伏设备及元器件制造	10454	886			1525
电线、电缆、光缆及电工器材制造	-1526				23
电线、电缆制造	-1526				23
计算机、通信和其他电子设备制造业					
仪器仪表制造业					
其他制造业					
废弃资源综合利用业					
金属制品、机械和设备修理业					
电力、热力、燃气及水生产和供应业	**-2796**	**2690**	**-339**	**1629**	**10271**
电力、热力生产和供应业	-8335	937	-339	1629	10139
电力生产	-5273	937	-339	1629	10117
火力发电	-7539	937	-339	1629	10077
太阳能发电	2265				40
热力生产和供应	-3062				21
燃气生产和供应业	5699	1753			94
水的生产和供应业	-160				39
自来水生产和供应	-160				39

续表11

单位：万元

政府补助	营业外支出	利润总额	所得税费　用	亏损企业亏损总额	利税总额	应交税金及附加	本年应付职工薪酬	本年应交增值税	从业人员平均人数（人）
	325	-6032		9108	962	7773	10479	6186	3848
	7	-21058	1	21063	-21028	1492	1814	25	1545
	1560	-2610	133	3168	-1809	1505	7256	708	2055
		38098	9524		53469	28231	22794	13973	6320
10	105	17629	2178		28602	13628	8740	10232	1718
1000	5020	117635	34065	16806	185195	106553	49158	57739	7474
1000	4998	117365	34065	16427	184633	106249	47665	57463	7095
1000	4993	118434	34064	15348	184066	104510	43580	55991	6271
	5	-1069	1	1079	567	1739	4086	1473	824
	17	607		42	659	52	1097	45	297
	17	607		42	659	52	1097	45	297
	5	-337		337	-97	251	396	231	82
	5	-337		337	-97	251	396	231	82
30	86	-580	150	1195	1051	1843	5267	1501	1267
30	86	-503	149	1112	768	1481	3080	1180	756
30	86	-503	149	1112	768	1481	3080	1180	756
		-83		83	-11	72	226	64	55
	0	6	1		294	290	1961	257	456
	0	6	1		294	290	1961	257	456
	3	260	13	23	457	234	900	165	316
		3	1		14	29	356		120
		3	1		14	29	356		120
		281	12		316	56	239	27	90
		281	12		316	56	239	27	90
	3	-23		23	126	150	304	138	106
	3	-23		23	126	150	304	138	106
130	13	-2363	53	2576	-1746	742	2116	536	623
130	13	-2363	53	2576	-1746	742	2116	536	623
130	13	-1081	53	1294	-496	694	1900	508	538
	0	-1283		1283	-1250	48	216	28	85
5	168	10308	1796	1667	10856	2508	4019	90	2003
	5	11974	1796		12422	2281	3482		1783
	5	11974	1796		12422	2281	3482		1783
5	163	-1667		1667	-1566	227	538	90	220
5	163	-1667		1667	-1566	227	538	90	220
1599	**2078**	**5397**	**5088**	**19495**	**19231**	**21012**	**22156**	**12170**	**3793**
1565	1953	-149	3258	17198	14069	19453	16495	13037	2859
1565	1916	2928	3258	14121	17122	19429	15646	13037	2576
1525	1916	623	3258	14121	14817	19429	15364	13037	2557
40		2305			2305		281		19
	37	-3077		3077	-3053	24	849		283
	24	5769	1831	2074	5287	1448	4838	-954	719
34	102	-223		223	-125	112	823	87	215
34	102	-223		223	-125	112	823	87	215

8-7 大中型工业企业主要

类 别	企业单位数(个)	#亏损企业	工业总产值(当年价格)	工业销售产值(当年价格)	#出口交货值
总 计	**142**	**68**	**10453513**	**10252475**	**53603**
一、按登记注册类型分组:					
内资企业	133	64	9093693	8899884	53603
国有企业	1	1	540	540	
集体企业	4	2	210228	204567	
有限责任公司	69	37	4743980	4650390	37971
国有独资公司	7	3	1300292	1266456	14904
其他有限责任公司	62	34	3443688	3383933	23068
股份有限公司	7	1	848047	810693	
私营企业	51	22	3265629	3209727	15631
私营有限责任公司	51	22	3265629	3209727	15631
其他企业	1	1	25268	23967	
港、澳、台商投资企业	5	2	1148566	1148082	
合资经营企业(港或澳、台资)	2	1	340236	341304	
合作经营企业(港或澳、台资)	1		221580	221580	
港澳台商独资经营企业	1		534818	539160	
港澳台商投资股份有限公司	1	1	51931	46038	
外商投资企业	4	2	211255	204509	
中外合资经营企业	3	1	184597	176459	
外资企业	1	1	26658	28050	
二、按经济组织类型分组					
独资企业	7	4	772245	772317	
国有企业	1	1	540	540	
集体企业	4	2	210228	204567	
港澳台商独资经营企业	1		534818	539160	
外资企业	1	1	26658	28050	
合作、合伙企业	2	1	246848	245548	
合作经营企业(港或澳、台资)	1		221580	221580	
其他企业(内资)	1	1	25268	23967	
股份有限公司	8	2	899978	856731	
股份有限公司(内资)	7	1	848047	810693	
港澳台商投资股份有限公司	1	1	51931	46038	
有限责任公司	125	61	8534443	8377880	53603
国有独资公司	7	3	1300292	1266456	14904
私营有限责任公司	51	22	3265629	3209727	15631
合资经营企业(港或澳、台资)	2	1	340236	341304	
中外合资经营企业	3	1	184597	176459	
其他有限责任公司	62	34	3443688	3383933	23068
三、在总计中: 亏损企业	68	68	2872039	2878125	12390
在总计中: 国有控股企业	43	19	3592580	3477384	24152
在总计中: 农村工业	2	1	76566	90843	
在总计中: 轻工业	10		1310862	1271345	2569
重工业	132	68	9142651	8981130	51034
在总计中: 大型企业	31	12	5452394	5288859	36642
中型企业	111	56	5001119	4963616	16961

经济指标(综合分组)(2016年)

单位：万元

年初存货		资产总计	流动资产合计				固定资产合计	固定资产原价
	#产成品			应收账款	存　货			
						#产成品		
2133947	**823624**	**36981286**	**13869805**	**2326402**	**2272768**	**884827**	**12573940**	**17376880**
1889605	801000	33547725	12568019	2078611	2025986	854343	11151602	15336137
776		583201	2599	211	454		64125	80261
40216	25272	406382	178500	41011	43016	22720	174894	436908
925148	424765	18108620	6101194	902747	1016194	476766	6455241	8671778
439144	171128	3229607	1371522	296943	417042	189008	1131908	1620361
486004	253637	14879013	4729672	605803	599151	287758	5323333	7051417
98631	9959	2602725	767994	151842	121377	28542	1210683	1768988
823297	340956	11583857	5331538	934284	842243	324926	3177878	4309421
823297	340956	11583857	5331538	934284	842243	324926	3177878	4309421
1536	49	262939	186195	48515	2703	1390	68782	68782
183695	18751	2601129	1037615	160340	222322	25962	1098950	1518833
43398	7155	1085415	257718	29960	64629	4710	677115	642859
38368		307519	236794	102314	47577	5164	52680	175656
97875	8688	949179	387109	11337	99342	6713	290447	532186
4054	2909	259016	155994	16729	10774	9374	78708	168132
60648	3873	832432	264171	87452	24460	4523	323388	521909
57036	2277	648331	260016	87452	21873	4224	172553	331767
3612	1596	184101	4156		2587	299	150835	190143
142479	35555	2122863	572363	52559	145399	29731	680300	1239497
776		583201	2599	211	454		64125	80261
40216	25272	406382	178500	41011	43016	22720	174894	436908
97875	8688	949179	387109	11337	99342	6713	290447	532186
3612	1596	184101	4156		2587	299	150835	190143
39905	49	570458	422989	150830	50280	6555	121462	244438
38368		307519	236794	102314	47577	5164	52680	175656
1536	49	262939	186195	48515	2703	1390	68782	68782
102685	12867	2861742	923987	168571	132151	37916	1289391	1937120
98631	9959	2602725	767994	151842	121377	28542	1210683	1768988
4054	2909	259016	155994	16729	10774	9374	78708	168132
1848878	775153	31426223	11950465	1954443	1944938	810625	10482787	13955825
439144	171128	3229607	1371522	296943	417042	189008	1131908	1620361
823297	340956	11583857	5331538	934284	842243	324926	3177878	4309421
43398	7155	1085415	257718	29960	64629	4710	677115	642859
57036	2277	648331	260016	87452	21873	4224	172553	331767
486004	253637	14879013	4729672	605803	599151	287758	5323333	7051417
855514	489434	18220401	7686493	1029401	916671	486133	5188668	7531741
797088	338461	14574973	4041670	712263	846440	370027	5508258	7692065
11053	1842	754627	434580	81619	11233	1104	146350	227022
366418	140556	1438415	859111	28132	351078	153347	309424	352429
1767529	683068	35542871	13010694	2298270	1921690	731480	12264516	17024451
1201823	439184	16380250	6446115	893172	1217356	481824	5317820	8147055
932124	384440	20601036	7423690	1433231	1055411	403003	7256119	9229825

8-7

类　　别	累计折旧	#本年折旧	负债合计	流动负债合计	#应付账款
总　　计	**6215188**	**831257**	**29994494**	**21516503**	**4810983**
一、按登记注册类型分组:					
内资企业	5435545	733092	27539942	19701170	4368233
国有企业	16136	3048	367021	333529	1176
集体企业	260865	9701	389911	387960	54954
有限责任公司	2780372	393974	15236698	10733179	2108283
国有独资公司	498534	92888	1927824	1297635	243780
其他有限责任公司	2281838	301086	13308875	9435544	1864503
股份有限公司	659653	70973	1479758	1220362	273006
私营企业	1700229	251359	9788385	6883354	1904458
私营有限责任公司	1700229	251359	9788385	6883354	1904458
其他企业	18290	4037	278168	142785	26357
港、澳、台商投资企业	581122	76211	2033447	1399588	410620
合资经营企业(港或澳、台资)	126983	18710	1052736	737197	259312
合作经营企业(港或澳、台资)	122976	11826	214336	92965	42084
港澳台商独资经营企业	241739	37645	504571	386617	59094
港澳台商投资股份有限公司	89424	8030	261804	182809	50131
外商投资企业	198521	21955	421105	415746	32129
中外合资经营企业	159214	15403	257906	257906	29773
外资企业	39308	6552	163199	157839	2356
二、按经济组织类型分组					
独资企业	558048	56945	1424703	1265946	117580
国有企业	16136	3048	367021	333529	1176
集体企业	260865	9701	389911	387960	54954
港澳台商独资经营企业	241739	37645	504571	386617	59094
外资企业	39308	6552	163199	157839	2356
合作、合伙企业	141266	15863	492504	235750	68442
合作经营企业(港或澳、台资)	122976	11826	214336	92965	42084
其他企业(内资)	18290	4037	278168	142785	26357
股份有限公司	749076	79003	1741562	1403171	323136
股份有限公司(内资)	659653	70973	1479758	1220362	273006
港澳台商投资股份有限公司	89424	8030	261804	182809	50131
有限责任公司	4766798	679446	26335726	18611637	4301825
国有独资公司	498534	92888	1927824	1297635	243780
私营有限责任公司	1700229	251359	9788385	6883354	1904458
合资经营企业(港或澳、台资)	126983	18710	1052736	737197	259312
中外合资经营企业	159214	15403	257906	257906	29773
其他有限责任公司	2281838	301086	13308875	9435544	1864503
三、在总计中：亏损企业	3031278	272905	17410731	11907807	2599811
在总计中：国有控股企业	2568024	294692	10958777	7904698	1481744
在总计中：农村工业	80672	11792	476952	300008	32070
在总计中：轻工业	66426	20252	659958	555179	93553
重工业	6148761	811005	29334536	20961324	4717430
在总计中：大型企业	3335284	371221	11998126	7972329	1933430
中型企业	2879904	460037	17996367	13544174	2877553

续表1

单位：万元

非流动负债合计	所有者权益合计	实收资本						
			国家资本	集体资本	法人资本	个人资本	港澳台资本	外商资本
8351484	**6986791**	**4505705**	**1874685**	**66047**	**1188570**	**860851**	**334800**	**180753**
7712266	6007782	3792381	1874685	66047	1051670	799979		
33492	216180	4558	4558					
1951	16471	3757		457	300	3000		
4426244	2871921	2179487	1225007	49370	616139	288970		
630189	1301783	607247	607247					
3796055	1570138	1572240	617760	49370	616139	288970		
210673	1122968	733024	645120	1220	9180	77504		
2904523	1795471	870555		15000	425050	430505		
2904523	1795471	870555		15000	425050	430505		
135383	-15229	1000			1000			
633859	567682	506672			111000	60872	334800	
315538	32679	263000			111000		152000	
121371	93183	60872				60872		
117954	444608	138200					138200	
78995	-2788	44600					44600	
5359	411327	206653			25900			180753
	390425	142400			25900			116500
5359	20902	64253						64253
158756	698161	210767	4558	457	300	3000	138200	64253
33492	216180	4558	4558					
1951	16471	3757		457	300	3000		
117954	444608	138200					138200	
5359	20902	64253						64253
256754	77954	61872			1000	60872		
121371	93183	60872				60872		
135383	-15229	1000			1000			
289668	1120180	777624	645120	1220	9180	77504	44600	
210673	1122968	733024	645120	1220	9180	77504		
78995	-2788	44600					44600	
7646305	5090496	3455442	1225007	64370	1178090	719475	152000	116500
630189	1301783	607247	607247					
2904523	1795471	870555		15000	425050	430505		
315538	32679	263000			111000		152000	
	390425	142400			25900			116500
3796055	1570138	1572240	617760	49370	616139	288970		
5451906	809670	1613878	378785	46920	577836	399184	122600	88553
3005355	3616196	2423377	1828785	5650	439299	75644	74000	
176944	277676	145214			69214			76000
104778	778457	140498	94364	10000	1900	34234		
8246705	6208334	4365207	1780321	56047	1186670	826617	334800	180753
4025797	4382124	2309419	1486299	10000	331387	365234		116500
4325687	2604667	2196286	388386	56047	857183	495618	334800	64253

8-7

类　　别	营业收入	#主营业务收入	营业成本	#主营业务成本	营业税金及附加
总　计	**11707888**	**11457774**	**9110381**	**8886564**	**366997**
一、按登记注册类型分组:					
内资企业	10363687	10149695	7961368	7770100	347464
国有企业	10379	10379	11390	11390	786
集体企业	206168	196173	140124	131070	14561
有限责任公司	6111393	5997117	4749996	4625643	254070
国有独资公司	2241179	2215900	1772433	1728934	116436
其他有限责任公司	3870214	3781217	2977563	2896708	137634
股份有限公司	797950	786684	412581	404265	32365
私营企业	3213554	3135100	2631623	2582078	43417
私营有限责任公司	3213554	3135100	2631623	2582078	43417
其他企业	24243	24243	15654	15654	2264
港、澳、台商投资企业	1100808	1096007	978598	976985	6586
合资经营企业(港或澳、台资)	340057	338680	299612	298936	3260
合作经营企业(港或澳、台资)	221580	221580	220942	220942	
港澳台商独资经营企业	493133	489709	419719	418782	3305
港澳台商投资股份有限公司	46038	46038	38325	38325	22
外商投资企业	243393	212072	170414	139479	12948
中外合资经营企业	215953	184651	143637	112709	12773
外资企业	27440	27421	26777	26771	175
二、按经济组织类型分组					
独资企业	737119	723681	598010	588013	18827
国有企业	10379	10379	11390	11390	786
集体企业	206168	196173	140124	131070	14561
港澳台商独资经营企业	493133	489709	419719	418782	3305
外资企业	27440	27421	26777	26771	175
合作、合伙企业	245823	245823	236596	236596	2264
合作经营企业(港或澳、台资)	221580	221580	220942	220942	
其他企业(内资)	24243	24243	15654	15654	2264
股份有限公司	843988	832722	450906	442590	32387
股份有限公司(内资)	797950	786684	412581	404265	32365
港澳台商投资股份有限公司	46038	46038	38325	38325	22
有限责任公司	9880958	9655548	7824869	7619365	313519
国有独资公司	2241179	2215900	1772433	1728934	116436
私营有限责任公司	3213554	3135100	2631623	2582078	43417
合资经营企业(港或澳、台资)	340057	338680	299612	298936	3260
中外合资经营企业	215953	184651	143637	112709	12773
其他有限责任公司	3870214	3781217	2977563	2896708	137634
三、在总计中：亏损企业	3154898	3038496	2653004	2526761	105646
在总计中：国有控股企业	4987797	4892272	3685911	3581576	235166
在总计中：农村工业	99050	99050	57595	57580	7808
在总计中：轻工业	2197255	2192479	1751542	1751242	103604
重工业	9510632	9265295	7358839	7135322	263393
在总计中：大型企业	6798858	6656483	5166702	5024875	233943
中型企业	4909030	4801292	3943679	3861689	133054

续表2

单位：万元

#主营业务税金及附加	其他业务收入	其他业务利润	销售费用	管理费用	#税金	财务费用	#利息收入	#利息支出
357945	**250113**	**1085**	**548692**	**780889**	**44438**	**796455**	**20116**	**740525**
338412	213991	-2115	523799	735104	40833	760723	11315	698477
786			558	4924		-16		
14522	9995		23812	24531	699	15180	614	14576
245169	114276	-5778	221756	451168	26008	515507	8385	479387
107553	25279	-9223	107020	157439	7464	33774	4247	37988
137617	88997	3445	114736	293729	18544	481733	4139	441399
32253	11266	3313	172715	54914	930	28845	2345	31385
43417	78454	349	104816	193628	13196	173154	-26	145095
43417	78454	349	104816	193628	13196	173154	-26	145095
2264			140	5939		28054	-3	28034
6586	4801	3188	19003	23333	2492	30021	8997	36190
3260	1377	701	15427	12463	518	11111	196	11307
			136	141		315		315
3305	3424	2487	166	7358	1773	9658	8801	15632
22			3274	3372	201	8936		8936
12948	31321	13	5890	22452	1113	5712	-196	5858
12773	31303		5301	15544	670	-112	-197	42
175	19	13	589	6909	443	5824	1	5817
18788	13437	2500	25126	43721	2915	30645	9416	36025
786			558	4924		-16		
14522	9995		23812	24531	699	15180	614	14576
3305	3424	2487	166	7358	1773	9658	8801	15632
175	19	13	589	6909	443	5824	1	5817
2264			276	6080		28369	-3	28349
			136	141		315		315
2264			140	5939		28054	-3	28034
32274	11266	3313	175989	58286	1130	37781	2345	40321
32253	11266	3313	172715	54914	930	28845	2345	31385
22			3274	3372	201	8936		8936
304618	225410	-4728	347300	672803	40393	699659	8359	635830
107553	25279	-9223	107020	157439	7464	33774	4247	37988
43417	78454	349	104816	193628	13196	173154	-26	145095
3260	1377	701	15427	12463	518	11111	196	11307
12773	31303		5301	15544	670	-112	-197	42
137617	88997	3445	114736	293729	18544	481733	4139	441399
96751	116401	-11868	149080	316970	19348	518016	5248	490055
226158	95524	-3100	350174	379382	16335	214042	9719	204589
7808			2243	13372	136	35864	-110	35944
103604	4777	290	105327	96089	4060	10478	3609	11417
254341	245337	795	443365	684799	40378	785977	16507	729109
225053	142375	-4449	405445	441682	23810	234822	7271	215437
132892	107738	5534	143246	339207	20628	561634	12846	525089

8-7

类 别	营业利润	资产减值损失	公允价值变动收益	投资收益	营业外收入	政府补助
总 计	**89154**	**24084**	**-196**	**8962**	**30890**	**10210**
一、按登记注册类型分组:						
内资企业	20136	24036	-196	9140	26466	8302
国有企业	-7264				16	
集体企业	-11658	-93	291		139	
有限责任公司	-92317	21293	-486	10566	15426	7320
国有独资公司	51537	6554	-293	4309	5970	2958
其他有限责任公司	-143855	14738	-193	6258	9457	4362
股份有限公司	93867	642		-2022	5901	800
私营企业	65316	2195		595	4978	182
私营有限责任公司	65316	2195		595	4978	182
其他企业	-27809				5	
港、澳、台商投资企业	42875			-392	4402	1825
合资经营企业(港或澳、台资)	-1815				1049	1000
合作经营企业(港或澳、台资)	46					
港澳台商独资经营企业	52519			-407	2473	
港澳台商投资股份有限公司	-7875			16	880	825
外商投资企业	26143	48		213	22	83
中外合资经营企业	39024			213		
外资企业	-12881	48			22	83
二、按经济组织类型分组						
独资企业	20716	-45	291	-407	2650	83
国有企业	-7264				16	
集体企业	-11658	-93	291		139	
港澳台商独资经营企业	52519			-407	2473	
外资企业	-12881	48			22	83
合作、合伙企业	-27762				5	
合作经营企业(港或澳、台资)	46					
其他企业(内资)	-27809				5	
股份有限公司	85992	642		-2006	6781	1625
股份有限公司(内资)	93867	642		-2022	5901	800
港澳台商投资股份有限公司	-7875			16	880	825
有限责任公司	10208	23487	-486	11375	21453	8502
国有独资公司	51537	6554	-293	4309	5970	2958
私营有限责任公司	65316	2195		595	4978	182
合资经营企业(港或澳、台资)	-1815				1049	1000
中外合资经营企业	39024			213		
其他有限责任公司	-143855	14738	-193	6258	9457	4362
三、在总计中: 亏损企业	-589414	9048	-339	7793	10300	4690
在总计中: 国有控股企业	117812	15692	-293	10676	18951	8737
在总计中: 农村工业	-17731			100	0	
在总计中: 轻工业	129641	3315	46	2696	3041	560
重工业	-40487	20768	-242	6266	27849	9650
在总计中: 大型企业	308645	15793	-147	8321	17858	7858
中型企业	-219491	8291	-49	641	13032	2351

续表3

单位：万元

营业外支出	利润总额	所得税费用	亏损企业亏损总额	利税总额	应交税金及附加	本年应付职工薪酬	本年应交增值税	从业人员平均人数（人）
44908	**75136**	**140333**	**601130**	**1024317**	**1133952**	**958157**	**582184**	**171273**
40886	5716	113063	563704	873327	1021507	888859	520147	160709
1084	-8332		8332	-7760	571	7579	-215	1686
493	-12011	7	12041	20644	33362	52515	18094	6572
24676	-101566	66757	398307	470928	665259	564513	318424	99983
3634	53874	33392	31548	280900	267882	154012	110590	26095
21042	-155440	33365	366759	190028	397377	410501	207834	73888
5153	94615	14624	2246	180391	101330	82640	53411	8591
9310	60985	31675	114804	231365	215251	177877	126964	43266
9310	60985	31675	114804	231365	215251	177877	126964	43266
170	-27974		27974	-22241	5733	3736	3469	611
3298	43980	16492	19553	88621	63625	31629	38055	4494
1593	-2360	3345	12550	7631	13853	14919	6731	1617
	46			1115	1069	7127	1069	1272
1696	53296	13148		86645	48270	8045	30045	805
8	-7003		7003	-6771	433	1537	210	800
725	25440	10777	17873	62369	48820	37669	23981	6070
590	38434	10775	4878	73484	46495	31590	22277	5408
135	-12994	3	12994	-11115	2325	6079	1705	662
3408	19958	13158	33367	88415	84529	74218	49629	9725
1084	-8332		8332	-7760	571	7579	-215	1686
493	-12011	7	12041	20644	33362	52515	18094	6572
1696	53296	13148		86645	48270	8045	30045	805
135	-12994	3	12994	-11115	2325	6079	1705	662
170	-27928		27974	-21125	6802	10863	4538	1883
	46			1115	1069	7127	1069	1272
170	-27974		27974	-22241	5733	3736	3469	611
5161	87612	14624	9249	173620	101763	84177	53622	9391
5153	94615	14624	2246	180391	101330	82640	53411	8591
8	-7003		7003	-6771	433	1537	210	800
36168	-4507	112551	530540	783407	940858	788899	474395	150274
3634	53874	33392	31548	280900	267882	154012	110590	26095
9310	60985	31675	114804	231365	215251	177877	126964	43266
1593	-2360	3345	12550	7631	13853	14919	6731	1617
590	38434	10775	4878	73484	46495	31590	22277	5408
21042	-155440	33365	366759	190028	397377	410501	207834	73888
22016	-601130	-1886	601130	-335795	282797	481001	159689	85202
22207	114557	66674	130798	633235	601687	511951	283512	78013
438	-18169	3264	31324	2565	24134	12324	12925	2608
2969	129713	33087		301210	208644	77786	67893	20256
41939	-54578	107246	601130	723106	925308	880371	514291	151017
17396	309108	96896	113580	872889	684487	540739	329838	94038
27512	-233973	43437	487550	151427	449465	417418	252346	77235

8-8　大中型工业企业主要

行　业	企　业 单位数 （个）	#亏损企业	工业总产值 （当年价格）	工业销售产值 （当年价格）	#出口 交货值
总　计	**142**	**68**	**10453513**	**10252475**	**53603**
采矿业	**73**	**40**	**3850550**	**3803578**	**9248**
煤炭开采和洗选业	71	40	3501679	3444203	9248
烟煤和无烟煤开采洗选	71	40	3501679	3444203	9248
黑色金属矿采选业	1		317820	328324	
铁矿采选	1		317820	328324	
有色金属矿采选业	1		31051	31051	
常用有色金属矿采选	1		31051	31051	
铝矿采选	1		31051	31051	
制造业	**65**	**25**	**6516407**	**6362341**	**44354**
农副食品加工业	5		723528	708750	
饲料加工	1		574548	574387	
屠宰及肉类加工	2		102667	86360	
禽类屠宰	2		102667	86360	
蔬菜、水果和坚果加工	1		5253	5238	
水果和坚果加工	1		5253	5238	
其他农副食品加工	1		41061	42765	
其他未列明农副食品加工	1		41061	42765	
酒、饮料和精制茶制造业	4		574353	549073	2569
酒的制造	3		571473	546280	2569
白酒制造	3		571473	546280	2569
饮料制造	1		2880	2793	
果菜汁及果菜汁饮料制造	1		2880	2793	
印刷和记录媒介复制业	1		12982	13522	
印刷	1		12982	13522	
书、报刊印刷	1		12982	13522	
石油加工、炼焦和核燃料加工业	21	13	1937738	1885130	
炼焦	21	13	1937738	1885130	
化学原料和化学制品制造业	7	1	198913	165868	13819
基础化学原料制造	5	1	147076	121547	13819
无机碱制造	3	1	81259	59133	
无机盐制造	1		22230	18828	13819
其他基础化学原料制造	1		43587	43587	
肥料制造	1		19273	14560	
氮肥制造	1		19273	14560	

经济指标(大中小类行业)(2016年)

单位：万元

年初存货	#产成品	资产总计	流动资产合计	应收账款	存 货	#产成品	固定资产合计	固定资产原价
2133947	**823624**	**36981286**	**13869805**	**2326402**	**2272768**	**884827**	**12573940**	**17376880**
535312	**206767**	**20038324**	**6516482**	**1149776**	**522641**	**205776**	**6423508**	**9368382**
491579	177741	18862516	6375146	1050936	502411	199004	5757891	8630691
491579	177741	18862516	6375146	1050936	502411	199004	5757891	8630691
43733	29026	1172240	137769	98840	16670	3213	665618	737691
43733	29026	1172240	137769	98840	16670	3213	665618	737691
		3568	3568		3560	3560		
		3568	3568		3560	3560		
		3568	3568		3560	3560		
1596612	**616205**	**16173567**	**7186980**	**1145716**	**1745235**	**678876**	**5622111**	**7371706**
46294	24144	242968	87221	13605	44965	26146	129819	155305
18534	11121	112364	34823	1615	24182	14509	55895	80897
10937	4087	55445	21692	2285	11120	3713	29885	32051
10937	4087	55445	21692	2285	11120	3713	29885	32051
863	405	5524	1298	301	837	393	4226	4744
863	405	5524	1298	301	837	393	4226	4744
15960	8532	69636	29408	9403	8826	7530	39812	37612
15960	8532	69636	29408	9403	8826	7530	39812	37612
317958	115052	1182148	764205	12198	304114	125817	175020	183068
316597	115035	1174493	759918	12118	302314	125794	171652	179499
316597	115035	1174493	759918	12118	302314	125794	171652	179499
1361	16	7655	4287	80	1801	23	3368	3569
1361	16	7655	4287	80	1801	23	3368	3569
2166	1361	13299	7686	2329	1999	1384	4585	14056
2166	1361	13299	7686	2329	1999	1384	4585	14056
2166	1361	13299	7686	2329	1999	1384	4585	14056
416042	165355	7423301	3978804	809825	553501	248334	1484638	2313330
416042	165355	7423301	3978804	809825	553501	248334	1484638	2313330
29422	10224	291917	121446	13481	56277	17461	159876	234646
24611	6754	200702	87349	217	46547	8884	105601	150360
18881	4687	125169	64653	6277	31471	6559	59360	84398
2460	1697	20854	7899	1175	3002	1932	9081	9426
3270	370	54679	14797	-7234	12075	393	37160	56536
3203	2531	55930	10531	-167	7872	7268	44634	53472
3203	2531	55930	10531	-167	7872	7268	44634	53472

8-8

行　业	企　业单位数（个）	#亏损企业	工业总产值（当年价格）	工业销售产值（当年价格）	#出口交货值
炸药、火工及焰火产品制造	1		32565	29761	
炸药及火工产品制造	1		32565	29761	
非金属矿物制品业	6	3	147866	150051	
水泥、石灰和石膏制造	3	2	47818	49564	
水泥制造	3	2	47818	49564	
玻璃制造	1	1	68267	71270	
平板玻璃制造	1	1	68267	71270	
玻璃制品制造	1		22777	20515	
技术玻璃制品制造	1		22777	20515	
耐火材料制品制造	1		9004	8702	
耐火陶瓷制品及其他耐火材料制造	1		9004	8702	
黑色金属冶炼和压延加工业	10	6	928791	950962	15631
炼铁	5	3	152788	143934	3142
炼钢	1	1	10609	27740	
黑色金属铸造	2	2	61994	61270	
钢压延加工	1		538255	532872	
铁合金冶炼	1		165145	185146	12490
有色金属冶炼和压延加工业	8	2	1779641	1749790	
常用有色金属冶炼	8	2	1779641	1749790	
铝冶炼	6	1	1758274	1729311	
镁冶炼	2	1	21367	20479	
金属制品业	1		6365	6365	
建筑、安全用金属制品制造	1		6365	6365	
其他建筑、安全用金属制品制造	1		6365	6365	
专用设备制造业	1		10102	10070	
采矿、冶金、建筑专用设备制造	1		10102	10070	
矿山机械制造	1		10102	10070	
电气机械和器材制造业	1		196128	172760	12335
输配电及控制设备制造	1		196128	172760	12335
光伏设备及元器件制造	1		196128	172760	12335
电力、热力、燃气及水生产和供应业	**4**	**3**	**86556**	**86556**	
电力、热力生产和供应业	3	3	77796	77796	
电力生产	3	3	77796	77796	
火力发电	3	3	77796	77796	
燃气生产和供应业	1		8760	8760	

续表1

单位：万元

年初存货	#产成品	资产总计	流动资产合计				固定资产合计	固定资产原价
				应收账款	存　货	#产成品		
1608	939	35284	23567	13431	1858	1310	9641	30814
1608	939	35284	23567	13431	1858	1310	9641	30814
46962	18769	567550	168447	25022	46227	13048	362307	398504
8300	2805	231188	16510	5947	4884	1199	182907	253618
8300	2805	231188	16510	5947	4884	1199	182907	253618
21945	13067	281870	118728	10718	24751	11682	163142	119926
21945	13067	281870	118728	10718	24751	11682	163142	119926
9074	2739	32007	16900	362	8577	51	10082	13232
9074	2739	32007	16900	362	8577	51	10082	13232
7643	159	22485	16308	7995	8016	116	6177	11729
7643	159	22485	16308	7995	8016	116	6177	11729
459514	233185	2492698	871513	61271	386339	152515	1079855	1671451
40030	17218	377297	140592	25568	49493	18720	217341	342710
154398	134078	539519	182298		122174	100649	224912	378750
64676	59678	226734	106812	11556	22487	15732	62599	36430
170664	1529	1142335	311537		167139	1456	504291	803460
29746	20682	206813	130274	24147	25046	15958	70712	110101
248874	27775	3536052	888988	28331	298447	51115	2122229	2277503
248874	27775	3536052	888988	28331	298447	51115	2122229	2277503
242623	27279	3492531	857003	18467	291761	50038	2110693	2247627
6251	496	43521	31984	9865	6686	1077	11537	29876
1820	904	13524	6852	2811	3098	815	6672	9803
1820	904	13524	6852	2811	3098	815	6672	9803
1820	904	13524	6852	2811	3098	815	6672	9803
2234	1214	10233	8367	4922	2167	1214		3013
2234	1214	10233	8367	4922	2167	1214		3013
2234	1214	10233	8367	4922	2167	1214		3013
25326	18223	399879	283454	171922	48101	41027	97110	111027
25326	18223	399879	283454	171922	48101	41027	97110	111027
25326	18223	399879	283454	171922	48101	41027	97110	111027
2023	**652**	**769395**	**166342**	**30910**	**4892**	**175**	**528320**	**636792**
1547	177	747035	159518	30424	4309	175	512784	626180
1547	177	747035	159518	30424	4309	175	512784	626180
1547	177	747035	159518	30424	4309	175	512784	626180
476	476	22361	6825	486	583		15536	10612

8-8

行　业	累计折旧	#本年折旧	负债合计	流动负债合计	#应付账款
总　计	**6215188**	**831257**	**29994494**	**21516503**	**4810983**
采矿业	**3301188**	**389697**	**16268370**	**11834559**	**1632796**
煤炭开采和洗选业	3229114	327336	15495247	11370902	1577875
烟煤和无烟煤开采洗选	3229114	327336	15495247	11370902	1577875
黑色金属矿采选业	72074	62361	770964	461497	54921
铁矿采选	72074	62361	770964	461497	54921
有色金属矿采选业			2160	2160	
常用有色金属矿采选			2160	2160	
铝矿采选			2160	2160	
制造业	**2782742**	**421830**	**13040175**	**9351740**	**3033656**
农副食品加工业	40016	10082	138358	132219	14845
饲料加工	25002	6583	82603	81118	11838
屠宰及肉类加工	4783	985	28523	26418	1514
禽类屠宰	4783	985	28523	26418	1514
蔬菜、水果和坚果加工	518	150	3933	3933	1494
水果和坚果加工	518	150	3933	3933	1494
其他农副食品加工	9713	2364	23300	20750	
其他未列明农副食品加工	9713	2364	23300	20750	
酒、饮料和精制茶制造业	16940	9724	516968	419388	77549
酒的制造	16571	9356	513385	416091	75863
白酒制造	16571	9356	513385	416091	75863
饮料制造	368	368	3583	3297	1687
果菜汁及果菜汁饮料制造	368	368	3583	3297	1687
印刷和记录媒介复制业	9471	447	4631	3573	1159
印刷	9471	447	4631	3573	1159
书、报刊印刷	9471	447	4631	3573	1159
石油加工、炼焦和核燃料加工业	1175795	132679	7188229	4753034	1602990
炼焦	1175795	132679	7188229	4753034	1602990
化学原料和化学制品制造业	90216	11519	240800	231309	61034
基础化学原料制造	50816	8097	154636	152357	41960
无机碱制造	25087	3592	92344	90065	19398
无机盐制造	6353	688	14470	14470	616
其他基础化学原料制造	19376	3816	47822	47822	21946
肥料制造	18228	2560	62298	55087	7577
氮肥制造	18228	2560	62298	55087	7577

续表2

单位：万元

非流动负债合计	所有者权益合计	#实收资本	国家资本	集体资本	法人资本	个人资本	港澳台资本	外商资本
8351484	**6986791**	**4505705**	**1874685**	**66047**	**1188570**	**860851**	**334800**	**180753**
4307813	**3769953**	**2435379**	**1549296**	**35890**	**548126**	**185567**		**116500**
3998347	3367269	2034379	1148296	35890	548126	185567		116500
3998347	3367269	2034379	1148296	35890	548126	185567		116500
309466	401277	400000	400000					
309466	401277	400000	400000					
	1408	1000	1000					
	1408	1000	1000					
	1408	1000	1000					
3687926	**3133391**	**1905562**	**272775**	**30157**	**537713**	**665864**	**334800**	**64253**
6139	104609	41634		10000	1000	30634		
1485	29761	14998				14998		
2105	26922	18000		10000		8000		
2105	26922	18000		10000		8000		
	1591	1000			1000			
	1591	1000			1000			
2550	46335	7636				7636		
2550	46335	7636				7636		
97581	665180	95857	91357		900	3600		
97294	661108	92857	91357		900	600		
97294	661108	92857	91357		900	600		
287	4072	3000				3000		
287	4072	3000				3000		
1058	8668	3007	3007					
1058	8668	3007	3007					
1058	8668	3007	3007					
2435195	235072	864480	120355	5000	239590	376935	122600	
2435195	235072	864480	120355	5000	239590	376935	122600	
9491	51117	58879	1936		3518	53425		
2279	46066	40018			3518	36500		
2279	32825	31500			3000	28500		
	6384	518			518			
	6857	8000				8000		
7212	-6368	16925				16925		
7212	-6368	16925				16925		

8-8

行业	累计折旧	#本年折旧	负债合计	流动负债合计	#应付账款
炸药、火工及焰火产品制造	21173	862	23866	23866	11497
炸药及火工产品制造	21173	862	23866	23866	11497
非金属矿物制品业	145061	16993	511969	487992	36241
水泥、石灰和石膏制造	72656	9690	195304	189945	22936
水泥制造	72656	9690	195304	189945	22936
玻璃制造	59762	5385	296179	280961	4425
平板玻璃制造	59762	5385	296179	280961	4425
玻璃制品制造	7090	1877	8186	8186	6931
技术玻璃制品制造	7090	1877	8186	8186	6931
耐火材料制品制造	5552	41	12299	8899	1949
耐火陶瓷制品及其他耐火材料制造	5552	41	12299	8899	1949
黑色金属冶炼和压延加工业	691569	77624	1550440	1171928	404267
炼铁	130792	18839	178979	145386	35748
炼钢	153838	939	537975	450917	291286
黑色金属铸造	19130	3890	204331	185542	8959
钢压延加工	348420	45840	534097	295026	33502
铁合金冶炼	39390	8117	95058	95058	34771
有色金属冶炼和压延加工业	594906	155188	2494756	1979252	778903
常用有色金属冶炼	594906	155188	2494756	1979252	778903
铝冶炼	576567	153611	2452568	1953374	762250
镁冶炼	18339	1577	42189	25878	16653
金属制品业	3131	367	12955	12955	537
建筑、安全用金属制品制造	3131	367	12955	12955	537
其他建筑、安全用金属制品制造	3131	367	12955	12955	537
专用设备制造业	1721		13158	11207	4589
采矿、冶金、建筑专用设备制造	1721		13158	11207	4589
矿山机械制造	1721		13158	11207	4589
电气机械和器材制造业	13917	7208	367910	148884	51543
输配电及控制设备制造	13917	7208	367910	148884	51543
光伏设备及元器件制造	13917	7208	367910	148884	51543
电力、热力、燃气及水生产和供应业	**131258**	**19731**	**685949**	**330205**	**144531**
电力、热力生产和供应业	126758	19212	622909	267164	143343
电力生产	126758	19212	622909	267164	143343
火力发电	126758	19212	622909	267164	143343
燃气生产和供应业	4500	519	63040	63040	1188

续表3

单位：万元

非流动负债合计	所有者权益合计	#实收资本	国家资本	集体资本	法人资本	个人资本	港澳台资本	外商资本
	11418	1936	1936					
	11418	1936	1936					
23977	55581	111955			226	47476		64253
5359	35884	69583				5330		64253
5359	35884	69583				5330		64253
15218	-14309	40250				40250		
15218	-14309	40250				40250		
	23821	1896				1896		
	23821	1896				1896		
3400	10186	226			226			
3400	10186	226			226			
378511	942257	220293	15300	14700	51999	138294		
33593	198318	64085	15300	14700		34085		
87059	1543	36688				36688		
18789	22402	51999			51999			
239071	608239	60000				60000		
	111756	7521				7521		
514997	1041295	485700	17820		240180	15500	212200	
514997	1041295	485700	17820		240180	15500	212200	
499193	1039963	470200	17820		240180		212200	
15803	1332	15500				15500		
	569	457		457				
	569	457		457				
	569	457		457				
1951	-2925	300			300			
1951	-2925	300			300			
1951	-2925	300			300			
219026	31969	23000	23000					
219026	31969	23000	23000					
219026	31969	23000	23000					
355744	**83446**	**164765**	**52614**		**102731**	**9420**		
355744	124126	141215	38484		102731			
355744	124126	141215	38484		102731			
355744	124126	141215	38484		102731			
	-40680	23550	14130			9420		

8-8

行　业	营业收入	#主营业务收入	营业成本	#主营业务成本	营业税金及附加
总　计	**11707888**	**11457774**	**9110381**	**8886564**	**366997**
采矿业	**4399443**	**4288070**	**2956960**	**2832625**	**244942**
煤炭开采和洗选业	4054881	3948449	2667402	2547303	241828
烟煤和无烟煤开采洗选	4054881	3948449	2667402	2547303	241828
黑色金属矿采选业	332129	328342	277896	275178	2441
铁矿采选	332129	328342	277896	275178	2441
有色金属矿采选业	12432	11280	11662	10144	673
常用有色金属矿采选	12432	11280	11662	10144	673
铝矿采选	12432	11280	11662	10144	673
制造业	**7219265**	**7085841**	**6072330**	**5978229**	**121653**
农副食品加工业	709858	708966	615823	615659	4
饲料加工	574387	574387	496193	496193	2
屠宰及肉类加工	89289	88397	84942	84777	1
禽类屠宰	89289	88397	84942	84777	1
蔬菜、水果和坚果加工	5157	5157	3509	3509	
水果和坚果加工	5157	5157	3509	3509	
其他农副食品加工	41025	41025	31179	31179	
其他未列明农副食品加工	41025	41025	31179	31179	
酒、饮料和精制茶制造业	1473596	1469991	1124875	1124757	103374
酒的制造	1469658	1466054	1121330	1121212	103352
白酒制造	1469658	1466054	1121330	1121212	103352
饮料制造	3937	3937	3545	3545	22
果菜汁及果菜汁饮料制造	3937	3937	3545	3545	22
印刷和记录媒介复制业	13802	13522	10843	10827	227
印刷	13802	13522	10843	10827	227
书、报刊印刷	13802	13522	10843	10827	227
石油加工、炼焦和核燃料加工业	1795271	1717951	1530908	1481069	2942
炼焦	1795271	1717951	1530908	1481069	2942
化学原料和化学制品制造业	184370	172563	157570	147041	1050
基础化学原料制造	128456	128456	116458	116458	606
无机碱制造	66060	66060	59725	59725	547
无机盐制造	18828	18828	15472	15472	0
其他基础化学原料制造	43568	43568	41261	41261	58
肥料制造	14616	14560	9993	9993	28
氮肥制造	14616	14560	9993	9993	28

续表4

单位：万元

#主营业务税金及附加	其他业务收入	其他业务利润	销售费用	管理费用	#税金	财务费用	#利息收入	#利息支出
357945	**250113**	**1085**	**548692**	**780889**	**44438**	**796455**	**20116**	**740525**
236045	**111373**	**-3801**	**282809**	**488602**	**20355**	**579722**	**4492**	**547628**
232932	106433	-4870	282809	455976	18699	567032	4492	534938
232932	106433	-4870	282809	455976	18699	567032	4492	534938
2441	3787	1069		32583	1655	12690		12690
2441	3787	1069		32583	1655	12690		12690
673	1152			42				
673	1152			42				
673	1152			42				
121497	**133424**	**4885**	**265882**	**285359**	**22867**	**205320**	**15836**	**181599**
4	892	27	10933	12537	680	7126	12	4709
2			4897	8796	497	4183		4183
1	892	27	1370	1299	183	523		522
1	892	27	1370	1299	183	523		522
			741	489		32	12	4
			741	489		32	12	4
			3926	1953		2389		
			3926	1953		2389		
103374	3605		94249	81155	3379	3360	3588	6708
103352	3605		94095	80980	3379	3328	3588	6708
103352	3605		94095	80980	3379	3328	3588	6708
22			155	175		32		
22			155	175		32		
227	280	263	144	2397		-8	9	
227	280	263	144	2397		-8	9	
227	280	263	144	2397		-8	9	
2937	77319	17	122853	61752	5496	87669	1888	57127
2937	77319	17	122853	61752	5496	87669	1888	57127
1050	11807	56	4978	10820	1098	7326	56	7337
606			4250	4317	391	4023	35	4024
547			1282	2326	185	3965	-12	3977
0			2175	725	148	-2	47	47
58			793	1266	58	60		
28	56	56	491	1192	181	2696	5	2700
28	56	56	491	1192	181	2696	5	2700

8-8

行　业	营业收入	#主营业务收入	营业成本	#主营业务成本	营业税金及附加
炸药、火工及焰火产品制造	41298	29547	31119	20590	417
炸药及火工产品制造	41298	29547	31119	20590	417
非金属矿物制品业	159608	155188	143610	140323	913
水泥、石灰和石膏制造	48955	48936	46268	46262	330
水泥制造	48955	48936	46268	46262	330
玻璃制造	75375	71252	67570	64290	346
平板玻璃制造	75375	71252	67570	64290	346
玻璃制品制造	20397	20119	16875	16875	25
技术玻璃制品制造	20397	20119	16875	16875	25
耐火材料制品制造	14881	14881	12897	12897	212
耐火陶瓷制品及其他耐火材料制造	14881	14881	12897	12897	212
黑色金属冶炼和压延加工业	973549	951452	844151	823493	2825
炼铁	166377	145401	153618	134053	685
炼钢	28740	28740	45923	45923	
黑色金属铸造	59111	57997	50781	49691	42
钢压延加工	534169	534169	449326	449326	1398
铁合金冶炼	185152	185146	144503	144499	700
有色金属冶炼和压延加工业	1706839	1701870	1482597	1480861	9785
常用有色金属冶炼	1706839	1701870	1482597	1480861	9785
铝冶炼	1684239	1679270	1460811	1459075	9641
镁冶炼	22601	22601	21786	21786	144
金属制品业	6006	5948	5041	4712	31
建筑、安全用金属制品制造	6006	5948	5041	4712	31
其他建筑、安全用金属制品制造	6006	5948	5041	4712	31
专用设备制造业	10070	2093	9180	1757	55
采矿、冶金、建筑专用设备制造	10070	2093	9180	1757	55
矿山机械制造	10070	2093	9180	1757	55
电气机械和器材制造业	186297	186297	147732	147732	448
输配电及控制设备制造	186297	186297	147732	147732	448
光伏设备及元器件制造	186297	186297	147732	147732	448
电力、热力、燃气及水生产和供应业	**89180**	**83863**	**81091**	**75710**	**403**
电力、热力生产和供应业	80126	75103	76755	71373	179
电力生产	80126	75103	76755	71373	179
火力发电	80126	75103	76755	71373	179
燃气生产和供应业	9054	8760	4336	4336	224

续表5

单位：万元

#主营业务税金及附加	其他业务收入	其他业务利润	销售费用	管理费用	#税金	财务费用	#利息收入	#利息支出
417	11751		236	5312	526	607	16	613
417	11751		236	5312	526	607	16	613
913	4420	855	3455	12878	775	11760	137	11257
330	19	13	974	7657	628	5828	3	5821
330	19	13	974	7657	628	5828	3	5821
346	4124	843	249	2732		5627	134	5130
346	4124	843	249	2732		5627	134	5130
25	278		2036	1287	140	24		24
25	278		2036	1287	140	24		24
212			196	1202	7	282		282
212			196	1202	7	282		282
2825	22097	434	9963	50048	6500	35331	640	35425
685	20976	432	2122	8671	678	2630	371	2660
			5	2090	1462	1781	121	1660
42	1115		356	4753	548	5005	2	4385
1398			471	23222	3335	21654	-141	22827
700	6	2	7009	11312	477	4261	286	3893
9673	4969	3234	15165	38412	4899	43408	8859	48879
9673	4969	3234	15165	38412	4899	43408	8859	48879
9529	4969	3234	14991	37184	4814	43283	8859	48741
144			173	1228	85	124		138
31	57			1241				
31	57			1241				
31	57			1241				
16	7977		68	765	3		2	1
16	7977		68	765	3		2	1
16	7977		68	765	3		2	1
448			4075	13353	37	9349	645	10157
448			4075	13353	37	9349	645	10157
448			4075	13353	37	9349	645	10157
403	**5317**			**6928**	**1216**	**11413**	**-211**	**11298**
179	5023			4690	1216	11484	-211	11726
179	5023			4690	1216	11484	-211	11726
179	5023			4690	1216	11484	-211	11726
224	294			2238		-71	0	-428

8-8

行　　业	营业利润	资产减值损失	公允价值变动收益	投资收益	营业外收　入	政府补助
总　计	**89154**	**24084**	**-196**	**8962**	**30890**	**10210**
采矿业	**-158689**	**11676**		**6580**	**16828**	**7586**
煤炭开采和洗选业	-165263	11676		6580	14031	4806
烟煤和无烟煤开采洗选	-165263	11676		6580	14031	4806
黑色金属矿采选业	6519				2797	2780
铁矿采选	6519				2797	2780
有色金属矿采选业	55					
常用有色金属矿采选	55					
铝矿采选	55					
制造业	**258960**	**10656**	**143**	**753**	**13596**	**2478**
农副食品加工业	63072	374		11	1953	535
饲料加工	60061	267		11	1145	363
屠宰及肉类加工	1047	107			249	171
禽类屠宰	1047	107			249	171
蔬菜、水果和坚果加工	386					
水果和坚果加工	386					
其他农副食品加工	1579				558	
其他未列明农副食品加工	1579				558	
酒、饮料和精制茶制造业	66371	2942	46	2685	1061	
酒的制造	66363	2942	46	2685	1061	
白酒制造	66363	2942	46	2685	1061	
饮料制造	8					
果菜汁及果菜汁饮料制造	8					
印刷和记录媒介复制业	199				27	25
印刷	199				27	25
书、报刊印刷	199				27	25
石油加工、炼焦和核燃料加工业	-18655	5743	-193	-1867	2028	825
炼焦	-18655	5743	-193	-1867	2028	825
化学原料和化学制品制造业	2540	418		331	51	
基础化学原料制造	-1197	331		331	49	
无机碱制造	-1786	331		331	48	
无机盐制造	459					
其他基础化学原料制造	130					
肥料制造	218					
氮肥制造	218					

续表6

单位：万元

营业外支出	利润总额	所得税费用	亏损企业亏损总额	利税总额	应交税金及附加	本年应付职工薪酬	本年应交增值税	从业人员平均人数（人）
44908	**75136**	**140333**	**601130**	**1024317**	**1133952**	**958157**	**582184**	**171273**
28270	**-170132**	**53082**	**456552**	**458423**	**701991**	**673301**	**383613**	**99205**
27764	-178996	52087	456552	421537	671319	656822	358706	97056
27764	-178996	52087	456552	421537	671319	656822	358706	97056
506	8810	982		35591	29419	16479	24341	1391
506	8810	982		35591	29419	16479	24341	1391
1	55	14		1294	1253		567	758
1	55	14		1294	1253		567	758
1	55	14		1294	1253		567	758
16326	**256229**	**87251**	**133040**	**574421**	**428310**	**274262**	**196538**	**70022**
1057	63967	632		66048	3393	25235	2077	7103
978	60228	536		60231	1035	18121		5052
24	1272			3109	2021	5518	1836	1440
24	1272			3109	2021	5518	1836	1440
	386	97		627	337	471	241	246
	386	97		627	337	471	241	246
55	2081			2081		1125		365
55	2081			2081		1125		365
1909	65523	32403		233883	204142	48262	64986	12595
1908	65517	32397		233880	204139	48238	65011	12113
1908	65517	32397		233880	204139	48238	65011	12113
2	6	6		4	4	24	-25	482
2	6	6		4	4	24	-25	482
2	223	52		1279	1109	4290	830	558
2	223	52		1279	1109	4290	830	558
2	223	52		1279	1109	4290	830	558
6060	-22687	5620	72287	8622	42425	66445	28368	18526
6060	-22687	5620	72287	8622	42425	66445	28368	18526
138	2453	954	1975	9799	9397	13922	6295	4274
75	-1223	176	1975	1958	3748	8766	2575	2848
41	-1778	46	1975	1345	3354	4658	2575	1655
1	458	106		458	254	1648		597
33	97	24		155	140	2459		596
57	160			490	510	1881	302	650
57	160			490	510	1881	302	650

行　业	营业利润	资产减值损失	公允价值变动收益	投资收益	营业外收　入	政府补助
炸药、火工及焰火产品制造	3519	87			3	
炸药及火工产品制造	3519	87			3	
非金属矿物制品业	-13057	48			385	83
水泥、石灰和石膏制造	-12150	48			361	83
水泥制造	-12150	48			361	83
玻璃制造	-1148				17	
平板玻璃制造	-1148				17	
玻璃制品制造	149				7	
技术玻璃制品制造	149				7	
耐火材料制品制造	92					
耐火陶瓷制品及其他耐火材料制造	92					
黑色金属冶炼和压延加工业	30986	246			1002	10
炼铁	-1349				347	
炼钢	-21059				3	
黑色金属铸造	-1825				221	
钢压延加工	38098					
铁合金冶炼	17122	246			432	10
有色金属冶炼和压延加工业	117066			-407	5514	1000
常用有色金属冶炼	117066			-407	5514	1000
铝冶炼	117920			-407	5507	1000
镁冶炼	-854				7	
金属制品业	-18		291		23	
建筑、安全用金属制品制造	-18		291		23	
其他建筑、安全用金属制品制造	-18		291		23	
专用设备制造业	3				25	
采矿、冶金、建筑专用设备制造	3				25	
矿山机械制造	3				25	
电气机械和器材制造业	10454	886			1525	
输配电及控制设备制造	10454	886			1525	
光伏设备及元器件制造	10454	886			1525	
电力、热力、燃气及水生产和供应业	**-11117**	**1752**	**-339**	**1629**	**467**	**146**
电力、热力生产和供应业	-11693		-339	1629	467	146
电力生产	-11693		-339	1629	467	146
火力发电	-11693		-339	1629	467	146
燃气生产和供应业	576	1752				

续表7

单位：万元

营业外支　出	利润总额	所得税费用	亏损企业亏损总额	利税总额	应交税金及附加	本年应付职工薪酬	本年应交增值税	从业人员平均人数(人)
6	3516	777		7352	5138	3275	3418	776
6	3516	777		7352	5138	3275	3418	776
271	-12942	40	14360	-5528	8229	16191	6501	3810
147	-11936	26	13111	-8938	3652	8348	2668	1347
147	-11936	26	13111	-8938	3652	8348	2668	1347
119	-1250		1250	583	1832	4812	1487	1654
119	-1250		1250	583	1832	4812	1487	1654
5	152			464	453	2044	287	478
5	152			464	453	2044	287	478
	92	14		2363	2292	987	2060	331
	92	14		2363	2292	987	2060	331
1881	30106	11682	28208	62645	50720	46480	29714	13625
236	-1238		3987	4653	6569	7886	5206	2749
7	-21063		21063	-21063	1462	1661		1500
1553	-3158	2	3158	-2813	894	5824	303	1456
	38098	9524		53469	28231	22794	13973	6320
86	17467	2156		28399	13564	8315	10232	1600
4998	117582	34065	16210	184629	106011	46980	57262	6970
4998	117582	34065	16210	184629	106011	46980	57262	6970
4993	118434	34064	15348	184066	104510	43580	55991	6271
5	-852	1	862	563	1501	3401	1271	699
	6	1		294	290	1961	257	456
	6	1		294	290	1961	257	456
	6	1		294	290	1961	257	456
4	24	6		327	312	1015	248	322
4	24	6		327	312	1015	248	322
4	24	6		327	312	1015	248	322
5	11974	1796		12422	2281	3482		1783
5	11974	1796		12422	2281	3482		1783
5	11974	1796		12422	2281	3482		1783
312	**-10962**		**11537**	**-8527**	**3651**	**10593**	**2033**	**2046**
311	-11537		11537	-8051	4703	9018	3308	1710
311	-11537		11537	-8051	4703	9018	3308	1710
311	-11537		11537	-8051	4703	9018	3308	1710
	576			-476	-1052	1575	-1275	336

8-9 国有控股工业企业主要

类　别	企　业单位数(个)	#亏损企业	工业总产值(当年价格)	工业销售产值(当年价格)	#出口交货值
总　计	**61**	**30**	**3932683**	**3819096**	**24152**
一、按登记注册类型分组:					
内资企业	60	30	3649605	3559428	24152
国有企业	6	4	43579	44380	
地方企业	6	4	43579	44380	
联营企业	1	1	6543	6543	
其他联营企业	1	1	6543	6543	
有限责任公司	43	21	2798544	2705759	24152
国有独资公司	7	3	1300292	1266456	14904
其他有限责任公司	36	18	1498252	1439303	9248
股份有限公司	10	4	800939	802746	
私营企业					
其他企业					
港、澳、台商投资企业	1		283078	259668	
合资经营企业(港或澳、台资)	1		283078	259668	
外商投资企业					
二、按经济组织类型分组					
独资企业	6	4	43579	44380	
国有企业	6	4	43579	44380	
合作、合伙企业	1	1	6543	6543	
其他联营企业	1	1	6543	6543	
股份有限公司	10	4	800939	802746	
股份有限公司(内资)	10	4	800939	802746	
有限责任公司	44	21	3081621	2965428	24152
国有独资公司	7	3	1300292	1266456	14904
合资经营企业(港或澳、台资)	1		283078	259668	
中外合资经营企业					
其他有限责任公司	36	18	1498252	1439303	9248
三、在总计中:亏损企业	30	30	976834	969962	9248
在总计中:国有控股企业	61	30	3932683	3819096	24152
在总计中:农村工业					
在总计中:轻工业	5	2	570448	552030	2569
重工业	56	28	3362235	3267066	21583
在总计中:大型企业	13	6	2550169	2451920	24152
中型企业	30	13	1042411	1025464	
小型企业	14	8	312346	313956	
微型企业	4	3	27757	27757	

经济指标(综合分组)(2016年)

单位：万元

年初存货	#产成品	资产总计	流动资产合计	应收账款	存货	#产成品	固定资产合计	固定资产原价
826180	**345888**	**16043710**	**4272006**	**761556**	**869908**	**376122**	**6438811**	**8922417**
792158	345732	15347748	4214885	761556	813212	375957	5935387	8453249
5723	2118	723158	41985	6469	2914	1794	111462	137207
5723	2118	723158	41985	6469	2914	1794	111462	137207
		1343	1010	405	353		210	210
		1343	1010	405	353		210	210
695792	333410	11684393	3560138	609749	710887	358983	4185857	5955311
439144	171128	3229607	1371522	296943	417042	189008	1131908	1620361
256648	162282	8454786	2188616	312806	293845	169975	3053949	4334950
90644	10205	2938854	611752	144932	99058	15180	1637858	2360522
34022	156	695962	57121		56697	166	503423	469168
34022	156	695962	57121		56697	166	503423	469168
5723	2118	723158	41985	6469	2914	1794	111462	137207
5723	2118	723158	41985	6469	2914	1794	111462	137207
		1343	1010	405	353		210	210
		1343	1010	405	353		210	210
90644	10205	2938854	611752	144932	99058	15180	1637858	2360522
90644	10205	2938854	611752	144932	99058	15180	1637858	2360522
729813	333565	12380356	3617259	609749	767583	359148	4689281	6424479
439144	171128	3229607	1371522	296943	417042	189008	1131908	1620361
34022	156	695962	57121		56697	166	503423	469168
256648	162282	8454786	2188616	312806	293845	169975	3053949	4334950
267577	146607	6443509	1860961	209151	312413	175621	2002777	3298443
826180	345888	16043710	4272006	761556	869908	376122	6438811	8922417
316273	115408	1195891	765623	14186	303275	125829	185931	206621
509907	230480	14847819	3506383	747369	566633	250294	6252880	8715797
650919	275487	9457030	3121096	531305	668885	307861	3221148	4794546
146169	62974	5117944	920574	180958	177555	62166	2287110	2897519
28957	7427	1262641	186767	39585	23006	6096	895513	1192934
136		206096	43570	9708	463		35039	37418

8-9

类　别	累计折旧	#本年折旧	负债合计	流动负债合计	#应付账款
总　计	**2874459**	**329184**	**12116371**	**8461440**	**1639019**
一、按登记注册类型分组:					
内资企业	2825745	311318	11629185	8135882	1576429
国有企业	30435	5975	476665	369990	8696
地方企业	30435	5975	476665	369990	8696
联营企业			1624	1624	405
其他联营企业			1624	1624	405
有限责任公司	1997130	218948	9427336	6615007	1286597
国有独资公司	498534	92888	1927824	1297635	243780
其他有限责任公司	1498596	126060	7499512	5317372	1042817
股份有限公司	798180	86395	1723560	1149262	280732
私营企业					
其他企业					
港、澳、台商投资企业	48714	17867	487186	325558	62589
合资经营企业(港或澳、台资)	48714	17867	487186	325558	62589
外商投资企业					
二、按经济组织类型分组					
独资企业	30435	5975	476665	369990	8696
国有企业	30435	5975	476665	369990	8696
合作、合伙企业			1624	1624	405
其他联营企业			1624	1624	405
股份有限公司	798180	86395	1723560	1149262	280732
股份有限公司(内资)	798180	86395	1723560	1149262	280732
有限责任公司	2045844	236814	9914522	6940564	1349186
国有独资公司	498534	92888	1927824	1297635	243780
合资经营企业(港或澳、台资)	48714	17867	487186	325558	62589
中外合资经营企业					
其他有限责任公司	1498596	126060	7499512	5317372	1042817
三、在总计中:亏损企业	1351464	88312	5648438	3870873	769541
在总计中:国有控股企业	2874459	329184	12116371	8461440	1639019
在总计中:农村工业					
在总计中:轻工业	32190	10264	523700	424503	76877
重工业	2842269	318921	11592672	8036937	1562141
在总计中:大型企业	1804946	199228	6791765	4586977	964548
中型企业	763079	95464	4167012	3317721	517197
小型企业	303655	33039	951965	427384	125912
微型企业	2780	1453	205630	129358	31363

续表1

单位：万元

非流动负债合计	所有者权益合计	#实收资本	国家资本	集体资本	法人资本	个人资本	港澳台资本	外商资本
3408821	**3927338**	**2688200**	**1868978**	**10591**	**637895**	**96736**	**74000**	
3247192	3718562	2503200	1868978	10591	526895	96736		
71477	246492	17734	14972			2762		
71477	246492	17734	14972			2762		
	-281	333	333					
	-281	333	333					
2781027	2257057	1651008	1190430	5365	376139	79074		
630189	1301783	607247	607247					
2150838	955274	1043761	583183	5365	376139	79074		
394689	1215294	834126	663244	5226	150756	14900		
161629	208776	185000			111000		74000	
161629	208776	185000			111000		74000	
71477	246492	17734	14972			2762		
71477	246492	17734	14972			2762		
	-281	333	333					
	-281	333	333					
394689	1215294	834126	663244	5226	150756	14900		
394689	1215294	834126	663244	5226	150756	14900		
2942655	2465833	1836008	1190430	5365	487139	79074	74000	
630189	1301783	607247	607247					
161629	208776	185000			111000		74000	
2150838	955274	1043761	583183	5365	376139	79074		
1566647	795070	749353	403668	7161	290105	48419		
3408821	3927338	2688200	1868978	10591	637895	96736	74000	
99190	672191	96768	96768					
3309631	3255147	2591432	1772210	10591	637895	96736	74000	
2204787	2665265	1669875	1486299		153488	30089		
800568	950932	753502	342486	5650	285811	45555	74000	
327194	310676	255501	35211	4941	195157	20192		
76272	466	9323	4983		3440	900		

8-9

类　别	营业收入	#主营业务收入	营业成本	#主营业务成本	营业税金及附加
总　计	**5333829**	**5236827**	**3964603**	**3859318**	**239616**
一、按登记注册类型分组:					
内资企业	5074125	4978499	3738744	3634134	236514
国有企业	55099	55078	42934	42933	1930
地方企业	55099	55078	42934	42933	1930
联营企业	6543	6543	7090	7090	45
其他联营企业	6543	6543	7090	7090	45
有限责任公司	4214938	4131776	3252095	3156537	202132
国有独资公司	2241179	2215900	1772433	1728934	116436
其他有限责任公司	1973759	1915876	1479663	1427603	85696
股份有限公司	797545	785103	436625	427574	32407
私营企业					
其他企业					
港、澳、台商投资企业	259704	258328	225859	225184	3102
合资经营企业(港或澳、台资)	259704	258328	225859	225184	3102
外商投资企业					
二、按经济组织类型分组					
独资企业	55099	55078	42934	42933	1930
国有企业	55099	55078	42934	42933	1930
合作、合伙企业	6543	6543	7090	7090	45
其他联营企业	6543	6543	7090	7090	45
股份有限公司	797545	785103	436625	427574	32407
股份有限公司(内资)	797545	785103	436625	427574	32407
有限责任公司	4474642	4390104	3477954	3381720	205234
国有独资公司	2241179	2215900	1772433	1728934	116436
合资经营企业(港或澳、台资)	259704	258328	225859	225184	3102
中外合资经营企业					
其他有限责任公司	1973759	1915876	1479663	1427603	85696
三、在总计中:亏损企业	1348687	1305156	1152369	1084937	48316
在总计中:国有控股企业	5333829	5236827	3964603	3859318	239616
在总计中:农村工业					
在总计中:轻工业	1468876	1465199	1123321	1123186	98445
重工业	3864953	3771628	2841281	2736131	141171
在总计中:大型企业	3911641	3856548	2849653	2779257	190179
中型企业	1076156	1035725	836258	802320	44987
小型企业	318276	316798	254316	253366	4405
微型企业	27757	27757	24376	24376	45

续表2

单位：万元

#主营业务税金及附加	其他业务收入	其他业务利润	销售费用	管理费用	#税金	财务费用	#利息收入	#利息支出
230516	**97002**	**-3070**	**361872**	**397726**	**17436**	**246030**	**9685**	**235240**
227414	95626	-3771	357011	393556	17377	234892	9489	223906
1930	21		7762	10688	90	1079	32	1125
1930	21		7762	10688	90	1079	32	1125
45				26				
45				26				
193236	83162	-7113	196952	330603	16053	188018	6927	174632
107553	25279	-9223	107020	157439	7464	33774	4247	37988
85683	57883	2110	89931	173164	8589	154244	2680	136644
32203	12443	3342	152297	52239	1234	45795	2530	48149
3102	1376	701	4861	4169	59	11138	196	11334
3102	1376	701	4861	4169	59	11138	196	11334
1930	21		7762	10688	90	1079	32	1125
1930	21		7762	10688	90	1079	32	1125
45				26				
45				26				
32203	12443	3342	152297	52239	1234	45795	2530	48149
32203	12443	3342	152297	52239	1234	45795	2530	48149
196338	84538	-6413	201812	334773	16112	199156	7123	185966
107553	25279	-9223	107020	157439	7464	33774	4247	37988
3102	1376	701	4861	4169	59	11138	196	11334
85683	57883	2110	89931	173164	8589	154244	2680	136644
39335	43531	-13126	56613	128192	8551	98615	2097	98099
230516	97002	-3070	361872	397726	17436	246030	9685	235240
98445	3677	263	94384	83599	3354	3820	3592	7212
132071	93325	-3334	267488	314127	14082	242209	6093	228028
181289	55093	-5323	322543	302848	11496	141216	7952	131769
44869	40432	2224	27631	76534	4839	72826	1766	72819
4313	1477	29	11698	18045	1101	29424	-48	29173
45				299		2564	15	1478

8-9

类　　别	营业利润	资产减值损失	公允价值变动收益	投资收益	营业外收　入	政府补助
总　计	**117583**	**16636**	**-293**	**10679**	**27972**	**9524**
一、按登记注册类型分组:						
内资企业	107008	16636	-293	10679	26929	8524
国有企业	-9294				117	34
地方企业	-9294				117	34
联营企业	-619					
其他联营企业	-619					
有限责任公司	40340	15058	-293	10554	13557	7106
国有独资公司	51537	6554	-293	4309	5970	2958
其他有限责任公司	-11197	8504		6246	7587	4148
股份有限公司	76580	1578		125	13256	1384
私营企业						
其他企业						
港、澳、台商投资企业	10575				1043	1000
合资经营企业(港或澳、台资)	10575				1043	1000
外商投资企业						
二、按经济组织类型分组						
独资企业	-9294				117	34
国有企业	-9294				117	34
合作、合伙企业	-619					
其他联营企业	-619					
股份有限公司	76580	1578		125	13256	1384
股份有限公司(内资)	76580	1578		125	13256	1384
有限责任公司	50916	15058	-293	10554	14600	8106
国有独资公司	51537	6554	-293	4309	5970	2958
合资经营企业(港或澳、台资)	10575				1043	1000
中外合资经营企业						
其他有限责任公司	-11197	8504		6246	7587	4148
三、在总计中:亏损企业	-137364	9120	-339	7513	6751	4509
在总计中:国有控股企业	117583	16636	-293	10679	27972	9524
在总计中:农村工业						
在总计中:轻工业	65096	2942	46	2685	1075	59
重工业	52487	13695	-339	7994	26897	9465
在总计中:大型企业	102795	11500	46	9048	14879	7485
中型企业	15017	4193	-339	1629	4073	1252
小型企业	-691	932		3	8932	747
微型企业	461	12			88	40

续表3

单位：万元

营业外支　出	利润总额	所得税费用	亏损企业亏损总额	利税总额	应交税金及附加	本年应付职工薪酬	本年应交增值税	从业人员平均人数（人）
24375	**121180**	**70185**	**143036**	**659820**	**626261**	**525207**	**299023**	**80614**
22947	110990	66841	143036	641376	614603	513302	293872	79802
1363	-10541	235	12123	-7390	3474	12398	1220	2713
1363	-10541	235	12123	-7390	3474	12398	1220	2713
	-619		619	-573	45	38		16
	-619		619	-573	45	38		16
17159	36738	49622	124850	477211	506148	419738	238341	69318
3634	53874	33392	31548	280900	267882	154012	110590	26095
13525	-17135	16230	93302	196311	238266	265726	127751	43223
4425	85410	16984	5445	172128	104936	81129	54311	7755
1428	10191	3345		18444	11658	11904	5152	812
1428	10191	3345		18444	11658	11904	5152	812
1363	-10541	235	12123	-7390	3474	12398	1220	2713
1363	-10541	235	12123	-7390	3474	12398	1220	2713
	-619		619	-573	45	38		16
	-619		619	-573	45	38		16
4425	85410	16984	5445	172128	104936	81129	54311	7755
4425	85410	16984	5445	172128	104936	81129	54311	7755
18586	46929	52967	124850	495655	517805	431642	243492	70130
3634	53874	33392	31548	280900	267882	154012	110590	26095
1428	10191	3345		18444	11658	11904	5152	812
13525	-17135	16230	93302	196311	238266	265726	127751	43223
12423	-143036	-1890	143036	-28955	120743	248158	65766	40741
24375	121180	70185	143036	659820	626261	525207	299023	80614
2025	64146	32147	714	227558	198912	52619	64966	12529
22350	57034	38038	142322	432262	427348	472588	234057	68085
9604	108070	60135	77992	524889	488450	350221	226640	52860
12603	6486	6539	52806	108346	113237	161731	56872	25153
2161	6080	3512	10477	25997	24529	12910	15511	2261
6	543		1762	589	45	345		340

8-10 国有控股工业企业主要经济

行　业	企　业单位数(个)	#亏损企业	工业总产值(当年价格)	工业销售产值(当年价格)	#出口交货值
总　计	**61**	**30**	**3932683**	**3819096**	**24152**
采矿业	**37**	**18**	**2261067**	**2215951**	**9248**
煤炭开采和洗选业	32	16	1882646	1826988	9248
烟煤和无烟煤开采洗选	32	16	1882646	1826988	9248
石油和天然气开采业					
黑色金属矿采选业	1		317820	328324	
铁矿采选	1		317820	328324	
有色金属矿采选业	4	2	60601	60640	
常用有色金属矿采选	4	2	60601	60640	
铝矿采选	4	2	60601	60640	
非金属矿采选业					
开采辅助活动					
其他采矿业					
制造业	**12**	**5**	**1345453**	**1278128**	**14904**
农副食品加工业					
食品制造业					
酒、饮料和精制茶制造业	2		554576	534856	2569
酒的制造	2		554576	534856	2569
白酒制造	2		554576	534856	2569
烟草制品业					
纺织业					
纺织服装、服饰业					
皮革、毛皮、羽毛及其制品和制鞋业					
木材加工和木、竹、藤、棕、草制品业					
家具制造业					
造纸和纸制品业					
印刷和记录媒介复制业	1		12982	13522	
印刷	1		12982	13522	
书、报刊印刷	1		12982	13522	
文教、工美、体育和娱乐用品制造业					
石油加工、炼焦和核燃料加工业	2	2	187375	179069	
炼焦	2	2	187375	179069	
化学原料和化学制品制造业	1		32565	29761	
炸药、火工及焰火产品制造	1		32565	29761	
炸药及火工产品制造	1		32565	29761	

指标(大中小类行业)(2016年)

单位：万元

年初存货	#产成品	资产总计	流动资产合计	应收账款	存货	#产成品	固定资产合计	固定资产原价
826180	**345888**	**16043710**	**4272006**	**761556**	**869908**	**376122**	**6438811**	**8922417**
324525	**141356**	**11126261**	**2555235**	**464926**	**316416**	**117883**	**4009478**	**5990837**
280706	112244	9928076	2403469	363977	295719	111067	3339404	5250244
280706	112244	9928076	2403469	363977	295719	111067	3339404	5250244
43733	29026	1172240	137769	98840	16670	3213	665618	737691
43733	29026	1172240	137769	98840	16670	3213	665618	737691
86	86	25944	13998	2109	4026	3603	4457	2902
86	86	25944	13998	2109	4026	3603	4457	2902
86	86	25944	13998	2109	4026	3603	4457	2902
486034	**203880**	**3067130**	**1423844**	**235538**	**536416**	**258065**	**1093506**	**1217206**
311941	112016	1164884	752744	11694	299071	122694	169440	175765
311941	112016	1164884	752744	11694	299071	122694	169440	175765
311941	112016	1164884	752744	11694	299071	122694	169440	175765
2166	1361	13299	7686	2329	1999	1384	4585	14056
2166	1361	13299	7686	2329	1999	1384	4585	14056
2166	1361	13299	7686	2329	1999	1384	4585	14056
85521	65202	535834	238282	29096	104260	85118	153841	268236
85521	65202	535834	238282	29096	104260	85118	153841	268236
1608	939	35284	23567	13431	1858	1310	9641	30814
1608	939	35284	23567	13431	1858	1310	9641	30814
1608	939	35284	23567	13431	1858	1310	9641	30814

8-10

行 业	企业单位数(个)	#亏损企业	工业总产值(当年价格)	工业销售产值(当年价格)	#出口交货值
医药制造业	1	1	159	921	
中成药生产	1	1	159	921	
化学纤维制造业					
橡胶和塑料制品业					
非金属矿物制品业	1	1	8940	9143	
水泥、石灰和石膏制造	1	1	8940	9143	
水泥制造	1	1	8940	9143	
黑色金属冶炼和压延加工业					
有色金属冶炼和压延加工业	2		349544	335172	
常用有色金属冶炼	2		349544	335172	
铝冶炼	2		349544	335172	
金属制品业					
通用设备制造业					
专用设备制造业	1	1	3185	2925	
采矿、冶金、建筑专用设备制造	1	1	3185	2925	
矿山机械制造	1	1	3185	2925	
汽车制造业					
铁路、船舶、航空航天和其他运输设备制造业					
电气机械和器材制造业	1		196128	172760	12335
输配电及控制设备制造	1		196128	172760	12335
光伏设备及元器件制造	1		196128	172760	12335
计算机、通信和其他电子设备制造业					
仪器仪表制造业					
其他制造业					
废弃资源综合利用业					
金属制品、机械和设备修理业					
电力、热力、燃气及水生产和供应业	**12**	**7**	**326163**	**325017**	
电力、热力生产和供应业	8	5	291695	290549	
电力生产	7	4	277763	276618	
火力发电	6	4	272248	271103	
太阳能发电	1		5515	5515	
热力生产和供应	1	1	13931	13931	
燃气生产和供应业	3	1	31737	31737	
水的生产和供应业	1	1	2732	2732	
自来水生产和供应	1	1	2732	2732	

续表1

单位：万元

年初存货	#产成品	资产总计	流动资产合计	应收账款	存 货	#产成品	固定资产合计	固定资产原价
2044	2032	9824	3848	-250	1943	1751	5976	5649
2044	2032	9824	3848	-250	1943	1751	5976	5649
2182	246	32434	5683	313	2879	151	24228	32274
2182	246	32434	5683	313	2879	151	24228	32274
2182	246	32434	5683	313	2879	151	24228	32274
50417	156	854857	96473		71463	805	620271	564729
50417	156	854857	96473		71463	805	620271	564729
50417	156	854857	96473		71463	805	620271	564729
4828	3706	20836	12110	7002	4843	3826	8414	14656
4828	3706	20836	12110	7002	4843	3826	8414	14656
4828	3706	20836	12110	7002	4843	3826	8414	14656
25326	18223	399879	283454	171922	48101	41027	97110	111027
25326	18223	399879	283454	171922	48101	41027	97110	111027
25326	18223	399879	283454	171922	48101	41027	97110	111027
15621	**652**	**1850319**	**292927**	**61092**	**17076**	**175**	**1335826**	**1714374**
12249	177	1751224	271759	59698	16002	175	1314360	1692611
12249	177	1682837	255670	55367	16002	175	1283143	1655080
12249	177	1628260	245549	47546	16002	175	1249225	1618828
		54577	10121	7821			33918	36252
		68387	16088	4331			31217	37531
3251	476	91211	19822	981	813		15536	10612
122		7884	1346	413	262		5931	11151
122		7884	1346	413	262		5931	11151

8-10

行　业	累计折旧	#本年折旧	负债合计	流动负债合计	#应付账款
总　计	**2874459**	**329184**	**12116371**	**8461440**	**1639019**
采矿业	**2226393**	**225747**	**8486572**	**6229622**	**982136**
煤炭开采和洗选业	2153961	163177	7694229	5753095	921712
烟煤和无烟煤开采洗选	2153961	163177	7694229	5753095	921712
石油和天然气开采业					
黑色金属矿采选业	72074	62361	770964	461497	54921
铁矿采选	72074	62361	770964	461497	54921
有色金属矿采选业	358	209	21380	15030	5503
常用有色金属矿采选	358	209	21380	15030	5503
铝矿采选	358	209	21380	15030	5503
非金属矿采选业					
开采辅助活动					
其他采矿业					
制造业	**245189**	**56341**	**2108053**	**1609990**	**418623**
农副食品加工业					
食品制造业					
酒、饮料和精制茶制造业	15049	9134	508064	410770	73571
酒的制造	15049	9134	508064	410770	73571
白酒制造	15049	9134	508064	410770	73571
烟草制品业					
纺织业					
纺织服装、服饰业					
皮革、毛皮、羽毛及其制品和制鞋业					
木材加工和木、竹、藤、棕、草制品业					
家具制造业					
造纸和纸制品业					
印刷和记录媒介复制业	9471	447	4631	3573	1159
印刷	9471	447	4631	3573	1159
书、报刊印刷	9471	447	4631	3573	1159
文教、工美、体育和娱乐用品制造业					
石油加工、炼焦和核燃料加工业	114395	13266	543506	533440	177667
炼焦	114395	13266	543506	533440	177667
化学原料和化学制品制造业	21173	862	23866	23866	11497
炸药、火工及焰火产品制造	21173	862	23866	23866	11497
炸药及火工产品制造	21173	862	23866	23866	11497

续表2

单位：万元

非流动负债合计	所有者权益合计	#实收资本	国家资本	集体资本	法人资本	个人资本	港澳台资本	外商资本
3408821	**3927338**	**2688200**	**1868978**	**10591**	**637895**	**96736**	**74000**	
2208228	**2639688**	**1736226**	**1525769**	**6585**	**166838**	**37035**		
1892412	2233847	1331884	1122326	6585	166838	36135		
1892412	2233847	1331884	1122326	6585	166838	36135		
309466	401277	400000	400000					
309466	401277	400000	400000					
6350	4565	4343	3443			900		
6350	4565	4343	3443			900		
6350	4565	4343	3443			900		
498063	**959077**	**573496**	**281792**	**4006**	**177180**	**36519**	**74000**	
97294	656820	91357	91357					
97294	656820	91357	91357					
97294	656820	91357	91357					
1058	8668	3007	3007					
1058	8668	3007	3007					
1058	8668	3007	3007					
10066	-7672	207443	120355		57000	30089		
10066	-7672	207443	120355		57000	30089		
	11418	1936	1936					
	11418	1936	1936					
	11418	1936	1936					

8-10

行业	累计折旧	#本年折旧	负债合计	流动负债合计	#应付账款
医药制造业	2450	214	8672	7957	876
中成药生产	2450	214	8672	7957	876
化学纤维制造业					
橡胶和塑料制品业					
非金属矿物制品业	8046	1628	26010	25996	6128
水泥、石灰和石膏制造	8046	1628	26010	25996	6128
水泥制造	8046	1628	26010	25996	6128
黑色金属冶炼和压延加工业					
有色金属冶炼和压延加工业	54446	22567	612675	443348	92717
常用有色金属冶炼	54446	22567	612675	443348	92717
铝冶炼	54446	22567	612675	443348	92717
金属制品业					
通用设备制造业					
专用设备制造业	6242	1015	12720	12157	3466
采矿、冶金、建筑专用设备制造	6242	1015	12720	12157	3466
矿山机械制造	6242	1015	12720	12157	3466
汽车制造业					
铁路、船舶、航空航天和其他运输设备制造业					
电气机械和器材制造业	13917	7208	367910	148884	51543
输配电及控制设备制造	13917	7208	367910	148884	51543
光伏设备及元器件制造	13917	7208	367910	148884	51543
计算机、通信和其他电子设备制造业					
仪器仪表制造业					
其他制造业					
废弃资源综合利用业					
金属制品、机械和设备修理业					
电力、热力、燃气及水生产和供应业	**402877**	**47097**	**1521746**	**621828**	**238260**
电力、热力生产和供应业	393157	46108	1389879	556585	235802
电力生产	386842	44073	1339113	536616	230897
火力发电	384508	42702	1296984	526957	230897
太阳能发电	2334	1372	42130	9659	
热力生产和供应	6314	2035	50766	19969	4905
燃气生产和供应业	4500	519	129534	63040	1188
水的生产和供应业	5220	469	2333	2203	1271
自来水生产和供应	5220	469	2333	2203	1271

续表3

单位：万元

非流动负债合计	所有者权益合计	#实收资本	国家资本	集体资本	法人资本	个人资本	港澳台资本	外商资本
715	1152	1600	1600					
715	1152	1600	1600					
14	6424	20030	16024	4006				
14	6424	20030	16024	4006				
14	6424	20030	16024	4006				
169327	242182	212000	17820		120180		74000	
169327	242182	212000	17820		120180		74000	
169327	242182	212000	17820		120180		74000	
563	8117	13123	6693			6430		
563	8117	13123	6693			6430		
563	8117	13123	6693			6430		
219026	31969	23000	23000					
219026	31969	23000	23000					
219026	31969	23000	23000					
702530	**328573**	**378478**	**61418**		**293878**	**23182**		
702407	361345	348362	46484		293878	8000		
671610	343724	340362	38484		293878	8000		
639140	331277	339372	38484		292888	8000		
32470	12447	990			990			
30797	17621	8000	8000					
	-38323	29312	14130			15182		
123	5551	804	804					
123	5551	804	804					

8-10

行　　业	营业收入	#主营业务收入	营业成本	#主营业务成本	营业税金及附加
总　计	**5333829**	**5236827**	**3964603**	**3859318**	**239616**
采矿业	**2759331**	**2692283**	**1928812**	**1847036**	**134962**
煤炭开采和洗选业	2383775	2321667	1612563	1535022	130926
烟煤和无烟煤开采洗选	2383775	2321667	1612563	1535022	130926
石油和天然气开采业					
黑色金属矿采选业	332129	328342	277896	275178	2441
铁矿采选	332129	328342	277896	275178	2441
有色金属矿采选业	43427	42275	38353	36835	1596
常用有色金属矿采选	43427	42275	38353	36835	1596
铝矿采选	43427	42275	38353	36835	1596
非金属矿采选业					
开采辅助活动					
其他采矿业					
制造业	**2245975**	**2222784**	**1764337**	**1747157**	**103144**
农副食品加工业					
食品制造业					
酒、饮料和精制茶制造业	1451387	1448011	1109906	1109787	98196
酒的制造	1451387	1448011	1109906	1109787	98196
白酒制造	1451387	1448011	1109906	1109787	98196
烟草制品业					
纺织业					
纺织服装、服饰业					
皮革、毛皮、羽毛及其制品和制鞋业					
木材加工和木、竹、藤、棕、草制品业					
家具制造业					
造纸和纸制品业					
印刷和记录媒介复制业	13802	13522	10843	10827	227
印刷	13802	13522	10843	10827	227
书、报刊印刷	13802	13522	10843	10827	227
文教、工美、体育和娱乐用品制造业					
石油加工、炼焦和核燃料加工业	205013	198638	164210	158372	521
炼焦	205013	198638	164210	158372	521
化学原料和化学制品制造业	41298	29547	31119	20590	417
炸药、火工及焰火产品制造	41298	29547	31119	20590	417
炸药及火工产品制造	41298	29547	31119	20590	417

续表4

单位：万元

#主营业务税金及附加	其他业务收入	其他业务利润	销售费用	管理费用	#税金	财务费用	#利息收入	#利息支出
230516	**97002**	**-3070**	**361872**	**397726**	**17436**	**246030**	**9685**	**235240**
126066	**67048**	**-4063**	**224488**	**264146**	**10441**	**167696**	**5444**	**153979**
122029	62108	-5133	223277	230047	8732	155012	5447	141289
122029	62108	-5133	223277	230047	8732	155012	5447	141289
2441	3787	1069		32583	1655	12690		12690
2441	3787	1069		32583	1655	12690		12690
1596	1152		1212	1515	54	-6	-3	
1596	1152		1212	1515	54	-6	-3	
1596	1152		1212	1515	54	-6	-3	
102940	**23191**	**993**	**129662**	**118105**	**5065**	**39668**	**4485**	**42943**
98196	3376		94062	80158	3318	3324	3585	6708
98196	3376		94062	80158	3318	3324	3585	6708
98196	3376		94062	80158	3318	3324	3585	6708
227	280	263	144	2397		-8	9	
227	280	263	144	2397		-8	9	
227	280	263	144	2397		-8	9	
521	6375		24502	8566	881	11741	23	10620
521	6375		24502	8566	881	11741	23	10620
417	11751		236	5312	526	607	16	613
417	11751		236	5312	526	607	16	613
417	11751		236	5312	526	607	16	613

8-10

行　　业	营业收入	#主营业务收入	营业成本	#主营业务成本	营业税金及附加
医药制造业	869	869	389	389	12
中成药生产	869	869	389	389	12
化学纤维制造业					
橡胶和塑料制品业					
非金属矿物制品业	9174	9143	8405	8403	92
水泥、石灰和石膏制造	9174	9143	8405	8403	92
水泥制造	9174	9143	8405	8403	92
黑色金属冶炼和压延加工业					
有色金属冶炼和压延加工业	335210	333832	288502	287826	3214
常用有色金属冶炼	335210	333832	288502	287826	3214
铝冶炼	335210	333832	288502	287826	3214
金属制品业					
通用设备制造业					
专用设备制造业	2925	2925	3231	3231	18
采矿、冶金、建筑专用设备制造	2925	2925	3231	3231	18
矿山机械制造	2925	2925	3231	3231	18
汽车制造业					
铁路、船舶、航空航天和其他运输设备制造业					
电气机械和器材制造业	186297	186297	147732	147732	448
输配电及控制设备制造	186297	186297	147732	147732	448
光伏设备及元器件制造	186297	186297	147732	147732	448
计算机、通信和其他电子设备制造业					
仪器仪表制造业					
其他制造业					
废弃资源综合利用业					
金属制品、机械和设备修理业					
电力、热力、燃气及水生产和供应业	**328523**	**321760**	**271454**	**265125**	**1510**
电力、热力生产和供应业	294025	287577	251768	245439	1046
电力生产	280093	273646	236361	230032	1023
火力发电	274579	268131	234809	228480	1023
太阳能发电	5515	5515	1552	1552	
热力生产和供应	13931	13931	15407	15406	24
燃气生产和供应业	31680	31386	17502	17502	453
水的生产和供应业	2818	2797	2184	2184	11
自来水生产和供应	2818	2797	2184	2184	11

续表5

单位：万元

#主营业务税金及附加	其他业务收入	其他业务利润	销售费用	管理费用	#税金	财务费用	#利息收入	#利息支出
12			178	321	22	443		442
12			178	321	22	443		442
	31	29	133	2110	135	661	1	659
	31	29	133	2110	135	661	1	659
	31	29	133	2110	135	661	1	659
3102	1378	701	6248	5307	93	13138	206	13331
3102	1378	701	6248	5307	93	13138	206	13331
3102	1378	701	6248	5307	93	13138	206	13331
18			84	580	53	414		414
18			84	580	53	414		414
18			84	580	53	414		414
448			4075	13353	37	9349	645	10157
448			4075	13353	37	9349	645	10157
448			4075	13353	37	9349	645	10157
1510	**6763**		**7722**	**15476**	**1930**	**38666**	**-244**	**38318**
1046	6448			9566	1917	38324	-242	38684
1023	6448			8599	1917	37728	-274	38064
1023	6448			8362	1917	36268	-293	36586
				237		1460	19	1478
24				966		596	32	620
453	294		7722	5188		281		-428
11	21			722	14	61	-2	62
11	21			722	14	61	-2	62

8-10

行　业	营业利润	资产减值损失	公允价值变动收益	投资收益	营业外收　入	政府补助
总　计	**117583**	**16636**	**-293**	**10679**	**27972**	**9524**
采矿业	**37553**	**8041**		**6366**	**13322**	**7566**
煤炭开采和洗选业	30276	8041		6366	10489	4786
烟煤和无烟煤开采洗选	30276	8041		6366	10489	4786
石油和天然气开采业						
黑色金属矿采选业	6519				2797	2780
铁矿采选	6519				2797	2780
有色金属矿采选业	758				37	
常用有色金属矿采选	758				37	
铝矿采选	758				37	
非金属矿采选业						
开采辅助活动						
其他采矿业						
制造业	**87884**	**5908**	**46**	**2685**	**6036**	**1739**
农副食品加工业						
食品制造业						
酒、饮料和精制茶制造业	65530	2942	46	2685	1010	
酒的制造	65530	2942	46	2685	1010	
白酒制造	65530	2942	46	2685	1010	
烟草制品业						
纺织业						
纺织服装、服饰业						
皮革、毛皮、羽毛及其制品和制鞋业						
木材加工和木、竹、藤、棕、草制品业						
家具制造业						
造纸和纸制品业						
印刷和记录媒介复制业	199				27	25
印刷	199				27	25
书、报刊印刷	199				27	25
文教、工美、体育和娱乐用品制造业						
石油加工、炼焦和核燃料加工业	-6503	1977			116	
炼焦	-6503	1977			116	
化学原料和化学制品制造业	3519	87			3	
炸药、火工及焰火产品制造	3519	87			3	
炸药及火工产品制造	3519	87			3	

续表6

单位：万元

营业外支出	利润总额	所得税费用	亏损企业亏损总额	利税总额	应交税金及附加	本年应付职工薪酬	本年应交增值税	从业人员平均人数(人)
24375	**121180**	**70185**	**143036**	**659820**	**626261**	**525207**	**299023**	**80614**
17046	**33829**	**26828**	**114523**	**382634**	**386074**	**419082**	**213843**	**59050**
16435	24329	25598	113883	342929	352930	401663	187674	56648
16435	24329	25598	113883	342929	352930	401663	187674	56648
506	8810	982		35591	29419	16479	24341	1391
506	8810	982		35591	29419	16479	24341	1391
105	690	248	640	4113	3726	939	1828	1011
105	690	248	640	4113	3726	939	1828	1011
105	690	248	640	4113	3726	939	1828	1011
5291	**88630**	**40100**	**10060**	**266395**	**222930**	**86902**	**74622**	**18390**
1902	64638	32095		226797	197572	47198	63963	11603
1902	64638	32095		226797	197572	47198	63963	11603
1902	64638	32095		226797	197572	47198	63963	11603
2	223	52		1279	1109	4290	830	558
2	223	52		1279	1109	4290	830	558
2	223	52		1279	1109	4290	830	558
252	-6639		6639	-3329	4191	11563	2789	2013
252	-6639		6639	-3329	4191	11563	2789	2013
6	3516	777		7352	5138	3275	3418	776
6	3516	777		7352	5138	3275	3418	776
6	3516	777		7352	5138	3275	3418	776

8-10

行　　业	营业利润	资产减值损失	公允价值变动收益	投资收益	营业外收　入	政府补助
医药制造业	-473					
中成药生产	-473					
化学纤维制造业						
橡胶和塑料制品业						
非金属矿物制品业	-2227				593	584
水泥、石灰和石膏制造	-2227				593	584
水泥制造	-2227				593	584
黑色金属冶炼和压延加工业						
有色金属冶炼和压延加工业	18802				2634	1000
常用有色金属冶炼	18802				2634	1000
铝冶炼	18802				2634	1000
金属制品业						
通用设备制造业						
专用设备制造业	-1417	16			130	130
采矿、冶金、建筑专用设备制造	-1417	16			130	130
矿山机械制造	-1417	16			130	130
汽车制造业						
铁路、船舶、航空航天和其他运输设备制造业						
电气机械和器材制造业	10454	886			1525	
输配电及控制设备制造	10454	886			1525	
光伏设备及元器件制造	10454	886			1525	
计算机、通信和其他电子设备制造业						
仪器仪表制造业						
其他制造业						
废弃资源综合利用业						
金属制品、机械和设备修理业						
电力、热力、燃气及水生产和供应业	**-7853**	**2688**	**-339**	**1629**	**8613**	**220**
电力、热力生产和供应业	-6477	937	-339	1629	8530	186
电力生产	-3415	937	-339	1629	8509	186
火力发电	-5681	937	-339	1629	8469	146
太阳能发电	2265				40	40
热力生产和供应	-3062				21	
燃气生产和供应业	-1216	1752			44	
水的生产和供应业	-160				39	34
自来水生产和供应	-160				39	34

续表7

单位：万元

营业外支出	利润总额	所得税费用	亏损企业亏损总额	利税总额	应交税金及附加	本年应付职工薪酬	本年应交增值税	从业人员平均人数（人）
19	-492		492	-394	120	309	86	153
19	-492		492	-394	120	309	86	153
2	-1636		1636	-576	1195	1205	968	216
2	-1636		1636	-576	1195	1205	968	216
2	-1636		1636	-576	1195	1205	968	216
3096	18339	5379		23947	11080	14823	2394	1118
3096	18339	5379		23947	11080	14823	2394	1118
3096	18339	5379		23947	11080	14823	2394	1118
6	-1294		1294	-1102	245	759	174	170
6	-1294		1294	-1102	245	759	174	170
6	-1294		1294	-1102	245	759	174	170
5	11974	1796		12422	2281	3482		1783
5	11974	1796		12422	2281	3482		1783
5	11974	1796		12422	2281	3482		1783
2038	**-1278**	**3258**	**18453**	**10791**	**17257**	**19223**	**10559**	**3174**
1917	136	3258	16156	12929	17968	14534	11747	2389
1881	3213	3258	13079	15982	17944	13685	11747	2106
1881	908	3258	13079	13677	17944	13404	11747	2087
	2305			2305		281		19
37	-3077		3077	-3053	24	849		283
19	-1191		2074	-2014	-822	3866	-1275	570
102	-223		223	-125	112	823	87	215
102	-223		223	-125	112	823	87	215

8-11 外商投资与港澳台投资工业

类别	企业单位数(个)	#亏损企业	工业总产值(当年价格)	工业销售产值(当年价格)	#出口交货值
总　计	**11**	**4**	**1407652**	**1397247**	**6221**
一、按登记注册类型分组:					
港、澳、台商投资企业	6	2	1175353	1175199	
合资经营企业(港或澳、台资)	2	1	340236	341304	
合作经营企业(港或澳、台资)	1		221580	221580	
港澳台商独资经营企业	1		534818	539160	
港澳台商投资股份有限公司	1	1	51931	46038	
其他港澳台商投资企业	1		26787	27117	
外商投资企业	5	2	232299	222048	6221
中外合资经营企业	4	1	205641	193998	6221
外资企业	1	1	26658	28050	
二、按经济组织类型分组					
独资企业	2	1	561476	567210	
港澳台商独资经营企业	1		534818	539160	
外资企业	1	1	26658	28050	
合作、合伙企业	2		248368	248697	
合作经营企业(港或澳、台资)	1		221580	221580	
其他港澳台商投资企业	1		26787	27117	
股份有限公司	1	1	51931	46038	
港澳台商投资股份有限公司	1	1	51931	46038	
有限责任公司	6	2	545877	535302	6221
合资经营企业(港或澳、台资)	2	1	340236	341304	
中外合资经营企业	4	1	205641	193998	6221
三、在总计中:亏损企业	4	4	194923	205031	
在总计中:国有控股企业	1		283078	259668	
在总计中:农村工业	1		59931	58172	
在总计中:轻工业	1		21044	17539	6221
重工业	10	4	1386608	1379708	
在总计中:大型企业	4	1	406177	398039	
中型企业	5	3	953643	954552	
小型企业	2		47832	44656	6221

企业主要经济指标(综合分组)(2016年)

单位：万元

年初存货	#产成品	资产总计	流动资产合计	应收账款	存　货	#产成品	固定资产合计	固定资产原价
259970	**31891**	**3544403**	**1397917**	**260941**	**262361**	**39636**	**1434573**	**2057380**
186652	19340	2682415	1110758	168080	223905	26436	1106453	1530373
43398	7155	1085415	257718	29960	64629	4710	677115	642859
38368		307519	236794	102314	47577	5164	52680	175656
97875	8688	949179	387109	11337	99342	6713	290447	532186
4054	2909	259016	155994	16729	10774	9374	78708	168132
2957	590	81286	73143	7741	1584	475	7504	11540
73318	12551	861988	287159	92861	38456	13200	328119	527007
69706	10955	677887	283004	92861	35869	12901	177284	336864
3612	1596	184101	4156		2587	299	150835	190143
101487	10284	1133280	391264	11337	101929	7012	441282	722329
97875	8688	949179	387109	11337	99342	6713	290447	532186
3612	1596	184101	4156		2587	299	150835	190143
41326	590	388805	309937	110055	49160	5639	60184	187196
38368		307519	236794	102314	47577	5164	52680	175656
2957	590	81286	73143	7741	1584	475	7504	11540
4054	2909	259016	155994	16729	10774	9374	78708	168132
4054	2909	259016	155994	16729	10774	9374	78708	168132
113104	18109	1763302	540722	122820	100498	17611	854399	979723
43398	7155	1085415	257718	29960	64629	4710	677115	642859
69706	10955	677887	283004	92861	35869	12901	177284	336864
24418	12103	1040832	420635	63616	28038	15580	460682	645937
34022	156	695962	57121		56697	166	503423	469168
8784	964	260070	96751	46746	9546	1059	74709	133854
12671	8678	29556	22988	5409	13996	8678	4731	5097
247299	23213	3514847	1374929	255533	248365	30959	1429841	2052283
95404	2277	955850	496810	189767	69450	9388	225233	507423
148938	20347	2477712	804976	58025	177332	21096	1197105	1533320
15628	9267	110842	96131	13150	15580	9152	12235	16637

8-11

类　别	累计折旧	#本年折旧	负债合计	流动负债合计	#应付账款
总　计	**784045**	**98785**	**2542048**	**1869549**	**466779**
一、按登记注册类型分组:					
港、澳、台商投资企业	585158	76812	2109701	1442562	434533
合资经营企业(港或澳、台资)	126983	18710	1052736	737197	259312
合作经营企业(港或澳、台资)	122976	11826	214336	92965	42084
港澳台商独资经营企业	241739	37645	504571	386617	59094
港澳台商投资股份有限公司	89424	8030	261804	182809	50131
其他港澳台商投资企业	4036	601	76254	42974	23912
外商投资企业	198887	21973	432347	426987	32246
中外合资经营企业	159580	15421	269148	269148	29890
外资企业	39308	6552	163199	157839	2356
二、按经济组织类型分组					
独资企业	281047	44197	667770	544457	61450
港澳台商独资经营企业	241739	37645	504571	386617	59094
外资企业	39308	6552	163199	157839	2356
合作、合伙企业	127012	12427	290590	135939	65997
合作经营企业(港或澳、台资)	122976	11826	214336	92965	42084
其他港澳台商投资企业	4036	601	76254	42974	23912
股份有限公司	89424	8030	261804	182809	50131
港澳台商投资股份有限公司	89424	8030	261804	182809	50131
有限责任公司	286562	34131	1321884	1006345	289202
合资经营企业(港或澳、台资)	126983	18710	1052736	737197	259312
中外合资经营企业	159580	15421	269148	269148	29890
三、在总计中:亏损企业	263523	20236	1111177	872912	258637
在总计中:国有控股企业	48714	17867	487186	325558	62589
在总计中:农村工业	59145	6600	74412	74412	8730
在总计中:轻工业	366	18	11241	11241	117
重工业	783679	98766	2530806	1858308	466661
在总计中:大型企业	282190	27229	472242	350871	71857
中型企业	497453	70937	1982310	1464463	370892
小型企业	4402	619	87496	54216	24029

续表1

单位：万元

非流动负债合计	所有者权益合计	#实收资本	国家资本	集体资本	法人资本	个人资本	港澳台资本	外商资本
672498	**1002356**	**714492**		**126**	**137900**	**60872**	**334800**	**180795**
667139	572714	507672			112000	60872	334800	
315538	32679	263000			111000		152000	
121371	93183	60872				60872		
117954	444608	138200					138200	
78995	-2788	44600					44600	
33280	5032	1000			1000			
5359	429641	206821		126	25900			180795
	408739	142568		126	25900			116542
5359	20902	64253						64253
123313	465510	202453					138200	64253
117954	444608	138200					138200	
5359	20902	64253						64253
154651	98215	61872			1000	60872		
121371	93183	60872				60872		
33280	5032	1000			1000			
78995	-2788	44600					44600	
78995	-2788	44600					44600	
315538	441418	405568		126	136900		152000	116542
315538	32679	263000			111000		152000	
	408739	142568		126	25900			116542
238265	-70344	224253			13100		122600	88553
161629	208776	185000			111000		74000	
	185657	80000			4000			76000
	18315	168		126				42
672498	984041	714324			137900	60872	334800	180753
121371	483608	203272			25900	60872		116500
517847	495402	510053			111000		334800	64253
33280	23346	1168		126	1000			42

8-11

类　别	营业收入	#主营业务收入	营业成本	#主营业务成本	营业税金及附加
总　计	**1394650**	**1358527**	**1190356**	**1157808**	**19681**
一、按登记注册类型分组:					
港、澳、台商投资企业	1130062	1125261	1001860	1000247	6734
合资经营企业(港或澳、台资)	340057	338680	299612	298936	3260
合作经营企业(港或澳、台资)	221580	221580	220942	220942	
港澳台商独资经营企业	493133	489709	419719	418782	3305
港澳台商投资股份有限公司	46038	46038	38325	38325	22
其他港澳台商投资企业	29255	29255	23262	23262	147
外商投资企业	264587	233266	188495	157560	12948
中外合资经营企业	237147	205845	161719	130790	12773
外资企业	27440	27421	26777	26771	175
二、按经济组织类型分组					
独资企业	520573	517130	446496	445553	3480
港澳台商独资经营企业	493133	489709	419719	418782	3305
外资企业	27440	27421	26777	26771	175
合作、合伙企业	250834	250834	244204	244204	147
合作经营企业(港或澳、台资)	221580	221580	220942	220942	
其他港澳台商投资企业	29255	29255	23262	23262	147
股份有限公司	46038	46038	38325	38325	22
港澳台商投资股份有限公司	46038	46038	38325	38325	22
有限责任公司	577205	544525	461331	429726	16032
合资经营企业(港或澳、台资)	340057	338680	299612	298936	3260
中外合资经营企业	237147	205845	161719	130790	12773
三、在总计中:亏损企业	208289	203119	189318	184093	2390
在总计中:国有控股企业	259704	258328	225859	225184	3102
在总计中:农村工业	66364	66364	41374	41374	4706
在总计中:轻工业	21194	21194	18081	18081	
重工业	1373456	1337334	1172275	1139726	19681
在总计中:大型企业	437533	406231	364579	333651	12773
中型企业	906668	901848	784433	782814	6761
小型企业	50449	50449	41343	41343	147

续表2

单位：万元

#主营业务税金及附加	其他业务收入	其他业务利润	销售费用	管理费用	#税金	财务费用	#利息收入	#利息支出
19681	**36122**	**3200**	**26347**	**46549**	**3641**	**38910**	**8798**	**45227**
6734	4801	3188	20013	23745	2528	32723	8983	38907
3260	1377	701	15427	12463	518	11111	196	11307
			136	141		315		315
3305	3424	2487	166	7358	1773	9658	8801	15632
22			3274	3372	201	8936		8936
147			1011	412	36	2703	-14	2717
12948	31321	13	6333	22804	1113	6187	-185	6320
12773	31303		5744	15896	670	363	-186	503
175	19	13	589	6909	443	5824	1	5817
3480	3443	2500	755	14266	2216	15482	8802	21449
3305	3424	2487	166	7358	1773	9658	8801	15632
175	19	13	589	6909	443	5824	1	5817
147			1146	553	36	3018	-14	3032
			136	141		315		315
147			1011	412	36	2703	-14	2717
22			3274	3372	201	8936		8936
22			3274	3372	201	8936		8936
16032	32680	701	21171	28358	1189	11474	10	11810
3260	1377	701	15427	12463	518	11111	196	11307
12773	31303		5744	15896	670	363	-186	503
2390	5170	13	15131	24517	1454	14731	-24	14736
3102	1376	701	4861	4169	59	11138	196	11334
4706			2006	5188	136	-77	-105	12
			443	352		475	11	462
19681	36122	3200	25904	46197	3641	38435	8787	44765
12773	31303		5437	15684	670	203	-197	357
6761	4820	3200	19456	30101	2935	35529	8998	41691
147			1454	764	36	3178	-3	3178

8-11

类　别	营业利润	资产减值损失	公允价值变动收益	投资收益	营业外收　入	政府补助
总　计	**72581**	**48**		**-178**	**4424**	**1908**
一、按登记注册类型分组:						
港、澳、台商投资企业	44595			-392	4402	1825
合资经营企业(港或澳、台资)	-1815				1049	1000
合作经营企业(港或澳、台资)	46					
港澳台商独资经营企业	52519			-407	2473	
港澳台商投资股份有限公司	-7875			16	880	825
其他港澳台商投资企业	1720					
外商投资企业	27985	48		213	22	83
中外合资经营企业	40867			213		
外资企业	-12881	48			22	83
二、按经济组织类型分组						
独资企业	39638	48		-407	2495	83
港澳台商独资经营企业	52519			-407	2473	
外资企业	-12881	48			22	83
合作、合伙企业	1766					
合作经营企业(港或澳、台资)	46					
其他港澳台商投资企业	1720					
股份有限公司	-7875			16	880	825
港澳台商投资股份有限公司	-7875			16	880	825
有限责任公司	39051			213	1049	1000
合资经营企业(港或澳、台资)	-1815				1049	1000
中外合资经营企业	40867			213		
三、在总计中:亏损企业	-37831	48		16	908	908
在总计中:国有控股企业	10575				1043	1000
在总计中:农村工业	13268			100		
在总计中:轻工业	1843					
重工业	70738	48		-178	4424	1908
在总计中:大型企业	39070			213		
中型企业	29948	48		-392	4424	1908
小型企业	3562					

续表3

单位：万元

营业外支　出	利润总额	所得税费用	亏损企业亏损总额	利税总额	应交税金及附加	本年应付职工薪酬	本年应交增值税	从业人员平均人数（人）
4360	**72644**	**27270**	**37426**	**155298**	**113565**	**70443**	**62973**	**10875**
3636	45362	16492	19553	91068	64727	32295	38973	4596
1593	-2360	3345	12550	7631	13853	14919	6731	1617
	46			1115	1069	7127	1069	1272
1696	53296	13148		86645	48270	8045	30045	805
8	-7003		7003	-6771	433	1537	210	800
338	1382			2448	1102	667	919	102
725	27282	10777	17873	64229	48838	38147	23999	6279
590	40277	10775	4878	75344	46513	32068	22295	5617
135	-12994	3	12994	-11115	2325	6079	1705	662
1832	40301	13150	12994	75531	50595	14124	31750	1467
1696	53296	13148		86645	48270	8045	30045	805
135	-12994	3	12994	-11115	2325	6079	1705	662
338	1428			3563	2171	7794	1988	1374
	46			1115	1069	7127	1069	1272
338	1382			2448	1102	667	919	102
8	-7003		7003	-6771	433	1537	210	800
8	-7003		7003	-6771	433	1537	210	800
2183	37917	14120	17429	82975	60366	46987	29025	7234
1593	-2360	3345	12550	7631	13853	14919	6731	1617
590	40277	10775	4878	75344	46513	32068	22295	5617
503	-37426	3	37426	-27803	11079	21537	7233	4079
1428	10191	3345		18444	11658	11904	5152	812
112	13156	3264		25898	16143	10774	8037	1999
	1843			1861	18	478	18	209
4360	70801	27270	37426	153437	113547	69965	62955	10666
590	38481	10775	4878	74599	47564	38717	23346	6680
3433	30939	16495	32547	76390	64881	30580	38690	3884
338	3225			4308	1120	1145	937	311

8-12 外商投资与港澳台投资工业

行业	企业单位数（个）	#亏损企业	工业总产值（当年价格）	工业销售产值（当年价格）	#出口交货值
总计	**11**	**4**	**1407652**	**1397247**	**6221**
采矿业	**4**	**1**	**211384**	**203576**	
煤炭开采和洗选业	4	1	211384	203576	
烟煤和无烟煤开采洗选	4	1	211384	203576	
制造业	**7**	**3**	**1196268**	**1193671**	**6221**
农副食品加工业	1		21044	17539	6221
蔬菜、水果和坚果加工	1		21044	17539	6221
水果和坚果加工	1		21044	17539	6221
石油加工、炼焦和核燃料加工业	3	2	330670	349254	
炼焦	3	2	330670	349254	
非金属矿物制品业	1	1	26658	28050	
水泥、石灰和石膏制造	1	1	26658	28050	
水泥制造	1	1	26658	28050	
有色金属冶炼和压延加工业	2		817895	798828	
常用有色金属冶炼	2		817895	798828	
铝冶炼	2		817895	798828	

8-12

行业	累计折旧	#本年折旧	负债合计	流动负债合计	#应付账款
总计	**784045**	**98785**	**2542048**	**1869549**	**466779**
采矿业	**163250**	**16004**	**334161**	**300881**	**53685**
煤炭开采和洗选业	163250	16004	334161	300881	53685
烟煤和无烟煤开采洗选	163250	16004	334161	300881	53685
制造业	**620795**	**82781**	**2207887**	**1568669**	**413094**
农副食品加工业	366	18	11241	11241	117
蔬菜、水果和坚果加工	366	18	11241	11241	117
水果和坚果加工	366	18	11241	11241	117
石油加工、炼焦和核燃料加工业	290669	20700	1041689	687413	288938
炼焦	290669	20700	1041689	687413	288938
非金属矿物制品业	39308	6552	163199	157839	2356
水泥、石灰和石膏制造	39308	6552	163199	157839	2356
水泥制造	39308	6552	163199	157839	2356
有色金属冶炼和压延加工业	290453	55511	991758	712175	121683
常用有色金属冶炼	290453	55511	991758	712175	121683
铝冶炼	290453	55511	991758	712175	121683

企业主要经济指标(大中小类行业)(2016年)

单位：万元

年初存货	#产成品	资产总计	流动资产合计	应收账款	存货	#产成品	固定资产合计	固定资产原价
259970	31891	3544403	1397917	260941	262361	39636	1434573	2057380
59993	2867	729617	333159	95193	23456	4698	180056	343306
59993	2867	729617	333159	95193	23456	4698	180056	343306
59993	2867	729617	333159	95193	23456	4698	180056	343306
199977	29024	2814786	1064758	165748	238904	34938	1254516	1714073
12671	8678	29556	22988	5409	13996	8678	4731	5097
12671	8678	29556	22988	5409	13996	8678	4731	5097
12671	8678	29556	22988	5409	13996	8678	4731	5097
51798	9908	955988	593385	149003	66283	19084	305080	517480
51798	9908	955988	593385	149003	66283	19084	305080	517480
3612	1596	184101	4156		2587	299	150835	190143
3612	1596	184101	4156		2587	299	150835	190143
3612	1596	184101	4156		2587	299	150835	190143
131897	8843	1645142	444230	11337	156038	6878	793870	1001354
131897	8843	1645142	444230	11337	156038	6878	793870	1001354
131897	8843	1645142	444230	11337	156038	6878	793870	1001354

续表1

单位：万元

非流动负债合计	所有者权益合计	#实收资本	国家资本	集体资本	法人资本	个人资本	港澳台资本	外商资本
672498	1002356	714492		126	137900	60872	334800	180795
33280	395457	143400			26900			116500
33280	395457	143400			26900			116500
33280	395457	143400			26900			116500
639218	606899	571092		126	111000	60872	334800	64295
	18315	168		126				42
	18315	168		126				42
	18315	168		126				42
354276	-85701	183472				60872	122600	
354276	-85701	183472				60872	122600	
5359	20902	64253						64253
5359	20902	64253						64253
5359	20902	64253						64253
279583	653384	323200			111000		212200	
279583	653384	323200			111000		212200	
279583	653384	323200			111000		212200	

8-12

行　　业	营业收入	#主营业务收入	营业成本	#主营业务成本	营业税金及附加
总　计	**1394650**	**1358527**	**1190356**	**1157808**	**19681**
采矿业	**245208**	**213906**	**166899**	**135971**	**12920**
煤炭开采和洗选业	245208	213906	166899	135971	12920
烟煤和无烟煤开采洗选	245208	213906	166899	135971	12920
制造业	**1149442**	**1144622**	**1023456**	**1021837**	**6761**
农副食品加工业	21194	21194	18081	18081	
蔬菜、水果和坚果加工	21194	21194	18081	18081	
水果和坚果加工	21194	21194	18081	18081	
石油加工、炼焦和核燃料加工业	347971	347970	333021	333019	180
炼焦	347971	347970	333021	333019	180
非金属矿物制品业	27440	27421	26777	26771	175
水泥、石灰和石膏制造	27440	27421	26777	26771	175
水泥制造	27440	27421	26777	26771	175
有色金属冶炼和压延加工业	752836	748037	645578	643966	6407
常用有色金属冶炼	752836	748037	645578	643966	6407
铝冶炼	752836	748037	645578	643966	6407

8-12

行　　业	营业利润	资产减值损失	公允价值变动收益	投资收益	营业外收　入	政府补助
总　计	**72581**	**48**		**-178**	**4424**	**1908**
采矿业	**40744**			**213**		
煤炭开采和洗选业	40744			213		
烟煤和无烟煤开采洗选	40744			213		
制造业	**31837**	**48**		**-392**	**4424**	**1908**
农副食品加工业	1843					
蔬菜、水果和坚果加工	1843					
水果和坚果加工	1843					
石油加工、炼焦和核燃料加工业	-20219			16	886	825
炼焦	-20219			16	886	825
非金属矿物制品业	-12881	48			22	83
水泥、石灰和石膏制造	-12881	48			22	83
水泥制造	-12881	48			22	83
有色金属冶炼和压延加工业	63095			-407	3515	1000
常用有色金属冶炼	63095			-407	3515	1000
铝冶炼	63095			-407	3515	1000

续表2

单位：万元

#主营业务税金及附加	其他业务收入	其他业务利润	销售费用	管理费用	#税金	财务费用	#利息收入	#利息支出
19681	**36122**	**3200**	**26347**	**46549**	**3641**	**38910**	**8798**	**45227**
12920	**31303**		**6311**	**15956**	**706**	**2591**	**-211**	**2759**
12920	31303		6311	15956	706	2591	-211	2759
12920	31303		6311	15956	706	2591	-211	2759
6761	**4820**	**3200**	**20035**	**30593**	**2935**	**36320**	**9009**	**42468**
			443	352		475	11	462
			443	352		475	11	462
			443	352		475	11	462
180	2		13976	11806	660	9225		9224
180	2		13976	11806	660	9225		9224
175	19	13	589	6909	443	5824	1	5817
175	19	13	589	6909	443	5824	1	5817
175	19	13	589	6909	443	5824	1	5817
6407	4799	3188	5027	11527	1832	20796	8997	26966
6407	4799	3188	5027	11527	1832	20796	8997	26966
6407	4799	3188	5027	11527	1832	20796	8997	26966

续表3

单位：万元

营业外支出	利润总额	所得税费用	亏损企业亏损总额	利税总额	应交税金及附加	本年应付职工薪酬	本年应交增值税	从业人员平均人数（人）
4360	**72644**	**27270**	**37426**	**155298**	**113565**	**70443**	**62973**	**10875**
928	**39816**	**10775**	**4878**	**75932**	**47597**	**32257**	**23195**	**5510**
928	39816	10775	4878	75932	47597	32257	23195	5510
928	39816	10775	4878	75932	47597	32257	23195	5510
3433	**32828**	**16495**	**32547**	**79366**	**65968**	**38185**	**39778**	**5365**
	1843			1861	18	478	18	209
	1843			1861	18	478	18	209
	1843			1861	18	478	18	209
174	-19507		19553	-16469	3697	11679	2858	2877
174	-19507		19553	-16469	3697	11679	2858	2877
135	-12994	3	12994	-11115	2325	6079	1705	662
135	-12994	3	12994	-11115	2325	6079	1705	662
135	-12994	3	12994	-11115	2325	6079	1705	662
3124	63486	16492		105089	59928	19950	35197	1617
3124	63486	16492		105089	59928	19950	35197	1617
3124	63486	16492		105089	59928	19950	35197	1617

主要统计指标解释

工业　从事自然资源的开采，对采掘品和农产品进行加工和再加工的物质生产部门。具体包括：(1)对自然资源的开采，如采矿、晒盐、森林采伐等(但不包括禽兽捕猎和水产捕捞)；(2)对农副产品的加工、再加工，如粮油加工、食品加工、轧花、缫丝、纺织、制革等；(3)对采掘品的加工、再加工，如炼铁、炼钢、化工生产、石油加工、机器制造、木材加工等，以及电力、自来水、煤气的生产和供应等；(4)对工业品的修理、翻新，如机器设备的修理、交通运输工具(包括小卧车)的修理等。

1984 年以前农村的村及村以下办工业归属农业，1984 年以后划归工业。

工业统计调查单位　工业统计调查单位分为两类：独立核算法人工业企业和工业活动单位。

(1)独立核算法人工业企业　指从事工业生产经营活动的单位。独立核算法人工业企业应同时具备以下条件：①依法成立，有自己的名称、组织机构和场所，能够承担民事责任；②独立拥有和使用资产，承担负债，有权与其他单位签订合同；③独立核算盈亏，并能够编制资产负债表。

(2)工业活动单位　指在一个场所从事一种或主要从事一种工业生产活动的经济单位。它包括独立核算工业企业按主营业务活动(即工业生产活动)划分的主营业务活动单位和非工业企业所属的工业生产活动单位(即原非独立核算工业生产单位)。工业活动单位，一般应同时具备以下三个条件：①具有一个场所，从事一种或主要从事一种工业活动；②单独组织工业生产、经营或业务活动；③单独核算收入和支出。

本年鉴中涉及的企业登记注册类型：

国有控股企业　国有企业和国有控股企业。国有企业（即过去的全民所有制工业或国营工业）是指企业全部资产归国家所有，并按《中华人民共和国企业法人登记管理条例》规定登记注册的非公司制的经济组织。包括国有企业、国有独资公司和国有联营企业。1957 年以前的公私合营和私营工业，后均改造为国营工业，1992 年改为国有工业，这部分工业的资料不单独分列时，均包括在国有企业内。国有控股企业是对混合所有制经济的企业进行的“国有控股”分类。它是指这些企业的全部资产中国有资产（股份）相对其他所有者中的任何一个所有者占资（股）最多的企业。该分组反映了国有经济控股情况。

集体企业　企业资产归集体所有，并按《中华人民共和国企业法人登记管理条例》规定登记注册的经济组织。是社会主义公有制经济的组成部分。包括城乡所有使用集体投资举办的企业，以及部分个人通过集资自愿放弃所有权并依法经工商行政管理机关认定为集体所有制的企业。

股份有限公司　根据《中华人民共和国企业法人登记管理条例》规定登记注册，其全部注册资本由等额股份构成并通过发行股票筹集资本，股东以其认购的股份对公司承担有限责任，公司以其全部资产对其债务承担责任的经济组织。

港、澳、台商投资企业　企业注册登记类型中的港、澳、台资合资、合作、独资经营企业和股份有限公司之和。

外商投资企业　企业注册登记类型中的中外合资、合作经营企业、外资企业和外商投资股份有限公司之和。

本年鉴中主要年份工业企业单位数涉及的名称为“其他”的企业　指除国有企业、集体企业以外的其他类型工业企业 (单位)。包括股份合作企业、联营企业、私营企业、股份有限公司、有限责任公司；外商投资企业(中外合资经营、中外合作经营、外资企业)；港、澳、台投资企业(与大陆合资经营、与大陆合作经营、港、澳、台独资企业)及其他企业。

轻工业　主要提供生活消费品和制作手工工具的工业。按其所使用的原料不同，可分为两大类：(1)以农产品为原料的轻工业，是指直接或间接以农产品为基本原料的轻工业。主要包括食品制造、饮料制造、烟草加工、纺织、缝纫、皮革和毛皮制作、造纸以及印刷等工业；(2)以非农产品为原料的轻工业，是指以工业品为原料的轻工业。主要包括文教体育用品、化学药品制造、合成纤维制造、日用化学制品、日用玻璃制品、日用金属制品、手工工具制造、医疗器械制造、文化和办公用机械制造等工业。

重工业 指为国民经济各部门提供物质技术基础的主要生产资料的工业。按其生产性质和产品用途，可以分为下列三类：(1)采掘工业，是指对自然资源的开采，包括石油开采、煤炭开采、金属矿开采、非金属矿开采和木材采伐等工业；(2)原材料工业，指向国民经济各部门提供基本材料、动力和燃料的工业。包括金属冶炼及加工、炼焦及焦炭、化学、化工原料、水泥、人造板以及电力、石油和煤炭加工等工业；(3)加工工业，是指对工业原材料进行再加工制造的工业。包括装备国民经济各部门的机械设备制造工业、金属结构、水泥制品等工业，以及为农业提供的生产资料如化肥、农药等工业。

根据上述划分原则，修理业中以重工业产品为修理作业对象的划为重工业，反之划为轻工业。从 2003 年起轻、重工业内部不再细划分。

工业增加值 指工业企业在报告期内以货币表现的工业生产活动的最终成果。

资产合计 企业拥有或控制的能以货币计量的经济资源。包括各种财产、债权和其他权利。资产按其流动性划分为流动资产、长期投资、固定资产、无形及递延资产和其他资产。

(1)流动资产 企业可以在一年内或者超过一年的一个生产周期内变现或耗用的资产合计。包括现金及各种存款、短期投资、应收及预付款项、存货等。

(2)固定资产 企业固定资产净值、固定资产清理、在建工程、待处理固定资产损失所占用的资金合计。

负债合计 企业承担的能以货币计量，将以资产或劳务偿付的债务。负债一般按偿还期长短分为流动负债和长期负债、递延税项等。

流动负债 企业在一年内或者超过一年的一个营业周期内需要偿还的债务合计，其中包括短期借款、应付及预收款项、应付工资、应交税金和应交利润等。

所有者权益 企业投资人对企业净资产的所有权。企业净资产等于企业全部资产减去全部负债后的余额，其中包括投资者对企业的最初投入，以及资本公积金、盈余公积金和未分配利润，股份制企业即为股东权益。

固定资产原价 企业在建造、购置、安装、改建、扩建、技术改造某项固定资产时所支出的全部货币总额。它一般包括买价、包装费、运杂费和安装费等。

主营业务收入 企业销售产品和提供劳务等主要经营业务取得的业务总额。

主营业务成本 企业销售产品和提供劳务等主要经营业务的实际成本。

主营业务税金及附加 企业销售产品和提供工业性劳务等主要经营业务应负担的城市维护建设税、消费税、资源税和教育费附加。

利润总额 企业在生产经营过程中各种收入扣除各种耗费后的盈余，反映企业在报告期内实现的亏盈总额，包括营业利润、补贴收入、投资净收益和营业外收支净额。

应交增值税 企业按税法规定，从事货物销售或提供加工、修理修配劳务等增加货物价值的活动报告期应交纳的增值税额。计算公式为：

应交增值税=销项税额-（进项税额-进项税额转出）-出口抵减内销产品应纳税额-减免税款+出口退税

九、建筑业

资料整理：刘泽荣

9-1　历年建筑施工企业主要经济指标

年　份	施　工企业数(个0	计算劳动生产率平均人数(人)	建筑业总产值(万元)	竣工产值(万元)	施工面积(万平方米)	竣工面积(万平方米)	利润总额(万元)	资产总计(万元)	工程结算收　入(万元)
1990	7	5384	4028	2451	11.7	6.0			1742
1991	7	5253	4129	2428	17.1	6.7			3899
1992	20	8947	8965	6776	39.2	18.3	-1		
1993	27	7801	10057	7034	36.6	21.0		15599	12823
1994	30	7791	12067	6817	43.1	19.9		17188	13967
1995	27	9300	16295	10645	56.2	17.0		19366	12344
1996	99	12977	33521	26307	74.7	38.9		32849	26847
1997	110	13692	32997	19974	76.0	37.9		43940	26596
1998	108	11917	37233	28421	91.9	50.3		44209	35068
1999	107	12562	35321	25756	88.6	43.2		43379	33083
2000	103	11525	27630	20918	81.2	51.6	-1	46627	28137
2001	90	13747	54656	45969	76.0	61.5	371	62159	45585
2002	75	18534	97798	88098	155.9	107.9	-285	114112	92123
2003	81	26011	134453	117608	152.2	104.9	2284	152500	117591

9-1 续表

年 份	施 工 企业数 (个0	计算劳动 生 产 率 平均人数 (人)	建筑业 总产值 (万元)	竣工产值 (万元)	施工面积 (万平方米)	竣工面积 (万平方米)	利润总额 (万元)	资产总计 (万元)	工程结算 收 入 (万元)
2004	82	17666	127349	105488	157.1	90.1	3895	161360	115299
2005	82	19518	130954	103857	141.1	86.4	675	151973	122058
2006	81	19836	150101	132931	168.4	98.9	2748	148674	136170
2007	82	20014	163867	133766	196.1	120.0	4252	175875	145255
2008	87	25520	228033	184056	262.9	159.4	5722	260143	230624
2009	86	19794	207101	162735	539.8	132.3	7418	246264	197276
2010	87	22841	282388	218492	494.6	153.9	10267	351491	275158
2011	93	22994	462445	277356	192.0	106.8	10142	491840	475811
2012	105	21644	588604	335077	340.4	126.7	25943	790744	566393
2013	106	29331	710754	359762	311.1	137.5	29487	823205	665782
2014	107	26340	554825	251531	357.0	117.2	30633	885747	565715
2015	108	22323	448725	307337	348.1	129.9	27229	856972	479479
2016	112	21321	456024	251471	325.4	100.7	16858	880171	492497

注：1995年前(包括1995年)为国有建筑企业、集体建筑企业，1995年后为资质以上建筑企业。

9-2 建筑施工企业主要经济指标

指 标	单 位	2015年	2016年
施工企业个数	个	108	112
计算劳动生产率平均人数	人	22323	21321
期末从业人数	人	19190	20881
固定资产原价	万元	215980	193629
固定资产合计	万元	176210	156854
自有机械设备总台数	台	11011	11108
自有机械设备净值	万元	40893	574884
自有机械设备总功率	万千瓦	28017	325836
建筑业总产值	万元	448725	456024
竣工产值	万元	307337	251471
固定资产折旧	万元	70094	61094
施工面积	万平方米	348.1	325.4
竣工面积	万平方米	129.9	100.7
工程结算收入	万元	479479	492497
营业利润	万元	27258	17108
管理费用	万元	23729	17813
利润总额	万元	27229	16858
上缴税金	万元	8380	6841
本年应付工资总额	万元	58207	52486
按总产值计算的全员劳动生产率	元/人	201015	213885
实收资本金	万元	245798	262904
资产总计	万元	856972	880171
负债合计	万元	536506	544296
所有者权益合计	万元	320466	335875
竣工率(按产值计算)	%	69.0	55.0
技术装备率	元/人	18319	275314
动力装备率	千瓦/人	15	153
资产负债率	%	63.0	61.8
产值利润率	%	6.0	3.7

9-3 建筑业企业个数和合同情况(2016年)

指 标	建筑业企业数(个)	有工作量的建筑业企业个数(个)	亏损企业个数(个)	签订的合同额(万元)	上年结转合同额(万元)	本年新签合同额(万元)
总 计	**112**	**98**	**19**	**635363**	**282819**	**352544**
#国有及国有控股企业	15	14	4	132518	63767	68751
一、按登记注册类型分组						
内资企业	112	98	19	635363	282819	352544
国有企业	8	8	2	66325	32684	33641
集体企业	3	3		6418	4797	1621
股份合作企业						
联营企业						
国有联营企业						
集体联营企业						
国有与集体联营企业						
其他联营企业						
有限责任公司	16	14	3	178822	55361	123462
国有独资公司	4	4	1	66100	31074	35026
其他有限责任公司	12	10	2	112722	24287	88436
股份有限公司	3	3	1	11786	4824	6962
私营企业	82	70	13	372012	185153	186859
私营独资企业						
私营合伙企业						
私营有限责任公司	71	60	12	303917	140715	163202
私营股份有限公司	11	10	1	68095	44439	23657
其他企业						
港、澳、台商投资企业						
与港澳台商合资经营						
与港澳台商合作经营						
港、澳、台商独资						
港、澳、台商投资股份有限公司						
其他港澳台投资						
外商投资企业						
中外合资经营企业						
中外合作经营企业						
外资企业						
外商投资股份有限公司						
其他外商投资						
二、按国民经济行业分组						
房屋建筑业	60	52	5	402273	203128	199145
土木工程建筑业	25	23	6	171313	56779	114534
铁路、道路、隧道和桥梁工程建筑	12	11	4	112008	28297	83711
铁路工程建筑	1	1		1897		1897
公路工程建筑	2	2		59046	12115	46930
市政道路工程建筑	1	1	1	42		42
其他道路、隧道和桥梁工程建筑	8	7	3	51024	16181	34843
水利和内河港口工程建筑	3	3		8568	992	7575
水源及供水设施工程建筑	3	3		8568	992	7575
河湖治理及防洪设施工程建筑						
港口及航运设施工程建筑						
海洋工程建筑						
工矿工程建筑	3	3	2	23625	23105	520

9-3　续表

指　　标	建筑业企业数(个)	有工作量的建筑业企业个数(个)	亏损企业个数(个)	签订的合同额(万元)	上年结转合同额(万元)	本年新签合同额(万元)
架线和管道工程建筑	5	4		22426	3593	18833
架线及设备工程建筑	5	4		22426	3593	18833
管道工程建筑						
其他土木工程建筑	2	2		4687	792	3894
建筑安装业	16	14	5	51937	20791	31146
电气安装	2	2		5135	2121	3014
管道和设备安装	4	3		9517	8464	1053
其他建筑安装业	10	9	5	37285	10207	27079
建筑装饰和其他建筑业	11	9	3	9841	2121	7720
建筑装饰业	3	3	1	3859	1048	2811
工程准备活动						
建筑物拆除活动						
其他工程准备活动						
提供施工设备服务	3	2	1	2459	560	1899
其他未列明建筑业	5	4	1	3523	513	3010
三、按隶属关系分组						
中央						
省(自治区、直辖市)	1	1		39604	7948	31656
地区(州、盟、省辖市)	7	6	1	74194	39154	35040
县(区、市、旗)	15	15	5	61325	37555	23771
街道						
镇						
乡						
居委会	1	1		1053		1053
村委会						
其他	88	75	13	459187	198162	261025
四、按企业资质等级分组						
施工总承包	81	73	9	575039	269284	305755
特级						
一级	2	2	1	62492	30774	31718
二级	23	22	2	284749	128515	156234
三级及以下	56	49	6	227798	109996	117803
专业承包	31	25	10	60324	13535	46789
一级	1	1		11901	4038	7864
二级	9	8	5	11073	2543	8530
三级及以下	21	16	5	37350	6954	30396
五、按营业状态分						
营业	106	94	18	631998.1	282093	349905
停业(歇业)	5	3	1	3365	726	2639
筹建						
当年关闭						
当年破产						
其他	1	1				
六、按控股情况分						
国有控股	15	14	4	132518.4	63767	68751
集体控股	6	6	2	29396.7	13897	15500
私人控股	88	75	13	441550.6	194648	246903
港澳台商控股						
外商控股						
其他	3	3		31897.4	10507	21390

9-4 承包工程完成情况(2016年)

单位：万元

类　别	直接从建设单位承揽工程完成的产值	自行完成施工产值	分包出去工程的产值	从建设单位以外承揽工程完成的产值
总　计	**453435**	**453435**		**2589**
#国有及国有控股企业	65209	65209		2255
一、按登记注册类型分组				
内资企业	453435	453435		2589
国有企业	31414	31414		
集体企业	15360	15360		
股份合作企业				
联营企业				
国有联营企业				
集体联营企业				
国有与集体联营企业				
其他联营企业				
有限责任公司	144540	144540		2255
国有独资公司	31672	31672		2255
其他有限责任公司	112868	112868		
股份有限公司	9624	9624		
私营企业	252497	252497		334
私营独资企业				
私营合伙企业				
私营有限责任公司	203020	203020		334
私营股份有限公司	49477	49477		
其他企业				
港、澳、台商投资企业				
与港澳台商合资经营				
与港澳台商合作经营				
港、澳、台商独资				
港、澳、台商投资股份有限公司				
其他港澳台投资				
外商投资企业				
中外合资经营企业				
中外合作经营企业				
外资企业				
外商投资股份有限公司				
其他外商投资				
二、按国民经济行业分组				
房屋建筑业	243555	243555		2255
土木工程建筑业	137241	137241		
铁路、道路、隧道和桥梁工程建筑	95275	95275		
铁路工程建筑	1897	1897		
公路工程建筑	46170	46170		
市政道路工程建筑	42	42		
其他道路、隧道和桥梁工程建筑	47167	47167		
水利和内河港口工程建筑	8195	8195		
水源及供水设施工程建筑	8195	8195		
河湖治理及防洪设施工程建筑				
港口及航运设施工程建筑				
海洋工程建筑				
工矿工程建筑	787	787		

9-4　续表

单位：万元

类　　别	直接从建设单位承揽工程完成的产值	自行完成施工产值	分包出去工程的产值	从建设单位以外承揽工程完成的产值
架线和管道工程建筑	24219	24219		
架线及设备工程建筑	24219	24219		
管道工程建筑				
其他土木工程建筑	8765	8765		
建筑安装业	54946	54946		334
电气安装	5135	5135		
管道和设备安装	7667	7667		
其他建筑安装业	42144	42144		334
建筑装饰和其他建筑业	17692	17692		
建筑装饰业	3671	3671		
工程准备活动				
建筑物拆除活动				
其他工程准备活动				
提供施工设备服务	1824	1824		
其他未列明建筑业	12198	12198		
三、按隶属关系分组				
中央				
省(自治区、直辖市)	30569	30569		
地区(州、盟、省辖市)	48625	48625		
县(区、市、旗)	37024	37024		2255
街道				
镇				
乡				
居委会	1053	1053		
村委会				
其他	336164	336164		334
四、按企业资质等级分组				
施工总承包	385909	385909		2255
特级				
一级	30619	30619		
二级	188114	188114		
三级及以下	167176	167176		2255
专业承包	67526	67526		334
一级	6102	6102		
二级	12533	12533		
三级及以下	48891	48891		334
五、按营业状态分				
营业	450399	450399		2589
停业(歇业)	2730	2730		
筹建				
当年关闭				
当年破产				
其他	306	306		
六、按控股情况分				
国有控股	65209	65209		2255
集体控股	40224	40224		
私人控股	315046	315046		334
港澳台商控股				
外商控股				
其他	32956	32956		

9-5　建筑企业建筑总产值和竣工产值(2016年)

单位：万元

类　　别	建筑业总产值	#装饰装修产值	#在外省完成的产值	建筑业总产值			竣工产值
				建筑工程产值	安装工程产值	其他产值	
总　　计	**456024**	**6258**	**17777**	**413159**	**32737**	**10128**	**251471**
#国有及国有控股企业	67464		8400	49597	17195	672	37940
一、按登记注册类型分组							
内资企业	456024	6258	17777	413159	32737	10128	251471
国有企业	31414			14505	16857	52	15102
集体企业	15360			15360			900
股份合作企业							
联营企业							
国有联营企业							
集体联营企业							
国有与集体联营企业							
其他联营企业							
有限责任公司	146795	183	15366	138701	7474	620	93595
国有独资公司	33927		8400	32969	338	620	20715
其他有限责任公司	112868	183	6966	105733	7135		72880
股份有限公司	9624	135		5392		4231	4533
私营企业	252831	5940	2411	239200	8406	5225	137341
私营独资企业							
私营合伙企业							
私营有限责任公司	203355	4904	311	193587	4716	5053	119062
私营股份有限公司	49477	1036	2100	45614	3691	173	18279
其他企业							
港、澳、台商投资企业							
与港澳台商合资经营							
与港澳台商合作经营							
港、澳、台商独资							
港、澳、台商投资股份有限公司							
其他港澳台投资							
外商投资企业							
中外合资经营企业							
中外合作经营企业							
外资企业							
外商投资股份有限公司							
其他外商投资							
二、按国民经济行业分组							
房屋建筑业	245810	2972	2100	212603	25305	7902	133322
土木工程建筑业	137241		15366	136914		327	86503
铁路、道路、隧道和桥梁工程建筑	95275		15366	95223		52	65216
铁路工程建筑	1897			1897			1897
公路工程建筑	46170		15366	46170			34161
市政道路工程建筑	42					42	42
其他道路、隧道和桥梁工程建筑	47167			47157		10	29116
水利和内河港口工程建筑	8195			8086		109	4590
水源及供水设施工程建筑	8195			8086		109	4590
河湖治理及防洪设施工程建筑							
港口及航运设施工程建筑							
海洋工程建筑							
工矿工程建筑	787			621		166	737

9-5　续表

单位：万元

类　　别	建筑业总产值	#装饰装修产值	#在外省完成的产值	建筑业总产值 建筑工程产　值	 安装工程产　值	 其他产值	竣工产值
架线和管道工程建筑	24219			24219			12067
架线及设备工程建筑	24219			24219			12067
管道工程建筑							
其他土木工程建筑	8765			8765			3894
建筑安装业	55281	3071	311	47558	7265	457	26264
电气安装	5135	192		5135			5135
管道和设备安装	7667	2879		7667			1601
其他建筑安装业	42479		311	34756	7265	457	19529
建筑装饰和其他建筑业	17692	216		16083	167	1442	5381
建筑装饰业	3671	216		3531	140		3531
工程准备活动							
建筑物拆除活动							
其他工程准备活动							
提供施工设备服务	1824			1824			1824
其他未列明建筑业	12198			10729	27	1442	27
三、按隶属关系分组							
中央							
省(自治区、直辖市)	30569		8400	30569			18560
地区(州、盟、省辖市)	48625	135		27526	16857	4241	7483
县(区、市、旗)	39279	183		31144	7474	662	28521
街道							
镇							
乡							
居委会	1053			1053			
村委会							
其他	336499	5940	9377	322868	8406	5225	196907
四、按企业资质等级分组							
施工总承包	388164	5541	17466	347686	32259	8219	221738
特级							
一级	30619		8400	30619			18560
二级	188114	1554	9066	157414	23482	7218	106501
三级及以下	169431	3987		159653	8778	1001	96677
专业承包	67860	717	311	65473	477	1910	29733
一级	6102			5814		288	5814
二级	12533	526		12383	140	10	8657
三级及以下	49225	192	311	47276	337	1612	15261
五、按营业状态分							
营业	452988	5369	17777	410528	32498	9962	249156
停业(歇业)	2730	889		2325	239	166	2315
筹建							
当年关闭							
当年破产							
其他	306			306			
六、按控股情况分							
国有控股	67464		8400	49597	17195	672	37940
集体控股	40224			33270	6954		12013
私人控股	315380	6075	9377	297518	8406	9456	180316
港澳台商控股							
外商控股							
其他	32956	183		32774	181		21202

9-6 建筑企业房屋建筑施工面积(2016年)

单位：平方米

类 别	房屋建筑施工面积	#本年新开工面积	#实行投标承包面积
总 计	**3254185**	**1335151**	**1998155**
#国有及国有控股企业	105824	85720	98014
一、按登记注册类型分组			
内资企业	3254185	1335151	1998155
国有企业	96824	80720	94014
集体企业	41589	6870	41589
股份合作企业			
联营企业			
国有联营企业			
集体联营企业			
国有与集体联营企业			
其他联营企业			
有限责任公司	544957	433435	4000
国有独资公司	9000	5000	4000
其他有限责任公司	535957	428435	
股份有限公司	41721	41721	41721
私营企业	2529094	772405	1816831
私营独资企业			
私营合伙企业			
私营有限责任公司	1903728	550842	1277509
私营股份有限公司	625366	221563	539322
其他企业			
港、澳、台商投资企业			
与港澳台商合资经营			
与港澳台商合作经营			
港、澳、台商独资			
港、澳、台商投资股份有限公司			
其他港澳台投资			
外商投资企业			
中外合资经营企业			
中外合作经营企业			
外资企业			
外商投资股份有限公司			
其他外商投资			
二、按国民经济行业分组			
房屋建筑业	2983674	1284086	1899321
土木工程建筑业	79495	17565	
铁路、道路、隧道和桥梁工程建筑	32805	17565	
铁路工程建筑			
公路工程建筑			
市政道路工程建筑			
其他道路、隧道和桥梁工程建筑	32805	17565	
水利和内河港口工程建筑			
水源及供水设施工程建筑			
河湖治理及防洪设施工程建筑			
港口及航运设施工程建筑			
海洋工程建筑			
工矿工程建筑			

9-6　续表

单位：平方米

类　　别	房屋建筑施工面积	#本年新开工面积	#实行投标承包面积
架线和管道工程建筑			
架线及设备工程建筑			
管道工程建筑			
其他土木工程建筑	46690		
建筑安装业	80334		65334
电气安装			
管道和设备安装	65334		65334
其他建筑安装业	15000		
建筑装饰和其他建筑业	110682	33500	33500
建筑装饰业			
工程准备活动			
建筑物拆除活动			
其他工程准备活动			
提供施工设备服务	33500	33500	33500
其他未列明建筑业	77182		
三、按隶属关系分组			
中央			
省(自治区、直辖市)			
地区(州、盟、省辖市)	123095	118341	123095
县(区、市、旗)	85739	20570	58229
街道			
镇			
乡			
居委会			
村委会			
其他	3045351	1196240	1816831
四、按企业资质等级分组			
施工总承包	3207330	1292751	1964655
特级			
一级			
二级	1727563	886807	962560
三级及以下	1479767	405944	1002095
专业承包	46855	42400	33500
一级			
二级	8900	8900	
三级及以下	37955	33500	33500
五、按营业状态分			
营业	3249305	1334726	1998155
停业(歇业)	4445	425	
筹建			
当年关闭			
当年破产			
其他	435		
六、按控股情况分			
国有控股	105824	85720	98014
集体控股	56589	6870	41589
私人控股	3054267	1220396	1858552
港澳台商控股			
外商控股			
其他	37505	22165	

9-7 建筑企业施工机械设备(2016年)

类别	年末自有施工机械设备(净值)(万元)	年末自有施工机械设备(总台数)(台)	年末自有施工机械设备(总功率)(千瓦)
总计	**57488**	**11108**	**325836**
#国有及国有控股企业	5709	2558	78702
一、按登记注册类型分组			
内资企业	57488	11108	325836
国有企业	2733	2076	68869
集体企业	1582	365	2960
股份合作企业			
联营企业			
国有联营企业			
集体联营企业			
国有与集体联营企业			
其他联营企业			
有限责任公司	9478	1656	51929
国有独资公司	2604	396	3348
其他有限责任公司	6874	1260	48581
股份有限公司	2953	655	58950
私营企业	40744	6356	143128
私营独资企业			
私营合伙企业			
私营有限责任公司	36002	4788	115527
私营股份有限公司	4742	1568	27601
其他企业			
港、澳、台商投资企业			
与港澳台商合资经营			
与港澳台商合作经营			
港、澳、台商独资			
港、澳、台商投资股份有限公司			
其他港澳台投资			
外商投资企业			
中外合资经营企业			
中外合作经营企业			
外资企业			
外商投资股份有限公司			
其他外商投资			
二、按国民经济行业分组			
房屋建筑业	30933	8199	237634
土木工程建筑业	14734	1617	55041
铁路、道路、隧道和桥梁工程建筑	12752	1298	37928
铁路工程建筑	2494	31	4887
公路工程建筑	2549	356	2588
市政道路工程建筑	35	4	85
其他道路、隧道和桥梁工程建筑	7673	907	30368
水利和内河港口工程建筑	1460	115	10631
水源及供水设施工程建筑	1460	115	10631
河湖治理及防洪设施工程建筑			
港口及航运设施工程建筑			
海洋工程建筑			
工矿工程建筑	444	136	5527

9-7　续表

类　　别	年末自有施工机械设备(净值)(万元)	年末自有施工机械设备(总台数)(台)	年末自有施工机械设备(总功率)(千瓦)
架线和管道工程建筑	77	58	925
架线及设备工程建筑	77	58	925
管道工程建筑			
其他土木工程建筑	2	10	30
建筑安装业	9546	1243	29284
电气安装	378	20	1100
管道和设备安装	4214	54	216
其他建筑安装业	4954	1169	27968
建筑装饰和其他建筑业	2275	49	3877
建筑装饰业	1295	30	41
工程准备活动			
建筑物拆除活动			
其他工程准备活动			
提供施工设备服务	968	16	3830
其他未列明建筑业	12	3	6
三、按隶属关系分组			
中央			
省(自治区、直辖市)	2549	356	2588
地区(州、盟、省辖市)	5399	2602	127829
县(区、市、旗)	4961	1403	32601
街道			
镇			
乡			
居委会			
村委会			
其他	44580	6747	162818
四、按企业资质等级分组			
施工总承包	51618	10103	301237
特级			
一级	2549	356	2588
二级	22731	4420	192942
三级及以下	26338	5327	105707
专业承包	5871	1005	24599
一级	1482	390	550
二级	1757	334	11614
三级及以下	2632	281	12435
五、按营业状态分			
营业	56569	10619	317804
停业(歇业)	494	138	5530
筹建			
当年关闭			
当年破产			
其他	426	351	2502
六、按控股情况分			
国有控股	5709	2558	78702
集体控股	3523	808	21456
私人控股	44439	7053	206028
港澳台商控股			
外商控股			
其他	3818	689	19650

9-8 建筑企业从业人员情况(2016年)

单位：人

类别	从事主营业务活动的从业人员期末人数	从事主营业务活动的从业人员平均人数	#工程技术人员	#现场施工工人
总 计	**20881**	**21321**	**4576**	**8296**
#国有及国有控股企业	3733	3830	831	1322
一、按登记注册类型分组				
内资企业	20881	21321	4576	8296
国有企业	1409	1534	515	877
集体企业	638	635	148	180
股份合作企业				
联营企业				
国有联营企业				
集体联营企业				
国有与集体联营企业				
其他联营企业				
有限责任公司	6250	6463	1217	2391
国有独资公司	2130	2104	184	400
其他有限责任公司	4120	4359	1033	1991
股份有限公司	409	363	107	270
私营企业	12175	12326	2589	4578
私营独资企业				
私营合伙企业				
私营有限责任公司	10515	10578	2086	3710
私营股份有限公司	1660	1748	503	868
其他企业				
港、澳、台商投资企业				
与港澳台商合资经营				
与港澳台商合作经营				
港、澳、台商独资				
港、澳、台商投资股份有限公司				
其他港澳台投资				
外商投资企业				
中外合资经营企业				
中外合作经营企业				
外资企业				
外商投资股份有限公司				
其他外商投资				
二、按国民经济行业分组				
房屋建筑业	11485	11556	2516	5765
土木工程建筑业	5720	5958	1592	1959
铁路、道路、隧道和桥梁工程建筑	3484	3536	1328	1578
铁路工程建筑	68	68	20	18
公路工程建筑	861	868	198	532
市政道路工程建筑	38	42	25	
其他道路、隧道和桥梁工程建筑	2517	2558	1085	1028
水利和内河港口工程建筑	286	324	128	201
水源及供水设施工程建筑	286	324	128	201
河湖治理及防洪设施工程建筑				
港口及航运设施工程建筑				
海洋工程建筑				
工矿工程建筑	1387	1391	47	1

9-8 续表

单位：人

类 别	从事主营业务活动的从业人员期末人数	从事主营业务活动的从业人员平均人数	#工程技术人员	#现场施工工人
架线和管道工程建筑	420	514	89	179
架线及设备工程建筑	420	514	89	179
管道工程建筑				
其他土木工程建筑	143	193		
建筑安装业	1854	1960	408	531
电气安装	206	186	30	165
管道和设备安装	256	263	59	107
其他建筑安装业	1392	1511	319	259
建筑装饰和其他建筑业	1822	1847	60	41
建筑装饰业	151	181	46	10
工程准备活动				
建筑物拆除活动				
其他工程准备活动				
提供施工设备服务	400	405	2	25
其他未列明建筑业	1271	1261	12	6
三、按隶属关系分组				
中央				
省(自治区、直辖市)	530	530	95	350
地区(州、盟、省辖市)	1394	1414	432	935
县(区、市、旗)	3342	3489	579	650
街道				
镇				
乡				
居委会	42	42	12	30
村委会				
其他	15573	15846	3458	6331
四、按企业资质等级分组				
施工总承包	18372	18746	4035	7651
特级				
一级	1868	1872	132	350
二级	9097	8584	1874	4411
三级及以下	7407	8290	2029	2890
专业承包	2509	2575	541	645
一级	328	326	127	
二级	474	566	155	75
三级及以下	1707	1683	259	570
五、按营业状态分				
营业	20434	20869	4543	8275
停业(歇业)	418	423	24	1
筹建				
当年关闭				
当年破产				
其他	29	29	9	20
六、按控股情况分				
国有控股	3733	3830	831	1322
集体控股	1151	1268	230	398
私人控股	14999	15121	2878	5801
港澳台商控股				
外商控股				
其他	998	1102	637	775

9-9 建筑企业主要建筑材料消耗量(2016年)

类　　别	1.钢材(吨)	2.木材(立方米)	3.水泥(吨)	4.平板玻璃(重量箱)	4.平板玻璃(平方米)	5.铝材(吨)
总　计	**163613**	**67031**	**701812**	**14738**	**136547**	**26757**
#国有及国有控股企业	29913	1522	373500	3225	20490	267
一、按登记注册类型分组						
内资企业	163613	67031	701812	14738	136547	26757
国有企业	23254	1252	316884	3013	19780	265
集体企业	696	104	2724	20	60	10
股份合作企业						
联营企业						
国有联营企业						
集体联营企业						
国有与集体联营企业						
其他联营企业						
有限责任公司	32879	18215	194542	416	3811	133
国有独资公司	6659	270	56616	212	710	2
其他有限责任公司	26220	17945	137926	204	3101	131
股份有限公司	2086	418	12516	626	626	32
私营企业	104698	47042	175146	10663	112270	26317
私营独资企业						
私营合伙企业						
私营有限责任公司	96458	45290	149331	10076	102858	26200
私营股份有限公司	8240	1752	25815	587	9412	117
其他企业						
港、澳、台商投资企业						
与港澳台商合资经营						
与港澳台商合作经营						
港、澳、台商独资						
港、澳、台商投资股份有限公司						
其他港澳台投资						
外商投资企业						
中外合资经营企业						
中外合作经营企业						
外资企业						
外商投资股份有限公司						
其他外商投资						
二、按国民经济行业分组						
房屋建筑业	65621	66010	479226	14070	134126	26506
土木工程建筑业	46468	18	160327			
铁路、道路、隧道和桥梁工程建筑	25564		146911			
铁路工程建筑			998			
公路工程建筑	6523		55240			
市政道路工程建筑						
其他道路、隧道和桥梁工程建筑	19041		90673			
水利和内河港口工程建筑	16520	18	10303			
水源及供水设施工程建筑	16520	18	10303			
河湖治理及防洪设施工程建筑						
港口及航运设施工程建筑						
海洋工程建筑						
工矿工程建筑	4		350			

9-9　续表

类　　别	1.钢材(吨)	2.木材(立方米)	3.水泥(吨)	4.平板玻璃(重量箱)	4.平板玻璃(平方米)	5.铝材(吨)
架线和管道工程建筑	4000					
架线及设备工程建筑	4000					
管道工程建筑						
其他土木工程建筑	380		2763			
建筑安装业	37175	201	21736	667	2420	250
电气安装						
管道和设备安装	2170	86	18936	467	1420	130
其他建筑安装业	35005	115	2800	200	1000	120
建筑装饰和其他建筑业	14349	802	40523	1	1	1
建筑装饰业	1100		12000			
工程准备活动						
建筑物拆除活动						
其他工程准备活动						
提供施工设备服务			700			
其他未列明建筑业	13249	802	27823	1	1	1
三、按隶属关系分组						
中央						
省(自治区、直辖市)	6523		55240			
地区(州、盟、省辖市)	24412	1619	322161	3059	17506	121
县(区、市、旗)	2730	668	14916	1015	6770	312
街道						
镇						
乡						
居委会	1		26			
村委会						
其他	129947	64744	309469	10664	112271	26324
四、按企业资质等级分组						
施工总承包	124936	66880	701066	14117	135305	26692
特级						
一级	6523		55240			
二级	62261	23039	415519	3934	25136	853
三级及以下	56152	43841	230307	10183	110169	25839
专业承包	38677	151	746	621	1242	65
一级	10044					
二级	25632	151	46	621	1242	65
三级及以下	3001		700			
五、按营业状态分						
营业	163190	66979	700902	14477	135983	26748
停业(歇业)	354		350			
筹建						
当年关闭						
当年破产						
其他	69	52	560	261	564	9
六、按控股情况分						
国有控股	29913	1522	373500	3225	20490	267
集体控股	1420	219	5524	220	1060	130
私人控股	120033	65162	242985	11290	112897	26356
港澳台商控股						
外商控股						
其他	12247	128	79803	3	2100	4

9-10 建筑企业房屋建筑

类　别	合　计	住宅房屋	商业及服务用房屋
总　计	**1007285**	**500005**	**36185**
#国有及国有控股企业	37795	22233	7900
一、按登记注册类型分组			
内资企业	1007285	500005	36185
国有企业	29595	21933	
集体企业	6800	2800	
股份合作企业			
联营企业			
国有联营企业			
集体联营企业			
国有与集体联营企业			
其他联营企业			
有限责任公司	253355	19400	7900
国有独资公司	8200	300	7900
其他有限责任公司	245155	19100	
股份有限公司	15060	13730	
私营企业	702475	442142	28285
私营独资企业			
私营合伙企业			
私营有限责任公司	572240	375213	9285
私营股份有限公司	130235	66929	19000
其他企业			
港、澳、台商投资企业			
与港澳台商合资经营			
与港澳台商合作经营			
港、澳、台商独资			
港、澳、台商投资股份有限公司			
其他港澳台投资			
外商投资企业			
中外合资经营企业			
中外合作经营企业			
外资企业			
外商投资股份有限公司			
其他外商投资			
二、按国民经济行业分组			
房屋建筑业	959285	485505	36185
土木工程建筑业			
铁路、道路、隧道和桥梁工程建筑			
铁路工程建筑			
公路工程建筑			
市政道路工程建筑			
其他道路、隧道和桥梁工程建筑			
水利和内河港口工程建筑			
水源及供水设施工程建筑			
河湖治理及防洪设施工程建筑			
港口及航运设施工程建筑			
海洋工程建筑			
工矿工程建筑			

竣工面积(2016年)

单位：平方米

商厦房屋（批发和零售用房）	宾馆用房屋（住宿用房）	餐饮用房屋（餐饮用房）	商务会展用房屋	其他商业及服务用房屋（居民服务业用房）	办公用房屋
	6915			**29270**	**6245**
				7900	1915
	6915			29270	6245
					1915
				7900	
				7900	
	6915			21370	4330
	6915			2370	4330
				19000	
	6915			29270	6245

9-10

类　别	合　计	住宅房屋	商业及服务用房屋
架线和管道工程建筑			
架线及设备工程建筑			
管道工程建筑			
其他土木工程建筑			
建筑安装业	14500	14500	
电气安装			
管道和设备安装			
其他建筑安装业	14500	14500	
建筑装饰和其他建筑业	33500		
建筑装饰业			
工程准备活动			
建筑物拆除活动			
其他工程准备活动			
提供施工设备服务	33500		
其他未列明建筑业			
三、按隶属关系分组			
中央			
省(自治区、直辖市)			
地区(州、盟、省辖市)	34215	25223	
县(区、市、旗)	44540	32640	7900
街道			
镇			
乡			
居委会			
村委会			
其他	928530	442142	28285
四、按企业资质等级分组			
施工总承包	967585	500005	33765
特级			
一级			
二级	565221	239083	19000
三级及以下	402364	260922	14765
专业承包	39700		2420
一级			
二级	3200		2420
三级及以下	36500		
五、按营业状态分			
营业	1004915	500005	33815
停业(歇业)	2370		2370
筹建			
当年关闭			
当年破产			
其他			
六、按控股情况分			
国有控股	37795	22233	7900
集体控股	21300	17300	
私人控股	943590	455872	28285
港澳台商控股			
外商控股			
其他	4600	4600	

续表1

单位：平方米

商厦房屋（批发和零售用房）	宾馆用房屋（住宿用房）	餐饮用房屋（餐饮用房）	商务会展用房屋	其他商业及服务用房屋（居民服务业用房）	办公用房屋
					1915
				7900	
	6915			21370	4330
	4495			29270	6245
				19000	1915
	4495			10270	4330
	2420				
	2420				
	6915			26900	6245
				2370	
				7900	1915
	6915			21370	4330

9-10

类　别	科研、教育、医疗用房屋	科学研究用房屋	教育用房屋
总　计	**47928**	**958**	**45350**
#国有及国有控股企业	958	958	
一、按登记注册类型分组			
内资企业	47928	958	45350
国有企业	958	958	
集体企业	4000		4000
股份合作企业			
联营企业			
国有联营企业			
集体联营企业			
国有与集体联营企业			
其他联营企业			
有限责任公司			
国有独资公司			
其他有限责任公司			
股份有限公司	1330		1330
私营企业	41640		40020
私营独资企业			
私营合伙企业			
私营有限责任公司	33838		33838
私营股份有限公司	7802		6182
其他企业			
港、澳、台商投资企业			
与港澳台商合资经营			
与港澳台商合作经营			
港、澳、台商独资			
港、澳、台商投资股份有限公司			
其他港澳台投资			
外商投资企业			
中外合资经营企业			
中外合作经营企业			
外资企业			
外商投资股份有限公司			
其他外商投资			
二、按国民经济行业分组			
房屋建筑业	47928	958	45350
土木工程建筑业			
铁路、道路、隧道和桥梁工程建筑			
铁路工程建筑			
公路工程建筑			
市政道路工程建筑			
其他道路、隧道和桥梁工程建筑			
水利和内河港口工程建筑			
水源及供水设施工程建筑			
河湖治理及防洪设施工程建筑			
港口及航运设施工程建筑			
海洋工程建筑			
工矿工程建筑			

续表2

单位：平方米

医疗用房屋（卫生医疗用房）	文化、体育、娱乐用房屋	厂房及建筑物	#厂房	仓　库	其他未列明的房屋建筑物*
1620	**958**	**349503**	**54019**	**6380**	**60081**
	958	2873			958
1620	958	349503	54019	6380	60081
	958	2873			958
		226055			
		226055			
1620		120575	54019	6380	59123
		90451	54019		59123
1620		30124		6380	
1620	958	316003	20519	6380	60081

9-10

类　别	科研、教育、医疗用房屋	科学研究用房屋	教育用房屋
架线和管道工程建筑			
架线及设备工程建筑			
管道工程建筑			
其他土木工程建筑			
建筑安装业			
电气安装			
管道和设备安装			
其他建筑安装业			
建筑装饰和其他建筑业			
建筑装饰业			
工程准备活动			
建筑物拆除活动			
其他工程准备活动			
提供施工设备服务			
其他未列明建筑业			
三、按隶属关系分组			
中央			
省(自治区、直辖市)			
地区(州、盟、省辖市)	2288	958	1330
县(区、市、旗)	4000		4000
街道			
镇			
乡			
居委会			
村委会			
其他	41640		40020
四、按企业资质等级分组			
施工总承包	47148	958	44570
特级			
一级			
二级	14788	958	13830
三级及以下	32360		30740
专业承包	780		780
一级			
二级	780		780
三级及以下			
五、按营业状态分			
营业	47928	958	45350
停业(歇业)			
筹建			
当年关闭			
当年破产			
其他			
六、按控股情况分			
国有控股	958	958	
集体控股	4000		4000
私人控股	42970		41350
港澳台商控股			
外商控股			
其他			

续表3

单位：平方米

医疗用房屋（卫生医疗用房）	文化、体育、娱乐用房屋	厂房及建筑物	#厂房	仓　库	其他未列明的房屋建筑物*
		33500	33500		
		33500	33500		
	958	2873			958
1620		346630	54019	6380	59123
1620	958	313003	17519	6380	60081
	958	275904	11199		13573
1620		37099	6320	6380	46508
		36500	36500		
		36500	36500		
1620	958	349503	54019	6380	60081
	958	2873			958
1620		346630	54019	6380	59123

9-11 建筑企业竣工

类 别	合 计	住宅房屋	商业及服务用房屋
总 计	**123368**	**61762**	**5840**
#国有及国有控股企业	8388	4271	2125
一、按登记注册类型分组			
内资企业	123368	61762	5840
国有企业	6233	4241	
集体企业	900	370	
股份合作企业			
联营企业			
国有联营企业			
集体联营企业			
国有与集体联营企业			
其他联营企业			
有限责任公司	30022	3031	2125
国有独资公司	2155	30	2125
其他有限责任公司	27867	3001	
股份有限公司	2410	2196	
私营企业	83804	51923	3715
私营独资企业			
私营合伙企业			
私营有限责任公司	67524	42127	1615
私营股份有限公司	16279	9796	2100
其他企业			
港、澳、台商投资企业			
与港澳台商合资经营			
与港澳台商合作经营			
港、澳、台商独资			
港、澳、台商投资股份有限公司			
其他港澳台投资			
外商投资企业			
中外合资经营企业			
中外合作经营企业			
外资企业			
外商投资股份有限公司			
其他外商投资			
二、按国民经济行业分组			
房屋建筑业	120819	59362	5840
土木工程建筑业			
铁路、道路、隧道和桥梁工程建筑			
铁路工程建筑			
公路工程建筑			
市政道路工程建筑			
其他道路、隧道和桥梁工程建筑			
水利和内河港口工程建筑			
水源及供水设施工程建筑			
河湖治理及防洪设施工程建筑			
港口及航运设施工程建筑			
海洋工程建筑			
工矿工程建筑			

房屋价值(2016年)

单位：万元

商厦房屋（批发和零售用房）	宾馆用房屋（住宿用房）	餐饮用房屋（餐饮用房）	商务会展用房屋	其他商业及服务用房屋（居民服务业用房）	办公用房屋
	1141			**4699**	**1016**
				2125	498
	1141			4699	1016
					498
				2125	
				2125	
	1141			2574	518
	1141			474	518
				2100	
	1141			4699	1016

9-11

类　别	合　计	住宅房屋	商业及服务用房屋
架线和管道工程建筑			
架线及设备工程建筑			
管道工程建筑			
其他土木工程建筑			
建筑安装业	2400	2400	
电气安装			
管道和设备安装			
其他建筑安装业	2400	2400	
建筑装饰和其他建筑业	149		
建筑装饰业			
工程准备活动			
建筑物拆除活动			
其他工程准备活动			
提供施工设备服务	149		
其他未列明建筑业			
三、按隶属关系分组			
中央			
省(自治区、直辖市)			
地区(州、盟、省辖市)	7390	5184	
县(区、市、旗)	7309	4654	2125
街道			
镇			
乡			
居委会			
村委会			
其他	108670	51923	3715
四、按企业资质等级分组			
施工总承包	123038	61762	5796
特级			
一级			
二级	76685	34171	2100
三级及以下	46354	27591	3696
专业承包	330		45
一级			
二级	83		45
三级及以下	248		
五、按营业状态分			
营业	122894	61762	5366
停业(歇业)	474		474
筹建			
当年关闭			
当年破产			
其他			
六、按控股情况分			
国有控股	8388	4271	2125
集体控股	3300	2770	
私人控股	111079	54119	3715
港澳台商控股			
外商控股			
其他	601	601	

续表1

单位：万元

商厦房屋（批发和零售用房）	宾馆用房屋（住宿用房）	餐饮用房屋（餐饮用房）	商务会展用房屋	其他商业及服务用房屋（居民服务业用房）	办公用房屋
					498
				2125	
	1141			2574	518
	1097			4699	1016
				2100	498
	1097			2599	518
	45				
	45				
	1141			4225	1016
				474	
				2125	498
	1141			2574	518

9-11

类　　别	科研、教育、医疗用房屋		
		科学研究用房屋	教育用房屋
总　计	**6921**	**249**	**6462**
#国有及国有控股企业	249	249	
一、按登记注册类型分组			
内资企业	6921	249	6462
国有企业	249	249	
集体企业	530		530
股份合作企业			
联营企业			
国有联营企业			
集体联营企业			
国有与集体联营企业			
其他联营企业			
有限责任公司			
国有独资公司			
其他有限责任公司			
股份有限公司	214		214
私营企业	5929		5719
私营独资企业			
私营合伙企业			
私营有限责任公司	4841		4841
私营股份有限公司	1088		878
其他企业			
港、澳、台商投资企业			
与港澳台商合资经营			
与港澳台商合作经营			
港、澳、台商独资			
港、澳、台商投资股份有限公司			
其他港澳台投资			
外商投资企业			
中外合资经营企业			
中外合作经营企业			
外资企业			
外商投资股份有限公司			
其他外商投资			
二、按国民经济行业分组			
房屋建筑业	6921	249	6462
土木工程建筑业			
铁路、道路、隧道和桥梁工程建筑			
铁路工程建筑			
公路工程建筑			
市政道路工程建筑			
其他道路、隧道和桥梁工程建筑			
水利和内河港口工程建筑			
水源及供水设施工程建筑			
河湖治理及防洪设施工程建筑			
港口及航运设施工程建筑			
海洋工程建筑			
工矿工程建筑			

续表2

单位：万元

医疗用房屋（卫生医疗用房）	文化、体育、娱乐用房屋	厂房及建筑物	#厂房	仓库	其他未列明的房屋建筑物*
210	**249**	**38109**	**2048**	**755**	**8717**
	249	747			249
210	249	38109	2048	755	8717
	249	747			249
		24866			
		24866			
210		12496	2048	755	8468
		9956	2048		8468
210		2540		755	
210	249	37960	1899	755	8717

9-11

类　　别	科研、教育、医疗用房屋	科学研究用房屋	教育用房屋
架线和管道工程建筑			
架线及设备工程建筑			
管道工程建筑			
其他土木工程建筑			
建筑安装业			
电气安装			
管道和设备安装			
其他建筑安装业			
建筑装饰和其他建筑业			
建筑装饰业			
工程准备活动			
建筑物拆除活动			
其他工程准备活动			
提供施工设备服务			
其他未列明建筑业			
三、按隶属关系分组			
中央			
省(自治区、直辖市)			
地区(州、盟、省辖市)	463	249	214
县(区、市、旗)	530		530
街道			
镇			
乡			
居委会			
村委会			
其他	5929		5719
四、按企业资质等级分组			
施工总承包	6883	249	6424
特级			
一级			
二级	2799	249	2550
三级及以下	4085		3875
专业承包	38		38
一级			
二级	38		38
三级及以下			
五、按营业状态分			
营业	6921	249	6462
停业(歇业)			
筹建			
当年关闭			
当年破产			
其他			
六、按控股情况分			
国有控股	249	249	
集体控股	530		530
私人控股	6142		5932
港澳台商控股			
外商控股			
其他			

续表3

单位：万元

医疗用房屋（卫生医疗用房）	文化、体育、娱乐用房屋	厂房及建筑物	#厂房	仓　库	其他未列明的房屋建筑物*
		149	149		
		149	149		
	249	747			249
210		37362	2048	755	8468
210	249	37861	1801	755	8717
	249	34621	1232		2247
210		3240	569	755	6470
		248	248		
		248	248		
210	249	38109	2048	755	8717
	249	747			249
210		37362	2048	755	8468

9-12 建筑企业年初存货和

类　别	年初存货	流动资产合　计	#应收工程款
总　计	**126316**	**682573**	**324263**
#国有及国有控股企业	53802	297369	193846
一、按登记注册类型分组			
内资企业	126316	682573	324263
国有企业	4342	54088	28731
集体企业	3257	11872	7331
股份合作企业			
联营企业			
国有联营企业			
集体联营企业			
国有与集体联营企业			
其他联营企业			
有限责任公司	58918	368176	197111
国有独资公司	49458	236284	160485
其他有限责任公司	9460	131891	36627
股份有限公司		6671	4087
私营企业	59798	241767	87003
私营独资企业			
私营合伙企业			
私营有限责任公司	47445	205854	72294
私营股份有限公司	12353	35912	14709
其他企业			
港、澳、台商投资企业			
与港澳台商合资经营			
与港澳台商合作经营			
港、澳、台商独资			
港、澳、台商投资股份有限公司			
其他港澳台投资			
外商投资企业			
中外合资经营企业			
中外合作经营企业			
外资企业			
外商投资股份有限公司			
其他外商投资			
二、按国民经济行业分组			
房屋建筑业	41163	209800	83164
土木工程建筑业	62755	336626	209671
铁路、道路、隧道和桥梁工程建筑	13257	80455	35127
铁路工程建筑		1886	548
公路工程建筑	6152	28407	7445
市政道路工程建筑	1	2058	88
其他道路、隧道和桥梁工程建筑	7104	48105	27045
水利和内河港口工程建筑	83	5358	1443
水源及供水设施工程建筑	83	5358	1443
河湖治理及防洪设施工程建筑			
港口及航运设施工程建筑			
海洋工程建筑			
工矿工程建筑	48373	223535	158979

年末资产负债(2016年)

单位：万元

#存 货	固定资产合 计	固定资产减值准备	固定资产原 价	累计折旧	#本年折旧
121744	**156854**	**637**	**193629**	**61094**	**5616**
53395	24931		26757	11842	761
121744	156854	637	193629	61094	5616
3846	21124		16718	5610	453
2159	5013		7834	2896	216
56616	30181		47396	18438	2062
49547	1110		3378	2268	7
7069	29071		44018	16170	2055
9	4674	37	5453	815	35
59114	95862	600	116228	33336	2849
55121	81325	600	103241	29250	2412
3993	14537		12987	4086	437
43630	87282	637	97921	25162	1726
57860	36879		54332	20616	2306
9008	27652		43297	17119	1863
26	2463		2743	280	
3643	6100		9262	4010	342
1	162		151		
5339	18927		31142	12829	1522
76	3496		4468	972	186
76	3496		4468	972	186
48364	2252		897	198	

9-12

类　别	年初存货	流动资产合　计	#应收工程款
架线和管道工程建筑	1023	24612	13691
架线及设备工程建筑	1023	24612	13691
管道工程建筑			
其他土木工程建筑	19	2667	431
建筑安装业	18938	53229	20871
电气安装	263	6679	1678
管道和设备安装	5870	15340	5271
其他建筑安装业	12805	31210	13922
建筑装饰和其他建筑业	3460	82919	10557
建筑装饰业	348	3286	1989
工程准备活动			
建筑物拆除活动			
其他工程准备活动			
提供施工设备服务	557	6514	1884
其他未列明建筑业	2554	73120	6684
三、按隶属关系分组			
中央			
省(自治区、直辖市)	990	15179	3460
地区(州、盟、省辖市)	3852	63778	38780
县(区、市、旗)	53632	257381	177430
街道			
镇			
乡			
居委会	96	716	263
村委会			
其他	67746	345520	104330
四、按企业资质等级分组			
施工总承包	108406	596345	285257
特级			
一级	49363	235569	160222
二级	32450	147511	67099
三级及以下	26593	213264	57937
专业承包	17910	86229	39006
一级	3060	4582	39
二级	5428	18778	9738
三级及以下	9422	62869	29228
五、按营业状态分			
营业	124683	671218	320450
停业(歇业)	359	8380	2729
筹建			
当年关闭			
当年破产			
其他	1275	2976	1084
六、按控股情况分			
国有控股	53802	297369	193846
集体控股	3806	31254	20453
私人控股	67746	334606	100143
港澳台商控股			
外商控股			
其他	962	19345	9822

续表1

单位：万元

#存 货	固定资产合 计	固定资产减值准备	固定资产原 价	累计折旧	#本年折旧
393	1400		2937	1652	167
393	1400		2937	1652	167
19	2079		2734	675	89
16702	22666		25575	9384	724
187	133		447	314	79
7674	6561		11517	5180	406
8840	15973		13611	3890	240
3552	10027		15802	5933	860
301	1235		1881	703	234
416	3559		5112	1553	
2836	5233		8809	3677	626
1143	1061		3317	2256	
2227	21100	37	19700	8283	578
53486	14915		20657	6510	527
40	49		61	12	7
64848	119729	600	149894	44033	4504
109394	128717	637	156093	45219	4269
49507	1061		3317	2256	
18506	57160	37	66223	19915	1729
41381	70496	600	86552	23048	2540
12350	28137		37536	15875	1346
	2343		1922	440	15
4047	3955		9089	5362	585
8303	21839		26526	10074	747
119961	146501	637	185987	60460	5598
509	5718		4668	503	
1275	4636		2974	131	18
53395	24931		26757	11842	761
2842	7642		12107	4541	303
64855	116568	637	143333	40670	3704
651	7713		11432	4042	847

9-12

类　　别	在建工程	资产合计	流动负债合计
总　计	**13997**	**880171**	**269429**
#国有及国有控股企业	5239	342757	61335
一、按登记注册类型分组			
内资企业	13997	880171	269429
国有企业	5239	80430	50875
集体企业	75	18377	10661
股份合作企业			
联营企业			
国有联营企业			
集体联营企业			
国有与集体联营企业			
其他联营企业			
有限责任公司	299	413269	90407
国有独资公司		252034	4123
其他有限责任公司	299	161235	86284
股份有限公司		11945	5179
私营企业	8383	356150	112307
私营独资企业			
私营合伙企业			
私营有限责任公司	3405	302795	100249
私营股份有限公司	4978	53356	12058
其他企业			
港、澳、台商投资企业			
与港澳台商合资经营			
与港澳台商合作经营			
港、澳、台商独资			
港、澳、台商投资股份有限公司			
其他港澳台投资			
外商投资企业			
中外合资经营企业			
中外合作经营企业			
外资企业			
外商投资股份有限公司			
其他外商投资			
二、按国民经济行业分组			
房屋建筑业	6842	308818	117118
土木工程建筑业	688	397799	73133
铁路、道路、隧道和桥梁工程建筑	667	108121	49316
铁路工程建筑		4349	129
公路工程建筑	248	34510	13469
市政道路工程建筑	6	2219	1619
其他道路、隧道和桥梁工程建筑	413	67043	34098
水利和内河港口工程建筑		13279	6393
水源及供水设施工程建筑		13279	6393
河湖治理及防洪设施工程建筑			
港口及航运设施工程建筑			
海洋工程建筑			
工矿工程建筑		240423	93

续表2

单位：万元

#应付账款	非流动负债合计	负债合计	所有者权益合计	#实收资本	#国家资本	#集体资本
57832	**12241**	**544296**	**335875**	**262904**	**25952**	**7726**
13298	6316	304081	38676	27152	23552	600
57832	12241	544296	335875	262904	25952	7726
11559	6074	65401	15028	12418	10070	
3630	95	10756	7621	6218	2400	3818
8029		318385	94884	71980	13332	3308
1487		232101	19933	12500	12500	
6543		86284	74951	59480	832	3308
3294	242	5421	6524	4125	150	600
31320	5830	144333	211818	168162		
23517	5830	121194	181600	143062		
7803		23138	30218	25100		
26594	11059	157697	151122	124479	2680	3818
20650	242	301354	96445	68316	20372	1600
16758	242	49558	58563	46686	17834	
87		129	4219	4200		
4279		13469	21040	17100	12000	
		1619	600	600	600	
12393	242	34340	32703	24786	5234	
377		6393	6885	4023	421	600
377		6393	6885	4023	421	600
		228071	12352	4210		

9-12

类　　别	在建工程	资产合计	流动负债合　　计	#应付账款
架线和管道工程建筑		26459	14196	3585
架线及设备工程建筑		26459	14196	3585
管道工程建筑				
其他土木工程建筑	20	9518	3135	-70
建筑安装业	6309	80123	32824	7804
电气安装		6812	5226	3412
管道和设备安装	224	22070	6097	741
其他建筑安装业	6086	51242	21501	3651
建筑装饰和其他建筑业	158	93430	46354	2783
建筑装饰业	56	4905	1102	707
工程准备活动				
建筑物拆除活动				
其他工程准备活动				
提供施工设备服务		10072	1723	1246
其他未列明建筑业	102	78453	43528	830
三、按隶属关系分组				
中央				
省(自治区、直辖市)		16243	3954	1373
地区(州、盟、省辖市)	4874	89887	62800	9363
县(区、市、旗)	440	289405	27911	11907
街道				
镇				
乡				
居委会		765	170	114
村委会				
其他	8683	483871	174595	35075
四、按企业资质等级分组				
施工总承包	7802	758313	218895	44095
特级				
一级		251269	3954	1373
二级	5234	207587	78057	22649
三级及以下	2568	299456	136884	20074
专业承包	6195	121858	50534	13737
一级	860	7138	3800	
二级	228	25948	11903	1962
三级及以下	5106	88772	34831	11775
五、按营业状态分				
营业	13997	856305	268049	57766
停业(歇业)		14892	632	66
筹建				
当年关闭				
当年破产				
其他		8974	748	
六、按控股情况分				
国有控股	5239	342757	61335	13298
集体控股	75	40390	27602	6000
私人控股	8683	469797	172489	38185
港澳台商控股				
外商控股				
其他		27227	8004	349

续表3

单位：万元

非流动负债合　　计	负债合计	所有者权益合　　计	#实收资本	#国家资本	#集体资本
	14196	12263	8280		1000
	14196	12263	8280		1000
	3135	6383	5117	2117	
138	36153	43971	34493	2900	2308
	5226	1586	1497		
	6097	15973	10480	500	
138	24829	26413	22516	2400	2308
801	49094	44337	35616		
	1102	3803	3526		
	3662	6410	5300		
801	44329	34124	26790		
	3954	12290	12000	12000	
6169	77101	12786	10862	6434	1000
242	256451	32954	20680	7017	6726
	170	595	500	500	
5830	206621	277250	218862		
11059	487451	270862	216434	22469	6726
	231932	19338	12000	12000	
6074	105210	102377	86113	6780	2198
4985	150309	149147	118321	3689	4528
1182	56845	65013	46470	3483	1000
39	3839	3299	1660		
5	15071	10877	9735	933	
1138	37935	50837	35075	2550	1000
7256	534843	321462	250302	25952	7726
	2571	12321	10510		
4985	6882	2092	2092		
6316	304081	38676	27152	23552	600
95	27697	12694	10526	2400	7126
5830	204515	265282	211737		
	8004	19224	13488		

9-12　续表4

单位：万元

类　别	#法人资本	#个人资本	#港澳台资本	#外商资本
总　计	**76237**	**152988**		
#国有及国有控股企业	2348	652		
一、按登记注册类型分组				
内资企业	76237	152988		
国有企业	2348			
集体企业				
股份合作企业				
联营企业				
国有联营企业				
集体联营企业				
国有与集体联营企业				
其他联营企业				
有限责任公司	11200	44140		
国有独资公司				
其他有限责任公司	11200	44140		
股份有限公司		3375		
私营企业	62689	105473		
私营独资企业				
私营合伙企业				
私营有限责任公司	42069	100993		
私营股份有限公司	20620	4480		
其他企业				
港、澳、台商投资企业				
与港澳台商合资经营				
与港澳台商合作经营				
港、澳、台商独资				
港、澳、台商投资股份有限公司				
其他港澳台投资				
外商投资企业				
中外合资经营企业				
中外合作经营企业				
外资企业				
外商投资股份有限公司				
其他外商投资				
二、按国民经济行业分组				
房屋建筑业	36520	81460		
土木工程建筑业	19200	27144		
铁路、道路、隧道和桥梁工程建筑	15200	13652		
铁路工程建筑		4200		
公路工程建筑		5100		
市政道路工程建筑				
其他道路、隧道和桥梁工程建筑	15200	4352		
水利和内河港口工程建筑		3002		
水源及供水设施工程建筑		3002		
河湖治理及防洪设施工程建筑				
港口及航运设施工程建筑				
海洋工程建筑				
工矿工程建筑		4210		

9-12　续表5

单位：万元

类　别	#法人资本	#个人资本	#港澳台资本	#外商资本
架线和管道工程建筑	4000	3280		
架线及设备工程建筑	4000	3280		
管道工程建筑				
其他土木工程建筑		3000		
建筑安装业	12990	16294		
电气安装		1497		
管道和设备安装		9980		
其他建筑安装业	12990	4818		
建筑装饰和其他建筑业	7526	28090		
建筑装饰业	3526			
工程准备活动				
建筑物拆除活动				
其他工程准备活动				
提供施工设备服务	1000	4300		
其他未列明建筑业	3000	23790		
三、按隶属关系分组				
中央				
省(自治区、直辖市)				
地区(州、盟、省辖市)		3427		
县(区、市、旗)	3348	3588		
街道				
镇				
乡				
居委会				
村委会				
其他	72889	145973		
四、按企业资质等级分组				
施工总承包	53687	133552		
特级				
一级				
二级	26100	51035		
三级及以下	27587	82517		
专业承包	22550	19436		
一级		1660		
二级	2510	6292		
三级及以下	20040	11485		
五、按营业状态分				
营业	75237	141386		
停业(歇业)	1000	9510		
筹建				
当年关闭				
当年破产				
其他		2092		
六、按控股情况分				
国有控股	2348	652		
集体控股	1000			
私人控股	62689	149048		
港澳台商控股				
外商控股				
其他	10200	3288		

9-13 建筑企业损益

类　　别	营业收入	#主营业务收入	营业成本	#主营业务成本	营业税金及附加
总　计	**493812**	**492497**	**437372**	**400462**	**16920**
#国有及国有控股企业	73313	73234	66298	66078	2949
一、按登记注册类型分组					
内资企业	493812	492497	437372	400462	16920
国有企业	37146	37137	32941	32941	1027
集体企业	12701	12658	9988	9988	358
股份合作企业					
联营企业					
国有联营企业					
集体联营企业					
国有与集体联营企业					
其他联营企业					
有限责任公司	153571	153228	137507	137081	5871
国有独资公司	33642	33616	32147	31926	1832
其他有限责任公司	119929	119612	105360	105155	4039
股份有限公司	9982	9982	8122	8122	449
私营企业	280412	279493	248814	212330	9214
私营独资企业					
私营合伙企业					
私营有限责任公司	235552	234632	211365	179260	6823
私营股份有限公司	44860	44860	37449	33070	2391
其他企业					
港、澳、台商投资企业					
与港澳台商合资经营					
与港澳台商合作经营					
港、澳、台商独资					
港、澳、台商投资股份有限公司					
其他港澳台投资					
外商投资企业					
中外合资经营企业					
中外合作经营企业					
外资企业					
外商投资股份有限公司					
其他外商投资					
二、按国民经济行业分组					
房屋建筑业	287621	286986	259034	222519	10300
土木工程建筑业	146185	145506	130099	129703	4668
铁路、道路、隧道和桥梁工程建筑	107637	107585	98079	98079	3504
铁路工程建筑	1897	1897	1668	1668	188
公路工程建筑	46050	46050	41182	41182	2144
市政道路工程建筑	699	699	617	617	16
其他道路、隧道和桥梁工程建筑	58991	58939	54613	54613	1156
水利和内河港口工程建筑	8443	7842	5724	5724	428
水源及供水设施工程建筑	8443	7842	5724	5724	428
河湖治理及防洪设施工程建筑					
港口及航运设施工程建筑					
海洋工程建筑					
工矿工程建筑	242	216	1487	1267	9

及分配表(2016年)

单位：万元

#主营业务税金及附加	其他业务利润	销售费用	管理费用	#税金	财务费用	#利息收入	#利息支出
16778	**106**	**1713**	**17813**	**780**	**2230**	**109**	**1394**
2949	53	82	3740	67	163	4	90
16778	106	1713	17813	780	2230	109	1394
1027	10	81	2089	46	123	3	90
358		13	1305	13	-1		
5736	43	478	5863	118	372	41	222
1832			771	5	37		
3904	43	478	5092	113	335	41	222
449		1	225	14	3		1
9207	53	1139	8331	589	1733	64	1081
6816	53	527	5891	469	1434	21	1021
2391		612	2440	120	299	44	61
10277	53	726	6197	456	1175	53	739
4668	53	376	6012	77	591	38	337
3504	51	2	3314	52	549	32	337
188		1	39	1			
2144			620	3	221	22	221
16			156	2	41		41
1156	51	1	2500	46	287	10	74
428		69	459	2	16		
428		69	459	2	16		
9			474	4	37		

9-13

类　　别	营业收入	#主营业务收入	营业成本	#主营业务成本	营业税金及附加
架线和管道工程建筑	25005	25005	21867	21867	718
架线及设备工程建筑	25005	25005	21867	21867	718
管道工程建筑					
其他土木工程建筑	4859	4857	2943	2768	9
建筑安装业	49668	49668	40490	40490	1854
电气安装	4726	4726	3732	3732	129
管道和设备安装	7357	7357	5240	5240	201
其他建筑安装业	37585	37585	31518	31518	1524
建筑装饰和其他建筑业	10338	10338	7750	7750	98
建筑装饰业	4758	4758	4255	4255	43
工程准备活动					
建筑物拆除活动					
其他工程准备活动					
提供施工设备服务	1324	1324	1139	1139	41
其他未列明建筑业	4256	4256	2357	2357	15
三、按隶属关系分组					
中央					
省(自治区、直辖市)	30569	30569	28301	28301	1631
地区(州、盟、省辖市)	48767	48724	43072	43072	1727
县(区、市、旗)	41991	41913	36355	36135	1095
街道					
镇					
乡					
居委会	742	742	431	431	13
村委会					
其他	371743	370549	329213	292523	12455
四、按企业资质等级分组					
施工总承包	430562	429290	385261	348351	14550
特级					
一级	30645	30619	29641	29420	1640
二级	237239	236582	212958	177727	8828
三级及以下	162678	162090	142662	141204	4083
专业承包	63251	63207	52111	52111	2370
一级	4774	4774	4166	4166	82
二级	9028	8984	7709	7709	268
三级及以下	49449	49449	40236	40236	2020
五、按营业状态分					
营业	491794	490479	435745	398835	16869
停业(歇业)	1815	1815	1455	1455	42
筹建					
当年关闭					
当年破产					
其他	204	204	173	173	9
六、按控股情况分					
国有控股	73313	73234	66298	66078	2949
集体控股	36920	36877	31875	31875	1010
私人控股	350624	349431	308856	272167	12326
港澳台商控股					
外商控股					
其他	32956	32956	30344	30344	635

续表1

单位：万元

#主营业务税金及附加	其他业务利润	销售费用	管理费用	#税金	财务费用	#利息收入	#利息支出
718		305	1330	3	-9	8	
718		305	1330	3	-9	8	
9	2		433	16	-3	-2	
1735		528	3811	117	348	17	318
129			236	1	-6	11	4
201		31	750	6	323	6	313
1405		497	2825	110	30	1	1
98		83	1794	131	117	1	
43		47	249	94	1	1	
41		9	94	3	2		
15		27	1452	34	114		
1631			347	1			
1727	43	374	2921	30	25	10	1
976	10	27	3814	63	141	9	90
13			22				
12432	53	1312	10709	687	2063	91	1303
14408	63	827	12397	613	2161	84	1353
1640			750	4	38		
8827	8	213	5198	191	933	31	394
3941	55	614	6450	418	1191	53	959
2369	43	886	5415	167	69	25	41
82		32	424	5	31		
268	43	47	1644	25	24	6	11
2020		806	3348	137	14	19	30
16726	106	1710	17669	777	2227	109	1394
42			138	2			
9		2	6	1	3		
2949	53	82	3740	67	163	4	90
890		318	2629	16	-9	10	
12303	53	1312	10614	686	2067	87	1303
635			830	10	9	9	1

9-13

类　　别	资产减值损　　失	公允价值变动收益	投资收益	营业利润	营业外收入
总　计	**638**	**59**	**-78**	**17108**	**127**
#国有及国有控股企业				81	27
一、按登记注册类型分组					
内资企业	638	59	-78	17108	127
国有企业				885	27
集体企业	638		-48	352	
股份合作企业					
联营企业					
国有联营企业					
集体联营企业					
国有与集体联营企业					
其他联营企业					
有限责任公司			-50	3430	
国有独资公司				-1146	
其他有限责任公司			-50	4576	
股份有限公司				1182	1
私营企业		59	20	11260	99
私营独资企业					
私营合伙企业					
私营有限责任公司		59	20	9590	83
私营股份有限公司				1670	17
其他企业					
港、澳、台商投资企业					
与港澳台商合资经营					
与港澳台商合作经营					
港、澳、台商独资					
港、澳、台商投资股份有限公司					
其他港澳台投资					
外商投资企业					
中外合资经营企业					
中外合作经营企业					
外资企业					
外商投资股份有限公司					
其他外商投资					
二、按国民经济行业分组					
房屋建筑业		10	20	10221	73
土木工程建筑业		49	-50	4439	30
铁路、道路、隧道和桥梁工程建筑				2188	26
铁路工程建筑				1	
公路工程建筑				1883	
市政道路工程建筑				-130	
其他道路、隧道和桥梁工程建筑				433	26
水利和内河港口工程建筑				1747	1
水源及供水设施工程建筑				1747	1
河湖治理及防洪设施工程建筑					
港口及航运设施工程建筑					
海洋工程建筑					
工矿工程建筑				-1766	

续表2

单位：万元

政府补贴	营业外支出	利润总额	应交所得税	应付职工薪酬(本年贷方累计发生额)	建筑业企业在境外完成的营业收入	应交增值税
3	**377**	**16858**	**6841**	**52486**		**5490**
3	4	104	249	10068		673
3	377	16858	6841	52486		5490
3	3	909	75	7209		603
	210	142	178	550		76
	41	3390	2068	10505		829
		-1146	118	2415		12
	41	4535	1950	8090		817
	2	1182	206	1416		56
	122	11236	4314	32806		3926
	111	9562	3770	28370		3746
	12	1674	544	4436		180
	85	10209	4252	40778		3790
3	32	4438	1921	8260		1527
3	5	2208	1454	4985		760
		1		15		
	1	1882	468	1516		311
		-130		162		
3	4	455	986	3292		449
	1	1747	262	580		56
	1	1747	262	580		56
		-1766		1550		

类　　别	资产减值损　　失	公允价值变动收益	投资收益	营业利润
架线和管道工程建筑		49	-50	793
架线及设备工程建筑		49	-50	793
管道工程建筑				
其他土木工程建筑				1477
建筑安装业	638		-48	1951
电气安装				635
管道和设备安装				811
其他建筑安装业	638		-48	506
建筑装饰和其他建筑业				497
建筑装饰业				164
工程准备活动				
建筑物拆除活动				
其他工程准备活动				
提供施工设备服务				40
其他未列明建筑业				293
三、按隶属关系分组				
中央				
省(自治区、直辖市)				290
地区(州、盟、省辖市)	638		-98	-88
县(区、市、旗)				560
街道				
镇				
乡				
居委会				277
村委会				
其他		59	20	16070
四、按企业资质等级分组				
施工总承包		10	20	15395
特级				
一级				-1423
二级				9110
三级及以下		10	20	7708
专业承包	638	49	-98	1713
一级				39
二级				-664
三级及以下	638	49	-98	2338
五、按营业状态分				
营业	638	59	-78	16918
停业(歇业)				180
筹建				
当年关闭				
当年破产				
其他				11
六、按控股情况分				
国有控股				81
集体控股	638		-98	361
私人控股		59	20	15529
港澳台商控股				
外商控股				
其他				1137

续表3

单位：万元

营业外收入	政府补贴	营业外支出	利润总额	应交所得税	应付职工薪酬(本年贷方累计发生额)	建筑业企业在境外完成的营业收入	应交增值税
3		27	769	154	473		283
3		27	769	154	473		283
1		-2	1480	51	672		428
10		245	1716	510	2721		170
10		5	639	142	135		12
		1	810	154	536		71
		239	268	214	2050		87
14		15	496	158	726		4
			164	94	149		3
			40	19	143		
14		15	292	45	435		1
			290	99	1228		
1		233	-320	295	6992		260
27	3	5	581	266	5728		864
			277	19	94		12
99		139	16031	6163	38443		4353
100	3	106	15390	6199	49801		5114
			-1423	99	2001		
37		49	9098	3963	25604		3448
64	3	57	7715	2137	22196		1667
27		271	1469	642	2685		375
		23	16	4	293		
		1	-665	82	1147		88
27		247	2117	555	1245		287
127	3	377	16668	6817	51386		5490
			180	20	1079		
			11	4	21		
27	3	4	104	249	10068		673
		234	128	186	2214		405
100		139	15490	5742	37738		4353
		1	1136	663	2465		59

主要统计指标解释

签订的合同额 指建筑业企业在报告期直接同建设单位签订合同的总价款和以前年度同建设单位签订的各种国内工程合同的未完工程跨入本年度继续施工工程合同的总价款余额。

本年新签合同额 指建筑业企业在报告期内同建设单位直接新签订的各种国内工程合同的总价款，不包括与其他建筑业企业新签的分包合同额。

建筑业总产值 指以货币表现的建筑业企业在一定时期内生产的建筑业产品和服务的总和。建筑业总产值包括建筑工程产值、安装工程产值和其他产值三部分内容。

竣工产值 一般是以单位工程为对象，当该工程按照设计所规定的工程内容全部完成，达到了设计规定的交工条件，经有关部门检查验收鉴定合格的单位工程价值，即为竣工产值。竣工产值包括范围应是报告期内竣工单位工程从开工到竣工的全部自行完成的价值，竣工产值不包括附属辅助企业或内部核算的其他单位为外单位生产和服务的价值。

房屋施工面积 指报告期内施工的全部房屋建筑面积，它包括本期新开工的房屋建筑面积、上期跨入本期继续施工的房屋建筑面积、上期停缓建在本期恢复施工的房屋建筑面积、本期竣工的房屋建筑面积以及本期施工后又停缓建的房屋建筑面积。

房屋竣工面积 指在报告期内房屋建筑按照设计要求已全部完工，达到住人和使用条件，经验收鉴定合格或达到竣工验收标准，可正式移交使用的各栋房屋建筑面积总和。

房屋竣工价值 指在报告期内按规定已经上报竣工的房屋本身的建造价值。一般按房屋设计和预算规定的内容计算。一般按结算价格（或中标价）计算。

固定资产合计 指企业为生产商品、提供劳务、出租或经营管理而持有的，使用寿命超过一个会计年度的有形资产。包括使用期限超过一年的房屋、建筑物、机器、机械、运输工具以及其他与生产、经营有关的设备、器具、工具等。

资产总计 指企业过去的交易或者事项形成的、由企业拥有或者控制的、预期会给企业带来经济利益的资源。资产一般按流动性分为流动资产和非流动资产。

执行 2006 年《企业会计准则》的企业：资产合计 = 流动资产合计 + 非流动资产合计；

未执行 2006 年《企业会计准则》的企业：资产合计 = 流动资产合计 + 长期投资 + 固定资产合计 + 无形及递延资产小计 + 其他资产。

负债合计 指企业过去的交易或者事项形成的，预期会导致经济利益流出企业的现时义务。负债一般按偿还期长短分为流动负债和非流动负债。

所有者权益合计 指企业资产扣除负债后由所有者享有的剩余权益。公司的所有者权益又称股东权益。包括实收资本、资本公积、盈余公积、未分配利润等。

主营业务收入 指企业确认的销售商品、提供劳务等主营业务的收入。

执行 2006 年《企业会计准则》的企业，如未设置该科目，以“营业收入”代替填报。

销售费用 指企业从事施工生产活动过程中发生的各项费用，包括应由企业负担的运输费、装卸费、包装费、保险费、维修费、展览费、差旅费、广告费和其他经费。

营业利润 指企业从事生产经营活动所取得的利润。

执行 2006 年《企业会计准则》的企业，营业利润为营业收入减去营业成本、营业税金及附加、销售费用、管理费用、财务费用、资产减值损失，再加上公允价值变动收益和投资收益。

未执行2006年《企业会计准则》的企业，营业利润为主营业务收入减去主营业务成本、主营业务税金及附加，加上其他业务利润后，再减去销售费用、管理费用、财务费用后的金额。

利润总额 指企业在一定会计期间的经营成果，是生产经营过程中各种收入扣除各种耗费后的盈余，反映企业在报告期内实现的亏盈总额。

执行2006年《企业会计准则》的企业，利润总额为营业利润加上营业外收入，减去营业外支出后的金额。

未执行2006年《企业会计准则》的企业，利润总额为营业利润加上投资收益、政府补助、营业外收入，再减去营业外支出后的金额。

应付职工薪酬 指企业为获得职工提供的服务而给予各种形式的报酬以及其他相关支出。包括职工工资、奖金、津贴和补贴，职工福利费，医疗保险费、养老保险费、失业保险费、工伤保险费和生育保险费等社会保险费，住房公积金，工会经费和职工教育经费，非货币性福利，因解除与职工的劳动关系给予的补偿，其他与获得职工提供的服务相关的支出。

十、批发零售贸易和餐饮业

资料整理：成贵安

10-1　主要年份社会消费品零售总额

单位：万元

年　份	社会消费品零售总额	城　镇	#城区	乡　村
1980	30228			
1985	60227			
1990	106205		64705	41500
1991	113032		67501	45531
1992	133360	19270	60776	53314
1993	144113	18009	76764	54038
1994	165332	25084	84695	60785
1995	198645	33498	108145	71208
1996	247278	127451	126967	87400
1997	267040	147360	13885	94229
1998	256398	142559	128113	83532
1999	265041	150199	134513	85526
2000	288587	160441	158679	81065
2001	312453	142803	84992	84658
2002	336115	161321	87281	87513
2003	357424	180386	90480	86558
2004	730936	373465	183820	173651
2005	838257	423327	189389	225441
2006	1010340	483187	231085	296068
2007	1254786	583215	289912	381659
2008	1609385	753207	382481	473696
2009	1913761	896429	466389	550943
2010	2224956	1742763	1027077	482193
2011	2610539	2036907	1236928	573632
2012	3013884	2387459	1435331	626425
2013	3440357	2732327	1647949	708030
2014	3767860	2981531	1817688	786329
2015	4059694	3044771	2111143	1014924
2016	4337402	3311452	2073518	1025950

注：社会消费品零售总额为快报数据。

10-2　社会消费品零售总额(2016年)

单位：万元

指标名称	数　量	指标名称	数　量	指标名称	数　量
社会消费品零售总额	**4337402**	1.批发业	194968	3.住宿业	98105
一、按销售单位所在地分		限额以上	9847	限额以上	4775
1.城　镇	3311452	限额以下	185121	限额以下	93329
#城　区	2073518	2.零售业	3520607	4.餐饮业	523723
2.乡　村	1025951	限额以上	674259	限额以上	41836
二、按行业分		限额以下	2846348	限额以下	481887

备注：限额以上企业包括达到规模的个体户。社会消费品零售总额为快报数据。

10-3 限额以上批发零售贸易业基本情况(2016年)

类别	法人企业(个)	年末从业人数(人)	类别	法人企业(个)	年末从业人数(人)
总计	**203**	**16367**	**二、零售业**	**158**	**8949**
一、批发业	**45**	**7418**	#国有及国有控股	21	1661
#国有及国有控股	15	2615	1.按登记注册类型分组		
1.按登记注册类型分组			内资	158	8949
内资	45	7418	国有	14	272
国有	2	950	集体	3	105
集体	3	3285	有限责任公司	37	1979
联营企业	1	33	国有独资公司	2	40
集体联营	1	33	其他有限责任公司	35	1939
国有与集体联营			股份有限公司	5	1326
其他联营			私营企业	97	5196
有限责任公司	15	1680	私营独资	7	132
国有独资公司	5	782	私营合伙	1	75
其他有限责任公司	10	898	私营有限责任公司	85	4804
股份有限公司	1	95	私营股份有限公司	4	185
私营企业	23	1375	其他	2	71
私营独资			港澳台商投资企业		
私营有限责任公司	23	1375	与港澳台商合资经营		
其他企业			外商投资企业		
外商投资企业			中外合资经营		
中外合资经营			中外合作经营		
2.按国民经济行业分组			外资企业		
农畜产品	1	300	2.按国民经济行业分组		
食品、饮料及烟草制品	9	4408	综合零售	21	1939
#米、面制品及食用油			#百货	12	1026
烟草制品	1	872	超级市场	7	874
纺织、服装及日用品			食品、饮料及烟草制品专门零售	18	497
#服装			纺织、服装及日用品专门零售	9	728
文化、体育用品及器材			#服装	7	663
医药及医疗器材批发业	2	208	文化、体育用品及器材专门零售	15	418
矿产品、建材及化工产品	27	2158	#图书	12	327
#煤炭及制品	16	1994	医药及医疗器材专门零售	10	1425
石油及制品	1	12	#药品	10	1425
金属及金属矿	4	45	汽车、摩托车、燃料及零配件专门零售	48	2621
建材	1	9	#汽车	32	1084
化肥	2	40	机动车燃料零售	13	1439
机械设备、五金交电及电子产品	6	344	家用电器及电子产品专门零售	21	604
#汽车、摩托车及零配件	4	61	#家用电器零售	16	484
家用电器			计算机、软件及辅助设备零售	3	35
计算机、软件及辅助设备			通讯设备零售	1	69
贸易经纪与代理			五金、家具及室内装修材料专门	5	149
其他批发业			无店铺及其他零售	11	568

10-4　限额以上住宿业和限额以上餐饮业经营情况(2016年)

类　别	法人企业(个)	从业人数(人)	营业额(万元)	客房收入	餐费收入	商品销售收入	其他收入
总　计	**65**	**4964**	**51854**	**16030**	**22043**	**13269**	**512**
一、住宿业	**14**	**1316**	**9778**	**4916**	**4348**	**159**	**355**
#国有及国有控股	3	851	6424	2741	3284	43	355
1.按登记注册类型分组							
内　资	14	1316	9778	4916	4348	159	355
国　有	3	851	6424	2741	3284	43	355
集　体	1	40	369	198	171		
有限责任公司	1	75	759	447	244	68	
其他有限责任公司	1	75	759	447	244	68	
私营企业	8	279	1554	1107	444	2	
私营独资	1	76	725	370	355		
私营有限责任公司	7	203	828	737	89	2	
其他企业	1	71	673	424	204	45	
港澳台商投资企业							
合资经营企业							
合作经营企业							
外商投资企业							
中外合资经营							
外资企业							
2.按国民经济行业分组							
旅游饭店	3	152	608	307	298	4	
一般旅馆	9	1134	9033	4473	4050	155	355
其他住宿服务	2	30	137	137			
二、餐饮业	**51**	**3648**	**42076**	**11114**	**17695**	**13110**	**157**
#国有及国有控股	7	549	2858	1312	1545		0
1.按登记注册类型分组							
内　资	51	3648	42076	11114	17695	13110	157
国　有	6	491	2438	1249	1188		0
集　体	1	86	910	528	382		
有限责任公司	8	410	16342	1741	2530	12072	
其他有限责任公司	8	410	16342	1741	2530	12072	
股份有限公司	2	158	1342	718	624		
私营企业	32	2266	19304	6589	11521	1038	157
私营独资	8	260	2302	156	2131	5	11
私营合伙							
私营有限责任公司	24	2006	17002	6433	9390	1033	146
其他企业	2	237	1739	288	1451		
港澳台商投资企业							
合资经营企业							
合作经营企业							
外商投资企业							
中外合资经营							
外资企业							
2.按国民经济行业分组							
正餐服务	49	3530	41169	11057	17195	12760	157
其他餐饮业	2	118	907	57	500	350	
其他未列明的餐饮业	1	33	57	57			

10-5 限额以上批发零售贸易业商品购进、销售、库存总额(2016年)

单位：万元

类别	购进总额	#进口	销售额	批发	#出口	零售	年末库存总额
总计	**1306713**	**1687**	**1663188**	**994198**	**324**	**668990**	**197455**
一、批发业	**806740**		**953668**	**872554**		**81114**	**96072**
#国有及国有控股	302586		413290	410880		2410	41570
1.按登记注册类型分组							
内资	806740		953668	872554		81114	96072
国有	196807		321693	321355		338	14161
集体	37305		53343	51617		1726	138
股份合作							
联营企业	1771		2270	2270			290
集体联营	1771		2270	2270			290
国有与集体联营							
其他联营							
有限责任公司	82105		67891	62906		4985	27528
国有独资公司	46346		26996	26996			22044
其他有限责任公司	35759		40895	35910		4985	5484
股份有限公司	33892		33899	33899			597
私营企业	454861		474572	400507		74065	53359
私营独资							
私营合伙							
私营有限责任公司	454861		474572	400507		74065	53359
私营股份有限公司							
其他							
外商投资企业							
中外合资经营							
2.按国民经济行业分组							
农畜产品批发业	44807		41197	41197			10174
食品、饮料及烟草制品批发业	254910		399447	392930		6517	15488
#米、面制品及食用油							
烟草制品	193197		317798	317798			13946
纺织、服装及日用品批发业							
#服装							
文化、体育用品及器材批发业							
医药及医疗器材批发业	21095		20841	20488		354	3434
矿产品、建材及化工产品批发业	432837		445512	371475		74037	47585
#煤炭及制品	281908		268181	213266		54915	34210
石油及制品	6942		8593			8593	13
金属及金属矿	93459		121026	110681		10345	2590
建材	445		561	561			394
化肥	583		618	433		185	13
机械设备、五金交电及电子产品批发业	53091		46671	46465		206	19390
#汽车、摩托车及零配件	11330		11526	11515		11	574
五金产品批发							
家用电器							
其他机械设备及电子产品批发	38863		31372	31372			18762
计算机、软件及辅助设备							
贸易经纪与代理							
其他批发业							

10-5　续表

单位：万元

类　　别	购进总额	#进口	销售额	批　发	#出口	零　售	年末库存总额
二、零售业	**499973**	**1687**	**709520**	**121644**	**324**	**587876**	**101384**
#国有及国有控股	130492		313463	53051		260413	15558
1.按登记注册类型分组							
内　资	499973	1687	709520	121644	324	587876	101384
国　有	23424		22760	2187		20573	3784
集　体			3283			3283	634
股份合作	1580		132556	36676		95880	18909
有限责任公司	123169		2708			2708	594
国有独资公司	2916		129848	36676		93172	18316
其他有限责任公司	120253		290925	48412		242514	11414
股份有限公司	107438	1687	256980	34370	324	222610	66017
私营企业	241150		8606	234		8371	1025
私营独资	7789		4033			4033	410
私营合伙	3900	1687	232314	32874	324	199440	61748
私营有限责任公司	219143		12028	1261		10766	2835
私营股份有限公司	10319		3017			3017	625
其　他	3211						
港澳台商投资企业							
港澳台商独资经营							
外商投资企业							
中外合资经营							
中外合作经营							
外　资							
2.按国民经济行业分组							
综合零售业	30079		43185	1081		42103	13889
#百　货	15002		26148	646		25502	3225
超级市场零售业	12890		14829	436		14394	10486
其他综合零售	2187		2208			2208	178
食品、饮料及烟草制品专门零售	49088		56067	33643	324	22424	13838
纺织、服装及日用品专门零售	44674	1028	31230	56		31174	16703
#服　装	43073	1028	28689	56		28633	16058
文化、体育用品及器材专门零售	29472		28357	2187		26171	5181
#图　书	25268		23874	2187		21688	4153
医药及医疗器材专门零售	29475	4	33499	7338		26161	8425
#药　品	29475	4	33499	7338		26161	8425
汽车、摩托车、燃料及零配件专门零售	227813	654	424191	48921		375270	28295
#汽车零售	120161	654	131620	5155		126465	14303
机动车燃料	104870		289322	43766		245556	13564
家用电器及电子产品专门零售	56665		58330	23050		35280	10191
#家用电器	31066		32754	310		32444	8530
计算机、软件及辅助设备零售	1041		1180			1180	1453
通讯设备	22922		22740	22740			192
五金、家具及室内装修材料专门零售	15234		15090	298		14792	1236
无店铺及其他	17474		19572	5071		14501	3626
其他未列明零售业	7352		7526	1261		6265	2422

10-6 限额以上批发和零售业企业财务状况(2016年)

单位：万元

类　　别	年末资产负债					
	流动资产合　　计	#存货	固定资产原价	累计折旧	#本年折旧	资产合计
总　计	**2903231**	**207909**	**284801**	**96189**	**20732**	**3897090**
一、批发业	**2608973**	**119683**	**104873**	**47102**	**6147**	**3405565**
#国有及国有控股	1204371	42146	68363	39400	5275	1427293
1.按登记注册类型分组						
内　资	2608973	119683	104873	47102	6147	3405565
国　有	50591	14187	34428	21610	3274	87729
集　体	5396	1099	3006	484	34	9486
股份合作						
联营企业	977	435	420	267	223	1130
集体联营	977	435	420	267	223	1130
国有与集体联营						
其他联营						
有限责任公司	1153021	40267	35426	17918	1629	1342698
国有独资公司	955666	22584	21701	12820	1053	1123829
其他有限责任公司	197355	17683	13725	5098	576	218868
股份有限公司	24529	597	1086	728	728	25016
私营企业	1374460	63099	30508	6095	259	1939506
私营独资						
私营合伙						
私营有限责任公司	1374460	63099	30508	6095	259	1939506
私营股份有限公司						
其　他						
外商投资企业						
中外合资经营						
2.按国民经济行业分组						
农畜产品批发业	25435	10878	14732	1347	177	43642
食品、饮料及烟草制品批发业	76447	26981	38562	22955	3626	121183
#米、面制品及食用油						
烟草制品	48259	13946	33172	21415	3255	84337
纺织、服装及日用品批发业						
#服　装						
文化、体育用品及器材批发业						
医药及医疗器材批发业	8856	3462	1444	238	19	10087
矿产品、建材及化工产品批发业	2396082	55254	47963	22138	2022	3126617
#煤炭及制品	2292175	41731	42937	21437	2000	3014862
石油及制品	2880	13	49			2929
金属及金属矿	26630	2589	171	120		29303
建　材	1492	318	205	140		1557
化　肥	653	238	369	130		1190
机械设备、五金交电及电子产品批发业	102153	23108	2172	424	303	104036
#汽车、摩托车及零配件	16731	4016	1576	314	276	18113
家用电器						
计算机、软件及辅助设备						
贸易经纪与代理						
其他批发业						

10-6　续表1

单位：万元

类　　别	年末资产负债					
	流动资产合　计	#存货	固定资产原价	累计折旧	#本年折旧	资产合计
二、零售业	**294258**	**88225**	**179928**	**49086**	**14586**	**491525**
#国有及国有控股	37871	15589	92155	28622	8459	128319
1.按登记注册类型分组						
内　资	294258	88225	179928	49086	14586	491525
国　有	14728	1331	5336	2463	285	18091
集　体	841	606	208	74	1	983
有限责任公司	57938	15888	21887	7720	2347	103355
国有独资公司	1627	347	487	219		1984
其他有限责任公司	56311	15541	21400	7501	2347	101370
股份有限公司	24682	14146	86335	25652	8131	97162
私营企业	194083	55630	65341	12863	3743	269440
私营独资	3673	902	675	289	126	4187
私营合伙	423		109	17	4	906
私营有限责任公司	180988	51896	63664	12056	3503	254545
私营股份有限公司	9000	2833	893	502	111	9804
其　他	1986	625	822	314	80	2494
港澳台商投资企业						
港澳台商独资经营						
外商投资企业						
外资企业						
中外合作经营						
外　资						
2.按国民经济行业分组						
综合零售业	90784	7122	21792	7084	523	132718
#百　货	76588	2132	14837	3973	177	101548
超级市场零售业	13432	4840	6840	3104	345	30295
食品、饮料及烟草制品专门零售	33749	14845	7416	1713	307	40351
纺织、服装及日用品专门零售	12034	3625	20168	1374	526	32948
#服　装	9627	2345	19349	1148	489	29844
文化、体育用品及器材专门零售	19560	3340	11008	3388	1181	28146
#图　书	17008	2321	10418	3106	1140	25231
医药及医疗器材专门零售	14439	8362	1889	718	239	15897
#药　品	14439	8362	1889	718	239	15897
汽车、摩托车、燃料及零配件专门零售	83571	32663	104619	32837	11426	185577
#汽　车	52136	15915	21541	6814	3882	69896
机动车燃料	28715	15670	82377	25855	7528	112385
家用电器及电子产品专门零售	26602	13798	3950	637	151	30431
#家用电器	18729	12163	3173	400	146	21998
计算机、软件及辅助设备零售	3465	1453	198	167	5	3517
通讯设备	4350	182	2	0		4352
五金、家具及室内装修材料专门零售	3606	1018	785	51	21	6632
无店铺及其他	9913	3453	8301	1284	211	18828

10-6 续表2

单位：万元

类别	年末资产负债						
	负债合计	所有者权益合计	#实收资本	#国家	#集体	#法人	#个人
总计	**3022293**	**874797**	**332544**	**21240**	**5196**	**152850**	**153257**
一、批发业	**2710988**	**694577**	**227847**	**15933**	**4506**	**119501**	**87906**
#国有及国有控股	1272458	154835	20075	15859		4210	6
1.按登记注册类型分组							
内资	2710988	694577	227847	15933	4506	119501	87906
国有	8209	79520	1995	1995			
集体	5184	4302	4236	74	4160		
股份合作							
联营企业	1066	64	46		46		
集体联营	1066	64	46		46		
国有与集体联营							
其他联营							
有限责任公司	1267871	74827	20080	11864	300	4710	3206
国有独资公司	1094288	29542	12180	8000		4180	
其他有限责任公司	173583	45285	7900	3864	300	530	3206
股份有限公司	20089	4927	2000	2000			
私营企业	1408570	530936	199491			114791	84700
私营独资							
私营有限责任公司	1408570	530936	199491			114791	84700
私营股份有限公司							
其他							
外商投资企业							
中外合资经营							
2.按国民经济行业分组							
农畜产品批发业	13967	29675	10100				10100
食品、饮料及烟草制品批发业	32189	88994	13550	2132	4181	30	7206
#米、面制品及食用油							
烟草制品	5953	78384	1494	1494			
纺织、服装及日用品批发业							
#服装							
文化、体育用品及器材批发业							
医药及医疗器材批发业	8704	1384	1001	501		500	
矿产品、建材及化工产品批发业	2555314	571303	199856	13300	324	116930	69300
#煤炭及制品	2456933	557930	189780	13300		114680	61800
石油及制品	2428	501	50			50	
金属及金属矿	20968	8335	2800			2200	600
建材	989	569	600				600
化肥	812	379	326		324		
机械设备、五金交电及电子产品批发业	100814	3222	3341			2041	1300
#汽车、摩托车及零配件	16205	1908	2041			1041	1000
家用电器							
计算机、软件及辅助设备							
贸易经纪与代理							
其他批发业							

10-6　续表3

单位：万元

类　　别	年末资产负债						
	负债合计	所有者权益合计	#实收资本	#国家	#集体	#法人	#个人
二、零售业	**311305**	**180220**	**104697**	**5307**	**690**	**33350**	**65351**
#国有及国有控股	30941	97378	14819	5270	40	9243	267
1.按登记注册类型分组							
内　资	311305	180220	104697	5307	690	33350	65351
国　有	8651	9441	6849	1860		4990	
集　体	560	423	124	3	117	1	2
股份合作							
有限责任公司	75804	27551	32328	3355	454	7138	21381
国有独资公司	1246	738	529			481	48
其他有限责任公司	74558	26813	31799	3355	454	6657	21333
股份有限公司	13388	83774	4941	60	40	3772	1069
私营企业	211148	58292	59925	29	39	17449	42408
私营独资	2536	1650	740		20	119	601
私营合伙	403	502	502			502	
私营有限责任公司	203679	50866	53102	29	19	16267	36787
私营股份有限公司	4530	5274	5580			560	5020
其　他	1754	740	530		40		490
港澳台商投资企业							
港澳台商独资经营							
外商投资企业							
外资企业							
中外合作经营							
外　资							
2.按国民经济行业分组							
综合零售业	122566	10152	8901	188	240	1379	7094
#百　货	100123	1425	2222	188	19	779	1236
超级市场零售业	21596	8699	6560		204	500	5856
食品、饮料及烟草制品专门零售	28327	12024	6890		140	920	5830
纺织、服装及日用品专门零售	12976	19972	21298			70	21228
#服　装	11978	17866	20699			70	20629
文化、体育用品及器材专门零售	12044	16102	11261	1651		9273	337
#图　书	10177	15054	10256	1651		8488	117
医药及医疗器材专门零售	12520	3376	2290	400		1620	271
#药　品	12520	3376	2290	400		1620	271
汽车、摩托车、燃料及零配件专门零售	88574	97002	32027	3065	310	12907	15746
#汽　车	62283	7614	21257			12638	8619
机动车燃料	23864	88522	9565	3065	310	269	5921
家用电器及电子产品专门零售	13483	16947	14088	3		5229	8856
#家用电器	12114	9884	7072	3		4229	2840
计算机、软件及辅助设备零售	2072	1445	1516			500	1016
通讯设备	-767	5119	5000				5000
五金、家具及室内装修材料专门零售	6988	-357	2426			1020	1406
无店铺及其他	13827	5001	5517			933	4584

10-6 续表4

单位：万元

类　别	损益及分配				
	主营业务收入	主营业务成本	主营业务税金及附加	其他业务利润	销售费用
总　计	**1582456**	**1405523**	**45750**	**1422**	**64523**
一、批发业	**917889**	**784542**	**44088**	**318**	**21582**
#国有及国有控股	373932	287735	39021	230	11190
1.按登记注册类型分组					
内　资	917889	784542	44088	318	21582
国　有	275517	196239	38751		5844
集　体	53492	37337	2521		107
股份合作					
联营企业	2270	1831	5		310
集体联营	2270	1831	5		310
国有与集体联营					
其他联营					
有限责任公司	73186	65209	266	230	7113
国有独资公司	27061	26423	149	230	686
其他有限责任公司	46125	38785	117		6427
股份有限公司	34162	33859	19		
私营企业	479262	450067	2527	88	8209
私营独资					
私营合伙					
私营有限责任公司	479262	450067	2527	88	8209
私营股份有限公司					
其　他					
外商投资企业					
中外合资经营					
2.按国民经济行业分组					
农畜产品批发业	41097	36305		65	646
食品、饮料及烟草制品批发业	351731	251838	41316		8414
#米、面制品及食用油					
烟草制品	271622	192769	38747		5602
纺织、服装及日用品批发业					
#服　装					
文化、体育用品及器材批发业					
医药及医疗器材批发业	21237	20038	5	16	772
矿产品、建材及化工产品批发业	454261	429481	2765	230	11448
#煤炭及制品	279840	269248	765	230	8363
石油及制品	8593	6929	17		1486
金属及金属矿	121026	110236	1940		1345
建　材	480	372	0		
化　肥	804	504	3		254
机械设备、五金交电及电子产品批发业	49563	46880	3	7	302
#汽车、摩托车及零配件	14418	14262	1	7	202
家用电器					
计算机、软件及辅助设备					
贸易经纪与代理					
其他批发业					

10-6 续表5

单位：万元

类 别	损益及分配				
	主营业务收入	主营业务成本	主营业务税金及附加	其他业务利润	销售费用
二、零售业	**664567**	**620981**	**1662**	**1104**	**42941**
#国有及国有控股	302486	294337	374	237	22536
1.按登记注册类型分组					
内 资	664567	620981	1662	1104	42941
国 有	19701	14745	60	13	2791
集 体	3251	3011	11		243
股份合作					
有限责任公司	122157	111508	353	201	7518
国有独资公司	2631	1878	14	61	502
其他有限责任公司	119526	109630	339	140	7016
股份有限公司	284137	281906	292	147	19160
私营企业	232375	207137	896	744	13082
私营独资	8468	7591	27	73	155
私营合伙	4033	3795	10		176
私营有限责任公司	209771	187404	790	671	11903
私营股份有限公司	10103	8347	69		848
其 他	2945	2674	51		147
港澳台商投资企业					
港澳台商独资经营					
外商投资企业					
外资企业					
中外合作经营					
外 资					
2.按国民经济行业分组					
综合零售业	44514	38396	181	10	3411
#百 货	21001	17859	101	14	1075
超级市场零售业	21337	18410	80	-4	2292
食品、饮料及烟草制品专门零售	51158	43747	184	34	3675
纺织、服装及日用品专门零售	15418	12794	34	18	1390
#服 装	12876	10599	28	18	1303
文化、体育用品及器材专门零售	25455	18579	135	160	4663
#图 书	23042	16734	61	160	4346
医药及医疗器材专门零售	32540	26458	219	59	3956
#药 品	32540	26458	219	59	3956
汽车、摩托车、燃料及零配件专门零售	412200	403508	493	602	21439
#汽 车	127586	121882	206	452	2572
机动车燃料	281270	278452	285	150	18815
家用电器及电子产品专门零售	55996	53097	264	191	1479
#家用电器	30021	28467	218	191	1161
计算机、软件及辅助设备零售	1180	1062	1		47
通讯设备	23307	22087	38		271
五金、家具及室内装修材料专门零售	7598	8229	62		889
无店铺及其他	19689	16174	90	30	2040

10-6 续表6

单位：万元

类别	损益及分配						
	管理费用	#税金	财务费用	#利息支出	营业利润	利润总额	应交所得税
总计	**58433**	**2344**	**54007**	**27953**	**-12737**	**-3491**	**6840**
一、批发业	**38185**	**1056**	**49533**	**26411**	**-5194**	**303**	**5872**
#国有及国有控股	28962	820	17302	9	-12539	-7030	5685
1.按登记注册类型分组							
内资	38185	1056	49533	26411	-5194	303	5872
国有	14730	664	-1477		21503	21483	5588
集体	2559	86	6	6	10148	10137	3
股份合作							
联营企业	122				4	4	
集体联营	122				4	4	
国有与集体联营							
其他联营							
有限责任公司	13547	155	18787	9	-33502	-27902	120
国有独资公司	7021	61	18286	9	-28445	-25001	36
其他有限责任公司	6526	94	502		-5057	-2901	84
股份有限公司	807		5		-858	-571	1
私营企业	6421	150	32212	26397	-2488	-2848	160
私营独资							
私营合伙							
私营有限责任公司	6421	150	32212	26397	-2488	-2848	160
私营股份有限公司							
其他							
外商投资企业							
中外合资经营							
2.按国民经济行业分组							
农畜产品批发业	581	8	464	520	167	823	
食品、饮料及烟草制品批发业	19152	745	-1481		31426	31753	5652
#米、面制品及食用油							
烟草制品	14512	647	-1477		21542	21498	5588
纺织、服装及日用品批发业							
#服装							
文化、体育用品及器材批发业							
医药及医疗器材批发业	359	17	92		-13	17	
矿产品、建材及化工产品批发业	17194	277	48700	24109	-36606	-32378	219
#煤炭及制品	16381	222	46974	22375	-43189	-38689	216
石油及制品	95				65	65	0
金属及金属矿	404	21	147	110	6944	6688	4
建材	29		108	107	-28	-28	
化肥	58		20	6	-4	-25	
机械设备、五金交电及电子产品批发业	899	9	1757	1782	-167	89	
#汽车、摩托车及零配件	162	1	-34		-64	8	
家用电器							
计算机、软件及辅助设备							
贸易经纪与代理							
其他批发业							

10-6　续表7

单位：万元

类　　别	损益及分配						
	管理费用	#税金	财务费用	#利息支出	营业利润	利润总额	应交所得税
二、零售业	**20247**	**1288**	**4474**	**1542**	**-7544**	**-3794**	**968**
#国有及国有控股	4317	473	580	217	-5605	993	334
1.按登记注册类型分组							
内　资	20247	1288	4474	1542	-7544	-3794	968
国　有	849	52	6		910	1006	240
集　体	206		4		-160	7	4
股份合作							
有限责任公司	4465	417	1623	433	-2701	-3651	283
国有独资公司	153		0		126	117	48
其他有限责任公司	4312	417	1623	433	-2827	-3768	234
股份有限公司	3439	439	654	79	-7073	-672	10
私营企业	11163	381	2140	1030	1389	-610	428
私营独资	591	10	15	1	90	158	7
私营合伙	13		3		37	12	
私营有限责任公司	10055	370	2107	1029	942	-1070	329
私营股份有限公司	504	1	15		321	289	93
其　他	125		47		91	126	3
港澳台商投资企业							
港澳台商独资经营							
外商投资企业							
外资企业							
中外合作经营							
外　资							
2.按国民经济行业分组							
综合零售业	2399	96	949	19	-1055	-1913	3
#百　货	1286	94	326	19	116	-166	2
超级市场零售业	1068	2	622		-1129	-1706	1
食品、饮料及烟草制品专门零售	1747	11	23	2	2197	2145	158
纺织、服装及日用品专门零售	2449	26	168	172	-1036	-1023	8
#服　装	2390	26	136	140	-1198	-1189	5
文化、体育用品及器材专门零售	1162	3	-7		1055	1226	359
#图　书	1128		-10		914	1086	351
医药及医疗器材专门零售	974	25	461	164	657	619	189
#药　品	974	25	461	164	657	619	189
汽车、摩托车、燃料及零配件专门零售	8701	988	2161	787	-9307	-2709	145
#汽　车	4996	550	1749	725	-3197	-3059	35
机动车燃料	3540	423	411	62	-6064	397	109
家用电器及电子产品专门零售	877	104	403	133	928	-191	61
#家用电器	595	99	381	112	249	-337	17
计算机、软件及辅助设备零售	65	1	22	22	-17	-17	
通讯设备	164		0	0	748	163	44
五金、家具及室内装修材料专门零售	697	10	17	18	-2294	-2282	0
无店铺及其他	1242	26	300	247	1312	334	46

10-6 续表8

单位：万元

类　　别	工资、增值税	
	本年应付职工薪酬	本年应交增值税
总　计	**45682**	**24267**
一、批发业	**18733**	**17934**
#国有及国有控股	12691	15234
1.按登记注册类型分组		
内　资	18733	17934
国　有	834	14280
集　体	292	46
股份合作		
联营企业	203	39
集体联营	203	39
国有与集体联营		
其他联营		
有限责任公司	11991	1087
国有独资公司	4974	-351
其他有限责任公司	7017	1437
股份有限公司	238	
私营企业	5176	2483
私营独资		
私营合伙		
私营有限责任公司	5176	2483
私营股份有限公司		
其　他		
外商投资企业		
中外合资经营		
2.按国民经济行业分组		
农畜产品批发业	1000	
食品、饮料及烟草制品批发业	2897	14874
#米、面制品及食用油		
烟草制品	613	14243
纺织、服装及日用品批发业		
#服　装		
文化、体育用品及器材批发业		
医药及医疗器材批发业	714	37
矿产品、建材及化工产品批发业	12858	3018
#煤炭及制品	12475	2301
石油及制品	22	6
金属及金属矿	126	231
建　材	26	2
化　肥	38	46
机械设备、五金交电及电子产品批发业	1265	5
#汽车、摩托车及零配件	215	3
家用电器		
计算机、软件及辅助设备		
贸易经纪与代理		
其他批发业		

类　　别	工资、增值税	
	本年应付职工薪酬	本年应交增值税
二、零售业	**26949**	**6333**
#国有及国有控股	8663	1865
1.按登记注册类型分组		
内　资	26949	6333
国　有	1216	35
集　体	345	5
股份合作		
有限责任公司	4593	875
国有独资公司	383	36
其他有限责任公司	4210	840
股份有限公司	7071	1696
私营企业	13522	3692
私营独资	283	17
私营合伙	143	6
私营有限责任公司	11694	3531
私营股份有限公司	1403	139
其　他	202	30
港澳台商投资企业		
港澳台商独资经营		
外商投资企业		
外资企业		
中外合作经营		
外　资		
2.按国民经济行业分组		
综合零售业	6563	249
#百　货	4848	114
超级市场零售业	1495	133
食品、饮料及烟草制品专门零售	1200	449
纺织、服装及日用品专门零售	867	85
#服　装	760	13
文化、体育用品及器材专门零售	1941	111
#图　书	1744	37
医药及医疗器材专门零售	1790	2526
#药　品	1790	2526
汽车、摩托车、燃料及零配件专门零售	10949	2386
#汽　车	3414	572
机动车燃料	7431	1813
家用电器及电子产品专门零售	2135	422
#家用电器	1802	94
计算机、软件及辅助设备零售	98	5
通讯设备	200	320
五金、家具及室内装修材料专门零售	380	4
无店铺及其他	1125	102

10-7　限额以上餐饮企业财务状况(2016年)

单位：万元

类　　别	年末资产负债					
	流动资产合　　计	#存货	固定资产原价	累计折旧	#本年折旧	资产合计
总　计	**49397**	**10083**	**155841**	**42772**	**9890**	**176777**
#国有及国有控股	2262	506	9202	3712	296	10343
1.按登记注册类型分组						
内　资	49397	10083	155841	42772	9890	176777
国　有	1684	440	9202	3712	296	9765
集　体	1163	377	2010	1210	90	2099
有限责任公司	5968	2268	15997	4348	2419	18175
其他有限责任公司	5968	2268	15997	4348	2419	18175
股份有限公司	840	89	7			847
私营企业	38944	6812	124591	31254	6865	142900
私营独资	999	349	1700	428	23	2501
私营合伙						
私营有限责任公司	37944	6463	122891	30826	6842	140399
其　他	799	97	4035	2248	220	2992
港澳台商投资企业						
合资经营企业						
合作经营企业						
外商投资企业						
中外合资经营						
外资企业						
2.按国民经济行业分组						
正餐服务业	49160	9962	152100	41918	9703	173301
其他餐饮业	237	121	3740	854	186	3476
其他未列明的餐饮业	88	56	3442	851	185	2940

10-7 续表1

单位：万元

类别	年末资产负债						
	负债合计	所有者权益合计	#实收资本				
				国家	集体	法人	个人
总 计	**180506**	**-3729**	**44426**	**2447**	**2270**	**31173**	**8536**
#国有及国有控股	3010	7333	8515	2447		5594	474
1.按登记注册类型分组							
内 资	180506	-3729	44426	2447	2270	31173	8536
国 有	2907	6859	8041	2447		5594	
集 体	233	1867	2170		2170		
有限责任公司	11212	6963	5460		100	4660	700
其他有限责任公司	11212	6963	5460		100	4660	700
股份有限公司	172	674	674			200	474
私营企业	159775	-16875	27430			20719	6712
私营独资	2599	-98	1428			462	966
私营合伙							
私营有限责任公司	157177	-16778	26003			20257	5746
其 他	6207	-3216	650				650
港澳台商投资企业							
合资经营企业							
合作经营企业							
外商投资企业							
中外合资经营							
外资企业							
2.按国民经济行业分组							
正餐服务业	176653	-3353	43776	2447	2270	30523	8536
其他餐饮业	3852	-376	650			650	
其他未列明的餐饮业	3484	-544	500			500	

10-7　续表2

单位：万元

类　　别	损益及分配				
	主营业务收入	主营业务成本	主营业务税金及附加	其他业务利润	销售费用
总　计	**30045**	**14255**	**638**	**1318**	**10346**
#国有及国有控股	3075	1759	78	369	792
1.按登记注册类型分组					
内　资	30045	14255	638	1318	10346
国　有	2655	1712	74		724
集　体	913	265	11		414
有限责任公司	4042	2415	125		610
其他有限责任公司	4042	2415	125		610
股份有限公司	1342	315	15	369	483
私营企业	19353	8515	386	437	7382
私营独资	2267	1111	28	360	339
私营合伙					
私营有限责任公司	17086	7404	357	77	7043
其　他	1740	1034	27	512	733
港澳台商投资企业					
合资经营企业					
合作经营企业					
外商投资企业					
中外合资经营					
外资企业					
2.按国民经济行业分组					
正餐服务业	29132	13564	552	1318	10236
其他餐饮业	913	691	86		111
其他未列明的餐饮业	57	6	2		85

10-7 续表3

单位：万元

类　别	营业利润	利润总额	应交所得税	应付职工薪酬（本年贷方累计发生额）
总　计	**-13622**	**-12411**	**1**	**8701**
#国有及国有控股	-1561	-1016		1381
1.按登记注册类型分组				
内　资	-13622	-12411	1	8701
国　有	-1518	-973		1249
集　体	5	3		210
有限责任公司	-13	1		1010
其他有限责任公司	-13	1		1010
股份有限公司	-3	-4		416
私营企业	-11490	-10834	1	5208
私营独资	457	-53	1	472
私营合伙				
私营有限责任公司	-11947	-10781		4736
其　他	-604	-603		607
港澳台商投资企业				
合资经营企业				
合作经营企业				
外商投资企业				
中外合资经营				
外资企业				
2.按国民经济行业分组				
正餐服务业	-13401	-12153	1	8597
其他餐饮业	-221	-258		104
其他未列明的餐饮业	-258	-258		103

10-8　限额以上住宿企业财务状况(2016年)

单位：万元

类　别	年末资产负债					
	流动资产合计	#存货	固定资产原价	累计折旧	#本年折旧	资产合计
总　计	**16506**	**825**	**17782**	**6603**	**933**	**56678**
#国有及国有控股	15037	624	11318	4717	614	50310
1.按登记注册类型分组	16506	825	17782	6603	933	56678
内　资	16506	825	17782	6603	933	56678
国　有	15037	624	11318	4717	614	50310
集　体	12		22	5		29
有限责任公司	317	91	185	137	50	365
其他有限责任公司	317	91	185	137	50	365
私营企业	731	92	3438	577	7	3913
私营独资	81	40	19			109
私营有限责任公司	650	52	3419	577	7	3804
其　他	409	18	2819	1167	262	2062
港澳台商投资企业						
合资经营企业						
合作经营企业						
外商投资企业						
中外合资经营						
外资企业						
2.按国民经济行业分组						
旅游饭店	569	52	3555	785	7	3339
一般旅馆	15786	759	13698	5377	926	53102
其他住宿服务	151	14	528	441		237

10-8 续表1

单位：万元

类　别	年末资产负债						
	负债合计	所有者权益合计	#实收资本	国家	集体	法人	个人
总　计	**23622**	**33056**	**33043**	**29260**		**420**	**3363**
#国有及国有控股	19063	31247	29260	29260			
1.按登记注册类型分组	23622	33056	33043	29260		420	3363
内　资	23622	33056	33043	29260		420	3363
国　有	19063	31247	29260	29260			
集　体	46	-17	20			20	
有限责任公司	869	-504	10			10	
其他有限责任公司	869	-504	10			10	
私营企业	2083	1830	3253			390	2863
私营独资	75	34	34				34
私营有限责任公司	2008	1796	3219			390	2829
其　他	1562	500	500				500
港澳台商投资企业							
合资经营企业							
合作经营企业							
外商投资企业							
中外合资经营							
外资企业							
2.按国民经济行业分组							
旅游饭店	586	2753	210	20		190	
一般旅馆	22863	30238	32004	29240		130	2634
其他住宿服务	172	65	829			100	729

10-8　续表2

单位：万元

类　别	损益及分配				
	主营业务收入	主营业务成本	主营业务税金及附加	其他业务利润	销售费用
总　计	**10783**	**3764**	**187**		**3164**
#国有及国有控股	7730	1873	101		2022
1.按登记注册类型分组	10783	3764	187		3164
内　资	10783	3764	187		3164
国　有	7730	1873	101		2022
集　体	101	20	7		56
有限责任公司	673	352	8		405
其他有限责任公司	673	352	8		405
私营企业	1606	1315	43		221
私营独资	725	501	13		
私营有限责任公司	881	814	30		221
其　他	673	205	28		460
港澳台商投资企业					
合资经营企业					
合作经营企业					
外商投资企业					
中外合资经营					
外资企业					
2.按国民经济行业分组					
旅游饭店	583	216	4		156
一般旅馆	10063	3526	180		2851
其他住宿服务	137	23	2		156

10-8 续表3

单位：万元

类　别	营业利润	利润总额	应交所得税	应付职工薪酬（本年贷方累计发生额）
总　计	**-1038**	**-1493**		**2726**
#国有及国有控股	-779	-788		1895
1.按登记注册类型分组	-1038	-1493		2726
内　资	-1038	-1493		2726
国　有	-779	-788		1895
集　体	-9	-9		3
有限责任公司	-194	-194		255
其他有限责任公司	-194	-194		255
私营企业	-10	-456		436
私营独资	1	1		200
私营有限责任公司	-12	-458		236
其　他	-46	-46		136
港澳台商投资企业				
合资经营企业				
合作经营企业				
外商投资企业				
中外合资经营				
外资企业				
2.按国民经济行业分组				
旅游饭店	18	8		171
一般旅馆	-1056	-1300		2527
其他住宿服务	1	-201		28

10-9　贸易限额以上单位商品零售类值表

单位：万元

类　　别	2016年	2015年	增速(%)
合　计	**697682**	**781926**	**-10.8**
1.粮油、食品类	39691	37157	6.8
#粮油类	14158	12050	17.5
肉禽蛋类	5197	4518	15.0
水产品类	3601	3414	5.5
蔬菜类	5272	5408	-2.5
干鲜果品类	8234	8116	1.5
2.饮料类	12664	12682	-0.1
3.烟酒类	45434	39563	14.8
4.服装、鞋帽、针纺织品类	41034	46073	-10.9
服装类	29045	31297	-7.2
鞋帽类	6287	7596	-17.2
针纺织品类	5702	7180	-20.6
5.化妆品类	4541	5301	-14.3
6.金银珠宝类	10615	12761	-16.8
7.日用品类	8741	8414	3.9
#儿童玩具类	1143	1327	-13.9
8.五金、电料类	2036	6360	-68.0
9.体育、娱乐用品类	722	630	14.6
#照相机类			-100.0
10.书报杂志类	27352	33099	-17.4
11.电子出版物及音像制品类	133	118	12.9
12.家用电器和音像器材类	37966	40419	-6.1
13.中西药品类	27762	24047	15.4
#西药类	18598	16042	15.9
中草药及中成药类	7068	5934	19.1
14.文化办公用品类	3035	2797	8.5
15.家具类	23014	26717	-13.9
16.通讯器材类	659	775	-15.0
17.煤炭及制品类	1		
19.石油及制品类	258138	310401	-16.8
22.建筑及装潢材料类	3145	2868	9.6
24.汽车类	146261	167969	-12.9
27.其他类	4737	3774	25.5

主要统计指标解释

批发业 指向其他批发或零售单位（含个体经营者）及其他企事业单位、机关团体等批量销售生活用品、生产资料的活动，以及从事进出口贸易和贸易经纪与代理的活动。

零售业 指百货商店、超级市场、专门零售商店、品牌专卖店、售货摊等主要面向最终消费者（如居民等）的销售活动，以互联网、邮政、电话、售货机等方式的销售活动，还包括在同一地点，后面加工生产，前面销售的店铺（如面包房）。

批发和零售业法人企业 指具备如下条件的批发零售贸易企业：(1)依法成立，有自己的名称、组织机构和场所，能够承担民事责任；(2)独立拥有和使用资产，承担负债，有权与其他单位签订合同；(3)独立核算盈亏，并能够编制包括资产负债表在内的全部会计帐户。

限额以上批发企业 年主营业务收入2000万元及以上为限额以上批发企业。

限额以上零售企业 年主营业务收入500万元及以上为限额以上零售企业。

社会消费品零售总额 指企业（单位、个体户）通过交易直接售给个人、社会集团非生产、非经营用的实物商品金额，以及提供餐饮服务所取得的收入金额。个人包括城乡居民和入境人员，社会集团包括机关、社会团体、部队、学校、企事业单位、居委会或村委会等。

批发和零售业零售额 指批发和零售业企业、产业活动单位和个体户售给城乡居民用于生活消费和社会集团用于公共消费的商品金额。

门店总数 指该连锁企业所拥有的全部连锁门店数量，包括总店(如果总公司有门店的话)和全部直营分店、加盟分店数。其中，总店作为一个直营店处理。此外，有的地区分出控股店，控股店按直营店统计。

连锁企业（或称连锁店、连锁公司） 指在核心企业或总店的领导下，由分散的、经营同类商品或服务的企业或活动单位，采取共同方针，实行集中采购和分散销售的有机结合，通过规范化经营，实现规模效益的经济联合组织形式。一般连锁店应由若干个分店组成。其经营特征：(1)经营同类商品；(2)使用统一商号；(3)统一采购配送，采购与销售相分离(部分商品可根据物流合理和保质保鲜原则由供应商直接送货到门店，其余均由总部统一配送)。连锁店总店(总部)指连锁店的核心企业或管理中心。连锁店分店指连锁店所属各分散经营的企业或活动单位，也可称分店或成员店。

连锁店包括下列三种形式：

直营连锁 指连锁店铺由连锁公司全资或控股开设，在总部的直接控制下，开展统一经营的连锁经营形式。

特许连锁 指拥有注册商标、企业标志、专利、专有技术等经营资源的企业（特许人），以合同形式将其拥有的经营资源许可其他经营者（被特许人）使用，被特许人按合同约定在统一的经营模式下开展经营，并向特许人支付特许经营费用的连锁经营形式。

自愿连锁 指若干个店铺或企业自愿组合起来，在不改变各自资产所有权关系的情况下，以同一个品牌形象面对消费者，以共同进货为纽带开展的连锁经营形式。

零售业态 指零售企业（单位）为满足不同的消费需求进行相应的要素组合而形成的不同经营形态；分类原则是，零售业态按零售店铺的结构特点，根据其经营方式、商品结构、服务功能，以及选址、商圈、规模、店堂设施、目标顾客和有无固定营业场所进行分类。

零售业态从总体上可以分为有店铺零售业态和无店铺零售业态两类。按照零售业态分类原则分为食杂店、便利店、折扣店、超市、大型超市、仓储会员店、百货店、专业店、专卖店、家居建材商店、购物中心、社区购物中心、市区购物中心、城郊购物中心、厂家直销中心、电视购物、邮购、网上商店、自动售货亭、电话购物等 20 种零售业态。

商品购进额　指从本企业以外的单位和个人购进（包括从国外直接进口）作为转卖或加工后转卖的商品金额（含增值税）。本指标反映批发和零售业从国内外市场上购进商品的总价。

商品销售额　指对本单位以外的单位和个人出售的商品金额（包括售给本单位消费用的商品，含增值税），本指标反映批发和零售业在国内市场上销售商品以及出口商品的总量。

期末商品库存额　对于批发和零售业法人单位和个体经营户，是指报告期末取得所有权的全部商品金额（含增值税）；对于批发和零售业产业活动单位，是指报告期末实际在库且归属法人具有所有权的全部商品金额（含增值税）。该指标反映批发和零售业商品库存情况，以及对市场商品供应的保证程度。

亿元以上商品交易市场　指年成交额在亿元及以上的商品交易市场。商品交易市场是指经有关部门和组织批准设立，有固定场所、设施，有经营管理部门和监管人员，若干市场经营者入内，常年或实际开业三个月以上，集中、公开、独立地进行生活消费品、生产资料等现货商品交易以及提供相关服务的交易场所，包括各类消费品市场、生产资料市场等。

住宿业　指为旅行者提供短期留宿场所的活动，有些单位只提供住宿，也有些单位提供住宿、饮食、商务、娱乐一体的服务。

餐饮业　指通过即时制作加工、商业销售和服务性劳动等，向消费者提供食品和消费场所及设施的服务。

限额以上住宿企业　年主营业务收入 200 万元及以上为限额以上住宿企业。

限额以上餐饮企业　年主营业务收入 200 万元及以上为限额以上餐饮企业。

住宿和餐饮业零售额　指专门从事提供食宿服务、进行食品烹饪调制的住宿和餐饮业企业、产业活动单位和个体户，直接向居民和社会集团出售主食、菜肴、烟酒饮料和其他商品取得的餐费收入和商品销售额，包括各行业企业或单位附设的对外营业的旅馆、火车餐车、轮船餐厅、机场餐厅的零售额，不包括机关、团体、学校、企事业单位不对外营业的职工食堂所出售的餐费收入。

住宿业企业星级评定情况　星级等级指符合《中华人民共和国星级酒店评定标准》(GB/T14308-2003)，并经过有关旅游管理权威部门评定（验收）后授予“星级”称号的宾馆、饭店等住宿设施的等级划分，分为一星级到五星级 5 个标准。星级越高，表示企业的档次越高。

营业额　指住宿和餐饮业单位在经营活动中因提供服务或销售商品等取得的全部收入，包括：客房收入、餐费收入、商品销售额（含增值税）和其他收入。

客房收入　指住宿和餐饮业单位在经营活动中因提供住宿服务取得的收入。

餐费收入　指住宿和餐饮业单位因为顾客提供就餐服务取得的收入。

商品销售额　指住宿和餐饮业单位出售商品的销售总额（含增值税）。

其他收入　指营业额中除客房收入、餐费收入、商品销售额（含增值税）以外的其他收入。

十一、交通运输业

资料整理：严兴华

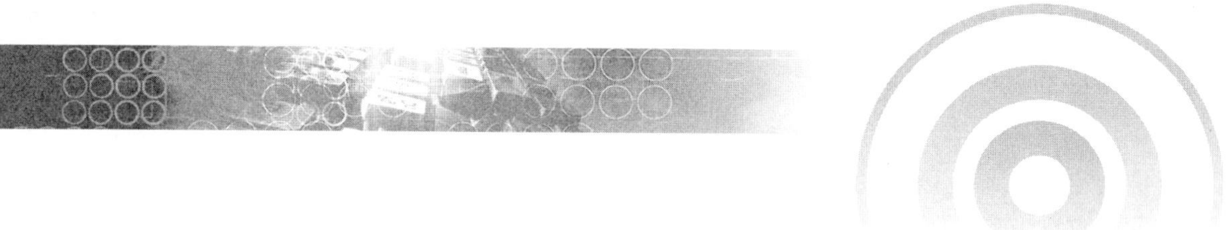

11-1　主要年份运输线路长度

单位：公里

年　份	铁路营业里　　程	公路线路里　　程			每百平方公里平均里程	
			#晴雨通车里程	#高速公路	铁　路	公　路
1980		3013	421			14
1985		3335	847			16
1990		3617	1209			17
1991		3656	1226			18
1992		3699	1226			18
1993		3795	1253			18
1994		3849	1307			19
1995		3891	1410			19
1996		4088	1992			20
1997		4510	2482			22
1998		5027	3050			24
1999		5477	3161			26
2000		5825	3310	56		28
2001		5974	3208	56		29
2002		6096	3289	79		29
2003		6193	3439	79		30
2004		6305	3603	79		30
2005		6746	4328	157		32
2006		13262	8619	157		64
2007		14468	10528	192		68
2008		14759	11094	192		70
2009		14822	13331	192		70
2010		15996	14972	324		76
2011		16206	15420	333		77
2012		16713	15926	533		79
2013		17015	16243	533		81
2014		17153	16413	533		81
2015		17270	16553	534		82
2016		17382	16680	534		82

11-2 主要年份货运量

单位：万吨

年 份	合 计	铁 路	#中央铁路	公 路	#汽 车	水 运	民 航
1980	316			316	316		
1985	688			688	688		
1990	1331			1331	1331		
1991	1413			1413	1413		
1992	1535			1535	1535		
1993	1699			1699	1699		
1994	1820			1820	1820		
1995	1999			1999	1999		
1996	2305			2305	2305		
1997	2412			2412	2412		
1998	2501			2501	2501		
1999	2501			2501	2501		
2000	2696			2696	2696		
2001	2866			2866	2866		
2002	3008			3008	3008		
2003	3155			3155	3155		
2004	3352			3347	3347	5	
2005	3179			3170	3170	9	
2006	3908			3896	3896	12	
2007	4887			4882	4882	5	
2008	5146			5146	5146		
2009	4649			4649	4649		
2010	5089			5083	5083	5.9	
2011	5632			5632	5632		
2012	6257			6256	6256	1	
2013	6304			6302	6302	2	
2014	6489			6480	6480	0.2	9.3
2015	7027			7012	7012	0.5	14.3
2016	8180			8159	8159	0.1	20.5

注:2009年运管部门更换了统计口径，致使数据不衔接。

11-3 主要年份货物周转量

单位：万吨公里

年份	合计	铁路	#中央铁路	公路	#汽车	水运	民航
1980	14147			14147	14147		
1985	36232			36232	36232		
1990	73661			73661	73661		
1991	83689			83689	83689		
1992	90420			90420	90420		
1993	108615			108615	108615		
1994	119980			119980	119980		
1995	136242			136242	136242		
1996	146547			146547	146547		
1997	158905			158905	158905		
1998	169600			169600	169600		
1999	177101			177101	177101		
2000	188252			188252	188252		
2001	203101			203101	203101		
2002	213635			213635	213635		
2003	225025			225025	225025		
2004	243629			243624	243624	5	
2005	255840			255831	255831	9	
2006	282128			282116	282116	12	
2007	313680			313675	313675	5	
2008	314693			314693	314693		
2009	1009402			1009402	1009402		
2010	1074696			1074683	1074683	13.0	
2011	1144503			1144503	1144503	0.1	
2012	1183851			1183849	1183849	2.1	
2013	1240979			1240974	1240974	5.0	
2014	989033			989033	989033	0.2	
2015	822575			822574	822574	0.9	
2016	874708			874708	874708		

注：2009年运管部门更换了统计口径，致使数据不衔接。

11-4 主要年份旅客运输量

年 份	客运量(万人)	#铁路	#公路	#民航	#水路
1980	203		203		
1985	424		424		
1990	471		471		
1991	504		504		
1992	552		552		
1993	617		617		
1994	688		688		
1995	721		721		
1996	821		821		
1997	895		895		
1998	1001		1001		
1999	1046		1046		
2000	1166		1166		
2001	1215		1215		
2002	1368		1368		
2003	1408		1408		
2004	1519		1509		10
2005	1919		1901		17
2006	2192		2169		24
2007	2242		2228		14
2008	2608		2605		3
2009	1812		1807		5
2010	1866		1856		10
2011	1869		1865		4
2012	1892		1888		4
2013	1887		1880		7
2014	2243		2224	10	9
2015	1691		1671	14	6
2016	1419		1391	21	6

注：2009年运管部门更换了统计口径，致使数据不衔接。

11-5　主要年份旅客周转量

年　份	旅客周转量（万人公里）	#铁路	#公路	#水路
1980	15166		15166	
1985	34134		34134	
1990	40023		40023	
1991	39270		39270	
1992	44683		44683	
1993	51114		51114	
1994	54475		54475	
1995	57134		57134	
1996	58282		58282	
1997	64097		64097	
1998	70046		70046	
1999	75141		75141	
2000	82350		82350	
2001	88159		88159	
2002	101444		101444	
2003	110332		110332	
2004	119492		119484	8
2005	138599		138582	17
2006	145128		145104	24
2007	153847		153833	14
2008	170563		170557	6
2009	124161		124155	5
2010	134008		133977	31
2011	134245		134215	30
2012	138662		138650	12
2013	138620		138588	32
2014	165474		165439	35
2015	142760		142730	30
2016	120319		120297	22

注：2009年运管部门更换了统计口径，致使数据不衔接。

11-6 全社会公路客货运输量(2016年)

指 标	总 计	营业性		非营业性
			#个体	
一、客运量(万人)	**1391**	**1391**	**4**	
汽 车	1391	1391	4	
其他机动车				
二、旅客周转量(万人公里)	**120297**	**120297**	**350**	
汽 车	120297	120297	350	
其他机动车				
三、货运量(万吨)	**8159**	**8159**	**3218**	
汽 车	8159	8159	3218	
其他机动车				
轮胎式拖位机				
四、货物周转量(万吨公里)	**874708**	**874708**	**344984**	
汽 车	874708	874708	344984	
其他机动车				
轮胎式拖位机				

11-7 主要年份民用汽车拥有量

单位：辆

年 份	民用汽车总数	#载货汽车	#载客汽车	#私人汽车			每百公里公路平均汽车数
					#载货	#载客	
1980							
1985	7782						233
1990	11760						325
1991	12197						334
1992	12577						340
1993	12961						342
1994	13864						360
1995	15235						392
1996	15245						373
1997	15200						337
1998	15654						311
1999	15802						289
2000	17218						296
2001	20112						337
2002	42716	23286	18963	15166	6668	8449	701
2003	45802	21368	23884	19751	7425	12279	740
2004	55304	23269	31322	27960	9505	19381	877
2005	68493	25837	41879	38716	11264	27346	1015
2006	82401	25837	55452	51953	12544	39192	621
2007	102694	29113	71717	68791	15091	53316	710
2008	135184	35579	96937	96277	19903	75792	916
2009	156368	40728	114831	115323	23014	92018	1055
2010	183706	46035	136636	139964	27208	112338	1178
2011	210823	45826	163637	167885	30119	137173	1297
2012	222350	39698	181167	186842	28193	157946	1349
2013	256027	42211	212189	218809	30739	187263	1505
2014	278856	42692	234515	241069	30622	210134	1645
2015	293973	40968	251307	260709	28836	228762	1702
2016	317490	43455	272345	280413	29318	250245	1827

注：民用汽车总数不包括三轮汽车和低速汽车。

11-8 民用汽车拥有量(2016年)

单位：辆

指　　标	合　　计	营　　运	非营运	#个　人
一、民用汽车	317490	33183	284286	280413
载客汽车	272345	6050	266274	250245
#大　型	2258	1661	578	38
中　型	798	424	372	96
小轿车	202776	3896	198880	189580
载货汽车	43455	26648	16807	29318
#重　型	17396	17021	375	7615
中　型	940	875	65	638
普通载货汽车	20967	5951	15016	17533
二、拖拉机	20876			
三、摩拖车	53282	14497	38785	45076
#普　通	53214	14496	38718	45008
轻　便	68	1	67	68
四、其他类型车				
五、载货挂车	7689	7655	34	1869

注：1.民用汽车中不包括三轮汽车和低速货车；
　　2.拖拉机为农机部门提供数据。

11-9 邮电业务总量及电话数

指　　标	2015年	2016年
一、邮电业务总量(万元)	417358	351707
邮政业务总量	19970	22536
电信业务总量	390158	314407
二、电话用户数(户)	3198628	3098731
固　话	319519	237574
移　动	2879109	2861157
三、宽带用户数(户)	482464	578381

注：邮电业务总量包含电信业务、邮政业务和快递业务。

主要统计指标解释

公路网　是由各级公路组成的网状运输系统。它是由连结各城镇、乡村和工矿基地之间主要供汽车行驶的道路形成的网络。我国的公路里程是按其作用及使用管理性质分为国家干线公路、省级干线公路、县级公路、乡公路和专用公路。按其公路工程技术要求分为高速公路和一、二、三、四级公路。

公路里程　也称“公路通车里程”，是指实际达到交通部制定的公路工程技术标准规定的等级公路长度。它包括大中城市的郊区以及通过小城镇街道的公路里程，也包括桥梁、渡口的长度，但不包括城市街道以及厂矿、林区和农业生产用道的里程。两条或多条公路共同径由同一路段，只计算一次，不得重复计算里程长度。公路里程是反映公路建设发展规模的重要指标，也是计算运输网密度等指标的资料。

民用汽车　由公安交通监理部门所掌管的领有本地区民用车辆牌照的机动车辆中的一部分。不包括拖拉机、摩托车、其他机动车等。民用汽车包括普通载货汽车、专用载货汽车、载客汽车、其他专用汽车、特种汽车等。

营运汽车　指领有公安交通监理部门核发的车辆牌照，并经当地工商行政管理机关核准，领取营业执照，参加营业性运输的载客和载货汽车。

货(客)运量　指运输业实际运送的货物（旅客）数量。货运按吨计算。货物不论运输距离长短、货物类别，均按实际重量计算，旅客不论行程远近或票价多少，均按一人一次作为客运量统计。半票价、小孩票也按一人统计。货（客）运量反映运输业为国民经济和人民生活服务的数量指标，也是制定和检查运输生产计划，研究运输发展规模和速度的重要指标。

货物(旅客)周转量　指运输业运送的货物（旅客）数量与其相应运输距离的乘积之总和，通常以吨公里和人公里为计算单位。计算货物周转量通常按发出站与到达站之间的最短距离，也就是计费距离计算。它是反映运输业生产总成果的重要指标，也是编制和检查运输生产计划、计算运输效率、劳动生产率以及核算运输单位成本的主要基础资料。

换算周转量　是综合反映各种运输工具在一定时期内实际完成的旅客、货物周转量的综合指标。具体计算方法是将旅客周转量和货物周转量区分不同运输工具按相应的换算比例，换算成同一计量单位进行加总求得。其计算单位为：吨公里。

公路运输的换算比例是：1 吨公里=10 人公里

内河水运的换算比例是：1 吨公里=3 人公里（座位）　　1 吨公里=1 人公里（带卧铺）

铁路运输的换算比例是：1 吨公里=1 人公里（地方铁路为 5 人公里）

民航运输的换算比例是：1 吨公里=13.9 人公里（国际航线为 13.3 人公里）

邮电业务总量　指以货币表现的邮电部门为用户传递信息和提供其他邮电服务的总量。它用各种邮电分类业务量，如函件件数、电报份数、长话张数、市内电话和农村电话的年均户数、订销报刊累计份数等，分别乘以相应的平均单价（不变价），加总后再加上出租电路和设备的收入、代用户维护电话交换机和线路等设备的收入、其他业务收入求得。邮电业务总量综合反映了一定时期邮电工作的总成果，是研究邮电业务量构成和发展趋势的重要指标。

电话用户数　包括固定和移动电话。固定电话用户指接入国家公众固定电话网，并按固定电话业务进行经营管理的电话用户。移动电话用户指在移动电话营业部门登记，通过移动电话交换机接入移动电话网、占有移动电话号码的用户。

十二、教育、卫生

资料整理：樊玉梅

12-1　全市各级各类学校基本情况

类　别	学校数(所)			在校学生数(人)		
	2015年	2016年	比上年增减	2015年	2016年	比上年增减
普通中学	296	288	-8	212601	204314	-8287
#高　中	45	44	-1	88008	84306	-3702
#初　中	251	244	-7	124593	120008	-4585
#民办高中	11	11		13978	13266	-712
#民办初中	30	29	-1	18804	19537	733
职业中学	19	19		18063	17213	-850
#职　高	19	19		18063	17213	-850
#民办高中	2	2		483	513	30
小　学	666	576	-90	265251	265580	329
#民　办	23	22	-1	11172	11420	248
特殊教育学校	6	6		860	1065	205
幼儿园	687	710	23	131271	129456	-1815
#民　办	258	291	33	48147	50617	2470

12-1　续表

类　别	招生数(人)			毕业生数(人)		
	2015年	2016年	比上年增减	2015年	2016年	比上年增减
普通中学	65266	68775	3509	77703	74627	-3076
#高　中	28419	27258	-1161	30566	29034	-1532
#初　中	36847	41517	4670	47137	45593	-1544
#民办高中	4584	4337	-247	4590	4830	240
#民办初中	5234	7014	1780	7253	6920	-333
职业中学	6679	6095	-584	5892	5834	-58
#职　高	6679	6095	-584	5892	5834	-58
#民办高中	152	215	63	374	159	-215
小　学	44251	45451	1200	38401	43305	4904
#民　办	1455	1765	310	2147	2064	-83
特殊教育学校	175	197	22	69	55	-14
幼儿园	65011	58107	-6904	46685	48268	1583
#民　办	25606	23034	-2572	17332	18557	1225

12-2 全市各级各类学校教师数

单位：人

类别	专任教师			代课老师			兼任老师		
	2015年	2016年	比上年增减	2015年	2016年	比上年增减	2015年	2016年	比上年增减
普通中学	21197	19062	-2135	2996	2402	-594	418	342	-76
职业高中	1429	1454	25	146	162	16			
小　学	18859	18033	-826	2409	2542	133	200	161	-39
特殊教育学校	227	226	-1	67	66	-1	67	10	-57
幼儿园	5677	5662	-15	3479	3883	404	226	737	511

12-3 全市中等专业学校校数、学生数、教职工数

单位：人

类别	学校数	学生数				教职工数	
	(所)	毕业生	招生数	在校生	毕业班学生	总计	专任教师
总　计	**9**	**3934**	**1828**	**6037**	**2440**	**848**	**534**
会　校	1	378	178	624	287	151	97
农　校	1	285	290	762	281	130	87
卫　校	1	971	489	1805	742	215	114
煤　校	1	820	65	318	201	118	81
体　校	1	62	77	306	80	75	45
艺　校	1	53	197	335	30	44	23
汾　师	1	538	184	621	269		
离　师	1	600	243	744	305		
经管校	1	227	105	522	245	115	87

12-4　医疗卫生机构数

单位：个

机　构	2012年	2013年	2014年	2015年	2016年
合　计	**3866**	**3885**	**3896**	**3966**	**4784**
医　院	66	65	68	72	99
综合医院	45	44	45	49	68
中医医院	14	14	15	16	15
专科医院	7	7	8	7	16
基层医疗卫生机构	3754	3774	3780	3846	4635
社区卫生服务中心(站)	33	36	33	34	57
乡镇卫生院	151	147	147	159	181
村卫生室	3111	3112	3109	3130	3614
门诊部(所)、护理站	421	441	457	499	783
专业公共卫生机构数	43	43	44	44	45
疾病预防控制中心(防疫站)	14	14	14	14	14
专科疾病防治院(所.站)					
妇幼保健院(所.站)	14	14	14	14	14
卫生监督所(中心)	14	14	14	14	14
健康教育所					1
采供血机构					1
其他卫生机构					5

12-5　医疗卫生机构床位数

单位：个

类　别	2007	2008	2009	2010	2011	2012	2013	2014	2015	2016
合　计	**4980**	**5528**	**5490**	**7123**	**6700**	**10463**	**10802**	**11122**	**11226**	**12202**
医　院	4777	5285	5202	6740	6381	6236	6654	7083	7152	7934
综合医院	3962	4273	4197	5458	5186	5166	5507	5793	5873	6705
中医医院	505	615	685	952	895	790	846	975	985	886
专科医院	310	397	320	330	300	280	301	315	294	343
基层卫生机构			5	5	5	3908	3857	3750	3820	3999
社区卫生服务中心(站)						208	257	274	281	302
乡镇卫生院						3361	3272	3162	3357	3494
专业公共卫生机构	203	243	283	378	314	319	291	289	254	269
妇幼保健院(所、站)	203	243	283	378	314	319	291	289	254	269
专科疾病防治院(所、站)										
其他机构										
每千人口拥有床位数			2.95	3.24	2.92	2.77	2.83	2.92	2.92	3.18

12-6　卫生人员数

单位：人

指　标	2007年	2008年	2009年	2010年	2011年	2012年	2013年	2014年	2015年	2016年
合　计	**13944**	**17066**	**14141**	**15414**	**14340**	**21278**	**20881**	**21111**	**21308**	**23852**
卫生技术人员	7413	9391	7675	7906	7621	13974	13781	14037	14113	15812
执业(助理)医师	3875	4657	3516	3862	3557	6572	6407	6483	6657	7267
#执业医师	3616	4424	3118	3277	3103	5250	5156	5230	5381	5986
注册护士	2377	3601	2913	2802	2798	4312	4424	4731	4805	5624
药师(士)	385	362	373	413	403	633	635	611	579	608
技师(士)	360	343	427	440	436	710	695	713	725	836
#检验师(士)	253	241	292	277	278	463	458	451	469	534
其　他	416	428	446	389	427	1747	1620	1499	1347	1477
乡村医生和卫生员	4981	6302	4882	5926	5065	4919	4775	4612	4670	4988
其他技术人员	519	321	393	413	362	656	577	662	694	845
管理人员	434	464	514	538	598	598	578	469	422	622
工勤技能人员	597	588	677	631	694	1131	1170	1331	1409	1585
每千人口卫生技术人员数			3.38	3.58	3.54	3.7	3.62	2.79	3.67	4.12

12-7　各类医疗卫生机构情况(2016年)

类　别	机构个数(个)	已报机构	编　制床位数(张)	实　有床位数(张)	编制人数(人)
总　计	**4784**	**4784**	**13000**	**12202**	**22042**
一、医院	99	99	8240	7934	8951
综合医院	68	68	6691	6705	7640
中医医院	15	15	1170	886	1241
中西医结合医院					
民族医院					
专科医院	16	16	379	343	70
口腔医院	3	3	26	23	
眼科医院	1	1	28	25	
耳鼻喉科医院					
肿瘤医院					
心血管病医院					
胸科医院					
血液病医院					
妇产(科)医院	1	1	50	50	
儿童医院					
精神病医院					
传染病医院					
皮肤病医院					
结核病医院	1	1	20	20	
麻风病医院					
职业病医院					
骨科医院	3	3	85	78	40
康复医院	2	2	30	27	
整形外科医院	1	1	20	20	
美容医院					
其他专科医院	4	4	120	100	30
护理院					
二、基层医疗卫生机构	4635	4635	4386	3999	10880
社区卫生服务中心(站)	57	57	358	302	792
社区卫生服务中心	18	18	321	262	643
社区卫生服务站	39	39	37	40	149
卫生院	181	181	4022	3679	4044
街道卫生院	20	20	168	185	212
乡镇卫生院	161	161	3854	3494	3832
中心卫生院	58	58	2022	1745	1734
乡卫生院	103	103	1832	1749	2098
村卫生室	3614	3614			5539
门诊部	25	25		12	145
综合门诊部	20	20		12	145
中医门诊部	1	1			
中西医结合门诊部	2	2			
民族医门诊部					
专科门诊部	2	2			
诊所、卫生所、医务室	758	758	6	6	360
诊　所	714	714			343
卫生所、医务室	42	42			12
护理站	2	2	6	6	5

注：1.本表人员合计中包括乡村医生4443人和卫生员545人。
2.不含乡镇卫生院在村卫生室工作的执业(助理)医师、注册护士数。

12-7 续表1

类　　别	机构个数(个)	已报机构	编制床位数(张)	实有床位数(张)	编制人数(人)
三、专业公共卫生机构	45	45	374	269	2167
疾病预防控制中心	14	14			528
省　属					
省辖市(地区)属	1	1			50
地辖市属	2	2			102
县　属	9	9			300
其　他	2	2			76
专科疾病防治院(所、站)					
专科疾病防治院					
传染病防治院					
结核病防治院					
职业病防治院					
其　他					
专科疾病防治所(站、中心)					
口腔病防治所(站、中心)					
精神病防治所(站、中心)					
皮肤病与性病防治所(中心)					
结核病防治所(站、中心)					
职业病防治所(站、中心)					
地方病防治所(站、中心)					
血吸虫病防治所(站、中心)					
药物戒毒所(中心)					
其　他					
健康教育所(站、中心)	1	1			3
妇幼保健院(所、站)	14	14	374	269	969
省　属					
省辖市(地区)属	1	1	50		90
地辖市属	2	2	65	61	268
县　属	8	8	184	145	384
其　他	3	3	75	63	227
妇幼保健院	11	11	325	259	807
妇幼保健所					
妇幼保健站	3	3	49	10	162
生殖保健中心					
急救中心(站)					
采供血机构	1	1			25
卫生监督所(中心)	14	14			610
省　属					
省辖市(地区)属	1	1			33
地辖市属	2	2			132
县　属	11	11			445
其　他					
计划生育技术服务机构	1	1			32
四、其他卫生机构	5	5			44
疗养院					
卫生监督检验(监测、检测)所(站)	1	1			15
医学科学研究机构					
医学在职培训机构	1	1			8
临床检验中心(所、站)	2	2			
统计信息中心					
其　他	1	1			21

12-7　续表2

单位：人

类　　别	在岗职工					
	合计	卫生技术人员				
		小计	执业(助理)医师	#执业医师	注册护士	药师(士)
总　　计	**23852**	**15812**	**7267**	**5986**	**5624**	**608**
一、医　院	9907	8176	3229	2982	3563	349
综合医院	8676	7188	2754	2556	3208	290
中医医院	917	736	378	355	241	47
中西医结合医院						
民族医院						
专科医院	314	252	97	71	114	12
口腔医院	47	38	27	13	11	
眼科医院	30	20	5	2	12	1
耳鼻喉科医院						
肿瘤医院						
心血管病医院						
胸科医院						
血液病医院						
妇产(科)医院	51	36	7	6	24	
儿童医院						
精神病医院						
传染病医院						
皮肤病医院						
结核病医院	17	17	6	5	7	1
麻风病医院						
职业病医院						
骨科医院	63	56	18	17	25	4
康复医院	26	20	8	8	9	
整形外科医院	23	19	7	4	7	2
美容医院						
其他专科医院	57	46	19	16	19	4
护理院						
二、基层医疗卫生机构	12002	6193	3486	2523	1757	233
社区卫生服务中心(站)	883	789	349	252	305	32
社区卫生服务中心	566	521	232	148	168	29
社区卫生服务站	317	268	117	104	137	3
卫生院	3614	2974	1472	934	839	130
街道卫生院	203	169	75	41	52	13
乡镇卫生院	3411	2805	1397	893	787	117
中心卫生院	1550	1272	619	418	364	50
乡卫生院	1861	1533	778	475	423	67
村卫生室	5539	551	476	258	75	
门诊部	231	193	91	78	75	4
综合门诊部	207	169	77	68	67	3
中医门诊部	4	4	2	2	1	1
中西医结合门诊部	9	9	5	4	3	
民族医门诊部						
专科门诊部	11	11	7	4	4	
诊所、卫生所、医务室	1735	1686	1098	1001	463	67
诊　所	1590	1543	1013	920	423	59
卫生所、医务室	140	138	80	76	40	8
护理站	5	5	5	5		

12-7 续表3

单位：人

类别	在岗职工					
	合计	卫生技术人员				
		小计	执业(助理)医师	#执业医师	注册护士	药师(士)
三、专业公共卫生机构	1827	1366	520	453	284	26
疾病预防控制中心	469	336	177	142	44	12
省属						
省辖市(地区)属	33	20	11	11		
地辖市属	102	93	56	47	11	1
县属	275	188	99	73	27	10
其他	59	35	11	11	6	1
专科疾病防治院(所、站)						
专科疾病防治院						
传染病防治院						
结核病防治院						
职业病防治院						
其他						
专科疾病防治所(站、中心)						
口腔病防治所(站、中心)						
精神病防治所(站、中心)						
皮肤病与性病防治所(中心)						
结核病防治所(站、中心)						
职业病防治所(站、中心)						
地方病防治所(站、中心)						
血吸虫病防治所(站、中心)						
药物戒毒所(中心)						
其他						
健康教育所(站、中心)	3					
妇幼保健院(所、站)	807	628	329	300	212	14
省属						
省辖市(地区)属	62	49	22	22	27	
地辖市属	210	159	71	65	66	2
县属	298	228	123	110	65	10
其他	237	192	113	103	54	2
妇幼保健院	704	554	288	260	191	11
妇幼保健所						
妇幼保健站	103	74	41	40	21	3
生殖保健中心						
急救中心(站)						
采供血机构	64	51	9	6	22	
卫生监督所(中心)	457	339				
省属						
省辖市(地区)属	27	25				
地辖市属	112	100				
县属	318	214				
其他						
计划生育技术服务机构	27	12	5	5	6	
四、其他卫生机构	116	77	32	28	20	
疗养院						
卫生监督检验(监测、检测)所(站)	15	14	2	2	3	
医学科学研究机构						
医学在职培训机构	8	7	5	5	2	
临床检验中心(所、站)	73	42	24	20	14	
统计信息中心						
其他	20	14	1	1	1	

12-7　续表4

单位：人

类　别	在岗职工						
	卫生技术人员				其他技术人员	管理人员	工勤技能人员
	技师(士)	#检验师	其他	#见习医师			
总　计	**836**	**534**	**1477**	**176**	**845**	**622**	**1585**
一、医　院	544	318	491	117	498	369	864
综合医院	476	280	460	102	433	319	736
中医医院	42	25	28	15	55	21	105
中西医结合医院							
民族医院							
专科医院	26	13	3		10	29	23
口腔医院					5	2	2
眼科医院	2	1				5	5
耳鼻喉科医院							
肿瘤医院							
心血管病医院							
胸科医院							
血液病医院							
妇产(科)医院	5	3			1	11	3
儿童医院							
精神病医院							
传染病医院							
皮肤病医院							
结核病医院	2	1	1				
麻风病医院							
职业病医院							
骨科医院	9	4			1	4	2
康复医院	2	1	1		1	1	4
整形外科医院	2	1	1		2	2	
美容医院							
其他专科医院	4	2				4	7
护理院							
二、基层医疗卫生机构	174	109	543	54	227	129	465
社区卫生服务中心(站)	24	17	79	5	41	24	29
社区卫生服务中心	15	11	77	4	11	14	20
社区卫生服务站	9	6	2	1	30	10	9
卫生院	120	73	413	38	179	98	363
街道卫生院	8	4	21		14	2	18
乡镇卫生院	112	69	392	38	165	96	345
中心卫生院	63	37	176	17	79	48	151
乡卫生院	49	32	216	21	86	48	194
村卫生室							
门诊部	12	6	11	1	7	7	24
综合门诊部	11	6	11	1	7	7	24
中医门诊部							
中西医结合门诊部	1						
民族医门诊部							
专科门诊部							
诊所.卫生所.医务室	18	13	40	10			49
诊　所	17	12	31	7			47
卫生所、医务室	1	1	9	3			2
护理站							

12-7 续表5

单位：人

类　别	在岗职工 卫生技术人员 技师(士)	#检验师	其他	#见习医师	其他技术人员	管理人员	工勤技能人员
三、专业公共卫生机构	112	102	424	5	98	114	249
疾病预防控制中心	64	61	39		51	30	52
省　属							
省辖市(地区)属	7	7	2		6	4	3
地辖市属	16	15	9		3	2	4
县　属	30	30	22		28	20	39
其　他	11	9	6		14	4	6
专科疾病防治院(所、站)							
专科疾病防治院							
传染病防治院							
结核病防治院							
职业病防治院							
其　他							
专科疾病防治所(站、中心)							
口腔病防治所(站、中心)							
精神病防治所(站、中心)							
皮肤病与性病防治所(中心)							
结核病防治所(站、中心)							
职业病防治所(站、中心)							
地方病防治所(站、中心)							
血吸虫病防治所(站、中心)							
药物戒毒所(中心)							
其　他							
健康教育所(站、中心)						3	
妇幼保健院(所、站)	33	26	40	5	31	57	91
省　属							
省辖市(地区)属						2	11
地辖市属	9	8	11	5	7	30	14
县　属	15	9	15		21	19	30
其　他	9	9	14		3	6	36
妇幼保健院	25	21	39	5	19	49	82
妇幼保健所							
妇幼保健站	8	5	1		12	8	9
生殖保健中心							
急救中心(站)							
采供血机构	14	14	6		2	5	6
卫生监督所(中心)			339		9	17	92
省　属							
省辖市(地区)属			25				2
地辖市属			100			6	6
县　属			214		9	11	84
其　他							
计划生育技术服务机构	1	1			5	2	8
四、其他卫生机构	6	5	19		22	10	7
疗养院							
卫生监督检验(监测、检测)所(站)	2	1	7				1
医学科学研究机构							
医学在职培训机构					1		
临床检验中心(所、站)	4	4			16	9	6
统计信息中心							
其　他			12		5	1	

12-8　各类卫生人员数(2016年)

单位：人

类　别	合　计	卫生技术人员				
		小　计	执业(助理)医师	#执业医师	注册护士	药师(士)
总　计	**23852**	**15812**	**7267**	**5986**	**5624**	**608**
按城乡分						
城　市	3399	2908	1186	1050	1246	96
农　村	20453	12904	6081	4936	4378	512
按经济类型分						
公　立	19646	12857	5700	4614	4570	495
国　有	12125	9716	3960	3340	3637	377
集　体	7521	3141	1740	1274	933	118
非公立	4206	2955	1567	1372	1054	113
#联　营	303	84	37	22	35	3
私　营	3132	2511	1413	1259	851	96
按主办单位分						
政府办	13600	10943	4645	3875	3971	432
#卫生部门	13411	10786	4587	3825	3934	423
社会办	6561	2246	1191	857	735	73
个人办	3691	2623	1431	1254	918	103

12-8　续表

单位：人

类　别	卫生技术人员			乡村医生和卫生员	其他技术人员	管理人员	工勤技能人员
	技师(士)	#检验师(士)	其　他				
总　计	**836**	**534**	**1477**	**4988**	**845**	**622**	**1585**
按城乡分							
城　市	178	99	202		101	191	199
农　村	658	435	1275	4988	744	431	1386
按经济类型分							
公　立	718	467	1374	4097	748	513	1431
国　有	617	402	1125	197	594	440	1178
集　体	101	65	249	3900	154	73	253
非公立	118	67	103	891	97	109	154
#联　营	9	4		188	1	6	24
私　营	81	50	70	397	70	62	92
按主办单位分							
政府办	648	418	1247	323	615	443	1276
#卫生部门	628	406	1214	323	614	435	1253
社会办	99	63	148	3832	165	93	225
个人办	89	53	82	833	65	86	84

主要统计指标解释

普通高等学校 指按照国家规定的审批程序批准举办，通过全国统一招生考试招收高级中等学校毕业生和具有同等学历者，实施高等教育，培养高等专门人材的学校。包括大学、专门学院、专科学院和短期职业大学。

成人高等学校 指按照国家规定的审批程序批准举办，招收在职高中毕业或同等学历者，利用多种形式对成人实施高等教育，培训相当普通高等学校专科或本科毕业水平的专门人才的学校。包括广播电视大学、职工高等学校、农民高等学校、干部管理学院、教育学院、独立函授学院以及普通高等学校举办的函授、夜大等。

小学学龄儿童入学率 指调查范围内已入小学学习的学龄儿童数占全部小学学龄儿童总数（包括弱智儿童在内，但不包括盲聋哑儿童）的比重。计算公式是：

$$\text{小学学龄儿童入学率}=\frac{\text{已入学的小学学龄儿童数}}{\text{校内外小学学龄儿童总数}}\times 100\%$$

科学家和工程师 指大学毕业及以上文化程度和其他具有高、中级职称的从事科技活动人员。

自然科学技术人员 指已取得科学技术职称，或大学、中专的理、工、农、医类系毕业，以及国民经济各部门从工作实践中提拔，从事理、工、农、医等自然科学技术的研究、教学、生产（事业）技术方面工作的专业人员和在机关、企业、事业中从事科学技术业务管理工作的专业人员。

工程技术人员 指在国民经济各行业从事工程技术工作的自然科学技术的专业人员。包括：高级工程师、工程师、助理工程师、技术员和未评定职称的技术人员。

农业技术人员 指在国民经济各行业从事农业技术工作的自然科学技术的专业人员。包括：高级农艺师、农艺师、助理农艺师、技术员和未评定职称的技术人员。

卫生技术人员 指在国民经济各行业从事卫生医务工作的自然科学技术的专业人员。包括：正副主任医师、主治医师、医师、医（护）士和未评定职称的技术人员。

十三、县市篇

13-1　地区生产总值

按当年价格计算

地　区	地　　区生产总值(万元)	第一产业	第二产业	第三产业	人均地区生产总值(元)
2015年					
吕梁市	**9558013**	**540197**	**5440133**	**3577683**	**25003**
离石区	679132	18751	185030	475351	20595
文水县	582837	113246	312212	157379	13495
交城县	495790	28952	277186	189652	21037
兴　县	587197	30767	432693	123737	20483
临　县	413438	63192	137092	213154	6950
柳林县	1208475	17754	809764	380957	36871
石楼县	78728	19808	2553	56367	6851
岚　县	327016	22644	209868	94504	18302
方山县	227478	15217	127231	85030	15496
中阳县	435161	10835	279965	144361	30030
交口县	304834	16567	213349	74918	24783
孝义市	3343438	112022	2098584	1132832	69667
汾阳市	915988	72147	417118	426723	21412
2016年					
吕梁市	**9953079**	**536696**	**5552709**	**3863674**	**25896**
离石区	704473	20261	165754	518458	21239
文水县	600192	113617	315643	170932	13807
交城县	528776	30322	293882	204572	22334
兴　县	604451	32790	436044	135617	20949
临　县	417167	67869	114586	234712	6971
柳林县	1218193	20004	790792	407397	36969
石楼县	86888	24670	1482	60736	7525
岚　县	276951	22476	153409	101066	15424
方山县	240891	15696	131589	93606	16356
中阳县	459892	14039	291179	154674	31581
交口县	357226	17241	261058	78927	28895
孝义市	3387764	96019	2088052	1203693	70236
汾阳市	1059682	71840	515739	472103	24640

注：本表数据为年报数。

13-2 地区生产总值构成

单位：%

地区	地区生产总值	第一产业	第二产业	第三产业
2015年				
吕梁市	**100.0**	**5.7**	**56.9**	**37.4**
离石区	100.0	2.8	27.2	70.0
文水县	100.0	19.4	53.6	27.0
交城县	100.0	5.8	55.9	38.3
兴　县	100.0	5.2	73.7	21.1
临　县	100.0	15.3	33.1	51.6
柳林县	100.0	1.5	67.0	31.5
石楼县	100.0	25.2	3.2	71.6
岚　县	100.0	6.9	64.2	28.9
方山县	100.0	6.7	55.9	37.4
中阳县	100.0	2.5	64.3	33.2
交口县	100.0	5.4	70.0	24.6
孝义市	100.0	3.3	62.8	33.9
汾阳市	100.0	7.9	45.5	46.6
2016年				
吕梁市	**100.0**	**5.4**	**55.8**	**38.8**
离石区	100.0	2.9	23.5	73.6
文水县	100.0	18.9	52.6	28.5
交城县	100.0	5.7	55.6	38.7
兴　县	100.0	5.4	72.1	22.5
临　县	100.0	16.3	27.5	56.2
柳林县	100.0	1.6	64.9	33.5
石楼县	100.0	28.4	1.7	69.9
岚　县	100.0	8.1	55.4	36.5
方山县	100.0	6.5	54.6	38.9
中阳县	100.0	3.1	63.3	33.6
交口县	100.0	4.8	73.1	22.1
孝义市	100.0	2.9	61.6	35.5
汾阳市	100.0	6.8	48.6	44.6

注：本表数据为年报数。

13-3　地区生产总值发展速度

上年=100

地　区	地　区 生产总值				人均地区 生产总值
		第一产业	第二产业	第三产业	
2015年					
吕梁市	**95.3**	**92.8**	**92.3**	**102.9**	**94.8**
离石区	99.9	107.9	93.1	103.0	99.3
文水县	101.7	103.2	98.8	107.9	101.1
交城县	94.2	94.5	89.0	110.0	93.9
兴　县	103.6	79.7	105.3	105.5	103.0
临　县	98.1	99.6	92.0	104.5	97.6
柳林县	90.2	87.4	88.3	99.5	89.8
石楼县	97.7	93.8	46.6	107.9	97.2
岚　县	95.8	80.2	93.7	103.3	95.3
方山县	92.8	108.7	88.1	104.1	92.6
中阳县	87.0	83.4	82.7	105.2	86.6
交口县	89.3	109.3	83.6	101.1	88.8
孝义市	94.6	90.3	92.3	101.1	94.1
汾阳市	96.3	77.0	92.8	105.1	95.8
2016年					
吕梁市	**104.1**	**104.7**	**102.5**	**106.4**	**103.5**
离石区	105.4	107.1	98.7	107.9	104.8
文水县	104.9	101.5	105.1	107.1	104.3
交城县	104.1	106.3	102.8	105.7	103.7
兴　县	103.8	109.3	102.0	108.4	103.1
临　县	109.7	107.0	112.8	108.6	109.1
柳林县	105.3	112.6	105.2	105.3	104.8
石楼县	110.5	124.4	112.3	105.5	110.0
岚　县	101.9	102.4	100.4	105.1	101.4
方山县	107.4	103.5	107.5	108.0	107.1
中阳县	103.5	125.3	101.8	105.1	103.0
交口县	100.5	107.7	98.8	103.9	100.0
孝义市	102.4	85.1	102.1	104.5	101.8
汾阳市	114.8	100.3	123.0	109.3	114.2

注：本表数据为年报数。

13-4 各地区总人口数

单位：人

地 区	2015年总人口	按性别分		按城镇乡村分	
		男 性	女 性	城镇人口	乡村人口
2015年					
吕梁市	**3832237**	**1986084**	**1846153**	**1772125**	**2060112**
离石区	330764	167541	163223	271433	59331
文水县	432951	220420	212531	152666	280285
交城县	236131	120773	115358	120862	115269
兴 县	287554	150286	137268	109846	177708
临 县	596422	309938	286484	183746	412676
柳林县	328560	176413	152147	131325	197235
石楼县	115211	60134	55077	48556	66655
岚 县	179121	92697	86424	61058	118063
方山县	147004	78180	68824	50375	96629
中阳县	145291	77541	67750	89048	56243
交口县	123287	64690	58597	49484	73803
孝义市	481068	249446	231622	313417	167651
汾阳市	428873	218025	210848	190309	238564
2016年					
吕梁市	**3854871**	**2012400**	**1842471**	**1840570**	**2014301**
离石区	332665	174966	157699	273459	59206
文水县	436555	222478	214077	162056	274499
交城县	237423	121796	115627	123850	113573
兴 县	288714	152338	136376	115775	172939
临 县	600474	320310	280164	197423	403051
柳林县	330525	174439	156086	137664	192861
石楼县	115690	60175	55515	50239	65451
岚 县	180157	96831	83326	64870	115287
方山县	147223	75856	71367	53232	93991
中阳县	146022	78876	67146	90402	55620
交口县	124064	63951	60113	51545	72519
孝义市	484116	247921	236195	322183	161933
汾阳市	431243	222463	208780	197872	233371

13-5　各地区人口自然变动

单位：人，%

地　区	出　生		死　亡		自然增长	
	人　数	出生率	人　数	死亡率	人　数	增长率
2015年						
吕梁市	**40423**	**10.57**	**21319**	**5.58**	**19104**	**5.00**
离石区	3773	11.44	1761	5.34	2012	6.10
文水县	4384	10.15	2295	5.31	2089	4.84
交城县	2409	10.22	1494	6.34	915	3.88
兴　县	3406	11.88	1647	5.75	1759	6.14
临　县	6713	11.28	3663	6.16	3050	5.13
柳林县	3398	10.37	1801	5.49	1597	4.87
石楼县	1232	10.72	641	5.58	591	5.14
岚　县	1870	10.47	974	5.45	896	5.01
方山县	1210	8.24	799	5.44	411	2.80
中阳县	1517	10.47	757	5.22	760	5.24
交口县	1273	10.35	699	5.68	574	4.67
孝义市	4823	10.05	2520	5.25	2303	4.80
汾阳市	4415	10.32	2268	5.30	2147	5.02
2016年						
吕梁市	**39749**	**10.34**	**17115**	**4.45**	**22634**	**5.89**
离石区	3469	10.46	1568	4.73	1901	5.73
文水县	4613	10.61	1009	2.32	3604	8.29
交城县	2558	10.80	1266	5.35	1292	5.46
兴　县	2194	7.61	1034	3.59	1160	4.03
临　县	6187	10.34	2135	3.57	4052	6.77
柳林县	3362	10.20	1397	4.24	1965	5.96
石楼县	1122	9.72	643	5.57	479	4.15
岚　县	1963	10.93	927	5.16	1036	5.77
方山县	1186	8.06	967	6.57	219	1.49
中阳县	1548	10.63	817	5.61	731	5.02
交口县	1339	10.83	562	4.54	777	6.28
孝义市	5637	11.68	2589	5.36	3048	6.32
汾阳市	4571	10.63	2201	5.12	2370	5.51

13-6　按地区分组的法人单位与产业活动单位数及就业人数

单位：个，人

地　区	法　人单位数	单产业法人	多产业法人	产业活动单位数	法人单位就业人数	#女性
2015年						
吕梁市	**31170**	**29560**	**1610**	**38922**	**758510**	**230531**
离石区	4444	4069	375	5479	122172	44113
文水县	2888	2816	72	3447	58991	19763
交城县	2397	2298	99	2902	54012	16196
兴　县	2166	2091	75	2977	39523	11512
临　县	2911	2820	91	4016	50289	15643
柳林县	2350	2294	56	2904	91748	20682
石楼县	1025	961	64	1292	16469	5222
岚　县	1597	1533	64	1981	31501	7549
方山县	1666	1537	129	2099	33723	10039
中阳县	1182	1153	29	1402	38256	8259
交口县	1513	1479	34	1742	28611	6702
孝义市	3794	3357	437	4957	112080	34076
汾阳市	3237	3152	85	3724	81135	30775
2016年						
吕梁市	**37229**	**35543**	**1686**	**45565**	**808520**	**244401**
离石区	5718	5315	403	6879	130943	48210
文水县	3415	3329	86	4047	60608	19791
交城县	2690	2589	101	3237	56038	16865
兴　县	2725	2645	80	3578	43143	12387
临　县	3478	3384	94	4602	66195	20130
柳林县	2685	2627	58	3267	92368	20359
石楼县	1211	1146	65	1487	18322	5724
岚　县	1881	1816	65	2285	33614	7649
方山县	1892	1760	132	2338	36765	10584
中阳县	1341	1311	30	1579	39360	8599
交口县	1704	1670	34	1945	31962	7716
孝义市	4716	4266	450	5998	114055	33927
汾阳市	3773	3685	88	4323	85147	32460

13-7　按地区、单位类别分组的法人单位数及就业人数(2015年)

单位：个，人

地　区	法人单位		企　业		事业单位	
	单位数	就业人数	单位数	就业人数	单位数	就业人数
吕梁市	**31170**	**758510**	**18029**	**490014**	**2572**	**107669**
离石区	4444	122172	3256	83029	312	19141
文水县	2888	58991	1748	33715	150	8982
交城县	2397	54012	1753	41922	168	5670
兴　县	2166	39523	861	21090	200	6997
临　县	2911	50289	1291	25247	305	11106
柳林县	2350	91748	1137	66524	248	10217
石楼县	1025	16469	353	6014	150	3397
岚　县	1597	31501	852	15175	139	4193
方山县	1666	33723	850	19483	173	5102
中阳县	1182	38256	594	26768	107	4336
交口县	1513	28611	810	17667	120	4175
孝义市	3794	112080	2471	79138	308	14230
汾阳市	3237	81135	2053	54242	192	10123

注：其他法人包括基金会、村委会、居委会、农民专业合作社和其他组织机构。

13-7　续表

单位：个，人

地　区	机　关		社会团体		民办非企业		其他法人	
	单位数	就业人数	单位数	就业人数	单位数	就业人数	单位数	就业人数
吕梁市	**868**	**42547**	**659**	**16815**	**409**	**9857**	**17675**	**193073**
离石区	133	8418	130	4298	171	3353	1055	11219
文水县	63	3712	61	1051	14	618	1718	22444
交城县	56	2161	29	341	9	235	773	7601
兴　县	57	3224	42	1036	16	590	1996	13762
临　县	73	3260	67	2136	20	573	2330	16507
柳林县	76	3942	90	3800	47	889	1551	13641
石楼县	54	2021	26	315	13	214	871	9230
岚　县	58	1488	26	358	14	311	1030	20263
方山县	54	1473	43	904	16	299	1076	13223
中阳县	60	2006	15	140	11	530	801	9482
交口县	51	2008	30	548	8	151	996	8275
孝义市	61	4895	59	1150	33	991	1757	24343
汾阳市	72	3939	41	738	37	1103	1721	23083

13-8 按地区、单位类别分组的法人单位数及就业人数(2016年)

单位：个，人

地　区	法人单位		企　业		事业单位	
	单位数	就业人数	单位数	就业人数	单位数	就业人数
吕梁市	**37229**	**808520**	**21213**	**501180**	**2606**	**108221**
离石区	5718	130943	4401	90338	316	19374
文水县	3415	60608	2035	34605	162	9041
交城县	2690	56038	2040	43995	165	5646
兴　县	2725	43143	1191	22851	202	7045
临　县	3478	66195	1135	25882	306	11096
柳林县	2685	92368	1347	66327	249	10169
石楼县	1211	18322	457	6544	150	3293
岚　县	1881	33614	851	15009	142	4090
方山县	1892	36765	770	18378	173	5201
中阳县	1341	39360	721	27463	107	4321
交口县	1704	31962	741	17200	126	4306
孝义市	4716	114055	3258	80692	314	14394
汾阳市	3773	85147	2266	51896	194	10245

注：其他法人包括基金会、村委会、居委会、农民专业合作社和其他组织机构。

13-8 续表

单位：个，人

地　区	机　关		社会团体		民办非企业		其他法人	
	单位数	就业人数	单位数	就业人数	单位数	就业人数	单位数	就业人数
吕梁市	**867**	**42508**	**709**	**16648**	**455**	**10196**	**7705**	**64090**
离石区	133	8418	160	4556	184	3426	686	7956
文水县	64	3731	71	994	19	615	517	4689
交城县	56	2031	29	341	7	128	363	3264
兴　县	57	3260	41	1105	17	600	863	5382
临　县	73	3260	67	2136	21	577	1397	8659
柳林县	76	3942	93	3627	48	901	626	5469
石楼县	54	2021	26	316	16	305	296	1945
岚　县	58	1488	25	353	15	321	371	2987
方山县	54	1480	49	1042	23	443	447	4235
中阳县	54	1896	15	142	11	530	243	2432
交口县	55	2158	30	557	9	160	217	1724
孝义市	61	4884	58	673	35	1052	977	9186
汾阳市	72	3939	45	806	50	1138	702	6162

13-9　各地区居民人均可支配收入(2016年)

单位：元，%

地　区	全体居民			城镇居民			农村居民		
	2016年	2015年	增幅	2016年	2015年	增幅	2016年	2015年	增幅
吕梁市	**14429**	**13591**	**6.2**	**24180**	**22903**	**5.6**	**7644**	**7193**	**6.3**
离石区	22705	21400	6.1	26349	24975	5.5	5474	5135	6.6
文水县	12239	11396	7.4	19695	18441	6.8	9050	8458	7.0
交城县	14085	13254	6.3	19751	18686	5.7	8763	8236	6.4
兴　县	8885	8407	5.7	19061	18119	5.2	4006	3769	6.3
临　县	7345	6866	7.0	16169	15183	6.5	4446	4159	6.9
柳林县	16883	15977	5.7	28415	27036	5.1	10583	9974	6.1
石楼县	6786	6437	5.4	13063	12441	5.0	2877	2727	5.5
岚　县	8512	7939	7.2	18109	16987	6.6	4689	4370	7.3
方山县	8451	7948	6.3	19087	18110	5.4	4142	3882	6.7
中阳县	14537	13593	6.9	20187	18991	6.3	6208	5791	7.2
交口县	10966	10412	5.3	18292	17454	4.8	6829	6467	5.6
孝义市	24398	23216	5.1	30416	29078	4.6	14978	14211	5.4
汾阳市	15834	14906	6.2	21328	20102	6.1	12397	11695	6.0

13-10 分地区一般公共预算收入

单位：万元

地 区	2016年	2015年
吕梁市	**895988**	**906798**
市本级	156756	147254
离石区	80108	84228
文水县	20988	26066
交城县	41071	38049
兴 县	71191	63290
临 县	40260	34740
柳林县	106994	110159
石楼县	2876	4138
岚 县	32452	38335
方山县	31423	25429
中阳县	37568	41987
交口县	46300	53896
孝义市	155569	182154
汾阳市	72432	57073

13-11 分地区一般公共预算支出

单位：万元

地 区	2016年	2015年
吕梁市	**2758512**	**2741687**
市本级	355478	395339
离石区	206784	172287
文水县	211710	196085
交城县	141994	139864
兴 县	205113	201144
临 县	333552	314848
柳林县	202943	206981
石楼县	108708	110183
岚 县	413017	129330
方山县	138779	117873
中阳县	120652	125342
交口县	115188	125355
孝义市	262445	307893
汾阳市	212149	199163

13-12 固定资产投资主要指标

单位：万元

地 区	施工项目个数(个)	#本年新开工	本年投产项目个数(个)	本年新增固定资产	本年完成投资	#住宅	建筑工程
2015年							
吕梁市	**1235**	**659**	**916**	**13179154**	**11664013**	**2141670**	**7464904**
离石区	146	80	90	677809	1184018	267668	826835
文水县	98	57	86	583689	601682	26883	255729
交城县	84	48	66	466032	721174	49438	577557
兴 县	57	28	54	647408	828727	101383	456863
临 县	72	24	16	213235	786071	70068	381325
柳林县	193	107	156	1857293	1819556	288494	1196102
石楼县	27	14	10	84025	120023	21406	107046
岚 县	45	25	31	364338	399327	10819	179432
方山县	43	20	27	136032	232394	16918	194849
中阳县	85	45	70	868710	671726	237826	370207
交口县	70	28	49	323471	573031	26958	238854
孝义市	219	138	202	5238865	2680188	761592	1916587
汾阳市	91	43	55	599610	848796	262217	672782
2016年							
吕梁市	**1460**	**979**	**1233**	**8159138**	**11184608**	**1448152**	**6428726**
离石区	159	115	114	749780	1185676	114863	580020
文水县	92	75	69	220722	567369	59036	294167
交城县	78	52	56	270813	715514	44712	339654
兴 县	51	44	43	336713	659858	46985	339308
临 县	91	20	43	212964	712677	1720	435576
柳林县	280	209	277	914591	1648676	137266	1037944
石楼县	32	16	18	57011	146362	17367	114507
岚 县	66	43	53	205781	399560	43177	159210
方山县	40	22	26	167599	246846	131328	199291
中阳县	81	70	66	320142	647473	95060	356160
交口县	91	46	69	1695214	638425	24425	276348
孝义市	254	206	274	2169766	2700745	354481	1582097
汾阳市	143	61	125	829942	886727	377732	685744

注：固定资产投资不包括跨省、市项目和个体投资(下同)。

13-12 续表

单位：万元

地 区	安装工程	设备工器具购置	其 他	新 建	扩 建	改建和技术改造	其 他
2015年							
吕梁市	**1181314**	**2111459**	**906336**	**3154790**	**3759327**	**1941871**	**2808025**
离石区	137338	193424	26421	196103	351917	234274	539087
文水县	91333	150050	104570	298092	193396	77751	32443
交城县	30043	108853	4721	344702	213285	59220	103967
兴 县	47670	247625	76569	181433	362647	159283	125364
临 县	42225	48432	314089	158490	384357	140768	102456
柳林县	193506	320102	109846	348371	807581	262823	400781
石楼县	9996	2981		16422	13838	6973	82790
岚 县	57701	121897	40297	149735	132283	101649	15660
方山县	24984	12401	160	41617	71504	17805	101468
中阳县	98023	147665	55831	27736	229906	143868	270216
交口县	115060	216530	2587	46186	144921	337536	44388
孝义市	260311	406791	96499	933000	614892	318773	813523
汾阳市	62752	98236	15026	257282	224588	53681	313245
2016年							
吕梁市	**1417209**	**2443390**	**895283**	**5239368**	**2014236**	**1983842**	**1619893**
离石区	142649	265645	197362	97398	61284	80711	61625
文水县	66644	120827	85731	105486	17626	11942	66058
交城县	125510	216218	34132	70432	9025	15076	39107
兴 县	88102	91702	140746	23821	30244	17838	38286
临 县	44246	151080	81775	15921	17107	20621	1706
柳林县	221976	332449	56307	208819	268265	260565	120705
石楼县	14723	91	17041	13383	2202	10761	20256
岚 县	37004	105709	97637	45277	22908	20705	50238
方山县	18880	20908	7767	8687	8809	10524	13874
中阳县	72529	123755	95029	51239	53121	17506	21680
交口县	146923	205469	9685	45271	28689	9607	23049
孝义市	342202	732757	43689	403708	61476	72483	264599
汾阳市	95821	76780	28382	45322	41772	31309	403267

13-13 城镇固定资产投资主要指标

地 区	施工项目个数(个)	#本年新开工	本年投产项目个数(个)	本年新增固定资产(万元)	本年完成投资(万元)	#住宅	建筑工程	安装工程
2015年								
吕梁市	**1235**	**659**	**916**	**12936084**	**10988701**	**1630591**	**6941267**	**1091245**
离石区	146	80	90	644635	1046655	151906	720959	113796
文水县	98	57	86	569924	594806	20125	251500	89350
交城县	84	48	66	466032	685684	18932	548616	25552
兴 县	57	28	54	643088	812567	90916	443594	45895
临 县	72	24	16	213235	782142	66799	378376	41340
柳林县	193	107	156	1839247	1813625	286276	1193566	192297
石楼县	27	14	10	84025	120023	21406	107046	9996
岚 县	45	25	31	318029	396736	8568	177651	56932
方山县	43	20	27	136032	229677	14332	192132	24984
中阳县	85	45	70	859745	644843	219243	360295	88459
交口县	70	28	49	323471	565826	19753	235634	111795
孝义市	219	138	202	5169794	2428333	581370	1733982	227785
汾阳市	91	43	55	550190	670484	130965	507180	52692
2016年								
吕梁市	**1460**	**979**	**1233**	**7791313**	**10479280**	**910131**	**5931709**	**1288210**
离石区	159	115	114	687778	1133308	68377	553023	125419
文水县	92	75	69	210518	515693	18529	264943	61415
交城县	78	52	56	238733	676407	7800	310065	115992
兴 县	51	44	43	321463	621572	21602	316143	79415
临 县	91	20	43	212964	712677	1720	435576	44246
柳林县	280	209	277	914591	1609209	107689	1008227	214426
石楼县	32	16	18	57011	127102	996	99807	14723
岚 县	66	43	53	205781	369423	20101	136695	36067
方山县	40	22	26	163570	232972	125450	188246	17151
中阳县	81	70	66	320142	626988	81180	344873	65312
交口县	91	46	69	1695214	625943	17850	276348	136779
孝义市	254	206	274	1989254	2568903	276420	1485443	321986
汾阳市	143	61	125	766194	630383	162417	483620	55279

注：不包括房地产开发投资。

13-13 续表

单位：万元

地　区	设备工器具购置	其他费用	新　建	扩　建	改建和技术改造	其　他
2015年						
吕梁市	**2105007**	**851182**	**3154790**	**3759327**	**1941871**	**2132713**
离石区	191290	20610	196103	351917	234274	264361
文水县	150050	103906	298092	193396	77751	25567
交城县	108353	3163	344702	213285	59220	68477
兴　县	247625	75453	181433	362647	159283	109204
临　县	48337	314089	158490	384357	140768	98527
柳林县	320102	107660	348371	807581	262823	394850
石楼县	2981		16422	13838	6973	82790
岚　县	121897	40256	149735	132283	101649	13069
方山县	12401	160	41617	71504	17805	98751
中阳县	145461	50628	27736	229906	143868	243333
交口县	216530	1867	46186	144921	337536	37183
孝义市	406142	60424	933000	614892	318773	561668
汾阳市	97366	13246	257282	224588	53681	134933
2016年						
吕梁市	**2430886**	**828475**	**5239368**	**2014236**	**1983842**	**914565**
离石区	263624	191242	97398	61284	80711	9257
文水县	120827	68508	105486	17626	11942	14382
交城县	216218	34132	70432	9025	15076	
兴　县	88507	137507	23821	30244	17838	
临　县	151080	81775	15921	17107	20621	1706
柳林县	332449	54107	208819	268265	260565	81238
石楼县	91	12481	13383	2202	10761	996
岚　县	105709	90952	45277	22908	20705	20101
方山县	20908	6667	8687	8809	10524	
中阳县	122455	94348	51239	53121	17506	1195
交口县	205469	7347	45271	28689	9607	10567
孝义市	728025	33449	403708	61476	72483	132757
汾阳市	75524	15960	45322	41772	31309	146923

13-14　固定资产投资房屋面积及价值

地　区	本年施工房屋面积（平方米）	#住宅	本年竣工房屋面积（平方米）	#住宅	本年竣工房屋价值（万元）	#住宅
2015年						
吕梁市	**21306441**	**15480810**	**11284721**	**8485229**		
离石区	5159870	3566467	1263667	726708		
文水县	790427	470177	469898	228707		
交城县	1270060	976579	240879	179720		
兴　县	989193	838750	806783	693050		
临　县	525821	415200	117570	90410		
柳林县	2271496	1718857	1591906	1456087		
石楼县	443823	74300	320746	74300		
岚　县	344715	256637	283030	205126		
方山县	168916	130266	141116	106666		
中阳县	1598127	1492542	849895	803762		
交口县	341326	179425	117609	66790		
孝义市	5223613	3917287	4172020	3181630		
汾阳市	2179054	1444323	909602	672273		
2016年						
吕梁市	**17954957**	**11301197**	**5425229**	**4334520**	**1052995**	**831137**
离石区	3797902	2668586	703903	660910	117717	111482
文水县	1064861	844087	143452	126966	20847	19284
交城县	1092750	849975	190669	166766	32080	24480
兴　县	890902	418433	145143	83448	20990	16910
临　县	786527	79500	22706	22706	4477	4477
柳林县	1332842	898679	530304	479513	71566	70816
石楼县	438239	51714	119904	5420	11566	996
岚　县	302302	232461	139237	126547	24185	22225
方山县	1194959	89484	45787	15084	8402	2255
中阳县	623228	426420	30468	3500	12505	385
交口县	286504	195681	83261	83261	13907	13907
孝义市	3278966	2419678	1899251	1518153	436524	328460
汾阳市	2864975	2126499	1371144	1042246	278229	215460

注：2015年不统计本年竣工房屋价值及住宅指标。

13-15 各地区房地产开发投资(2016年)

单位：万元

地区	企业个数(个)	计划总投资	自开始建设累计完成投资	本年完成投资	建筑工程
总计	**129**	**2560663**	**2004942**	**705328**	**497017**
离石区	34	594357	425578	52368	26997
文水县	11	160257	82610	51676	29224
交城县	8	215833	174126	39107	29589
兴县	6	80028	65720	38286	23165
临县	3	4235	4235		
柳林县	5	111715	85874	39467	29717
石楼县	1	52645	19260	19260	14700
岚县	5	67887	43880	30137	22515
方山县	5	23095	17341	13874	11045
中阳县	7	72292	82442	20485	11287
交口县	1	43509	41567	12482	
孝义市	25	585367	449989	131842	96654
汾阳市	18	549443	512320	256344	202124

13-15 续表

单位：万元

地区	安装工程	设备工器具购置	其他费用	#旧建筑物购置费	#土地购置费
总计	**128999**	**12504**	**66808**	**903**	**51665**
离石区	17230	2021	6120		
文水县	5229		17223		17223
交城县	9518				
兴县	8687	3195	3239	400	1776
临县					
柳林县	7550		2200		
石楼县			4560		4500
岚县	937		6685		5262
方山县	1729		1100		1100
中阳县	7217	1300	681		681
交口县	10144		2338		
孝义市	20216	4732	10240		10240
汾阳市	40542	1256	12422	503	10883

13-16　各地区房地产开发投资(2016年)

单位：万元

地　区	商品住宅	#90平方米及以下	#144平方米以上	#别墅、高档公寓	办公楼	商业营业用房	其　他
总　计	**538021**	**190689**	**57730**		**11841**	**98231**	**57235**
离石区	46486	13674	5396		10	3803	2069
文水县	40507	18120				10185	984
交城县	36912	18740	1150			1861	334
兴　县	25383	9850	714			8113	4790
临　县							
柳林县	29577	1245	3393		3574	3260	3056
石楼县	16371	4393	11978			1502	1387
岚　县	23076	16057	1920			1336	5725
方山县	5878	1590				1329	6667
中阳县	13880	1500	2522		1000	3841	1764
交口县	6575	1923	297		3127	442	2338
孝义市	78061	23433	15112		1080	36239	16462
汾阳市	215315	80164	15248		3050	26320	11659

13-17　房地产企业资金和土地情况

单位：万元

地　区	本年新增固定资产	本　年实际到位资金合计	上年末结余资金	本　年实际到位资金小计	国内贷款	#银行贷款	#非银行金融机构贷款
总　计	**367825**	**594727**	**19482**	**575245**	**32722**	**24713**	**8009**
离石区	62002	79996	6704	73292	5380		5380
文水县	10204	51709	1172	50537			
交城县	32080	50788	2863	47925			
兴　县	15250	34131		34131			
临　县							
柳林县		26407	5	26402			
石楼县		20000	5000	15000			
岚　县		30937		30937			
方山县	4029	12674	400	12274			
中阳县		19790	20	19770	4415	4415	
交口县							
孝义市	180512	131707	1560	130147			
汾阳市	63748	136588	1758	134830	22927	20298	2629

13-18　各地区房地产企业资金和土地情况(2016年)

单位：万元

地　区	自筹资金	#自有资金	#股东投入资金	#借入资金	其他资金来　源	#定金及预收款	#个人按揭贷款
总　计	**414539**	**269046**	**67636**	**39290**	**127984**	**59626**	**41200**
离石区	29233	18861			38679	16222	22457
文水县	48301	15312	12769	20220	2236	584	1652
交城县	3234	1710		1524	44691	26643	
兴　县	29086	16651	2400	10035	5045	4213	32
临　县							
柳林县	24402	1685			2000		
石楼县	15000	15000					
岚　县	30937	17511	11001				
方山县	9845	6092		700	2429	1370	1059
中阳县	13236	13236			2119	1669	450
交口县							
孝义市	127703	101152	26551		2444	2265	179
汾阳市	83562	61836	14915	6811	28341	6660	15371

13-18　续表

地　区	本年各项应付款合计(万元)	#工程款	待开发土地面积(平方米)	本年购置土地面积(平方米)	本年土地成交价款(万元)	#拆迁补偿费	#土地使用权出让金	契　税(万元)
总　计	**233303**	**147353**	**88900**	**209565**	**31284**	**1439**	**29239**	**331**
离石区	3731	3581						
文水县	10909	3531	88900	88900	13500		13500	
交城县	11589	8120						
兴　县	5995	3690		17908	2836	1400	1436	17
临　县								
柳林县	13060	8642						
石楼县								
岚　县				25469	1812		1812	
方山县	2100	1000		20066	1120	39	475	19
中阳县	3415	3415						
交口县	12482							
孝义市	9701	2028		23310	6120		6120	245
汾阳市	160321	113346		33912	5896		5896	50

13-19 各地区房地产开发财务(2016年)

单位：万元

地 区	年初存货	流动资产合计	#应收账款	#存货	固定资产合计	固定资产原价	累计折旧	#本年折旧
总 计	**583284**	**1580093**	**69649**	**922455**	**55120**	**50034**	**9847**	**1060**
离石区	147952	464395	4791	298846	19087	9287	3634	405
文水县	21411	58878	1972	27223	1730	1728	22	1
交城县	32018	93258	8807	44522	5714	6001	1323	238
兴 县	21919	31805		29404	8	29	21	6
临 县		6150		2038	16	132	117	29
柳林县	43142	78212	7703	45419	13	103	90	3
石楼县		907			92	92		
岚 县	4768	63828	867	10197	375	564	189	55
方山县	1711	2455		2335	5179	5179		
中阳县	55862	98126	15036	71999	13785	15130	1354	90
交口县	4364	9219		6919	27	62	35	
孝义市	191095	440218	19418	250422	7530	10029	2566	149
汾阳市	59042	232642	11056	133132	1566	1700	496	83

13-19 续表1

单位：万元

地 区	在建工程	资产总计	流动负债合计	#应付账款	非流动负债合计	负债合计	所有者权益合计	#实收资本
总 计	**25516**	**1800060**	**1399028**	**311321**	**119577**	**1518605**	**281456**	**232967**
离石区	3294	523161	489249	90200	16544	505793	17368	29869
文水县	501	64263	48954	11181		48954	15309	12565
交城县		99153	38120	13953	20000	58120	41033	27233
兴 县	782	33974	30930	3530	915	31845	2129	2551
临 县	552	7646	5529	231		5529	2118	2281
柳林县		91355	75936	9172		75936	15419	12000
石楼县		999					999	100
岚 县	11034	80705	69821	19937		69821	10883	7461
方山县	200	7634	942	6	268	1210	6424	2056
中阳县		113175	112541	55215	1517	114058		6600
交口县		9246	8597			8597	649	800
孝义市	82	504378	356799	79044	29536	386336	118043	100910
汾阳市	9071	264371	161609	28852	50796	212406	51965	28543

13-19 续表2

单位：万元

地　区	营业收入	主营业务收入	土地转让收入	商品房屋销售收入	房屋出租收入	其他收入	营业成本
总　计	**225434**	**186335**	**26**	**184634**	**275**	**1401**	**190543**
离石区	46183	45968		45373	192	404	42383
文水县	6533	6533		6533			6157
交城县	105452	68462		68462			84155
兴　县	615	615		553		62	2523
临　县							
柳林县	27362	27118		27118			20946
石楼县							
岚　县	9858	9858		9858			11394
方山县	1298	1298	26	1270		2	810
中阳县	5449	4997		4997			5153
交口县							
孝义市	19431	18234		17466	10	758	14038
汾阳市	3253	3253		3005	73	175	2986

13-19 续表3

单位：万元

地　区	主营业务成本	营业税金及附加	#主营业务税金及附加	其他业务利润	销售费用	管理费用	#税金
总　计	**161152**	**13642**	**11088**	**535**	**4470**	**10765**	**823**
离石区	42355	2648	2648	200	2930	2761	531
文水县	6146	352	352		41	95	2
交城县	55525	6249	3733		107	956	
兴　县	2523	53	53		153	162	82
临　县						41	
柳林县	20915	1740	1740	215		246	14
石楼县						0	
岚　县	11394	933	933		153	1371	
方山县	810	17	17		2	97	0
中阳县	4659	429	391		102	679	0
交口县						42	
孝义市	14038	1148	1148	120	574	2706	185
汾阳市	2787	72	72		408	1611	30

13-19　续表4

单位：万元

地　区	财务费用	#利息收入	#利息支出	营业利润	营业外收　入	#补贴收入
总　计	**2148**	**52**	**1753**	**5936**	**2938**	**2000**
离石区	760	15	733	-4990	93	
文水县	22	0	1	-134	2	
交城县	392	1	393	13594	2406	
兴　县	7			-2282		
临　县	0			-29		
柳林县	3	-2		4427		
石楼县						
岚　县	1			-3011		
方山县	5		1	468		
中阳县	-1	1		-913		
交口县	0		0	-41		
孝义市	946	28	615	362	200	**2000**
汾阳市	13	9	11	-1515	237	

13-19　续表5

单位：万元

地　区	营业外支　出	利润总额	应　交所得税	应付职工薪酬（贷方累计发生额）	年末从业人员总计（人）
总　计	**-1590**	**10464**	**1888**	**9589**	**2167**
离石区	70	-4967	4	5040	596
文水县	14	-146	145	224	114
交城县	47	15952	1745	166	133
兴　县	28	-2310		323	85
临　县		-29		25	30
柳林县	117	4310	101	268	65
石楼县					3
岚　县	64	-3075		493	153
方山县	85	383		27	32
中阳县	6	-918		696	220
交口县		-41		36	10
孝义市	-2189	2751	-131	1178	409
汾阳市	168	-1446	24	1115	317

13-20 房地产开发施工面积(2016年)

单位：平方米

地 区	房屋施工面积合计	住 宅	#90平方米及以下住房	#144平方米以上住房	办公楼	商业营业用 房	其他房屋
总 计	**8732298**	**6581340**	**1828915**	**809074**	**225880**	**1098396**	**826682**
离石区	2327200	1764289	630906	294679	6100	252799	304012
文水县	606493	516912	122211	3560	2300	46777	40504
交城县	1001152	849975	413620	83517		97604	53573
兴 县	396312	311315	28803	3969		45561	39436
临 县	24110	17798				4135	2177
柳林县	455500	343220			37808	58549	15923
石楼县	60122	46294	9000	37294		6622	7206
岚 县	136928	105914	38297	4610		9187	21827
方山县	109047	57153	16605			10158	41736
中阳县	383299	285210	24264	64700	1316	42317	54456
交口县	138832	52485	15572	4677	72000	4064	10283
孝义市	1396808	935437	92495	163503	60334	280784	120253
汾阳市	1696495	1295338	437142	148565	46022	239839	115296

13-20 续表

单位：平方米

地 区	新开工面积合计	住 宅	#90平方米及以下住房	#144平方米以上住房	办公楼	商业营业用 房	其他房屋
总 计	**2598791**	**1994079**	**499944**	**242810**	**8516**	**323044**	**273152**
离石区	149954	138728	92773			11226	
文水县	358970	291945	72011			29527	37498
交城县	99548	87136	9561	42340		12412	
兴 县	214202	165615	28803	3969		31561	17026
临 县							
柳林县	235938	210800				25138	
石楼县	60122	46294	9000	37294		6622	7206
岚 县	99740	74300	16460	4610		6400	19040
方山县	81247	33553	16605			5958	41736
中阳县	159030	91039	11264	25200	1316	31740	34935
交口县							
孝义市	433552	254536	49134	73615	7200	113896	57920
汾阳市	706488	600133	194333	55782		48564	57791

13-21 房地产开发竣工面积、竣工价值(2016年)

单位：平方米

地 区	房屋竣工面积合计	住 宅	#90平方米及以下住房	#144平方米以上住房	办公楼	商业营业用 房	其他房屋
总 计	**1417702**	**1090615**	**381418**	**208959**	**27334**	**203490**	**96263**
离石区	391132	355139	158930	122040		25593	10400
文水县	35215	29291	29291			3212	2712
交城县	190669	166766	60334	26677		23903	
兴 县	82660	66230				5840	10590
临 县							
柳林县							
石楼县							
岚 县							
方山县	20066	15084	6395			3423	1559
中阳县							
交口县							
孝义市	417516	221980	43361	16581	27334	120173	48029
汾阳市	280444	236125	83107	43661		21346	22973

13-21 续表

单位：平方米

地 区	竣工房屋价值合计	住 宅	#90平方米及以下住房	#144平方米以上住房	办公楼	商业营业用 房	其他房屋
总 计	**339010**	**218314**	**76076**	**34919**	**8173**	**90974**	**21549**
离石区	62002	56417	27811	16896		3763	1822
文水县	10204	8641	8641			948	615
交城县	32080	24480	6733	4747		7600	
兴 县	14750	11780				1166	1804
临 县							
柳林县							
石楼县							
岚 县							
方山县	3000	2255	956			512	233
中阳县							
交口县							
孝义市	153226	60075	11448	4500	8173	72629	12349
汾阳市	63748	54666	20487	8776		4356	4726

13-22 房地产开发销售面积、销售额(2016年)

单位：平方米

地　区	商品房销售面积合计	住　宅	#90平方米及以下住房	#144平方米以上住房	办公楼	商业营业用　房	其他房屋
总　计	**891053**	**816551**	**202265**	**84717**	**4852**	**67282**	**2368**
离石区	194402	194402	58472	30141			
文水县	16260	15960	5663			300	
交城县	290673	266770	60334	30308		23903	
兴　县	9440	9440					
临　县							
柳林县	3400	3400		3400			
石楼县							
岚　县	750	750	450				
方山县	45058	45058	3100				
中阳县	350	350					
交口县							
孝义市	207195	159504	26715	16581	4852	40471	2368
汾阳市	123525	120917	47531	4287		2608	

13-22 续表1

单位：万元

地　区	商品房销售额合计	住　宅	#90平方米及以下住房	#144平方米以上住房	办公楼	商业营业用　房	其他房屋
总　计	**269968**	**240557**	**53088**	**27952**	**2163**	**26718**	**530**
离石区	86516	86516	23598	14816			
文水县	4690	4464	1679			226	
交城县	60176	52576	6733	5521		7600	
兴　县	3743	3743					
临　县							
柳林县	1530	1530		1530			
石楼县							
岚　县	263	263	158				
方山县	12934	12934	930				
中阳县	152	152					
交口县							
孝义市	67505	47104	7062	4500	2163	17708	530
汾阳市	32459	31275	12928	1585		1184	

13-22　续表2

单位：平方米

地　区	现房销售面积合计	住　宅	#90平方米及以下住房	#144平方米以上住房	办公楼	商业营业用　房	其他房屋
总　计	**622109**	**560556**	**179300**	**63038**		**59185**	**2368**
离石区	99019	99019	53613	16218			
文水县	5403	5303	5303			100	
交城县	236502	212599	60334	26677		23903	
兴　县	9330	9330					
临　县							
柳林县	3400	3400		3400			
石楼县							
岚　县	750	750	450				
方山县	45058	45058	3100				
中阳县	350	350					
交口县							
孝义市	159250	121700	26288	16581		35182	2368
汾阳市	63047	63047	30212	162			

13-22　续表3

单位：万元

地　区	现房销售额 合 计	住　宅	#90平方米及以下住房	#144平方米以上住房	办公楼	商业营业用　房	其他房屋
总　计	**160448**	**143312**	**45534**	**18491**		**16606**	**530**
离石区	40355	40355	20994	7654			
文水县	1697	1591	1591			106	
交城县	43080	35480	6733	4747		7600	
兴　县	3698	3698					
临　县							
柳林县	1530	1530		1530			
石楼县							
岚　县	263	263	158				
方山县	12934	12934	930				
中阳县	152	152					
交口县							
孝义市	42310	32880	6891	4500		8900	530
汾阳市	14429	14429	8237	60			

13-22 续表4

单位：平方米

地　区	期房销售面积合计	住　宅	#90平方米及以下住房	#144平方米以上住房	办公楼	商业营业用　房	其他房屋
总　计	**268944**	**255995**	**22965**	**21679**	**4852**	**8097**	
离石区	95383	95383	4859	13923			
文水县	10857	10657	360			200	
交城县	54171	54171		3631			
兴　县	110	110					
临　县							
柳林县							
石楼县							
岚　县							
方山县							
中阳县							
交口县							
孝义市	47945	37804	427		4852	5289	
汾阳市	60478	57870	17319	4125		2608	

13-22 续表5

单位：万元

地　区	期房销售额合计	住　宅	#90平方米及以下住房	#144平方米以上住房	办公楼	商业营业用　房	其他房屋
总　计	**109520**	**97245**	**7554**	**9461**	**2163**	**10112**	
离石区	46161	46161	2604	7162			
文水县	2993	2873	88			120	
交城县	17096	17096		774			
兴　县	45	45					
临　县							
柳林县							
石楼县							
岚　县							
方山县							
中阳县							
交口县							
孝义市	25195	14224	171		2163	8808	
汾阳市	18030	16846	4691	1525		1184	

13-23　房地产开发待售面积(2016年)

单位：平方米

地　区	待售面积合　　计	住　宅	#90平方米以下住房	#144平方米以上住房	办公楼	商业营业用　　房	其他房屋
总　计	**1184508**	**738925**	**148233**	**89765**	**15477**	**176989**	**253117**
离石区	170867	114749	33235	33674		10328	45790
文水县	28036	23988	23988			3112	936
交城县	9868	9868					
兴　县	51022	41922				4180	4920
临　县							
柳林县	52550	39654		39654		3818	9078
石楼县							
岚　县	92260	41617	12020			7914	42729
方山县	9535	2000	2000			6135	1400
中阳县	15378	12378				3000	
交口县							
孝义市	525841	247457	12103		15477	124639	138268
汾阳市	229151	205292	64887	16437		13863	9996

13-23　续表

单位：平方米

地　区	待售1-3年面积合计	住　宅	#90平方米以下住房	#144平方米以上住房	办公楼	商业营业用　　房	其他房屋
总　计	**186738**	**132753**	**40124**	**39654**		**36373**	**17612**
离石区							
文水县							
交城县							
兴　县							
临　县							
柳林县	52550	39654		39654		3818	9078
石楼县							
岚　县							
方山县	6400	2000	2000			3000	1400
中阳县							
交口县							
孝义市	42443	12970				26772	2701
汾阳市	85345	78129	38124			2783	4433

13-24 房地产开发竣工、销售套数(2016年)

单位：套

地 区	商品住宅竣工套数	#90平方米及以下住房	#144平方米以上住房	商品住宅销售套数合计	#90平方米及以下住房	#144平方米以上住房
总 计	**10150**	**4576**	**1138**	**7608**	**2545**	**404**
离石区	3077	1784	715	1671	656	187
文水县	328	328		158	68	
交城县	1656	828	85	2469	828	101
兴 县	627			93		
临 县						
柳林县				20		20
石楼县						
岚 县				8	5	
方山县	162	72		421	38	
中阳县				3		
交口县						
孝义市	2083	607	70	1509	399	70
汾阳市	2217	957	268	1256	551	26

13-24 续表

单位：套

地 区	现房销售套数合计	#90平方米及以下住房	#144平方米以上住房	期房销售套 数	#90平方米及以下住房	#144平方米以上住房
总 计	**5407**	**2275**	**275**	**2201**	**270**	**129**
离石区	909	600	99	762	56	88
文水县	64	64		94	4	
交城县	2036	828	85	433		16
兴 县	92			1		
临 县						
柳林县	20		20			
石楼县						
岚 县	8	5				
方山县	421	38				
中阳县	3					
交口县						
孝义市	1178	394	70	331	5	
汾阳市	676	346	1	580	205	25

13-25　房地产开发不可销售面积(2016年)

单位：平方米

地　区	不可销售面积合计	住　宅			办公楼	商业营业用　　房	其他房屋
			#90平方米以下住房	#144平方米以上住房			
总　计	**119016**	**100118**	**10591**			**8498**	**10400**
离石区	17100					6700	10400
文水县							
交城县							
兴　县	11148	11148					
临　县							
柳林县							
石楼县							
岚　县							
方山县							
中阳县							
交口县							
孝义市	76024	76024	9000				
汾阳市	14744	12946	1591			1798	

13-26　乡村人口与从业人员情况(2016年)

地　区	乡村户数(户)	乡村人口(人)	乡村劳动力资源数(人)	乡村从业人　　员(人)	#农业从业人员
吕梁市	**1094254**	**3159696**	**1657280**	**1417868**	**790651**
离石区	62723	177120	92785	77350	36299
文水县	140837	398851	214111	197166	109357
交城县	66765	191029	101516	85470	31089
兴　县	84187	257345	137512	117579	72776
临　县	210357	591628	290670	259868	176365
柳林县	101858	299331	142098	123202	56626
石楼县	30456	99106	55066	42193	29375
岚　县	50449	166527	87261	77535	49745
方山县	46995	130718	75413	54785	39358
中阳县	34396	110600	59462	47134	21444
交口县	33048	101932	52442	45118	30015
孝义市	107769	292727	158344	122976	46030
汾阳市	124414	342782	190600	167492	92172

13-27 农业主要能源及物质消耗情况(2016年)

地 区	农 村 用电量 (万千瓦时)	农用化肥 施用实物量 (吨)	农用塑料 薄膜使用量 (吨)	农用柴油 使用量 (吨)	农 药 使用量 (吨)
吕梁市	**94004**	**232163**	**1312**	**11212**	**825**
离石区	5634	8065	46	231	5
文水县	18434	24509	80	1777	286
交城县	15061	7757	35	766	79
兴 县	3284	20732	41	631	45
临 县	5905	58851	74	729	106
柳林县	3887	14270	41	491	48
石楼县	1219	11260	25	212	30
岚 县	2390	23262	591	489	64
方山县	1986	15094	80	454	18
中阳县	6453	4261	16	112	7
交口县	6855	3899	182	375	2
孝义市	9439	14656	46	1555	36
汾阳市	13457	25547	55	3390	99

13-28 农林牧渔业总产值(2016年)

地 区	农林牧渔业 总 产 值 (万元)	农 业	林 业	牧 业	渔 业	农林牧渔 服 务 业
吕梁市	**1016936**	**494318**	**56136**	**443988**	**3494**	**19000**
离石区	36279	14749	3027	17417	86	1000
文水县	212747	83437	1153	124006	1151	3000
交城县	59875	18686	2272	38174	144	600
兴 县	61879	36074	5377	18936	73	1420
临 县	121046	67881	2780	47705	281	2400
柳林县	37517	20568	2510	12996	143	1300
石楼县	43176	29420	2867	10322	67	500
岚 县	40608	24175	4549	9939	384	1560
方山县	30388	16191	3370	9934	243	650
中阳县	27132	14737	1885	10079	146	285
交口县	33246	20611	1566	10849		220
孝义市	174441	78071	4410	81743	218	10000
汾阳市	132885	55000	5000	66288	398	6200

13-29　农林牧渔业中间消耗(2016年)

地　区	农林牧渔业中间消耗(万元)	农　业	林　业	牧　业	渔　业	农林牧渔服务业
吕梁市	**470300**	**212197**	**26114**	**221352**	**1578**	**9060**
离石区	15449	5704	1604	7666	44	430
文水县	97600	30484	587	64484	575	1470
交城县	29223	7835	1204	19836	78	270
兴　县	28280	15235	2742	9658	35	611
临　县	51808	25044	1251	24329	152	1032
柳林县	16773	8506	1280	6357	70	559
石楼县	18235	11312	1491	5173	30	230
岚　县	17306	8819	2502	5071	181	733
方山县	14346	7065	1787	5066	124	306
中阳县	12945	6450	952	5332	74	137
交口县	15882	9297	846	5642		97
孝义市	73022	24621	1984	41713	104	4600
汾阳市	57635	18545	2650	33475	175	2790

13-30　农林牧渔业增加值(2016年)

地　区	农林牧渔业增加值(万元)	农　业	林　业	牧　业	渔　业	农林牧渔服务业
吕梁市	**546636**	**282121**	**30022**	**222636**	**1917**	**9940**
离石区	20831	9045	1423	9751	42	570
文水县	115147	52954	565	59523	575	1530
交城县	30652	10851	1067	18338	66	330
兴　县	33599	20839	2635	9278	38	809
临　县	69237	42836	1529	23375	129	1368
柳林县	20745	12062	1230	6639	73	741
石楼县	24940	18109	1376	5149	37	270
岚　县	23302	15357	2047	4868	204	827
方山县	16041	9126	1584	4868	119	345
中阳县	14187	8287	933	4747	71	148
交口县	17364	11314	720	5207		123
孝义市	101419	53450	2426	40031	113	5400
汾阳市	75250	36455	2350	32812	223	3410

13-31 粮食作物生产情况(2016年)

地 区	粮食产量(吨)	#小麦	#玉米	#大豆	#马铃薯(鲜薯)
吕梁市	**1115804**	**5500**	**862342**	**41975**	**319873**
离石区	26223		15431	3188	12780
文水县	249028	532	243434	462	12758
交城县	44240	244	38448	278	12541
兴 县	101263		39865	13392	49381
临 县	155348		112492	5718	71255
柳林县	46837		24977	7439	14853
石楼县	70935	228	51064	3081	6163
岚 县	65344		37518	354	68032
方山县	43116		28315	1001	47508
中阳县	23057		14375	1767	11923
交口县	34843		30388	892	6564
孝义市	78830	4351	60005	3343	2844
汾阳市	176740	146	166030	1060	3271

13-32 经济作物生产情况(2016年)

地 区	油料产量(吨)	#花生	#葵花籽	棉花产量(吨)	中药材产量(吨)
吕梁市	**22668**	**2609**	**5739**	**21**	**433**
离石区	466		136		13
文水县	528	436	86		
交城县	198		6		
兴 县	11417	1175	2944	2	4
临 县	3185	362	1802	1	
柳林县	1228	205	418	10	
石楼县	2221	65	258	8	
岚 县	1330		4		
方山县	746	3	64		156
中阳县	281	1	18		45
交口县	573				164
孝义市	153	23	1		36
汾阳市	342	339	3		15

13-33　蔬菜及食用菌、瓜果、中草药材生产情况(2016年)

地　区	蔬菜及食用菌产量(吨)	#大白菜	#四季豆	#西红柿	#食用菌
吕梁市	**209447**	**35914**	**11598**	**34044**	**8435**
离石区	4345	558	214	567	75
文水县	36193	9599	1128	3078	103
交城县	23851	8423	1148	3375	41
兴　县	3914	977	234	577	101
临　县	43126	8212	5643	3720	576
柳林县	15362	2888	810	3038	110
石楼县	4795	1141	319	620	2
岚　县	3536		104	356	
方山县	10054	107	1280	1005	34
中阳县	5160	463	163	918	1255
交口县	6995	402	61	671	3887
孝义市	43370	1739	387	15473	385
汾阳市	8746	1405	107	646	1866

13-34　茶叶、水果及食用坚果生产情况(2016年)

地　区	年末果园面积(公顷)	全年水果产量(吨)	#苹果	#红枣	核桃产量(吨)
吕梁市	**55065**	**222906**	**13785**	**75402**	**45364**
离石区	382	888	425	147	2985
文水县	4010	119098	504	58	33
交城县	512	9712	974	1776	549
兴　县	7854	17152	1616	15161	318
临　县	25141	45672	3623	39680	4121
柳林县	5456	7139	836	5936	488
石楼县	10481	13797	881	12490	5927
岚　县	17	24	9		13
方山县	192	1061	654	19	1336
中阳县	225	359	272	42	4206
交口县	36	117	107		6324
孝义市	425	1399	555	66	10701
汾阳市	334	6488	3329	27	8363

13-35 林业生产情况(2016年)

地区	当年造林面积(公顷)	#防护林	育苗面积(公顷)	#本年新育	零星植树(株)
吕梁市	**38227**	**13981**	**8066**	**2314**	**11000000**
离石区	3244	1100	400	200	900000
文水县	1066	400	300	147	1350000
交城县	1533	533	400	220	850000
兴县	6137	1001	400	80	850000
临县	4803	1566	400	93	1400000
柳林县	3103	1514	267	73	800000
石楼县	4164	1000	600	93	350000
岚县	3962	2200	3333	600	650000
方山县	3454	1320	400	93	400000
中阳县	426	93	400	400	400000
交口县	2064	841	300	87	350000
孝义市	1725	801	266	81	1350000
汾阳市	2546	1612	600	147	1350000

13-36 畜禽生产情况(2016年)

地区	猪		牛		
	年末存栏头数	年内出栏头数	年末存栏头数	年内出栏头数	牛奶产量(吨)
吕梁市	**508570**	**716985**	**180440**	**122731**	**28003**
离石区	36102	54953	7294	1382	525
文水县	50728	71716	90974	86196	5388
交城县	41900	63899	21915	11924	1178
兴县	22018	28055	6273	2756	110
临县	87561	116092	3464	941	6742
柳林县	33895	41667	1432	525	1415
石楼县	29577	41898	3970	1085	184
岚县	16396	16976	8495	852	34
方山县	11829	9578	13507	3285	210
中阳县	22598	27059	7143	2026	29
交口县	27888	34487	4091	2048	50
孝义市	36352	52766	2029	1805	2891
汾阳市	91726	157839	9853	7906	9247

13-36　续表1

地　区	羊		家　禽		
	年末存栏只数	年内出栏只数	年末存栏只数	年内出栏只数	禽蛋产量(吨)
吕梁市	**999216**	**714960**	**15955437**	**37109668**	**95316**
离石区	63358	33996	605434	923165	3723
文水县	92455	81852	3793072	6773283	28256
交城县	44853	110903	929843	1983941	6921
兴　县	167858	110966	322348	153469	2070
临　县	248751	134536	1766950	1281573	14299
柳林县	44718	30159	358546	131955	3515
石楼县	8432	4979	235184	166130	2162
岚　县	96379	50017	65732	71778	882
方山县	27646	17597	578247	851861	4456
中阳县	22489	12132	310443	589041	3006
交口县	60616	24463	329290	658890	1344
孝义市	39667	30668	4113636	17700971	7623
汾阳市	81994	72692	2546712	5823611	17058

13-36　续表2

地　区	活牲畜(除猪、牛、羊外)年末存栏数	肉类总产量(吨)	奶类总产量(吨)	蜂蜜产量(吨)	羊毛产量(吨)
吕梁市	**12470**	**167748**	**28083**	**145**	**646**
离石区	27	6482	525	9	16
文水县	33	27092	5401	10	28
交城县	763	12002	1178	1	72
兴　县	510	4308	110		107
临　县	39	13289	6742	40	183
柳林县	154	3889	1415	6	28
石楼县	605	4016	184	26	12
岚　县	8973	2447	34		78
方山县	478	2724	210		7
中阳县	351	3336	29	3	11
交口县	41	4622	50	9	51
孝义市	229	60062	2891	34	12
汾阳市	267	23478	9314	6	43

13-37 渔业生产情况(2016年)

地 区	养殖面积 (公顷)	总产量 (吨)
吕梁市	**1233**	**1792**
离石区	52	54
文水县	316	822
交城县	98	80
兴 县	14	50
临 县	95	170
柳林县	14	68
石楼县	20	42
岚 县	63	96
方山县	453	162
中阳县	40	91
交口县		
孝义市	44	75
汾阳市	24	82

13-38 主要工业产品产量(2016年)

地 区	原 煤(吨)	洗精煤(吨)	铁矿石原 矿(吨)	粗 钢(吨)	成 品钢 材(吨)	生 铁(吨)
吕梁市	**104539304**	**69707678**	**26613098**	**2833219**	**2700793**	**3981480**
离石区	5696107	1619152				
文水县		128157		56412	8053	144915
交城县	702016	2820384	99000			179333
兴 县	25416069	4731646				
临 县	6931842	1605384				
柳林县	29704975	21149134				
石楼县						
岚 县	2066338	355304	26514098			259854
方山县	6045677	2974824				25366
中阳县	5799577	3286394		2776807	2692740	3035900
交口县	2637134	2749246				302120
孝义市	19539569	26306996				33992
汾阳市		1981059				

13-38 续表

地 区	焦 炭(吨)	水 泥(吨)	白酒(千升)	化 学肥 料(吨)	发电量(万千瓦小时)	氧化铝(吨)
吕梁市	**17419024**	**4142114**	**81562**	**126584**	**1551689**	**7429549**
离石区	1457607				59166	
文水县	13000	893314	822	68730	138100	
交城县	4977626	304030		57854	150097	
兴 县		129285			38848	1567932
临 县	153772					
柳林县	704841	1689893			677501	599717
石楼县						
岚 县	89616	544500			31021	
方山县	126645		812		32605	
中阳县	1065743	383395			9905	
交口县	609560				102359	3110235
孝义市	7005760	197696	7778		91988	2151665
汾阳市	1214855		72150		220100	

13-39 工业企业主要

地　区	企业单位数(个)	#亏损企业	工业总产值(当年价格)	工业销售产值(当年价格)	#出口交货值	年初存货
吕梁市	**448**	**174**	**13973062**	**13713751**	**86013**	**2607753**
离石区	23	11	430496	424852		56651
文水县	31	11	1161439	1154322	12342	334492
交城县	41	12	1081015	1051141	54861	260456
兴　县	17	7	1075670	1045523		122499
临　县	22	3	319964	264348		39577
柳林县	45	22	1913941	1929823	9248	250159
石楼县	2		8780	8780		1943
岚　县	11	8	499573	518128		67734
方山县	14	2	297818	300194		40149
中阳县	28	13	907006	895024		209756
交口县	26	14	872454	864140		142633
孝义市	162	60	4459312	4352097	769	621292
汾阳市	26	11	945596	905380	8792	460411

13-39

地　区	累计折旧	#本年折旧	负债合计	流动负债合计	#应付账款	非流动负债合计
吕梁市	**7158306**	**966420**	**35328106**	**25348957**	**5783209**	**9422366**
离石区	397384	47465	3255937	1828654	605867	1426746
文水县	300856	38089	1759567	1220580	506083	530500
交城县	608559	77675	2459654	1972967	500920	486687
兴　县	678945	107059	2235690	1568377	298782	616779
临　县	209929	20402	1690757	1486116	172404	204041
柳林县	1656550	188497	8723552	6185375	1156615	2462690
石楼县	508	48	2176	2078	194	98
岚　县	138241	75002	1203954	850660	156466	353294
方山县	329486	23837	731814	521068	96370	184551
中阳县	490818	68494	2172730	1649842	202289	513626
交口县	247103	59540	1113549	799013	357495	217416
孝义市	1968767	240622	8596668	6292674	1476433	2147322
汾阳市	131158	19691	1382056	971553	253293	278616

经济指标(2016年)

单位：万元

#产成品	资产总计	流动资产合计	应收账款	存　货	#产成品	固定资产合计	固定资产原价
1015545	**43946861**	**16823527**	**3018881**	**2874275**	**1194055**	**15199027**	**20723751**
26390	3524670	1662707	227709	87109	27521	678482	1038229
263092	2050725	875408	255800	299336	220694	896563	1110142
107415	2678873	1187006	197426	319913	122730	974039	1410976
23051	3600144	660455	150566	163695	34260	1807979	2361265
22318	2001848	274411	39714	43982	23599	482331	651630
78009	9754292	4364331	798761	251424	114679	2933029	4407018
1174	9156	4367	884	2047	1122	4521	4363
36981	1795755	362778	141896	36246	9811	1017278	1084452
21750	966410	287524	48863	31474	18343	552847	747994
9959	3255303	796354	63552	221455	17215	1071897	1447229
42717	1551797	519372	27026	176490	81139	862121	926311
171894	10378419	4702536	959497	766142	284889	3197210	4705620
210795	2379471	1126280	107187	474963	238054	720732	828523

续表1

单位：万元

所有者权益合计	实收资本	国家资本	集体资本	法人资本	个人资本	港澳台资本	外商资本
8618750	**5634464**	**1930178**	**99550**	**1671745**	**1417397**	**334800**	**180795**
268732	247707	32576	935	62744	151453		
291158	269208	29693		118697	120819		
219219	424518	16177	1000	178397	228944		
1364453	951073	664614	1220	194703	16536	74000	
311090	175325	98561	3900	18019	54845		
1030739	920478	69084	5240	546432	40969	78000	180753
6980	1500			1000	500		
591801	510419	474024	5806	13700	16889		
234596	150273	94824	29400	23499	2550		
1082573	277170	55634	25000	75406	121130		
438246	270186	18153		145967	106067		
1781750	1054780	166486	26923	238097	440474	182800	
997415	381828	210355	126	55084	116221		42

13-39

地　区	营业收入	#主营业务收入	营业成本	#主营业务成本	营业税金及附加	#主营业务税金及附加
吕梁市	**15199868**	**14936073**	**12186854**	**11955113**	**405491**	**387211**
离石区	458333	399332	330893	286376	16673	16673
文水县	1175841	1175769	1013793	1013792	1012	981
交城县	991351	966462	801418	790087	5351	5351
兴　县	1073008	1057200	657910	648841	46693	46686
临　县	306316	300946	197136	194885	19112	19112
柳林县	2293986	2244499	1676887	1628195	93071	93071
石楼县	8780	8780	7783	7783		
岚　县	555770	550637	466483	463219	17299	8954
方山县	448153	443148	311889	308280	21781	21779
中阳县	881722	880320	728321	727237	17489	17406
交口县	897470	870712	756120	731779	11505	10657
孝义市	4258219	4197295	3794827	3717054	54925	45986
汾阳市	1850920	1840976	1443393	1437585	100580	100555

13-39

地　区	营业利润	资产减值损失	公允价值变动收益	投资收益	营业外收　入	政府补助	营业外支　出
吕梁市	**112524**	**25094**	**-90**	**9077**	**55309**	**13859**	**53249**
离石区	-16856	2606		1196	1623	45	4132
文水县	65437	1169	106	123	3980	1026	1136
交城县	40622	3718	-193	-2142	1638	540	5612
兴　县	100586	-21		478	5522	1824	4045
临　县	10628				245	15	5631
柳林县	-195165	6927	-339	7729	13001	3233	14295
石楼县	723						
岚　县	1776	14			3660	3364	1186
方山县	6586	-5			1756	400	1520
中阳县	32296				1355	398	2465
交口县	58909				2446		2766
孝义市	-61358	6432	291	-992	16702	2954	8290
汾阳市	68340	4257	46	2685	3383	60	2172

续表2

单位：万元

其他业务收入	其他业务利润	销售费用	管理费用	#税金	财务费用	#利息收入	#利息支出
263795	**138**	**678170**	**893996**	**49264**	**906574**	**21234**	**833418**
59002	1287	14065	51251	3734	60897	427	61647
72	100	20893	37961	3374	35804	1143	35515
24889	1033	61062	54536	3439	22309	3356	21369
15808	5600	163830	57767	423	46723	3562	49488
5370	3122	19609	45937	516	13893		10012
49488	275	81806	234209	7389	403489	-1107	398811
		27	195		52	2	53
5134	-1541	2329	42500	2011	25369	-360	24594
5005	273	23347	42967	1694	41587	8	26102
1402		6096	52050	5158	45469	-160	41820
26757	51	28710	20112	3850	22118	661	12278
60925	-10099	137430	162861	13600	162400	10062	126674
9944	38	118967	91651	4076	26463	3641	25055

续表3

单位：万元

利润总额	所得税费用	亏损企业亏损总额	利税总额	应交税金及附加	本年应付职工薪酬	本年应交增值税	从业人员平均人数（人）
114583	**152430**	**684636**	**1170360**	**1257471**	**1049385**	**650286**	**197871**
-19365	1483	45747	15819	40400	64475	18510	12803
68281	2904	27707	75758	13755	39606	6466	13843
36649	7459	27545	72309	46558	71493	30308	16289
102062	30637	14606	222225	151223	107945	73470	8675
5242	707	10418	48958	44939	64979	24605	8910
-196459	28859	324476	65387	298094	239367	168775	39213
723			723		107		132
4250	982	19997	60864	59606	34794	39314	4390
6821	476	5246	60484	55833	20575	31882	7184
31185	15365	34540	84330	73668	66684	35656	14926
58589	13961	8984	107790	67013	25429	37696	6284
-52945	17175	158234	119787	203506	250918	117807	49667
69551	32423	7137	235929	202876	63016	65798	15555

13-40 大中型工业企业

地 区	企业单位数(个)	#亏损企业	工业总产值(当年价格)	工业销售产值(当年价格)	#出口交货值	年初存货
吕梁市	**142**	**68**	**10453513**	**10252475**	**53603**	**2133947**
离石区	9	4	354470	353116		36019
文水县	8	3	900313	889472	12335	266774
交城县	13	7	910877	884106	29451	188500
兴 县	7	4	973754	935337		102064
临 县	9	3	231040	181385		25685
柳林县	31	19	1499124	1513369	9248	210739
石楼县						
岚 县	4	1	447866	469627		52324
方山县	3	2	207839	210487		26985
中阳县	8	4	747466	738177		186560
交口县	6	1	700216	695630		108698
孝义市	39	18	2763282	2695381		511198
汾阳市	5	2	717268	686389	2569	418400

13-40

地 区	累计折旧	#本年折旧	负债合计	流动负债合计	#应付账款	非流动负债合计
吕梁市	**6215188**	**831257**	**29994494**	**21516503**	**4810983**	**8351484**
离石区	377231	42860	3087383	1719977	559873	1367406
文水县	267406	30711	1571023	1044929	464592	526094
交城县	501194	66163	1940601	1629408	439268	311193
兴 县	672491	104980	2185716	1519998	287813	615208
临 县	192993	15777	1546290	1342249	161643	204041
柳林县	1325928	149002	7535789	5283121	889262	2177181
石楼县						
岚 县	116343	68332	1070057	734278	130594	335780
方山县	289264	14872	514746	419766	67614	94980
中阳县	444163	62104	1784546	1339257	108469	445290
交口县	212771	54110	738711	560995	300182	177716
孝义市	1721352	206257	7072835	5154534	1196556	1917793
汾阳市	94053	16089	946796	767993	205117	178803

主要经济指标(2016年)

单位：万元

#产成品	资产总计	流动资产合计	应收账款	存货	#产成品	固定资产合计	固定资产原价
823624	**36981286**	**13869805**	**2326402**	**2272768**	**884827**	**12573940**	**17376880**
18356	3328573	1563180	202413	54046	19637	604428	947026
226831	1703665	658541	195782	223491	180084	781480	980171
85729	2065655	924566	126282	246695	91933	863669	1209849
13129	3492700	583660	137029	132011	13478	1783739	2326809
15565	1819782	217444	25597	26797	14168	403958	571160
64132	8469845	3889270	676457	210533	91218	2253340	3401517
34012	1608637	269102	123233	23484	6533	929315	1006689
19423	628346	182199	8723	21315	11690	391840	563139
2719	2759236	602770	10967	185044	2952	929527	1300790
25601	1139632	313867	11696	133954	58063	747090	813602
129856	8166778	3709500	761819	601491	182499	2509989	3807147
188272	1798438	955707	46404	413905	212573	375565	448981

续表1

单位：万元

所有者权益合计	实收资本	国家资本	集体资本	法人资本	个人资本	港澳台资本	外商资本
6986791	**4505705**	**1874685**	**66047**	**1188570**	**860851**	**334800**	**180753**
241190	203748	28895		42000	132853		
132642	190671	23000		92730	74941		
125055	327934	16177	1000	171406	139351		
1306984	923423	664614	1220	183589		74000	
273491	144804	98561		6318	39925		
934055	740297	69084	5240	377587	29634	78000	180753
538580	463000	458000			5000		
113599	96214	79514	14700	2000			
974690	161510	55634	25000	11076	69800		
400921	193905	17820		119180	56905		
1093942	764125	153032	18887	181784	227622	182800	
851643	296075	210355		900	84820		

13-40

地　区	营业收入	#主营业务收入	营业成本	#主营业务成本	营业税金及附加	#主营业务税金及附加
吕梁市	**11707888**	**11457774**	**9110381**	**8886564**	**366997**	**357945**
离石区	375551	316588	262873	218365	16499	16499
文水县	902633	902577	780244	780244	687	687
交城县	816324	791946	655338	644122	4743	4742
兴　县	955933	942916	555276	547384	46614	46608
临　县	229921	224551	134976	132725	17683	17683
柳林县	1856198	1808097	1332497	1284160	87366	87366
石楼县						
岚　县	499064	493962	406872	403911	8706	8706
方山县	344101	340178	243121	239512	15772	15772
中阳县	710417	709751	567158	566929	15895	15895
交口县	719574	697966	596081	575671	7814	7702
孝义市	2670081	2609911	2323075	2245744	46089	37156
汾阳市	1628090	1619330	1252870	1247796	99129	99129

13-40

地　区	营业利润	资产减值损失	公允价值变动收益	投资收益	营业外收　入	政府补助	营业外支　出
吕梁市	**89154**	**24084**	**-196**	**8962**	**30890**	**10210**	**44908**
离石区	-9491	2606		1196	1459		3513
文水县	48923	1153		11	3232	363	1079
交城县	35168	3712	-193	-2142	917	237	4711
兴　县	93085	-23		478	5448	1800	4024
临　县	4183				225		5597
柳林县	-215739	5990	-339	7726	5601	3233	10435
石楼县							
岚　县	21163	14			2867	2780	1031
方山县	-3070	15			1225	370	1025
中阳县	35371				573		1428
交口县	65437				2147		2507
孝义市	-48791	6365	291	-992	5489	1426	7560
汾阳市	62914	4252	46	2685	1707		1998

续表2

单位：万元

其他业务收入	其他业务利润	销售费用	管理费用	#税金	财务费用	#利息收入	#利息支出
250113	**1085**	**548692**	**780889**	**44438**	**796455**	**20116**	**740525**
58963	1257	4635	44705	3286	54921	422	55678
56	56	10225	31357	3111	30053	546	30317
24378	848	52505	44025	2657	18497	3255	17845
13017	4079	159422	56082	352	45956	3563	49013
5370	3122	18555	41514	382	13010	-16	9162
48101	275	68357	212726	6395	372387	-1037	368024
5103	1501	1858	38878	1765	21572	-361	21055
3922	273	19079	34397	1509	34787	6	19677
666		2537	45421	5057	44035	-161	40927
21608	46	15867	15504	3722	18871	662	9584
60169	-10373	83867	129635	12140	129140	9592	106180
8760		111786	86645	4062	13226	3646	13064

续表3

单位：万元

利润总额	所得税费用	亏损企业亏损总额	利税总额	应交税金及附加	本年应付职工薪酬	本年应交增值税	从业人员平均人数（人）
75136	**140333**	**601130**	**1024317**	**1133952**	**958157**	**582184**	**171273**
-11545	1402	35624	22483	38717	61530	17529	11670
51076	2363	22467	54693	9091	32075	2930	11341
31374	6222	23277	61808	39313	59431	25691	13018
94509	29012	14071	214406	149261	105077	73283	7953
-1189	273	10418	40279	42123	62546	23785	7987
-220573	21672	315333	16744	265384	230705	149951	37610
23000	982	1247	69584	49331	31091	37878	3365
-2870	222	5246	37548	42149	14234	24645	5879
34515	15146	29008	82957	68645	59263	32546	12785
65077	13949	388	103658	56252	18987	30767	4401
-50862	16799	139480	94809	174610	227134	99582	41807
62624	32290	4571	225350	199078	56085	63597	13457

13-41 国有控股工业

地 区	企业单位数(个)	#亏损企业	工业总产值(当年价格)	工业销售产值(当年价格)	#出口交货值	年初存货
吕梁市	**61**	**30**	**3932683**	**3819096**	**24152**	**826180**
离石区	5	2	60096	62262		6184
文水县	3	2	231658	208029	12335	30154
交城县	2	2	56225	58288		12776
兴 县	6	3	965055	925202		99669
临 县	4	1	153800	108363		11915
柳林县	5	2	337795	331849	9248	34244
石楼县						
岚 县	4	1	410701	433072		51397
方山县	3		212276	211416		20775
中阳县	3	1	64282	60124		2156
交口县	2	1	73009	82047		16395
孝义市	20	13	678763	679646		160349
汾阳市	4	2	689023	658799	2569	380168

13-41

地 区	累计折旧	#本年折旧	负债合计	流动负债合计	#应付账款	非流动负债合计
吕梁市	**2874459**	**329184**	**12116371**	**8461440**	**1639019**	**3408821**
离石区	56604	4966	173955	172741	20966	1214
文水县	32164	17363	735745	323920	124795	411825
交城县	109238	11679	601289	437849	81371	163440
兴 县	660252	102485	2110598	1455622	287170	606253
临 县	138945	7889	1155302	1006892	134719	148410
柳林县	570967	32135	1429011	864320	204277	564691
石楼县						
岚 县	113751	67581	1046841	711387	122006	335453
方山县	237892	12131	400841	298702	60075	102139
中阳县	50401	8268	638040	553221	16074	84819
交口县	5733	4700	127113	119414	30532	7699
孝义市	812508	45114	2584019	1729298	301775	788220
汾阳市	86003	14874	1113619	788074	255258	194658

企业主要经济指标(2016年)

单位：万元

#产成品	资产总计	流动资产合计	应收账款	存货	#产成品	固定资产合计	固定资产原价
345888	**16043710**	**4272006**	**761556**	**869908**	**376122**	**6438811**	**8922417**
4683	265271	156671	94887	4544	2650	81258	114859
21929	820118	346566	190964	54687	44853	387224	407382
7086	464175	94275	12647	14372	7477	295502	404740
10733	3423867	577646	134202	131179	13260	1758119	2288951
8272	1377075	32503	348	7219	2420	311574	450519
14457	1753292	435498	101050	37524	17295	667730	1235797
32086	1570530	238049	102153	24031	5113	923736	1000733
14679	522985	168880	7459	13281	10081	321901	430231
152	897760	30321	1839	2789	756	212375	262776
	160237	40362	405	15119	639	117057	95771
68742	2914039	1233660	63862	180863	81406	827112	1618156
163068	1874362	917576	51741	384302	190171	535223	612502

续表1

单位：万元

所有者权益合计	实收资本	国家资本	集体资本	法人资本	个人资本	港澳台资本	外商资本
3927338	**2688200**	**1868978**	**10591**	**637895**	**96736**	**74000**	
91316	49665	32576	935		16155		
84373	88853	29693		52731	6430		
-137114	67177	16177	1000	50000			
1313269	921423	664614	1220	181589		74000	
221773	119911	98561		1750	19600		
324280	270714	38484		232230			
523689	478030	474024	4006				
122145	67224	64224		3000			
259720	65434	55634			9800		
33125	27333	18153		9180			
330020	240028	166486	3430	63450	6662		
760743	292409	210355		43966	38089		

13-41

地　区	营业收入	#主营业务收入	营业成本	#主营业务成本	营业税金及附加	#主营业务税金及附加
吕梁市	**5333829**	**5236827**	**3964603**	**3859318**	**239616**	**230516**
离石区	71528	60676	40717	31417	5020	5020
文水县	221567	221567	175616	175616	466	466
交城县	63595	58927	62321	58220	2148	2147
兴　县	943871	930913	548236	540537	45632	45625
临　县	153388	148612	85112	83447	12097	12097
柳林县	614186	608773	525338	518082	12226	12226
石楼县						
岚　县	465616	460914	374495	371531	8672	8581
方山县	322884	319002	221904	218295	16246	16246
中阳县	62222	61556	39584	39361	4932	4932
交口县	82049	82047	69734	69733	157	45
孝义市	741826	702421	596088	533427	38057	29167
汾阳市	1591097	1581420	1225460	1219652	93964	93964

13-41

地　区	营业利润	资产减值损失	公允价值变动收益	投资收益	营业外收　入	政府补助	营业外支　出
吕梁市	**117583**	**16636**	**-293**	**10679**	**27972**	**9524**	**24375**
离石区	11000	2606			127		594
文水县	8597	902			1655	130	12
交城县	-11730	-299		5	346	227	170
兴　县	94504	-23		478	5439	1800	3711
临　县	3077				57		4984
柳林县	1816	3252	-339	7512	10898	3149	2445
石楼县							
岚　县	20178	14			3407	3364	975
方山县	3986	-5			1232	370	1066
中阳县	-4067				16		1337
交口县	7608				1592		1669
孝义市	-79379	5939		0	1464	444	5574
汾阳市	61994	4252	46	2685	1739	40	1839

续表2

单位：万元

其他业务收入	其他业务利润	销售费用	管理费用	#税金	财务费用	#利息收入	#利息支出
97002	**-3070**	**361872**	**397726**	**17436**	**246030**	**9685**	**235240**
10852	1257	1922	7936	147	2328	213	2116
		4159	15051	476	16776	419	17807
4668		850	7582	690	2728	1882	4480
12958	4079	158434	53111	352	44455	3575	47502
4776	3114	17028	26689	180	9385	-25	8376
5413		9041	28159	1591	41376	95	41267
4702	1099	653	39765	1810	21839	-426	21514
3882	273	21300	33982	1221	25472	35	10340
666		1172	9443	369	11158	-20	11246
3		1387	1164	33	2000	10	1997
39405	-12892	40621	90818	6799	49683	267	47518
9677		105304	84026	3768	18829	3660	21078

续表3

单位：万元

利润总额	所得税费　用	亏损企业亏损总额	利税总额	应交税金及附加	本年应付职工薪酬	本年应交增值税	从业人员平均人数（人）
121180	**70185**	**143036**	**659820**	**626261**	**525207**	**299023**	**80614**
10533	1402	632	15106	6122	11624	-447	2119
10240	1796	1734	12399	4430	4726	1693	2412
-11554		11554	-8746	3498	25992	660	3118
96232	29012	12348	214787	147919	104709	72924	7548
-1850	177	7328	25952	28158	49152	15705	5705
10269	4061	4204	51166	46548	48586	28670	7583
22611	982	1636	69151	49332	30115	37868	3106
4152	457		46061	43587	7818	25663	5194
-5388		8332	6420	12178	18815	6877	3429
7530	2035	619	4929	-533	2957	-2758	322
-83489	-1723	90004	4350	92914	166585	49782	27937
61894	31988	4646	218245	192107	54128	62387	12141

13-42 外商投资与港澳台投资

地区	企业单位数(个)	#亏损企业	工业总产值(当年价格)	工业销售产值(当年价格)	#出口交货值	年初存货
吕梁市	**11**	**4**	**1407652**	**1397247**	**6221**	**259970**
离石区						
文水县						
交城县						
兴　县	1		283078	259668		34022
临　县						
柳林县	6	3	295201	313261		72981
石楼县						
岚　县						
方山县						
中阳县						
交口县						
孝义市	3	1	808329	806778		140297
汾阳市	1		21044	17539	6221	12671

13-42

地区	累计折旧	#本年折旧	负债合计	流动负债合计	#应付账款	非流动负债合计
吕梁市	**784045**	**98785**	**2542048**	**1869549**	**466779**	**672498**
离石区						
文水县						
交城县						
兴　县	48714	17867	487186	325558	62589	161629
临　县						
柳林县	280827	23399	1062909	870360	252763	192549
石楼县						
岚　县						
方山县						
中阳县						
交口县						
孝义市	454139	57501	980711	662391	151309	318320
汾阳市	366	18	11241	11241	117	

工业企业主要经济指标(2016年)

单位：万元

#产成品	资产总计	流动资产合计	应收账款	存货	#产成品	固定资产合计	固定资产原价
31891	**3544403**	**1397917**	**260941**	**262361**	**39636**	**1434573**	**2057380**
156	695962	57121		56697	166	503423	469168
11462	1303171	537911	125153	33976	9542	504583	707141
11596	1515714	779897	130380	157692	21251	421835	875974
8678	29556	22988	5409	13996	8678	4731	5097

续表1

单位：万元

所有者权益合计	#实收资本	国家资本	集体资本	法人资本	个人资本	港澳台资本	外商资本
1002356	**714492**		**126**	**137900**	**60872**	**334800**	**180795**
208776	185000			111000		74000	
240262	285653			26900		78000	180753
535003	243672				60872	182800	
18315	168		126				42

13-42

地　区	营业收入	#主营业务收入	营业成本	#主营业务成本	营业税金及附加	#主营业务税金及附加
吕梁市	**1394650**	**1358527**	**1190356**	**1157808**	**19681**	**19681**
离石区						
文水县						
交城县						
兴　县	259704	258328	225859	225184	3102	3102
临　县						
柳林县	353001	321679	267430	236494	13253	13253
石楼县						
岚　县						
方山县						
中阳县						
交口县						
孝义市	760751	757327	678986	678049	3327	3327
汾阳市	21194	21194	18081	18081		

13-42

地　区	营业利润	资产减值损失	公允价值变动收益	投资收益	营业外收　入	政府补助	营业外支　出
吕梁市	**72581**	**48**		**-178**	**4424**	**1908**	**4360**
离石区							
文水县							
交城县							
兴　县	10575				1043	1000	1428
临　县							
柳林县	15472	48		213	28	83	1229
石楼县							
岚　县							
方山县							
中阳县							
交口县							
孝义市	44691			-392	3353	825	1704
汾阳市	1843						

13-45　建筑企业建筑总产值和竣工产值(2016年)

单位：万元

地　区	建筑业总产值	#装饰装修产值	#在外省完成的产值	建筑工程产　值	安装工程产　值	其他产值	竣工产值
吕梁市	**456024**	**6258**	**17777**	**413159**	**32737**	**10128**	**251471**
离石区	202701	1271	8400	179062	19289	4350	106352
文水县	28716	183	6966	28493	181	42	28035
交城县	32650	2879		31068	140	1442	14087
兴　县	15637			14679	338	620	5445
临　县	30434			25376	2180	2878	21221
柳林县	9199			9199			4800
石楼县							
岚　县	7148			6798	200	150	6928
方山县	4296			4207	89		2925
中阳县	17719			16005	1714		10963
交口县							
孝义市	45784	1889	2100	37424	8193	166	21674
汾阳市	61740	36	311	60849	412	480	29040

13-46　建筑企业房屋建筑施工面积(2016年)

单位：平方米

地　区	房屋建筑施工面积	#本年新开工面积	#实行投标承包面积
吕梁市	**3254185**	**1335151**	**1998155**
离石区	894327	662549	274582
文水县	208056	100337	198466
交城县	324842	76626	235073
兴　县	130622	41130	17572
临　县	172130	162200	68930
柳林县	27570		
石楼县			
岚　县	42330	35530	38730
方山县	51501	15069	23609
中阳县	419796	175562	264105
交口县			
孝义市	350567	425	269462
汾阳市	632444	65723	607626

13-47 建筑企业施工机械设备(2016年)

地 区	年末自有施工机械设备(净值)(万元)	年末自有施工机械设备(总台数)(台)	年末自有施工机械设备(总功率)(千瓦)
吕梁市	**57488**	**11108**	**325836**
离石区	18037	4163	174996
文水县	5671	1671	24487
交城县	7806	829	5546
兴 县	377	307	4970
临 县	9578	117	7313
柳林县	1942	443	18496
石楼县			
岚 县	878	431	6199
方山县	2185	381	2425
中阳县	1351	206	7215
交口县			
孝义市	5425	956	47809
汾阳市	4239	1604	26380

13-48 建筑企业从业人员情况(2016年)

单位：人

地 区	从事主营业务活动的从业人员期末人数	从事主营业务活动的从业人员平均人数		
			#工程技术人员	#现场施工工人
吕梁市	**20881**	**21321**	**4576**	**8296**
离石区	6509	7038	1831	3817
文水县	881	1093	282	517
交城县	1617	1744	253	240
兴 县	1721	1691	89	300
临 县	1838	1025	259	579
柳林县	687	828	385	80
石楼县				
岚 县	308	252	76	216
方山县	582	587	160	427
中阳县	1766	1762	271	1440
交口县				
孝义市	3040	3014	411	304
汾阳市	1932	2287	559	376

13-49 建筑企业主要建筑材料消耗量(2016年)

地 区	1.钢材(吨)	2.木材(立方米)	3.水泥(吨)	4.平板玻璃(重量箱)	4.平板玻璃(平方米)	5.铝材(吨)
吕梁市	**163613**	**67031**	**701812**	**14738**	**136547**	**26757**
离石区	68596	20625	526208	5380	27215	3275
文水县	4390	917	19259	3526	14012	106
交城县	18567	1416	38385	2035	56486	15328
兴 县	15206	2060	35343	295	3171	39
临 县	2015	922	12029	436	2180	160
柳林县	724	115	2880	200	1000	120
石楼县						
岚 县	1120	1334	3895	45	2490	27
方山县	1690	321	5060	600	2960	266
中阳县	2486	300	3187			
交口县						
孝义市	2534	531	18387			
汾阳市	46285	38490	37179	2221	27033	7436

13-50 建筑企业竣工房面积(2016年)

单位：平方米

地 区	合 计	住宅房屋	商业及服务用房屋	商厦房屋(批发和零售用房)	宾馆用房屋(住宿用房)	餐饮用房屋(餐饮用房)
吕梁市	**1007285**	**500005**	**36185**		**6915**	
离石区	337595	53624	2420		2420	
文水县	126124	85129	4495		4495	
交城县	65466	20000				
兴 县	37339	2430	7900			
临 县	139708	90299				
柳林县	14500	14500				
石楼县						
岚 县	31930	17930				
方山县	21339	13240				
中阳县	40480	32256				
交口县						
孝义市	31866	10496	21370			
汾阳市	160938	160101				

13-50　续表1

单位：平方米

地　区			办公用房屋	科研、教育、医疗用房屋		
	商务会展用房屋	其他商业及服务用房屋(居民服务业用房)			科学研究用房屋	教育用房屋
吕梁市		**29270**	**6245**	**47928**	**958**	**45350**
离石区			1915	3068	958	2110
文水县						
交城县						
兴　县		7900	4230	16459		16459
临　县				12500		12500
柳林县						
石楼县						
岚　县				7620		6000
方山县				8099		8099
中阳县			100			
交口县						
孝义市		21370				
汾阳市				182		182

13-50　续表2

单位：平方米

地　区		文化、体育、娱乐用房屋	厂房及建筑物		仓　库	其他未列明的房屋建筑物*
	医疗用房屋(卫生医疗用房)			#厂房		
吕梁市	**1620**	**958**	**349503**	**54019**	**6380**	**60081**
离石区		958	271052			4558
文水县			36500	36500		
交城县						45466
兴　县			6320	6320		
临　县			26964	11199		9945
柳林县						
石楼县						
岚　县	1620				6380	
方山县						
中阳县			8012			112
交口县						
孝义市						
汾阳市			655			

13-51　建筑企业竣工房屋价值(2016年)

单位：万元

地　区	合　计	住宅房屋	商业及服务用房屋	商厦房屋(批发和零售用房)	宾馆用房屋(住宿用房)	餐饮用房屋(餐饮用房)
吕梁市	**123368**	**61762**	**5840**		**1141**	
离石区	46398	13013	45		45	
文水县	12392	11048	1097		1097	
交城县	8987	2641				
兴　县	5445	269	2125			
临　县	17662	9770				
柳林县	2400	2400				
石楼县						
岚　县	4708	2898				
方山县	2645	1623				
中阳县	5717	3824				
交口县						
孝义市	3332	758	2574			
汾阳市	13682	13518				

13-51　续表1

单位：万元

地　区	商务会展用房屋	其他商业及服务用房屋(居民服务业用房)	办公用房屋	科研、教育、医疗用房屋	科学研究用房屋	教育用房屋
吕梁市		**4699**	**1016**	**6921**	**249**	**6462**
离石区			498	501	249	252
文水县						
交城县						
兴　县		2125	508	1975		1975
临　县				2336		2336
柳林县						
石楼县						
岚　县				1055		845
方山县				1022		1022
中阳县			10			
交口县						
孝义市		2574				
汾阳市				33		33

13-51 续表2

单位：万元

地区	医疗用房屋(卫生医疗用房)	文化、体育、娱乐用房屋	厂房及建筑物	#厂房	仓库	其他未列明的房屋建筑物*
吕梁市	**210**	**249**	**38109**	**2048**	**755**	**8717**
离石区		249	31288			805
文水县			248	248		
交城县						6347
兴县			569	569		
临县			4002	1232		1554
柳林县						
石楼县						
岚县	210				755	
方山县						
中阳县			1871			11
交口县						
孝义市						
汾阳市			131			

13-52 建筑企业年初存货和年末资产负债(2016年)

单位：万元

地区	年初存货	流动资产合计	#应收工程款	#存货	固定资产合计	固定资产减值准备	固定资产原价
吕梁市	**126316**	**682573**	**324263**	**121744**	**156854**	**637**	**193629**
离石区	19992	163367	76759	9477	64282	637	71310
文水县	10501	32835	15184	7818	19033		23589
交城县	8771	55986	17933	21065	17951		27348
兴县	222	61131	167	345	1307		1807
临县		11723	1986	1258	13208		13571
柳林县		4090	3417	71	1938		2414
石楼县							
岚县	144	795	376	75	3810		3384
方山县	191	3937	1111	1268	5559		4572
中阳县	3048	11333	2865	1494	4761		6708
交口县							
孝义市	61971	273819	177991	61135	13219		18307
汾阳市	21476	63557	26474	17738	11787		20620

13-52　续表1

单位：万元

地　区	累计折旧	#本年折旧	在建工程	资产合计	流动负债合　计	#应付账款	非流动负债合计	负债合计
吕梁市	**61094**	**5616**	**13997**	**880171**	**269429**	**57832**	**12241**	**544296**
离石区	21997	2037	9873	240516	91185	15418	6411	127445
文水县	7533	586	256	53229	19451	8396	4985	25584
交城县	10484	1054	1034	74465	25413	8324		25413
兴　县	650	230	51	64038	41844	277		41844
临　县	363	91		24944	3806	1858		3806
柳林县	476			6028	3708			3708
石楼县								
岚　县	86	72		5182	927	445		927
方山县	190	47	1142	9656	3787	813		4108
中阳县	2149	271		17176	3708	2134		3826
交口县								
孝义市	6878	510	186	308363	28426	12723	801	257254
汾阳市	10288	718	1454	76573	47175	7444	43	50381

13-52　续表2

单位：万元

地　区	所有者权益合计	#实收资本	#国家资本	#集体资本	#法人资本	#个人资本	#港澳台资本	#外商资本
吕梁市	**335875**	**262904**	**25952**	**7726**	**76237**	**152988**		
离石区	113071	92696	19869		42716	30110		
文水县	27645	18117	600		2050	15467		
交城县	49053	31995			11860	20135		
兴　县	22194	22150				22150		
临　县	21139	18840			11000	7840		
柳林县	2320	2308		2308				
石楼县								
岚　县	4256	3937				3937		
方山县	5548	5470		1620	3850			
中阳县	13350	8350			2650	5700		
交口县								
孝义市	51109	38566	4600	2798	1000	30168		
汾阳市	26191	20475	882	1000	1111	17482		

13-53 建筑企业损益及分配表(2016年)

单位：万元

地 区	营业收入	#主营业务收入	营业成本	#主营业务成本	营业税金及附加	#主营业务税金及附加
吕梁市	**493812**	**492497**	**437372**	**400462**	**16920**	**16778**
离石区	219207	218190	192591	192386	8750	8735
文水县	28962	28962	24100	23091	1079	1079
交城县	39107	39107	34049	34049	825	825
兴 县	7398	7345	5293	5293	320	320
临 县	62411	62405	58877	28026	2095	2095
柳林县	9199	9199	8077	8077	219	219
石楼县						
岚 县	6828	6708	6039	5970	246	239
方山县	7015	7015	6120	6120	400	400
中阳县	19594	19594	17290	12911	663	663
交口县						
孝义市	35521	35445	30503	30108	1029	909
汾阳市	58572	58529	54432	54432	1294	1294

13-53 续表1

单位：万元

地 区	其他业务利润	销售费用	管理费用	#税金	财务费用	#利息收入	#利息支出
吕梁市	**106**	**1713**	**17813**	**780**	**2230**	**109**	**1394**
离石区	2	747	7538	349	303	7	13
文水县		201	707	10	368	65	309
交城县		198	804	141	1063	3	791
兴 县	53		1363	5	114		
临 县		6	138	6	1	1	2
柳林县			697	1	8		
石楼县							
岚 县		61	276	17	49		27
方山县		25	139	15	-35		
中阳县		14	773	27	150	2	146
交口县							
孝义市	8	27	2318	169	83	18	10
汾阳市	43	435	3060	40	125	14	96

13-53　续表2

单位：万元

地　区	资产减值损　　失	公允价值变动收益	投资收益	营业利润	营业外收　入	政府补贴
吕梁市	**638**	**59**	**-78**	**17108**	**127**	**3**
离石区	638	59	-28	8671	5	
文水县				2507		
交城县				2168	15	
兴　县				309		
临　县				1294		
柳林县				197		
石楼县						
岚　县				156		
方山县				365		
中阳县				705	23	
交口县						
孝义市				1561	23	
汾阳市			-50	-824	61	3

13-53　续表3

单位：万元

地　区	营业外支出	利润总额	应交所得税	应付职工薪酬(本年贷方累计发生额)	建筑业企业在境外完成的营业收入	应交增值税
吕梁市	**377**	**16858**	**6841**	**52486**		**5490**
离石区	246	8430	3146	18885		1067
文水县	1	2506	585	2267		526
交城县	4	2179	760	1699		199
兴　县	15	294	89	578		
临　县		1294	1246	4133		1836
柳林县		197	13	1662		56
石楼县						
岚　县		156	104	1030		
方山县		365	96	3186		196
中阳县	51	676	289	4568		563
交口县						
孝义市	2	1582	426	5580		351
汾阳市	57	-821	89	8897		698

13-54 社会消费品零售总额(2016年)

单位：万元

地 区	社会消费品零售总额		
		城镇	乡村
吕梁市	**4337402**	**3311452**	**1025950**
离石区	670719	556493	114226
文水县	203137	140771	62366
交城县	180534	128179	52355
兴 县	147496	95872	51624
临 县	419614	327392	92222
柳林县	379667	305130	74537
石楼县	30731	21512	9219
岚 县	109559	67926	41633
方山县	91089	54653	36436
中阳县	132064	95520	36544
交口县	76670	53669	23001
孝义市	1288947	970687	318260
汾阳市	607176	493648	113528

13-55 海关进出口情况(2016年)

单位：万美元

地 区	进出口总 额		
		进 口	出 口
吕梁市	**29012**	**13055**	**15957**
离石区	2		2
文水县	6724	2043	4681
交城县	14233	2972	10261
兴 县			
临 县			
柳林县			
石楼县			
岚 县			
方山县	125		
中阳县	6990	6990	125
交口县			
孝义市	638	39	599
汾阳市	301	11	290

13-56 旅游事业发展情况(2016年)

地 区	海外旅游人数(人次)	旅游创汇(万美元)	国内旅游接待人次(万人)	国内旅游接待收入(亿元)
吕梁市	**5517**	**214**	**3443.79**	**292.8**
离石区	1237	21.91	436.03	48.2
文水县	156	10.83	213.33	18.98
交城县	335	19.17	607.27	49.3
兴 县	175	8.75	72.46	6.17
临 县	663	16.16	259.72	19.49
柳林县	634	18.93	642.99	42.05
石楼县	317	10.27	16.38	2.3
岚 县	422	19.89	62.68	4.01
方山县	204	4.99	135.5	22.57
中阳县	156	9.96	43.84	3.93
交口县	225	10.35	38.36	3.23
孝义市	336	19.91	429.84	35.6
汾阳市	657	42.88	485.39	36.97

13-57 公路通车里程(2016年)

单位：公里

地 区	公路通车里程	在通车里程中					
		国 道	省 道	县公路	乡公路	专用公路	村 道
吕梁市	**17382**	**1298**	**842**	**2553**	**4579**		**8108**
离石区	981	141	33	128	166		512
文水县	1448	102	60	171	312		802
交城县	990	72	79	152	356		330
兴 县	2185	113	80	421	634		937
临 县	2811	160	176	338	635		1502
柳林县	1537	84	70	246	343		794
石楼县	829	76	41	137	390		184
岚 县	1069	142	50	174	279		424
方山县	840	99	79	132	193		336
中阳县	953	56	24	193	233		448
交口县	755	79	43	96	250		286
孝义市	1756	45	62	203	400		1047
汾阳市	1227	129	45	161	386		506

13-58 公路等级里程(2016年)

单位：公里　　单位：公里，%

地区	等级里程	高速	一级	二级	三级	四级	等外里程	等级里程占总里程的百分比
吕梁市	**16447**	**534**	**338**	**2017**	**2219**	**11338**	**935**	**95**
离石区	936	89	47	98	141	561	45	95
文水县	1448	33		155	374	887		100
交城县	985	18	24	127	167	649	5	99
兴　县	2185	62		220	139	1764		100
临　县	2455	139		144	296	1875	356	87
柳林县	1526	42	15	193	182	1094	12	99
石楼县	804			106	28	671	25	97
岚　县	895	18	8	212	87	571	174	84
方山县	837	60	24	83	129	540	3	100
中阳县	791		45	86	171	489	162	83
交口县	623		3	134	95	391	132	83
孝义市	1756		120	328	236	1073		100
汾阳市	1205	74	52	131	175	775	21	98

13-59 镇(乡)通公路、通油路情况(2016年)

单位：个

地区	乡镇总数	#通油路数	镇总数	#通油路数	乡总数	#通油路数
吕梁市	**148**	**148**	**81**	**81**	**67**	**67**
离石区	5	5	2	2	3	3
文水县	12	12	7	7	5	5
交城县	10	10	6	6	4	4
兴　县	17	17	7	7	10	10
临　县	23	23	13	13	10	10
柳林县	15	15	8	8	7	7
石楼县	9	9	4	4	5	5
岚　县	12	12	4	4	8	8
方山县	7	7	5	5	2	2
中阳县	7	7	5	5	2	2
交口县	7	7	4	4	3	3
孝义市	12	12	7	7	5	5
汾阳市	12	12	9	9	3	3

注：以上乡镇数为交通局资料。

13-59 续表

单位：个

地 区	行政村		
	总 数	通公路	
			#通油路
吕梁市	**3108**	**3108**	**3108**
离石区	191	191	191
文水县	199	199	199
交城县	142	142	142
兴 县	372	372	372
临 县	631	631	631
柳林县	257	257	257
石楼县	134	134	134
岚 县	167	167	167
方山县	169	169	169
中阳县	87	87	87
交口县	93	93	93
孝义市	377	377	377
汾阳市	289	289	289

注：以上行政村数为交通局资料。

13-60 邮政业务总量

单位：万元

地 区	2016年	2015年
吕梁市	**22536**	**19970**
离石区	3785	3542
文水县	1392	1163
交城县	946	914
兴 县	2029	1804
临 县	1447	1310
柳林县	1050	931
石楼县	714	409
岚 县	1039	955
方山县	1002	934
中阳县	989	865
交口县	1623	1585
孝义市	4587	4032
汾阳市	1933	1526

13-61 全市教育基本情况(2016年)

单位：个，所

地 区	乡镇、办事处数	学校总数	小 学	普通中学合 计		
					完全中学	高级中学
总 计	**158**	**1599**	**576**	**288**	**8**	**34**
离石区	10	228	46	22	4	4
文水县	12	274	80	34		6
交城县	10	127	42	27		2
兴 县	17	59	32	18		3
临 县	23	126	56	36	2	
柳林县	15	172	62	31	1	2
石楼县	9	32	11	10		1
岚 县	12	61	34	19		1
方山县	7	67	32	8		1
中阳县	7	53	27	10		1
交口县	7	57	27	9		1
孝义市	15	183	48	35	1	8
汾阳市	14	160	79	29		4

13-61 续表

单位：个，所

地 区				职业高中	幼儿园	特殊教育
	初级中学	九 年 一贯制学校	十二年一贯制学校			
总 计	**184**	**60**	**2**	**19**	**710**	**6**
离石区	14			3	155	2
文水县	28			1	158	1
交城县	25			1	57	
兴 县	12	3		2	7	
临 县	11	23		3	31	
柳林县	19	9		1	78	
石楼县	6	3		1	10	
岚 县	11	7		1	7	
方山县	6	1		1	25	1
中阳县	5	4		1	15	
交口县	7	1		1	20	
孝义市	16	8	2	1	98	1
汾阳市	24	1		2	49	1

13-62　全市教职工数(2016年)

单位：人

地　区	教职工数					
	合　计	中　学	职　高	小　学	特殊教育	幼儿园
总　计	**54586**	**24357**	**1653**	**20287**	**285**	**8004**
离石区	6043	2448	193	1955	223	1224
文水县	5448	2332	145	2272	25	674
交城县	3292	1605	111	1057		519
兴　县	3134	1390	49	1517		178
临　县	6785	3167	282	2922		414
柳林县	6094	2708	150	2183		1053
石楼县	1576	707	116	537		216
岚　县	2170	1097	108	835		130
方山县	2058	781	47	920	2	308
中阳县	2456	1219	55	883		299
交口县	1760	704	82	754		220
孝义市	8601	3968	215	2349	18	2051
汾阳市	5169	2231	100	2103	17	718

13-62　续表

单位：人

地　区	专任教师数					
	合　计	高　中	初　中	职　高	小　学	特殊教育
总　计	**38775**	**6638**	**12424**	**1454**	**18033**	**226**
离石区	4036	995	966	164	1746	165
文水县	4500	562	1617	114	2182	25
交城县	2563	516	941	107	999	
兴　县	2276	330	590	46	1310	
临　县	4201	563	1202	261	2175	
柳林县	4270	628	1504	125	2013	
石楼县	1128	174	394	89	471	
岚　县	1755	264	596	100	795	
方山县	1136	98	329	34	673	2
中阳县	1768	328	606	52	782	
交口县	1415	191	431	74	719	
孝义市	5639	1298	1896	195	2233	17
汾阳市	4088	691	1352	93	1935	17

13-63 全市在校学生数

单位：人

地 区	在校学生数			
	合 计	高 中	初 中	职 高
总 计	**617628**	**84306**	**120008**	**17213**
离石区	97110	14791	16857	695
文水县	68531	8859	14319	2109
交城县	41878	5370	7958	1790
兴 县	24595	4261	6069	257
临 县	55135	7351	12413	3037
柳林县	61365	8303	11991	1592
石楼县	19712	2094	4122	1183
岚 县	24719	3375	5471	1033
方山县	19015	1802	3387	356
中阳县	26109	3505	4791	267
交口县	19527	2135	3496	823
孝义市	91862	13761	16388	2168
汾阳市	68070	8699	12746	1903

13-63 续表

单位：人

地 区	在校学生数		
	小 学	特殊教育	幼儿园
总 计	**265580**	**1065**	**129456**
离石区	39684	574	24509
文水县	29698	56	13490
交城县	17599	20	9141
兴 县	12391		1617
临 县	23182		9152
柳林县	26080	6	13393
石楼县	8192	1	4120
岚 县	11752	37	3051
方山县	8465	11	4994
中阳县	11711	41	5794
交口县	9409	16	3648
孝义市	39593	158	19794
汾阳市	27824	145	16753

13-64　小学学校数(2016年)

单位：所

地　区	合　计	城　市			县　镇			农　村		
		教育部门和集体办	民　办	其　它部门办	教育部门和集体办	民　办	其　它部门办	教育部门和集体办	民　办	其　它部门办
总　计	**576**	**53**	**3**		**181**	**10**		**320**	**9**	
离石区	46	24	1		2			17	2	
文水县	80				18			60	2	
交城县	42				20			22		
兴　县	32				18	1		13		
临　县	56				23	2		30	1	
柳林县	62				23	2		36	1	
石楼县	11				9			2		
岚　县	34				11			23		
方山县	32				7	3		21	1	
中阳县	27				12	1		14		
交口县	27				11			16		
孝义市	48	19			14			15		
汾阳市	79	10	2		13	1		51	2	

13-65　小学基本情况(2016年)

单位：人

地　区	学龄人口	在校学龄人口	招生数	在校学生数		
				合　计	一年级	二年级
总　计	**264193**	**261616**	**45451**	**265580**	**45452**	**44263**
离石区	38780	38780	7553	39684	7553	6795
文水县	29980	29665	4921	29698	4921	5179
交城县	17429	17429	3012	17599	3012	3088
兴　县	12048	12048	1904	12391	1904	1769
临　县	23014	22713	4019	23182	4019	3191
柳林县	25948	25896	4470	26080	4470	4464
石楼县	7992	7680	1279	8192	1279	1318
岚　县	11764	11702	2125	11752	2125	1804
方山县	8792	8339	988	8465	988	1617
中阳县	11337	11257	1925	11711	1925	1909
交口县	9349	9229	1423	9409	1423	1645
孝义市	39596	39205	6832	39593	6833	7129
汾阳市	28164	27673	5000	27824	5000	4355

13-65 续表

单位：人

地区	在校学生数				毕业生数	毕业班学生数
	三年级	四年级	五年级	六年级		
总　计	**41479**	**45344**	**46693**	**42349**	**43305**	**42349**
离石区	6181	6686	6504	5965	5968	5965
文水县	4872	4971	5097	4658	4988	4658
交城县	2820	2918	3060	2701	2852	2701
兴　县	2199	2230	2213	2076	2484	2076
临　县	3340	4237	4274	4121	4132	4121
柳林县	4064	4107	4643	4332	4433	4332
石楼县	1433	1354	1459	1349	1353	1349
岚　县	1535	2101	2227	1960	2026	1960
方山县	1490	1529	1488	1353	1439	1353
中阳县	1899	1964	2133	1881	1764	1881
交口县	1688	1416	1644	1593	1622	1593
孝义市	5774	6959	6921	5977	5849	5977
汾阳市	4184	4872	5030	4383	4395	4383

13-66 小学教职工情况(2016年)

单位：人

地区	教职工数						代课教师	兼任教师
	合　计	专任教师	行政人员	教辅人员	工勤人员	工厂工人		
总　计	**20287**	**18033**	**461**	**1120**	**673**		**2542**	**161**
离石区	1955	1746	33	107	69		667	69
文水县	2272	2182	58	30	2		434	17
交城县	1057	999	33	19	6		137	
兴　县	1517	1310	37	91	79		87	7
临　县	2922	2175	119	366	262		93	7
柳林县	2183	2013	21	104	45		10	24
石楼县	537	471		66			91	
岚　县	835	795	13	18	9			
方山县	920	673	32	100	115		101	
中阳县	883	782	2	90	9		16	
交口县	754	719	15	4	16		287	37
孝义市	2349	2233	30	60	26		1	
汾阳市	2103	1935	68	65	35		618	

13-67　普通中学学校数(2016年)

单位：所

地　区	合　计	城　市			县　镇			农　村		
		教育部门和集体办	民　办	其　它部门办	教育部门和集体办	民　办	其　它部门办	教育部门和集体办	民　办	其　它部门办
总　计	**288**	**35**	**12**		**127**	**22**		**86**	**6**	
离石区	22	11	7					3	1	
文水县	34				14	4		15	1	
交城县	27				16			11		
兴　县	18				9	4		4	1	
临　县	36				20	4		12		
柳林县	31				15	4		11	1	
石楼县	10				6			4		
岚　县	19				8	3		8		
方山县	8				6	1			1	
中阳县	10				7	1		1	1	
交口县	9				5	1		3		
孝义市	35	15	3		11			6		
汾阳市	29	8	2		11			8		

13-68　初中学生情况(2016年)

单位：人

地　区	学龄人口	在校学龄人口	在校学生数				毕业生数	毕业班学生数
			合　计	一年级	二年级	三年级		
总　计	**109572**	**106900**	**120008**	**41520**	**36797**	**41691**	**45593**	**41691**
离石区	12191	12191	16857	5801	5068	5988	6274	5988
文水县	14037	14029	14319	4890	4402	5027	5479	5027
交城县	7378	7375	7958	2874	2358	2726	2911	2726
兴　县	5245	5245	6069	2072	1979	2018	2303	2018
临　县	11510	11201	12413	4033	3790	4590	5034	4590
柳林县	10758	10720	11991	4245	3781	3965	4488	3965
石楼县	3867	3129	4122	1358	1327	1437	1625	1437
岚　县	5262	5221	5471	1988	1697	1786	1849	1786
方山县	3104	2938	3387	1094	1099	1194	1286	1194
中阳县	5232	4768	4791	1631	1512	1648	1771	1648
交口县	3392	3336	3496	1174	1092	1230	1341	1230
孝义市	15982	15494	16388	5931	4803	5654	6209	5654
汾阳市	11614	11253	12746	4429	3889	4428	5023	4428

13-69　高中学生情况(2016年)

单位：人

地　区	毕业生数	招生数	在校学生数				毕业班学生数
			合　计	一年级	二年级	三年级	
总　计	**29034**	**27258**	**84306**	**27258**	**28238**	**28810**	**28810**
离石区	5213	4908	14791	4908	5064	4819	4819
文水县	3265	2892	8859	2892	2945	3022	3022
交城县	1790	1700	5370	1700	1793	1877	1877
兴　县	1372	1363	4261	1363	1427	1471	1471
临　县	992	2415	7351	2415	2452	2484	2484
柳林县	2865	2771	8303	2771	2785	2747	2747
石楼县	703	700	2094	700	700	694	694
岚　县	1281	1064	3375	1064	1114	1197	1197
方山县	625	530	1802	530	630	642	642
中阳县	1449	1108	3505	1108	1112	1285	1285
交口县	719	700	2135	700	691	744	744
孝义市	5529	4328	13761	4328	4534	4899	4899
汾阳市	3231	2779	8699	2779	2991	2929	2929

13-70　普通中学教职工情况(2016年)

单位：人

地　区	教职工数						代课教师	兼任教师
	合　计	专任教师	行政人员	教辅人员	工勤人员	工厂工人		
总　计	**24357**	**19062**	**1304**	**2863**	**1120**	**8**	**2402**	**342**
离石区	2448	1961	102	216	169		836	229
文水县	2332	2179	48	56	49		437	54
交城县	1605	1457	37	97	14		98	
兴　县	1390	920	96	243	126	5	225	5
临　县	3167	1765	439	707	253	3	67	45
柳林县	2708	2132	150	284	142			3
石楼县	707	568	32	99	8		29	
岚　县	1097	860	58	131	48		26	6
方山县	781	427	54	178	122			
中阳县	1219	934	58	202	25		328	
交口县	704	622	20	46	16		160	
孝义市	3968	3194	163	506	105		124	
汾阳市	2231	2043	47	98	43		72	

13-71 全市成人中等专业学校校数、学生数、教职工数(2016年)

单位：人

类　别	学校数(个)	学生数				教职工数	
		毕业生	招生数	在校生	毕业班学生	总计	专任教师
总　计	**13**					**319**	**286**
离石区进修校	1					18	12
文水县进修校	1					28	24
交城县进修校	1					23	21
兴县进修校	1					26	22
临县进修校	1					18	18
柳林县进修校	1					48	43
石楼县进修校	1					17	16
岚县进修校	1					20	17
方山县进修校	1					15	13
中阳县进修校	1					52	51
交口县进修校	1					7	7
孝义市进修校	1					14	11
汾阳市进修校	1					33	31

13-72 职业中学学校数(2016年)

单位：所

地　区	职业高中				
	合　计	地方部门			民办
		小　计	教育部门	非教育部门	
总　计	**19**	**17**			**2**
离石区	3	2			1
文水县	1	1			
交城县	1	1			
兴　县	2	2			
临　县	3	3			
柳林县	1	1			
石楼县	1	1			
岚　县	1	1			
方山县	1	1			
中阳县	1	1			
交口县	1	1			
孝义市	1	1			
汾阳市	2	1			1

13-73 职业高中教职工情况(2016年)

单位：人

地 区	教职工数						聘请校外教师
	合 计	专任教师	行政人员	教辅人员	工勤人员	工厂工人	
总 计	**1653**	**1454**	**52**	**106**	**41**		**162**
离石区	193	164	7	14	8		15
文水县	145	114	2	24	5		28
交城县	111	107	3		1		27
兴 县	49	46	3				
临 县	282	261	12		9		50
柳林县	150	125	1	24			
石楼县	116	89	6	17	4		
岚 县	108	100	4	4			
方山县	47	34	5	5	3		
中阳县	55	52		3			
交口县	82	74		7	1		15
孝义市	215	195	5	5	10		4
汾阳市	100	93	4	3			23

13-74 职业高中学生情况(2016年)

单位：人

地 区	毕业生数	招生数	在校学生数					毕业班学生数
			合 计	一年级	二年级	三年级	四年级	
总 计	**5834**	**6095**	**17213**	**6102**	**5541**	**5472**	**98**	**5771**
离石区	394	270	695	270	213	212		212
文水县	748	741	2109	741	702	666		666
交城县	514	802	1790	802	515	473		639
兴 县	164	65	257	65	100	92		112
临 县	744	922	3037	922	1152	963		963
柳林县	643	657	1592	657	443	492		492
石楼县	325	509	1183	509	358	316		395
岚 县	334	347	1033	347	314	372		372
方山县	130	70	356	77	61	120	98	154
中阳县	25	110	267	110	85	72		72
交口县	239	228	823	228	302	293		293
孝义市	724	704	2168	704	673	791		791
汾阳市	850	670	1903	670	623	610		610

13-75　幼儿园教职工情况(2016年)

单位：人

地　区	教职工数					代课教师	兼任教师
	合　计	园　长	专任教师	保健员	其　他		
总　计	**8004**	**679**	**5662**	**112**	**1551**	**3883**	**737**
离石区	1224	163	430	34	597	1036	730
文水县	674	84	475	2	113	530	4
交城县	519	52	434	4	29	318	
兴　县	178	7	155	2	14	7	
临　县	414	32	288	8	86	51	2
柳林县	1053	91	886	4	72	192	
石楼县	216	14	172	5	25	10	
岚　县	130	7	100	3	20		
方山县	308	33	175	8	92	56	
中阳县	299	23	257	2	17	285	
交口县	220	16	179	1	24	76	
孝义市	2051	109	1594	31	317	1080	
汾阳市	718	48	517	8	145	242	1

13-76　幼儿园园数、幼儿数(2016年)

单位：所

地　区	幼儿园数合计	城　市			县　镇		
		教育部门和集体办	民　办	其　它部门办	教育部门和集体办	民　办	其　它部门办
总　计	**710**	**30**	**169**	**1**	**127**	**90**	**6**
离石区	155	4	139		1		
文水县	158				20		
交城县	57				22	2	
兴县	7				2	4	
临　县	31				15	10	1
柳林县	78				19	42	
石楼县	10				3	7	
岚　县	7				2	5	
方山县	25				4	12	
中阳县	15				11	1	
交口县	20				8	4	
孝义市	98	21	20	1	16		4
汾阳市	49	5	10		4	3	1

13-76 续表

地　区	农　村			幼儿人数		
	教育部门和集体办	民　办	其　它部门办	入园(班)人数	在园(班)幼儿数	离园(班)人数
总　计	**255**	**32**		**58107**	**129456**	**47285**
离石区	1	10		12850	24509	8237
文水县	138			5155	13490	4686
交城县	32	1		5901	9141	3265
兴　县	1			1023	1617	581
临　县	3	2		3248	9152	3640
柳林县	15	2		7418	13393	5073
石楼县				1310	4120	1581
岚　县				1703	3051	1500
方山县	5	4		2732	4994	1765
中阳县	3			2398	5794	2025
交口县	7	1		1861	3648	1579
孝义市	35	1		6862	19794	7227
汾阳市	15	11		5646	16753	6126

13-77　特殊教育学校数、教职工数(2016年)

单位：人

地　区	特教学校合　计	教育部门和集体办		教职工数				
		城　市	县　镇	合　计	专任教师	行政人员	教辅人员	工勤人员
合　计	**6**	**2**	**2**	**285**	**226**	**16**	**15**	**28**
离石区	2	1		223	165	16	15	27
文水县	1		1	25	25			
方山县	1		1	2	2			
孝义市	1	1		18	17			1
汾阳市	1			17	17			

13-78　特殊教育学生数(2016年)

单位：人

地　区	毕业生	招生数	在校学生数					
			合　计	一年级	二年级	三年级	四年级	五年级
合　计	**55**	**55**	**1065**	**116**	**132**	**116**	**127**	**118**
离石区	29	29	574	42	63	55	65	60
文水县			56	23		6	10	3
交城县			20	1	2	1	5	4
兴　县								
临　县								
柳林县	1	1	6		1			1
石楼县			1				1	
岚　县	1	1	37	4	10	4	9	3
方山县			11	8		1	1	
中阳县	3	3	41	1	3	5	5	4
交口县			16	1	1	1		4
孝义市	9	9	158	22	39	28	18	19
汾阳市	12	12	145	14	13	15	13	20

13-78　续表

单位：人

地　区	在校学生数						
	六年级	七年级	八年级	九年级	十年级	十一年级	十二年级
合　计	**122**	**82**	**92**	**91**	**38**	**26**	**5**
离石区	70	55	41	54	38	26	5
文水县		8	6				
交城县	4			3			
兴　县							
临　县							
柳林县		1		3			
石楼县							
岚　县	4	1	1	1			
方山县	1						
中阳县	4	6	7	6			
交口县	3		3	3			
孝义市	18	5	5	4			
汾阳市	18	6	29	17			

13-79 一套表调查单位数(2015年)

单位：个

地 区	总 计	工 业	建筑业	批 发 零售业	住 宿 餐饮业	房地产业	服务业	投 资
吕梁市	**1202**	**538**	**108**	**197**	**65**	**124**	**82**	**88**
离石区	196	23	38	35	23	45	21	11
文水县	76	29	11	15	3	9	3	6
交城县	93	55	10	9	1	8	5	5
兴 县	48	24	3	10	2	4	3	2
临 县	37	14	2	5	2	3	1	10
柳林县	102	50	3	19	6	4	13	7
石楼县	13	5	1	2	2		1	2
岚 县	31	9	3	5	4	3	1	6
方山县	27	10	3	5	1	2	3	3
中阳县	63	31	4	8	1	6	4	9
交口县	59	44		10		1	2	2
孝义市	330	204	15	38	15	25	15	18
汾阳市	127	40	15	36	5	14	10	7

13-80 一套表单位入库数(2015年)

单位：个

地 区	总 计	工 业	建筑业	批 发 零售业	住 宿 餐饮业	房地产业	服务业	投 资
吕梁市	**133**	**46**	**5**	**12**	**1**	**16**	**2**	**51**
离石区	43	9	3	4	1	9	1	16
文水县	10	4				1	1	4
交城县	7	4						3
兴 县	1					1		
临 县	12	6				1		5
柳林县	5							5
石楼县	2							2
岚 县	3	1						2
方山县	8	4						4
中阳县	5	3						2
交口县	6	3						3
孝义市	20	8	2	2		3		5
汾阳市	11	4		6		1		

13-81　一套表调查单位数(2016年)

单位：个

地　区	总　计	工　业	建筑业	批　发 零售业	住　宿 餐饮业	房地产业	服务业	投　资
吕梁市	**1242**	**471**	**113**	**192**	**64**	**124**	**78**	**200**
离石区	218	26	38	38	24	36	20	36
文水县	85	30	12	13	3	11	4	12
交城县	85	42	10	6	1	8	5	13
兴　县	45	18	3	8	2	6	3	5
临　县	49	20	3	5	2	3	1	15
柳林县	107	45	3	19	6	4	13	17
石楼县	11	2		2	2	1	1	3
岚　县	39	9	3	5	4	4	1	13
方山县	38	13	3	4	1	4	3	10
中阳县	65	29	4	8	1	6	4	13
交口县	38	22		5		1	2	8
孝义市	332	183	18	38	13	24	12	44
汾阳市	130	32	16	41	5	16	9	11

13-82　一套表单位入库数(2016年)

单位：个

地　区	总　计	工　业	建筑业	批　发 零售业	住　宿 餐饮业	房地产业	服务业	投　资
吕梁市	**208**	**34**	**8**	**35**	**4**	**15**	**7**	**105**
离石区	26	3	1	10	2	1		9
文水县	13	3	1	1		2		6
交城县	12	3		4				5
兴　县	13	1		3		4		5
临　县	9	3	1	3				2
柳林县	16	3			1		1	11
石楼县	3			1		1		1
岚　县	12	2		1	1	1		7
方山县	10	2				2		6
中阳县	15	5		3				7
交口县	14	4					5	5
孝义市	48	5	4	3		1	1	34
汾阳市	17		1	6		3		7

中国统计出版社最新图书简目

（仅供参考，以实际出版为准）

统计资料

中国统计年鉴　中国统计摘要　中国发展报告
中国经济普查年鉴　国际统计年鉴　金砖国家联合统计手册
中国-东盟国家统计手册　中国农村统计年鉴　中国县域统计年鉴
中国城市统计年鉴　中国对外直接投资统计公报　中国地区经济监测报告
中国贸易外经统计年鉴　中国零售和餐饮连锁企业统计年鉴　中国商品交易市场统计年鉴
大中型批发零售和住宿餐饮企业统计年鉴　中国农产品价格调查年鉴　中国住户调查年鉴
中国价格统计年鉴　中国能源统计年鉴　全国农产品成本收益资料汇编
中国环境统计年鉴　中国建筑业统计年鉴　国外资源、能源和环境统计资料汇编
中国工业统计年鉴　中国城乡建设统计年鉴　中国县城建设统计年鉴
中国城市建设统计年鉴　中国科技统计年鉴　中国房地产统计年鉴
中国证券期货统计年鉴　中国劳动统计年鉴　中国第三产业统计年鉴
工业企业科技活动资料　中国社会统计年鉴　中国高技术产业统计年鉴
中国人才资源统计报告　中国教育统计年鉴　中国人口和就业统计年鉴
文化及相关产业统计概览　中国文化及相关产业统计年鉴　中国教育经费统计年鉴
中国民族统计年鉴　中国残疾人事业统计年鉴　中国民政统计年鉴
中国乡镇街道行政区域简册　中国基本单位统计年鉴　中国妇女儿童状况统计资料（英）

省级综合统计年鉴系列

北京 天津 河北 山西 内蒙古 辽宁 吉林 黑龙江 上海 江苏 浙江 安徽 福建 江西 山东 河南 湖北 湖南
广东 广西 海南 重庆 四川 贵州 云南 西藏 陕西 甘肃 青海 宁夏 新疆 新疆生产建设兵团

市(县)级综合统计年鉴系列

滨海新区 石家庄 唐山 邯郸 保定 沧州 邢台 廊坊 承德 衡水 秦皇岛 张家口 太原 大同 阳泉 长治 晋城
朔州 晋中 运城 忻州 临汾 吕梁 呼和浩特 呼和浩特新城区 鄂尔多斯 包头 沈阳 大连 长春 吉林 延吉 四平
通化 松原 哈尔滨 齐齐哈尔 黑龙江垦区 上海浦东新区 南京 无锡 徐州 常州 苏州 南通 连云港 淮安 盐城
扬州 镇江 泰州 宿迁 江阴 丹阳 海门 杭州 宁波 温州 嘉兴 湖州 绍兴 金华 衢州 舟山 台州 丽水 合肥
安庆 马鞍山 福州 厦门 宁德 漳州 龙岩 南昌 九江 上饶 新余 抚州 萍乡 赣州 吉安 景德镇 济南 青岛 潍坊
枣庄 日照 滕州 郑州 洛阳 平顶山 三门峡 商丘 信阳 济源 汝州 武汉 十堰 荆州 宜昌 荆门 咸宁 长沙 广州
深圳 惠州 东莞 汕尾 南宁 柳州 桂林 来宾 河池 防城港 海口 三亚 成都 贵阳 黔南 毕节 昆明 西安 咸阳
延安 宝鸡 安康 铜川 汉中 榆林 兰州 庆阳 银川 乌鲁木齐 兵团一师 兵团十师

调查年鉴系列

天津 山西 内蒙古 辽宁 吉林 上海 福建 江西 河南 湖北 湖南 广西 重庆 四川 云南 甘肃 宁夏 新疆

统计方法应用/实用手册

实用SAS统计分析教程　马克威统计分析与数据挖掘应用案例　统计公文知识问答
乡镇统计人员岗位知识培训系列教材：辅助调查员岗位基础知识　乡镇统计人员岗位基础知识
县级统计人员岗位知识培训系列教材：Excel在统计工作中的应用　简明统计分析
地市级统计人员岗位知识培训系列教材：统计报告与演示　Excel在统计工作中的应用

统计通俗读物/统计科普图书

国家统计局核心统计指标变迁　货架上的统计　账本里的统计

重点图书

砥砺奋进的五年——从十八大到十九大　新编英汉汉英统计大词典　中华医学统计百科全书
新常态下的中国服务业：理论与实践　新动能新产业发展报告-2017
挑大学选专业2018—考研择校指南　挑大学选专业2018—高考志愿填报指南